外国军事名著译丛

现代战略家必读军事史
1861年以来美国的主要战争

Military History for the Modern Strategist
America's Major Wars since 1861

［美］迈克尔·奥汉隆◎著

(Michael O'Hanlon)

释清仁　彭洲飞　等◎译

世界知识出版社

Copyright © 2023 by Michael E. O'Hanlon.
Published by arrangement with Aevitas Creative Management, through The Grayhawk Agency Ltd.

图书在版编目（CIP）数据

现代战略家必读军事史：1861 年以来美国的主要战争 /（美）迈克尔·奥汉隆著；释清仁等译 . -- 北京：世界知识出版社，2025.4. --（外国军事名著译丛 / 释清仁，彭洲飞主编）. -- ISBN 978-7-5012-6879-5

Ⅰ . E712.9

中国国家版本馆 CIP 数据核字第 2024KA2218 号

图字：01-2024-0720

责任编辑	刘豫徽
责任出版	李　斌
责任校对	陈可望

书　　名	现代战略家必读军事史：1861 年以来美国的主要战争 Xiandai Zhanluejia Bidu Junshishi：1861nian Yilai Meiguo de Zhuyaozhanzheng
作　　者	［美］迈克尔·奥汉隆
译　　者	释清仁　彭洲飞　田娇艳　董俊林　陈翔　张旭
出版发行	世界知识出版社
地址邮编	北京市东城区干面胡同 51 号（100010）
经　　销	新华书店
网　　址	www.ishizhi.cn
电　　话	010-65233645（市场部）
印　　刷	北京中科印刷有限公司
开本印张	880 毫米×1230 毫米　1/32　18⅞印张
字　　数	375 千字
版次印次	2025 年 4 月第一版　2025 年 4 月第一次印刷
标准书号	ISBN 978-7-5012-6879-5
定　　价	98.00 元

版权所有　　侵权必究

总　序

兵者，既是国之大事，亦是民之大事。

战争自远古时期一路走来，对人类社会产生了深刻而久远的影响。战争最早是人们为了生存利益或血族复仇爆发的武力冲突，后来成为以掠夺和反掠夺为目的的经常性的行当。战争的结果，往往影响到组织、群体的兴衰存亡。

历史上的国家或民族，因为兵败而导致国破民亡、文明断绝的，可谓数不胜数。古希腊作为欧洲文明的重要起源，在文学、哲学和科学方面成就辉煌，但因遭受马其顿人的攻击，竟致轰然崩塌。中国的大宋王朝，拥有位居世界前列的发达科技文明，但在草原民族的屡屡入侵下，先是遭受靖康之耻，后终亡于崖山之下。

战争如此重要，言兵、知兵历来备受重视。中国古代的《孙子兵法》，短短六千余字，然而微言大义，阐明了战争机理，对后世产生了广泛深远的影响，被公认为世界"兵学圣典"。在西方，从《荷马史诗》《伯罗奔尼撒战争史》，到奠定近代西方兵学基石的《战争论》，再到后来的《海权论》《空权论》《装甲战》等，兵学传承绵延不绝。研究战争、认识战争，使从事战争的人们，拥有了驾驭战

现代战略家必读军事史：1861年以来美国的主要战争

争这一"怪物"的能力，享有了战争制胜的巨大好处。

兵形似水。战争始终在发展演变，如大河流动般奔腾不息，从遥远的冷兵器战争到后来的热兵器战争、机械化战争和信息化战争。如今，机械化战争的炮声余音未了，信息化战争的硝烟甚嚣尘上，智能化战争的身影已扑面而来。面对风起云涌的世界新军事革命，如何认识和打赢今天这种新型的战争？如何建设强大的现代化军队？如何发挥军事力量的"压舱石"作用？这些问题，都需要深思熟虑。

他山之石，可以攻玉。只有通览古今中外军事学说，打开脑洞，以世界眼光、多重维度与非凡见识来观察思考战争，才能弄清现代战争面貌，通晓现代战争之变，把握战争制胜机理，成功驾驭战争"怪物"。

依据这一宗旨，我们精选并翻译了当今外国学者关于战争理论、军事思想及历史等方面的部分军事著作，推出"外国军事名著译丛"，以供对战争和军事感兴趣的专业及非专业人士阅读使用。希望这套丛书，能够引领读者打开一扇窗子，启发读者徜徉于战争长河，品鉴战争智慧，感悟战争哲理，更加深刻地认识和把握现代战争。

外国军事名著译丛
主　编
2022年6月

译者序

战争是人类社会发展的重要组成部分,人类在战争中反思、进步。如何认识战争、对待战争,是军事史研究的首要问题。作为近年来西方军事史研究的重要著作,迈克尔·奥汉隆的《现代战略家必读军事史:1861年以来美国的主要战争》(*Military History for the Modern Strategist—America's Major Wars since 1861*)一书,对美国建国以来参与的十余场主要战争进行系统梳理总结,提出了一些有创见性的思想观点。然而,限于作者西方资产阶级学者的立场,该书未能运用科学的世界观和方法论研究分析军事历史问题,得出的不少结论是偏颇甚至错误的。读者在阅读本书时,要注意把握以下几点。

坚持战争是政治的继续,准确把握战争的政治本质

自古以来,战争——这个人类相互残杀的"怪物",始终是人们聚焦关注的话题,同时也衍生出一系列形形色色的战争观,譬如神学战争观、人性战争观、民族利益战争观、文明冲突战争观、人口战争观、经济利益战争观,等

等。克劳塞维茨在《战争论》中说,"战争无非是政治通过另一种手段的继续"。毛泽东运用马克思主义战争观,进一步鲜明指出,"战争是流血的政治"。这就深刻揭示了战争的政治本质,战争的政治目的决定了战争的正义性与非正义性。

奥汉隆在本书中也谈到,政治逻辑是发动战争的重要原因,在分析美国内战时指出,南方邦联为了政治上的诉求(维护其传统的生活方式,主要有奴隶制等)才决定脱离联邦,并采取军事手段试图占领北方地盘扩大政治影响力;而北方联邦为了解放奴隶制对南方邦联进行军事进攻,也是出自政治上的决策。然而,奥汉隆在总结美国主要战争的三大教训时认为,战争的结果不是注定的;战争通常比想象的更残酷、更血腥;等等。这些观点没有真正触及战争的政治本质,避而不谈战争的正义性与非正义性问题,未能从政治动机、政治目的反思战争教训,特别是没有对美国自内战之后所发动战争背后不可告人的政治野心进行反思,得出的结论也难以让人信服。人类战争史深刻昭示,发动战争的任何美好说辞都不能掩饰其背后的政治目的和真正诉求。只有把战争放在社会政治这个宏阔范畴里加以考察,才能真正理解和把握一切战争问题。

译者序

坚持正确的历史观，客观辩证地分析军事历史问题

历史发展原本是清晰的，历史真相原本是唯一的。然而，由于不同的认识主体持不同的世界观和方法论去认识分析历史问题，导致了在同一问题上结论却大相径庭。马克思主义坚持唯物史观，客观辩证地去看待历史问题，由此得出的认识也是与客观实际真正相符的。反之，一旦违背了这一原则，就会走向片面错误。

奥汉隆在本书中犯了这一错误。以认识分析第二次世界大战的历史进程、参与各方及贡献问题为例。第二次世界大战期间，中国人民以巨大民族牺牲支撑起了世界反法西斯战争的东方主战场，中国军民伤亡超过3 500万人，中国人民拯救了本民族的命运，也拯救了人类光明、正义和进步的事业。然而，长期以来西方国家在二战史观上只赞扬英美等盟军战胜法西斯的事迹，对中国、苏联的作用根本不提，有意或无意否认东方战场的历史贡献，这是典型的"西方中心论"。特别是由于从未彻底清算日本军国主义侵略罪行，日本国内一些政治势力黑白颠倒、混淆视听，企图将日本由"加害者"装扮成二战"受害者"，公然歪曲和否认历史，国际上也不乏对日本倒行逆施的纵容。奥汉隆在本书中论述第二次世界大战时，对中国和苏联战胜法西斯的贡献一带而过，大量笔墨用在分析美国和盟军是

如何打败德国和日本，美国如何帮助德国和日本恢复经济并最终成为"美国最可靠的盟友"的。这让我们清晰地看到了西方学者是如何基于唯心史观，狭隘地分析认识历史问题，进而得出了片面的认识。除此之外，在认识朝鲜战争等历史问题上，奥汉隆同样犯了这样的错误。译者在原文中谈到的一些史实观点后专门加了译者注，目的就是澄清错误观点，以正视听。

坚持拥护正义战争、反对非正义战争，科学认识慎战和止战问题

如何正确对待战争，是古往今来人们关注的一个重大问题。《孙子兵法》说："兵者，国之大事，死生之地，存亡之道，不可不察也"，并提出了慎战的思想认识。马克思主义基于战争的政治本质，进一步提出了拥护正义战争、反对非正义战争的态度，明确了我们对待战争的正确态度。

纵观古今中外战争史，战争关乎国家存亡，关乎生命安全，关乎民族兴旺，必须高度重视、慎之又慎。奥汉隆在书中分析认为，任何战争都不要指望能够迅速获得胜利，这种想法过于乐观，甚至是鲁莽；也不要因为自身强大的军事实力、先进的军事技术以及高超的新型战术而过于自信，误认为可以轻而易举赢得决定性胜利。这一认识，是基于美国自身战争史得出的惨痛历史教训。从1955年至1975年，美国深陷越南战争泥潭20年，国力遭到极大消

译者序

耗,最终不得不上演"西贡撤离"。2001年,美国打着"反恐"旗号入侵阿富汗,直到2021年像苏联一样再次上演"不告而别",给阿富汗留下无尽的战乱苦难。类似的事例比比皆是。奥汉隆看到了这些战争失败的结局,却没有进一步认清这些战争失败的根本原因在于其非正义性与侵略性。在这一错误认识基础上,奥汉隆提出所谓"慎战"的思想,告诫人们发动战争容易,结束战争极难,要慎重对待战争,科学筹划指导战争,高超应对遏制战争。实际上,对霸权主义、强权政治而言,无论其如何"慎战",其基于侵略、干涉发动的战争都将遭到世界人民的共同反对,并迟早会陷入战争泥潭,落个灰飞烟灭的可悲下场。对世界上爱好和平的人们而言,要敢于以正义战争反对非正义战争,特别是在反对侵略干涉、维护本国的领土主权等核心利益问题上,要敢于出手、以战止战。

历史的本质在于反思,反思使人类文明进步。战争历史总是对人类社会投射出一道特别的启迪之光,照亮了过去,也照亮了未来。奥汉隆对美国主要战争的经验和教训总结,虽然有不少偏颇之见,但为我们提供了认识和把握西方军事史的一个重要视角,值得在阅读中细细体味。

译者对原著中观点进行客观翻译,不代表译者观点。

现代战略家必读军事史：1861年以来美国的主要战争

序言和致谢

　　本书撰写于2022年，主要阐述美国军事史上的重大议题：战争发生的起因、战争的主要阶段、战争的进展过程、战争的输赢状况，以及战争结果是否可能逆转？同时总结了战争的经验教训，无论是在国家大战略层面还是在具体军事行动层面，均能够为美国或其他国家相关研究人员提供参考。

　　本书涉及的战争已有大量相关文献可供查阅。在研究过程中，乃至在我的一生中，我一直以史为尊、以史为乐。我想对那些把研究历史作为毕生事业的人表示感谢，同时我也要承认，自己难免会对一些重要的文献资料有所遗漏。值得一提的是，史学家的缜密钻研和深入分析让我们不断加深了对以往战争的理解。仅以第二次世界大战为例，近些年我们了解到，德国闪电战并不像过去理解的那样以坦克为中心实施军事行动；美国飞机战略轰炸在削弱对手的工业产能方面并非如预期那般有效；航空母舰在当时海战中的重要性并没有得到重视。在本书的撰写过程中，历史学科中的这些新发现以及其他许多真知灼见都令我收获颇丰。

序言和致谢

　　总的来说,本书的写作目的十分明确,除了希望能够对前人大量的研究工作进行有益的补充以外,还希望能够简明扼要地阐释战争发生的主要原因、主要战役、战争变化背后的动力以及战争造成的主要后果。军事史往往错综复杂,其中不无道理。战争期间,战士的骁勇善战、牺牲精神、斗争精神以及民众敢于争取胜利的大无畏精神等,这些品格和精神一直鼓舞着我们。与此同时,普通读者和事务繁重的机关行政人员也需要一本简明易懂的军事史书籍,据此了解美国的主要战争。本书力图达到此目的。本书首先介绍了标志着美国工业化和大规模战斗开始的武装冲突,即美国内战。然后分别剖析了两次世界大战以及朝鲜战争和越南战争,最后是伊拉克战争和阿富汗战争。①

---

① 当前有许多对过去战争进行深入剖析的论著,主要包括:Larry H. Addington, *The Patterns of War Since the Eighteenth Century*, second ed. (Bloomington: Indiana University Press, 1994); Jonathan M. House, *Combined Arms Warfare in the Twentieth Century* (Lawrence: University Press of Kansas, 2001); Theodore Ropp, *War in the Modern World*, rev. ed. (Baltimore: Johns Hopkins University Press, 2000); Robert A. Doughty, Ira D. Gruber, Roy K. Flint, Mark Grimsley, George C. Herring, Donald D. Horward, John A. Lynn, and Williamson Murray, *Warfare in the Western World: Military Operations Since 1871* (Lexington: D. C. Heath and Company, 1996); and Richard Arthur Preston, Alex Roland, and S. F. Wise, *Men in Arms: A History of Warfare and Its Interrelationships with Western Society* (New York: Holt, Rinehart, and Winston, 1991). The West Point history department has created an interactive online text to serve a related purpose, at http://www.westpointhistoryofwarfare.com/。其他涉及的著作如韦格利、富勒和李德·哈特等人的观点在书中也被引用。我希望在这个简短的论著清单上再增加一本书,这本书特别关注从1861年到2022年美国的军事史,并强调在国家大战略、军事战略、军事行动和战术等层面上为当前研究内容提供新见解,这是对战争文献的有益补充。

现代战略家必读军事史：1861年以来美国的主要战争

本书阐述重点聚焦在战争的战役层面或作战层面，试图将军事行动、战时目标和大战略联系起来。希望该方法能对战争文献研究作出有益贡献，同时本书向读者介绍的美国军事史截至2022年，所以比之前那些研究战争的书籍更具当代性。因此，本书确实是现代战略家必读的军事史。

当然，本书也会讨论个别战役战例。但首先需要解释这些个别战役与通常在特定区域持续数月的一系列战役和其他事件之间的关联。例如，我们回顾一下乔治·麦克莱伦（George McClellan）将军领导的半岛战役（peninsula campaign），该战役始于美国内战中的一次大规模军队调动，部队乘船沿切萨皮克湾（Chesapeake Bay）而下，其目的是于1862年春天和夏初夺取里士满。此外，回顾罗伯特·爱德华·李将军从1862年夏末到1863年中在安提坦和葛底斯堡迎战北方联邦军所付出的努力，或尤利西斯·辛普森·格兰特将军从1864年春天开始在弗吉尼亚州反抗罗伯特·爱德华·李将军部队且耗时长达一年的艰苦卓绝的胜利之战。另一个典型案例是德国在两次世界大战中对法国北部的进攻，同样还有第二次世界大战期间，美国向日本进军时采取的跳岛战术战役（Island-hopping campaigns），或道格拉斯·麦克阿瑟将军在朝鲜战争期间仁川（Incheon）登陆后作出的艰难决定，即向北进军鸭绿江。

本书的主要目的是按战争发生的顺序进行叙述、分析和反思美国军事史。从这个意义上说，这是一本入门书。

序言和致谢

但这也是一本有特殊目的的入门书。决策者需要尽可能地从战争趋势、战争代价和战争结果的狂妄自信和过于乐观的危险境地中吸取教训。

如果政策制定者从未在自己的一生或职业生涯中历经过劫难，他就更容易对战争滋生盲目自信。这种盲目自信伴随着新科技的出现为军事筹谋者创造出新的可能性时会更加坚定，只是决策者选择开战时往往并未充分认识到某些不足或弱点。这正如决策者误判或低估潜在对手，或者出现家人和朋友死于敌人之手的情况，这时人们的战争倾向就变得日益强烈，而不是有所弱化。

当然，过于自信并不一定就是坏事，它可以避免交战各方都遭受同样的痛苦。例如，美国内战期间，北方联邦和南方邦联都对发动1861年战争所要付出的代价过于天真，亦如第一次世界大战中的大多数参战方一样，对战争的期待过于理想。在希特勒违反《凡尔赛条约》条款、重新占领莱茵兰、强化其战争装备、助长其战争野心时，西方很多国家领导选择不与希特勒对抗，因为他们在某种程度上似乎意识到，第一次世界大战后不久会发生另一场大规模冲突，这将导致巨大的战争破坏。谨小慎微的西方国家领导人对希特勒的行为袖手旁观，这种无意插手介入的行为助长了第二次世界大战的爆发。1938年，英国首相内维尔·张伯伦和法国首相爱德华·达拉第与希特勒在慕尼黑举行会议，尽管此时阻止希特勒发动战争为时已晚，但

现代战略家必读军事史：1861年以来美国的主要战争

此次会议仍对希特勒采取绥靖政策，也被视为对希特勒的容忍妥协到了极限（详见下文）。英法国家元首对战争代价了然于心，由此影响了他们对战争危机的反应，也不愿意在希特勒仍具威慑力时选择与之对抗（也许如此）。

诸如美国在1991年对伊拉克的沙漠风暴行动（Operation Desert Storm）、2001年入侵阿富汗、2003年入侵伊拉克的阶段，战争进展情况远比人们预期的艰难，至少战争初始阶段就是如此。从某种意义上讲，战争初始阶段的艰难程度，同结束战争的艰难程度是一样的。

由此观察可知，战争中普遍盛行的过于自信的现象，既不是政治学的铁律，也不是要告诫所有战争决策者要带着惶恐和不安应对危机管理。在人类历史上，作为一种战略选择或道德倾向，战争一方接受战争风险及其由此产生的战争代价有时是一种更为合理的替代方案。也有很多时候，相对于寻求妥协来说，加强战略威慑是避免战争的关键因素。未来这样的情况亦不可避免。美国国防部长劳埃德·奥斯汀（Lloyd Austin）等人将美国及其盟国在当今世界采取的建立在军事、经济和其他要素基础上的强硬战略态势称为"综合威慑"。已故的罗伯特·杰维斯（Robert Jervis）认为，美国等大国的战争手段是加强威慑，而非集体陷入军备竞赛、升级危机管理并妄图发动战争。[1]

---

[1] Robert Jervis, *Perception and Misperception in International Politics* (Princeton: Princeton University Press, 1976).

序言和致谢

在核武器时代，任何人对战争过于自信的傲慢都会导致灾难性后果，这情况始终令人警醒。鉴于本书聚焦阐述现代战略家必读军事史，因此有必要强调许多国家领导人对以往战争的态度和认识倾向，即低估战争的可能代价并夸大自己国家在战场上快速取胜的前景。书中所涉及的战争爆发原因，均非偶然。但大多数战争的爆发都离不开众多参战方对战争预估的异想天开，至少是极度乐观。

由此发现，得出以下结论：若非因为参战方过于自信，美国自1861年以来参与的大多数战争都很可能会有不同的结果。美国内战中，南方邦联可能比北方联邦在战争中坚持的时间更久。德国1914年提出的施里芬计划（Schlieffen Plan）（详见下文）也极有可能实现了快速占领法国的目的。第二次世界大战中，德国和日本或许也不会将苏联和美国作为目标，而是可能实现了自身有限条件下的宏伟目标。朝鲜战争亦可能会朝着任意一个方向发展（或者两个方向都会发展），事实上也确实如此。此类案例不胜枚举。在知道以往战争结果的基础上阅读军事史，会使人极易武断甚至潜意识地作出假设，认为大多数的战争结果都是注定的——也就是说，历史教训这一重要因素在某种意义上决定了战争结果。这种想法是错误的。

在决定战争胜负的所有因素中，国家和军队领导者起着重要作用。如果没有林肯、罗伯特·爱德华·李和尤利西斯·辛普森·格兰特这类人物，美国内战的走向将另当

现代战略家必读军事史：1861年以来美国的主要战争

别论，甚至可能根本不会发生。如果没有德皇威廉二世和希特勒、沙皇尼古拉二世和约瑟夫·斯大林、伍德罗·威尔逊、富兰克林·罗斯福和温斯顿·丘吉尔，世界大战的走向也将另当别论——此类案例也不胜枚举。国家领导人作为重要角色事关战争结局，正如军事创新者在军事技术、战术策略和作战理念层面的重要作用一样。

涉及战争的另一个关键词是地理位置。经济发达、人口稠密、分布集中、高度工业化的欧洲国家（也包括日本）爆发了两次世界大战。苏联和美国在世界上的影响力同欧洲国家不同，但苏联和美国也深受其地理位置的影响。两国的地理位置虽使之各自获得了战略缓冲以及雄厚的资源补给，但并未使之与其他国家分隔开来，不可避免参与到各种旷日持久的战争之中。同世界大国一样，即使在全球通信畅达、武器可至洲际射程的时代，地理位置对战争的影响仍然至关重要。

研究军事史的现代战略家需要思考的第三件事，是盟国在战争爆发和进行过程中的作用。如果同盟关系不稳定、不可靠，甚至没有同盟关系，战争发生的可能性似乎就会更高。第一次世界大战和第二次世界大战均涉及其中几个主要参战方的一些安全协定，这些安全协定或模糊不清或含有附加条件，因此都无法阻止武装冲突。就美国而言，由于在军事地理位置上与欧亚大陆分离，因此未能发挥出重大威慑力量。相比之下，美国通过安全承诺、强大同盟

序言和致谢

并部署前沿军事力量来阻止第三次世界大战的爆发。美国专家认为，自1945年以来，美国所卷入的战争都发生在美国同盟条约和安全承诺尚未覆盖或者不适用的地区。

对战争而言，军事准备至关重要，尤其从战略威慑层面上来说，从本书着重强调的几个战略威慑失败的案例上就可见一斑。当面对野心勃勃、虎视眈眈的对手，该国的国家意志也很重要，因为它能够凝聚全国的强大力量，迫使咄咄逼人的潜在对手不敢轻易发起进攻。然而，克制和谨慎的态度也是政策制定者理应具备的重要品质，否则危机会迅速升级恶化。第一次世界大战和第二次世界大战的爆发理应让我们铭记于心，但两次战争的起因却完全不同。就当今美国的具体情况而言，正如我之前在2021年出版的书籍《和平时代的战争艺术》(*The Art of War in an Age of Peace*) 中所指出的：美国应该将其大战略集中在"坚定克制"理念上，既强调"坚定"，也强调"克制"。我们应坚定维护核心利益和重要利益。但我们不应轻易作出其他安全承诺，而应从总体上管控随时可能爆发的大国危机，为此，我们的首要任务是让战争降级并迅速结束战争（deescalation and rapid war termination）。

如果国家领导人不能做到以史为鉴，就极易将战争视作一种政策工具。相反，当国家领导人对战争进行历史模拟并作类推时，就像肯尼迪政府在古巴导弹危机期间反思第一次世界大战的爆发一样，只要他们不专注于单一案例

现代战略家必读军事史：1861 年以来美国的主要战争

或惯例，就会展现出极高的智慧。① 历史通过前人的勇气和智慧为我们提供灵感，同时还可以提供许多历历在目的警示故事。但对历史的援引需要十分谨小慎微，并进行系统的研究和辩论。单一而简单的历史教训无法机械地指导现在和未来的领导人在未来战争中采取的行动或战略决策。这就是为何现代战略家必须对军事史具备良好且丰富全面的基本知识才能做好自己的工作。

讲到此，对当代的清醒警示，是如何避免本国的战略团队对战争过于自信，同时也使潜在对手也意识到要防止其自身也对战争过于自信。新兴国家的崛起也意味着新兴力量的崛起，"非法有核"国家也意味着更大的战争威胁挑战，人们不得不谨慎对待战争，不能盲目自信，这一警示的影响更加深远。大屠杀幸存者维克多·弗兰克尔（Viktor Frankl）的话准确描述了这一困境："由此我们要在两个方面保持警惕：自奥斯威辛集中营以来，我们知道了人有多

---

① Richard E. Neustadt and Ernest R. May, *Thinking in Time: The Uses of History for Decisionmakers* (New York: Free Press, 1988), pp. xix, 15-16, 234; Hal Brands and Jeremi Suri, "Introduction: Thinking about History and Foreign Policy," in *The Power of the Past: History and Statecraft*, edited by Hal Brands and Jeremi Suri (Washington, DC: Brookings, 2016), pp. 11-13; Ernest R. May, *Lessons of the Past: The Use and Misuse of History in American Foreign Policy* (Oxford: Oxford University Press, 1976), p. xi; and Gideon Rose, "Foreign Policy for Pragmatists: How Biden Can Learn from History in Real Time," *Foreign Affairs* 100, no. 2 (March/April 2021): 48-56.

序言和致谢

大破坏能力;自广岛事件以来,我们知道了什么叫利害攸关。"①

根据个人经验发现,军事史在美国大部分学术界都不受重视,尤其是在许多政治学系和公共政策学院。关于过去重要战争的知识通常被认为没有那么重要,主要被视为用于统计分析的数据。作为一个学术群体,我们需要更好地教授、探讨和思考《现代战略家必读军事史》。我希望本书能在这方面作出一点贡献。

同样,我非常感谢那些重视军事史的政治学家——其中许多人是我的教授、同事和朋友,以及其他给我启示的行业人士。很多人通读了本书或其中部分内容,并提出了宝贵意见,当然,如果书中还有错误,责任在我,不在他人。十分感谢约翰·艾伦(John Allen),迪克·贝茨(Dick Betts),史蒂夫·比德尔(Steve Biddle,他对书稿进行了极其细致和有益的检查),理查德·布什(Richard Bush),库尔特·坎贝尔(Kurt Campbell),艾略特·科恩(Eliot Cohen),康拉德·克雷恩(Conrad Crane),沃尔特·克朗凯特(Walter Cronkite,我有幸认识的经历三代人的名人),伊沃·达尔德(Ivo Daalder),早年在卡南代瓜(Canandaigua)学院工作的雷·德拉(Ray Della),哈尔·

---

① Viktor E. Frankl, *Man's Search for Meaning* (Boston: Beacon Press, 2006), p. 154.

现代战略家必读军事史：1861年以来美国的主要战争

费维森（Hal Feiveson，我重要的导师和伟大的朋友），米歇尔·弗卢努瓦（Michele Flournoy），劳里·弗里德曼（Lawry Freedman），亚伦·弗里德伯格（Aaron Friedberg），麦克·格林（Mike Green），鲍勃·杰维斯（Bob Jervis），鲍勃·卡根（Bob Kagan），弗雷德·卡根（Fred Kagan），金·卡根（Kim Kagan），吉姆·马蒂斯（Jim Mattis），斯坦·麦克里斯特尔（Stan McChrystal），汉密尔顿学院的戴维·米勒（David Miller），吉姆·米勒（Jim Miller），迈克尔·内伯格（Michael Neiberg），爱德华·奥汉隆（Edward O'Hanlon，我的父亲），戴夫·彼得雷乌斯（Dave Petraeus），巴里·柏森（Barry Posen），肯·波拉克（Ken Pollack，他对本书大部分内容进行了超乎想象的专心阅读），叶尔巴·奎因（Yelba Quinn），亚丽杭德拉·罗查（Alejandra Rocha），克里斯·施罗德（Chris Schroeder），史蒂夫·索拉兹（Steve Solarz，热心的读者和伟大的思想家），吉姆·斯坦伯格（Jim Steinberg），鲍勃·斯沃托特（Bob Swartout），史蒂夫·斯沃托特（Steve Swartout），伍迪·特纳（Woody Turner，我一生的朋友，他对历史的迷恋和知识堪称典范，在撰写本书时他给予我极大的鼓励），理查德·厄尔曼（Richard Ullman），史蒂夫·范·埃弗拉（Steve Van Evera），史蒂夫·沃尔特（Steve Walt，他在博士资格考试后告诉我继续读历史），保罗·沃尔福威茨（Paul Wolfowitz），凯瑟琳·齐默曼（Katherine Zimmerman），以

序言和致谢

及布鲁金斯学会的比尔·菲南（Bill Finan，一个真正的业内权威），苏珊娜·马洛尼（Suzanne Maloney，她为我展示了忘我的、模范的领导才能），梅勒妮·西森（Melanie Sisson），斯特罗布·塔尔博特（Strobe Talbott），凯特琳·塔尔梅奇（Caitlin Talmadge），亚当·特瓦多夫斯基（Adam Twardowski），汤姆·赖特（Tom Wright），科尔·贝蒂（Cole Beaty），杰克·布拉德利（Jack Bradley），亚丽杭德拉·罗查（Alejandra Rocha）和莉莉·温德霍尔茨（Lily Windholz），以及一位匿名评论家。

以史为鉴，美国战略家和决策者必须防止过于自信的潜在对手在战争中击败美国的企图。我们需要防止此类胜利论主导关键行动者的决策计算逻辑。美国人认为，需要尽可能消除潜在攻击者的现实主义信念，即认为可以利用美国的军事指挥、控制、通信和侦察系统，前沿军事基地和重要资产，计算机网络以及帮助调动和支持美军及其盟军基础设施等存在的重大漏洞。美国人认为，不能让敌人找到并击中美国现代版的"阿喀琉斯之踵"，从而导致美国在相当长的一段时间内一蹶不振，进而创造一个既成事实，即美国此后不再参战。美国人需要清楚自身要捍卫的究竟是什么，而非什么都想捍卫。

鉴于此，美国需要正确估量自身实力，而非过于自信。美国国防预算数额大、军事技术优越、军人素质高并拥有盟国力量，这些使得美国在当今全球秩序中处于非常有利的位置。但这些很难让美国轻而易举地击败俄罗斯等大国。面对对手,美国国防部当前一直计划在初步接触和不明朗的争执阶段就迅速发动战争,进而产生出其不意的效果。可是一旦操作不当,就可能导致与第一次世界大战德国施里芬计划类似的情况,美国会贸然发动战争。施里芬计划是一个复杂、不断升级的作战行动概念,即使在挑衅不够强烈、信息比较模糊的情况下,也需要迅速决定开战。

美国国防部乃至整个美国政府需要加强战略能力建设并避免漏洞——通过防止对手察觉美国防御态势或政治意愿中的任何重大漏洞来增强威慑。因此,本书为军事技术专家、战术家和军事规划者以及更高层次的战略家,均能提供一些经验教训。

我们必须确保对手不会对打败美国的能力过于自信。但美国本身也需要避免对自己武断发动战争并取胜的能力过于自信。军事史的目的就是提醒我们,即使在军事技术和战略形势快速变化的时代,任何人都不要对战争胜利过于自信。

目 录

第一章 美国内战

006 一、战争武器、冲突性质、主要参战方的战略
016 二、过于自信、盲目乐观和战争之路
030 三、1861 年发生的战役
038 四、1862 年与战争的艰辛
056 五、1863 年：从钱斯勒斯维尔和荒原战役到葛底斯堡战役、维克斯堡战役和查塔努加战役
071 六、1864—1865 年：美国内战的最后岁月
079 七、所犯的错误和吸取的教训

第二章 第一次世界大战

099 一、20 世纪初的欧洲战略背景及联盟体系
114 二、一战中的武器和其他技术

118	三、战略和作战计划
129	四、1914年——通往战争爆发之路
136	五、1914年：8月（和秋天）的炮火
154	六、1915年与1916年
175	七、1917年和1918年：革命、升级、战争与和平
190	八、结束和平的和平
193	九、所犯的错误和吸取的教训

第三章　第二次世界大战

212	一、战争武器和主要参战方的战略
221	二、通往战争之路
234	三、1939年秋至1940年春：东西方的闪电战
247	四、1940年夏季，不列颠之战及大西洋战役的早期阶段
254	五、决定性的1941年
273	六、1942年至1943年初的重大转折点
291	七、缓慢却稳定的胜利之路：1943—1945年
324	八、所犯的错误和吸取的教训

第四章　朝鲜战争和越南战争

| 342 | 一、朝鲜战争 |

目录

346　二、战争武器和主要参战方的战略

351　三、朝鲜南下与史密斯特遣队

356　四、釜山环形防御圈

358　五、仁川及其他地区

363　六、长津湖战役的灾难不断重演

371　七、李奇微上任、麦克阿瑟退场与陷入僵局

379　八、越南战争

386　九、越南战争中的武器和主要参战方的战略

389　十、20世纪60年代初的"顾问年"

399　十一、约翰逊、威斯特摩兰和越南战争
　　　　（1965—1968年）

411　十二、尼克松、艾布拉姆斯、区域升级、撤离西贡
　　　　——越南战争以失败告终

417　十三、所犯的错误和吸取的教训

第五章　1990年以来美国在中东的主要战争

430　一、美国在中东地区战争的历史前奏

445　二、美国在伊拉克的沙漠风暴行动

464　三、推翻萨达姆政权并试图稳定伊拉克局势

503　四、阿富汗战争

538　　五、美国历史上最长战争的结束
547　　六、所犯的错误和吸取的教训

第六章　战争的三大教训

561　　一、第一个教训：战争的结果不是注定的
565　　二、第二个教训：战争通常比想象的更残酷、
　　　　更血腥
570　　三、第三个教训：美国的大战略足够强大，可以
　　　　承受一些挫折

第一章

美国内战

第一章 美国内战

美国内战是一场悲剧性战争，严重破坏并几乎摧毁了年轻的美利坚合众国。服役人员达全国总人口的10%以上。北方联邦（Union）军事力量最多时达到约70万人，在整个战争过程中约有250万人参加北方联邦军队。与之相对应的南方邦联（Confederate）军事力量则相当于北方联邦军队的40%—50%。在将近4年的时间里，进行了大约50场大规模战役和100场小规模战役。[1]

美国内战期间，北方和南方共计约75万战士死亡。而当时的美国总人口数只有现在的1/10，即仅仅略高于3 000万，战士死亡占比比较高。美国内战死亡人数约占当时美国总人口的2.5%——年轻男性的死亡人数则远高于这一比例。南方白人男性死亡比例更高，在这场斗争中，他们处于3∶1的劣势，死亡人数预计达到南方总死亡人数的3/4左右［美国战前人口，北方（包括边界州）约为2 000万，南方约为900万，其中约350万是奴隶，其余人口分布在

---

[1] Russell F. Weigley, *A Great Civil War: A Military and Political History, 1861-1865* (Bloomington: Indiana University Press, 2000), pp. 231-236; James M. McPherson, *Battle Cry of Freedom* (Oxford: Oxford University Press, 1988): 306-307; History.net, "Civil War Battles," Arlington, Va., 2020, historynet.com/civil-war-battles; and National Park Service, "The Civil War," 2020, nps.gov/civilwar/facts.htm.

西部地区]。① 数十万人严重受伤或致残。② 美国内战的死亡总数可能超过了美国在两次世界大战、朝鲜战争、越南战争以及美国历史上所有其他战争中的伤亡人数总和。尽管美国内战调整后的预算成本额度远远低于两次世界大战或朝鲜战争、越南战争、伊拉克战争和阿富汗战争，而更接近沙漠风暴行动的战争成本，即1 000亿美元左右（第一次世界大战和朝鲜战争的预算成本为4 000亿美元，越南战争、伊拉克战争和阿富汗战争的预算成本约为1万亿美元或以上，第二次世界大战的预算成本接近5万亿美元），但是内战期间，美国在人员伤亡方面所造成的人道主义灾难是巨大的。③

现代战略家和政策制定者需要对美国内战有基本的了解，这不仅是为了厘清美国历史，也是为了吸取教训，认清现代战争的本质。美国内战可以说是历史上第一场现代战争——以工业规模展开，使用了广泛的新技术并快速演进，进而影响整个社会。拿破仑战争也呈现出现代战争的

---

① National Park Service, "The Civil War," Washington, DC, 2020.

② Guy Gugliotta, "New Estimate Raises Civil War Death Toll," *New York Times*, April 2, 2012; Nese F. DeBruyne, "American War and Military Operations Casualties: Lists and Statistics," Congressional Research Service, April 26, 2017, census. gov/history/pdf/wwi-casualties112018. pdf.

③ Michael E. O'Hanlon, *Defense 101: Understanding the Military of Today and Tomorrow* (Ithaca: Cornell University Press, 2021), p. 58; and Stephen Daggett, "Costs of Major U. S. Wars," Congressional Research Service, Washington, DC, 2010, https://fas. org/sgp/crs/natsec/RS22926. pdf.

第一章　美国内战

一些特征，但不像美国内战涵盖的这般丰富。

几乎没有人能预料到这场战争将持续多久，代价将如何巨大。如果人们曾预料到，甚至认识到其可能性，也许战争就可以避免，或与实际情况截然不同。在很大程度上，战争性质本应能够预见。现代战争的技术加持及其对人体的影响，已经在过去数十年的克里米亚战争中得到了实战检验。而且，考虑到当时群情高涨，南方邦联军发动消耗战以期耗尽北方联邦军队的耐心和意志，这也在常理之中。正因有机会赢得最终胜利，所以甘冒天下之大不韪的风险，这并非毫无章法。然而，南方奴隶主为了消耗联邦敌人力量并消磨其意志，维护其既有的奴隶制度而退出联邦，造成国家分裂局面，这确非军事理念不同而导致的非理性决定。

诚然，由于美国奴隶制的原罪已经深深地与南方的经济和文化交织在一起，因此也与美国的政治紧密交织在一起，这场冲突在所难免。在众多参与者看来，美国内战是一场为了荣耀而进行的生死存亡的争夺战：对许多南方人而言，这场战争关乎他们的经济制度、生活方式以及强烈的地方和地区认同感；对许多北方人而言，这场战争关乎联邦的存在，以及自美国《独立宣言》制定以来所阐明（尽管未完全实施）的人人平等和人权原则的承诺。

然而，南北双方领导人参战时都对其在政治或军事上迅速取得成功的前景过于自信。下文将对这一粗浅经验展

现代战略家必读军事史：1861年以来美国的主要战争

开进一步阐述，这也许是美国内战给当前决策者和战略家提供的最重要的教训。这是一种对战争不可预测性的警告，也是对人们以为自己能够控制战争的可悲倾向的警告。但这并不意味着北方打这场战争是错误的，也不能否定亚伯拉罕·林肯是美国历史上最伟大的总统。这表明，即使是那些认为自己在追求崇高目标的人，也可能会卷入可怕的血腥冲突之中。

为了解战争的始末，有必要知道1861年春天之前的故事。美国怎么会卷入兄弟阋墙、姐妹反目、朋友成仇、父子操戈的战争冲突中，而且对这场战争在军事、经济和人文方面的毁灭性后果竟然知之甚少？因此，与美国内战同等重要的一段历史就是1861年4月南卡罗来纳州萨姆特堡打响第一枪前后几个月发生的事。正是在这一时期，主要军事准备工作已经完成（也有些可能没有完成），此状况显露出人们对于要开展一场速决战的普遍预期。

一、战争武器、冲突性质、主要参战方的战略

美国内战这段军事历史涉及步兵、马匹、铁路，用船只运送军队和实施封锁，电报、步枪和线膛炮的改进，以及社会成员的大规模动员。尤其是铁路、电报和步枪，在

第一章　美国内战

这一时期引领了一场军事革命。①

伤病人员的医疗护理状况则不尽如人意。提供移动医疗服务的能力严重不足。对伤员的治疗方法根本就不会考虑消毒杀菌（如果他们足够幸运的话，能够在截肢前喝上两口威士忌）。在克里米亚战争（Crimean War）前十年，像弗罗伦斯·南丁格尔和美国内战期间的克拉拉·巴顿等野战医疗创新者，他们也只能部分缓解这不堪的现实状况。疾病往往比敌人的炮火更能摧毁部队的意志。

铁路在内战中被用于大规模的军队运输和物资运输，这在战争中前所未有。与过去相比，铁路的可利用程度大大提高，当战争开始时，全国范围内铁路总里程已达到3万英里（相比之下，1840年之前的数量只有其1/10）。②

船只在战争中也发挥了重要作用。例如，1862年2月田纳西州纳什维尔城被北方占领后，船只成为整个战区内联邦军队的主要集结和补给基地，共接收了约200艘船的供应物资，以及数十列日常铁路车辆。③ 马匹被用来拉动

---

① Andrew F. Krepinevich, "From Cavalry to Computer: The Pattern of Military Revolutions," *National Interest* 37 (Fall 1994); and Eliot A. Cohen, *Supreme Command: Soldiers, Statesmen, and Leadership in Wartime* (New York: Free Press, 2002), pp. 23-29.

② Eliot A. Cohen, *Supreme Command: Soldiers, Statesmen, and Leadership in Wartime* (New York: Free Press, 2002), p. 25.

③ Phillip R. Kemmerly, "Rivers, Rails, and Rebels: Logistics and Struggle to Supply U. S. Army Depot at Nashville, 1862-1865," *Journal of Military History* 84 (July 2020): 713-746.

补给车队,并为双方的骑兵提供装备,这些骑兵充当各自军队的耳目和"特种部队"(类似于现在的无人机、侦察机、卫星和电子情报平台)。大多数士兵赤脚前进,幸运的会有鞋穿。

战场通信通常依靠骑兵和信号旗。只要工作线路能够运转、建立并妥善保护,与国家首都和主要军事指挥部之间的战略通信就通过电报进行。这些环节有助于在各种会战的关键时刻远距离增调支援部队,并确保后勤保障充足。北方联邦或南方邦联通常不使用这些通信手段进行战术决策和行动的微观管理。

战争的关键武器是大炮和火枪。带有米涅弹(Minié balls)的线膛步枪使用有槽的枪管来产生自旋,因此比早期的子弹更加精准,尽管改进程度仍有争议。① 后膛枪也首次亮相,特别是在北方联邦军队中,这种步枪不需要士兵站起来将装有弹药的新弹夹填入枪膛。夏普斯步枪和斯宾塞步枪等武器在冲突中也发挥了越来越重要的作用,其中斯宾塞步枪能在一个弹匣中装七发子弹。②

美国内战期间,海战开始发生重大变革。标志性的会战是两艘铁甲舰之间的决斗,即南方邦联的梅里马克号/弗

---

① Paddy Griffith, *Battle Tactics of the Civil War* (New Haven: Yale University Press, 1989).

② Max Boot, *War Made New: Technology, Warfare, and the Course of History, 1500 to Today* (New York: Gotham Books, 2006), pp. 128-129.

第一章 美国内战

吉尼亚号（Merrimack/Virginia）和北方联邦的莫尼特号（Monitor）。1862年3月9日，双方用大炮互相攻击，但毫无成效，最终陷入僵局。此外，还出现了水雷以及潜艇和鱼雷等新概念武器，但效果有限。① 侦察气球也在军事行动中得到了应用，但同样，总体上发挥的作用较小。②

成功防御的关键要素是利用战壕，这些战壕通常在预期将发生交战前迅速挖好。随着战争的进行，可以说铁锹变得比刺刀更重要。③

利用突袭和攻击速度从侧翼或后方攻击敌人通常是一种有效的战术。在这种情况下，对手的防御准备将失去效力，后勤支援的软肋更加暴露，此时最容易受到"纵向射击"火力的攻击，即火炮可以朝着正确的方向瞄准，不管射程有多远，相当有信心击中敌军。④ 但在一波士兵徒步冲向既定防御阵地之前，战场上的炮兵准备通常也只能做这么多。当时，引信装置尚不能实现在堑壕线处精确引爆，战场侦察能力有限，如果炮兵试图靠近则可能会成为拿着

---

① Max Boot, *War Made New: Technology, Warfare, and the Course of History, 1500 to Today* (New York: Gotham Books, 2006), pp. 174-175.

② Martin Van Creveld, *Technology and War: From 2000 B.C. to the Present*, rev. and exp. ed. (New York: Free Press, 1991), pp. 181, 191, 208.

③ Andrew Krepinevich, "From Cavalry to Computer: The Pattern of Military Revolutions," *The National Interest*, Fall 1994, pp. 30-42.

④ Eliot A. Cohen, *Supreme Command: Soldiers, Statesmen, and Leadership in Wartime* (New York: Free Press, 2002), pp. 23-29.

现代战略家必读军事史：1861年以来美国的主要战争

步枪的狙击手的击杀目标。①

这场战争持续了几乎整整四年，且几乎与林肯总统的任期完全重叠，这绝非巧合。从广义上讲，这场战争有两个主要战区和几个重要的起伏、发展和转折点。在东战区，南方邦联军主要由罗伯特·爱德华·李（Robert E. Lee）将军领导，北方联邦军由许多将军领导，包括后期的乔治·戈登·米德（George G. Meade）和尤利西斯·辛普森·格兰特（Ulysses S. Grant）两位将军。在整个战争过程中，双方曾在里士满、东部半岛、西部谢南多厄河谷（Shenandoah Valley）以及森林和农田等地区对峙，同时也包括马里兰州和宾夕法尼亚州的部分地区。

在广袤的西战区，包括从肯塔基州和田纳西州到密西西比州和路易斯安那州，甚至阿肯色州和密苏里州的一些地区，北方联邦军的进展有起有落，但持续获得进展。北方联邦军对密西西比河沿岸的控制不断加强，最终在1862年占领了新奥尔良，并于1863年成功围攻维克斯堡。随着北方联邦军在田纳西州东南部的战况逐步向好，威廉·特库赛·谢尔曼将军转向进攻亚特兰大并随后"向海洋进军"，两个战区最终会合。

大多数战役发生在白天，通常持续一到三天。战斗激

---

① Russell F. Weigley, *A Great Civil War: A Military and Political History, 1861-1865* (Bloomington: Indiana University Press, 2000), p. 34.

第一章 美国内战

烈而血腥，即使是胜利的一方也难以为继，他们也要通过快速后续调遣和行动来巩固胜利。①

南方邦联的主要军事目标是在战场上尽量拖延时间，以说服北方联邦领导人，或如果未能说服北方联邦领导人则说服其选民，使其意识到不值得为强行统一国家而大费周章。他们距离成功只有一步之遥。即便使用防守术语做以解释，这种胜利也往往伴随着进攻性思维，包括罗伯特·爱德华·李、托马斯·乔纳森·杰克逊（Thomas Jonathan Jackson），石墙·杰克逊（Stonewall Jackson）② 和詹姆斯·尤厄尔·布朗·"杰布"·斯图尔特（J. E. B. "Jeb" Stuart）在内的南方邦联将军（在这三人中，只有罗伯特·爱德华·李在战争中幸存下来）在战役和战术上的表现。南方邦联总统杰弗逊·戴维斯（Jefferson Davis）毕业于西点军校，曾任美国战争部长，他也赞同"攻—防"思想。③ 拿破仑战争及其19世纪初重大决定性会战影响了南方邦联

---

① Russell F. Weigley, *A Great Civil War: A Military and Political History, 1861–1865* (Bloomington: Indiana University Press, 2000), pp. 279, 283.

② 这里所说的石墙·杰克逊（Stonewall Jackson），其原名为托马斯·乔纳森·杰克逊（Thomas Jonathan Jackson），因其在1861年率军顽强坚守亨利山时挡住了北方联邦军队的猛攻，从此得了一个绰号"石墙"，其所领导的弗吉尼亚第一步兵旅从此被称为"石墙"旅。——译者注

③ Joseph G. Dawson Ⅲ, "Jefferson Davis and the Confederacy's 'Offensive Defensive' Strategy in the U. S. Civil War," *Journal of Military History* 73 (April 2009): 591–607.

011

领导人关于战争胜负的理论。[1] 他们还希望赢得国际认可，以压倒性的胜利影响南北双方心理。然而，这种方法最终在南方以失败告终。尽管如此，必须承认，南方邦联中有几个在战术上表现得非常睿智的将军，经常留下小规模的防御部队来守卫已有阵地，然后调兵遣将、运筹帷幄，为进攻创造有利条件。

北方联邦最初的战时目标是迫使南方扮演侵略者的角色。林肯希望这会让支持北方联邦的南方人在支持如此极端的分裂战争时三思而行。林肯还试图借此最大限度地获得北方、边界州和外国对北方联邦难处的同情。换句话说，林肯的基本思想具有克劳塞维茨思想的典型特点，顺理成章地承认政治和军事行动之间的相互作用。然而，南方对该事件的发展普遍存在不同的解读；杰弗逊·戴维斯在反思北方如何描述萨姆特事件时表示："北方十分狡猾，试图让民众认为一直主张和平但仍处于防守的南方以这种'不流血的'冲击拉开了美国分裂战争的序幕。"[2]

然而，这种政治性手段失败后，北方联邦的战争目标立马就发生了改变和升级。他们试图威胁里士满，认为夺取占领南方的首都可能会有效地摧毁南方邦联。他们还试

---

[1] Russell F. Weigley, *A Great Civil War: A Military and Political History, 1861–1865* (Bloomington: Indiana University Press, 2000), pp. 29–35.

[2] Jefferson Davis, *The Rise and Fall of the Confederate Government* (Middletown: Pantianos Classics, 1976), p. 140.

第一章　美国内战

图削弱南方的主要军队，使其无力抵抗北方提出的条件。第一种方法将南方的首都视为南方的重心；第二种方法将南方邦联的军队视为主要目标。二者经常同时受到攻击，这主要是因为威胁里士满往往会诱使南方邦联军试图阻止北方联邦军的进攻，并与之交战。作为补充性目标，北方联邦试图通过军事行动扼杀南方的经济，包括从密西西比河到大西洋和海湾的主要的港口（通过阻断）再到南方的主要铁路网。事实上，在战争开始时，北方联邦军队首脑温菲尔德·斯科特（Winfield Scott）将军就主张优先采用这种方法而不是地面战，称为"长蛇计划"战略①（Anaconda）。林肯本人认为，从战争早期开始，摧毁罗伯特·爱德华·李的军队是战争的重心，所以他将"长蛇计划"战略纳入了联邦战略，但并不以"长蛇计划"战略为主。② 格兰特从1864年3月开始全面指挥北方联邦军队后，也将南方邦联军（包括罗伯特·爱德华·李将军的军队以

---

① "长蛇计划"，该计划规定海军封锁南部沿海，切断南部同盟与欧洲的联系，陆军沿密西西比河南下，占领并控制沿河重镇，将南部联盟分割为东西两部分，尔后围困和封锁南部联盟主体东南诸州，最终迫使南部联盟屈服。本书第六章Operation Anaconda，代指"蟒蛇行动"，此次战斗行动开始于2002年3月1日，美军作战部队、阿富汗"北方联盟"部队以及其他盟国部队，在靠近巴基斯坦的崎岖山区中打响了猛烈地面战斗，区别于此处的"长蛇计划"。——译者注

② Daniel T. Canfield, "Opportunity Lost: Combined Operations and the Development of Union Military Strategy, April 1861–April 1862," *Journal of Military History* 79 (July 2015): 657–690; and Eliot A. Cohen, *Supreme Command: Soldiers, Statesmen, and Leadership in Wartime* (New York: Free Press, 2002), pp. 31–33.

现代战略家必读军事史：1861年以来美国的主要战争

及其他战区的军队）视为自己战略的主要焦点。

格兰特和谢尔曼成为北方联邦在战争中最具代表性的常胜将军。对格兰特来说，成功的关键是了解自身在整体数量上的优势以及李将军在保护里士满和自己的部队时所处的困境。因此，在1864—1865年的战役中，即使格兰特经历了战术上的挫折和失败，他仍然坚持不懈。对谢尔曼来说，关键的洞察力是清楚在不同的地理战区调兵遣将的力量。1864年攻取亚特兰大时，谢尔曼寻找有利的作战地点，在很大程度上避免对以依靠壕沟防护为主的南方邦联军进行直接攻击。后来，谢尔曼决定不再依赖易受南方邦联军打击的铁路线，而是选择经过佐治亚州和南卡罗来纳州地盘进行作战，但是在占领这一片土地期间他的军队毁掉了所有无法消耗的食物，也没有留给当地居民使用。这导致了当地的民生灾难。谢尔曼的行为引发一些难题：在这样一场关乎国家生存的战争中，战争目的的正确性是否能证明战争手段的正当性。我并未打算在本书中回答这些问题，只是在更广泛的史学研究背景下提出这类问题。[1]

双方也都存在许多中庸型将军。这在一定程度上是因为政治斗争常常会影响他们的选择，尤其是（尽管不完全

---

[1] Michael Walzer, *Just and Unjust Wars* (New York: Basic Books, 1977), pp. 32–33.

第一章 美国内战

如此）北方联邦，特别是在战争初期。① 有时，敌对双方的军官彼此非常了解，他们或曾是西点军校时的同学，或曾在军队中一起服役，包括1846—1847年的美墨战争。② 在之前战役中相对轻松的战斗经历可能让许多人在内战初期过于自信。大约四分之一的美国陆军军官投靠南方，为南方邦联而战。③ 其中一些人非常出色。正如历史学家布鲁斯·卡顿（Bruce Catton）谈到南方邦联最优秀的将军时所说："他们都是全力以赴之人，要是打起仗来，肯定会不惜一切代价。他们对战争的机遇充满欢愉，打起仗来像在享受，也可能是真的很享受。波托马克军团（Army of the Potomac）早年就缺乏这样的领导。"④ 即便时间漫长，北方联邦军队在人力和物资上的巨大优势也最终助其迎来了胜利。

---

① David Petraeus, "Take the Confederate Names Off Our Army Bases," *The Atlantic*, June 9, 2020.

② 即美国侵略墨西哥的战争，是美国西进运动和大陆扩张史中一个关键性事件，它对于美国经济大国的形成和发展具有重大影响，也是美国内战的前驱。——译者注

③ Carl Sandburg, *Abraham Lincoln: The Prairie Years and the War Years*, one-vol. ed. (New York: Galahad Books, 1954), p. 250.

④ Bruce Catton, *Mr. Lincoln's Army* (Garden City: Doubleday and Company, 1951), p. 206.

二、过于自信、盲目乐观和战争之路

虽说北方和南方的领导人和公民均对各自快速获胜的可能性过于自信,但这意味着美国人对内战的可能性持轻率态度。在冲突爆发前的几年里,政治辩论激烈而严肃,这在美国历史上极为罕见。南北双方早就预料到可能会发生一场源于美国奴隶制这种"特殊制度"的国家存亡之战。奴隶制被称为美国的原罪。它不仅在道德层面上困扰着许多人,而且引发了不同程度的负罪感,因为许多受奴隶制困扰的人也拥有奴隶,他们已经预料到奴隶制将如何根据种族和地区划分国家。

在内战爆发前的 10—15 年里,冲突的步伐不断加快。奴隶制和州权问题日益主导美国的政治。最终,1850 年颁布了《逃奴法案》(Fugitive Slave Act),旨在帮助奴隶主从北方找回逃跑的奴隶;1854 年颁布《堪萨斯—内布拉斯加法案》(Kansas-Nebraska Act),代替了 1820 年颁布的《密苏里妥协案》(Missouri Compromise),允许更大限度地扩展奴隶制所在地区;1857 年德雷德·斯科特案判决(Dred Scott decision)剥夺了黑人本应享有的许多宪法和法律权利;1858 年亚伯拉罕·林肯(Abraham Lincoln)和史蒂芬·道格拉斯(Stephen Douglas)展开了一系列参议院选举辩论;还有 1860 年进行的至关重要的总统选举。1846—1847

第一章　美国内战

年的美墨战争导致美国领土扩张,加剧了冲突。随着新领土即将成为州,它们威胁要改变蓄奴州和自由州之间的权力平衡,对双方的未来都显示出不祥的预兆。因此,脱离联邦的言论更加盛行,国家分裂似乎是迟早的事。①

尽管如此,19世纪40年代和50年代的大部分动荡和焦虑与实际的战争准备并无太大关系。辩论更具政治性和哲理性。事实上,废奴运动很大程度上具有和平主义和理想主义色彩。尽管从19世纪50年代开始,一些人也许能够想象到可能会发生暴力事件,但辩论表达得比较崇高和抽象,如弗雷德里克·道格拉斯(Frederick Douglas)在1859年的一篇社论中提出的观点,他认为如果需要的话,战争是可以接受的,因为"如果演讲能废除奴隶制,那早就已经废除了"。② 对这些人而言,大多数分离主义者没有预料到北方会对他们实现分离的愿望作出强有力的军事回应。

即使在19世纪50年代末南方已经脱离北方联邦时,也很少有人预料到会有一场旷日持久的战争。可以肯定的是,暴力越来越不可避免——比如堪萨斯州,支持奴隶制和反对奴隶制之间的党派冲突;1856年在美国国会大厦,

---

① James M. McPherson, *Battle Cry of Freedom* (Oxford: Oxford University Press, 1988), pp. 1-233.

② David W. Blight, *Frederick Douglas: Prophet of Freedom* (New York: Simon and Schuster, 2018), p. 304.

现代战略家必读军事史：1861年以来美国的主要战争

马萨诸塞州参议员查尔斯·萨姆纳（Charles Sumner）遭到南卡罗来纳州的众议员普雷斯顿·布鲁克斯（Preston Brooks）鞭笞打击，这是美国历史上最广为人知的国会暴力事件——"萨姆纳鞭笞事件"；① 1859年，废奴主义者约翰·布朗（John Brown）对西弗吉尼亚州哈珀斯渡口（当时仍是弗吉尼亚州的一部分）进行了暴虐袭击，致使他被处以绞刑。但是大多数人都未曾想到会有一场大战。例如，南方对暴力的恐惧增长，担心约翰·布朗在哈珀斯渡口组织的那种（糟糕的）治安维持制度会蔓延，而不是担心联邦军队会强行施压占领南方。② 正如南方邦联总统杰弗逊·戴维斯在1861年的回忆录中所述："人们普遍认为不会发生战争，即使发生，也不会持续太久。"③ 虽然戴维斯本人并不认同这一观点，但他也没有预见到接下来的大屠杀，他曾说这场大屠杀夺去了"数千人的生命"，而事实上，最

---

① 这是美国历史上一件国会暴力事件。1856年5月22日，南卡罗来纳州民主党众议员普雷斯顿·布鲁克斯来到国会大厦参议院会议厅，向马萨诸塞州共和党参议员查尔斯·萨姆纳宣布了他的罪行："萨姆纳先生，您的发言稿我已经仔细看了两遍，这是对南卡罗来纳州和我的亲戚巴特勒先生的诽谤。"语毕，布鲁克斯用"一根用来训练不守规矩的狗的轻型手杖"狠狠抽打萨姆纳。直到手杖被折成几段，萨姆纳奄奄一息，布鲁克斯才安然离去。——译者注

② James M. McPherson, *Battle Cry of Freedom* (Oxford: Oxford University Press, 1988), pp. 1-233.

③ Jefferson Davis, *The Rise and Fall of the Confederate Government* (Middletown: Pantianos Classics, 1976), p. 143.

第一章　美国内战

终死亡人数达到了 75 万。① 林肯的主要关注点是遏制奴隶制的扩张，同时找到任何可能的方式避免分裂和战争，即使以无限期容忍南方的奴隶制为代价。② 民兵运动虽受欢迎，但也仅限于个别的州，并没有达到协同一致的军事准备。③

1861 年 3 月 4 日，詹姆斯·布坎南（James Buchanan）向亚伯拉罕·林肯交接总统权力时，联邦军力还不到 2 万人，分布在全国广阔的领土上，其中，密西西比河以东不到 4 000 人。④ 事实上，正如詹姆斯·麦克弗森（James McPherson）所写的那样，"1860—1861 年冬季最强大的武装力量是脱离联邦各州的民兵"。⑤ 北方联邦军队只有 2 名军官曾在会战中指挥过旅以上的部队，而且他们都已年过 70。陆军总司令温菲尔德·斯科特（Winfield Scott）已经 74 岁，年迈的他开着会也可能会睡着。军队没有总参谋部，没有战略，也没有动员兵力的作战计划。⑥ 他们开始

---

① William J. Cooper, Jr., *Jefferson Davis, American* (New York: Vintage Books, 2000), p. 366.

② H. W. Brands, *The Zealot and the Emancipator and the Struggle for American Freedom* (New York: Doubleday, 2020), pp. 1-3.

③ Russell F. Weigley, *A Great Civil War: A Military and Political History, 1861-1865* (Bloomington: Indiana University Press, 2000), pp. 25-28.

④ Adam Goodheart, *1861: The Civil War Awakening* (New York: Alfred A. Knopf, 2011), pp. 159-160.

⑤ James M. McPherson, *Battle Cry of Freedom* (Oxford: Oxford University Press, 1988), p. 250.

⑥ Ibid., p. 313.

现代战略家必读军事史：1861年以来美国的主要战争

打仗时连情报组织也没有。① 战争部只有93名雇员。海军部队也没有做好更多的战斗准备。

当时西点军校的军官学员学习较多的课程是数学和工程学，而非学习普鲁士军队伟大学者卡尔·冯·克劳塞维茨的军事战略学。美墨战争中轻而易举便可征服对方的形象可能对他们的集体思维产生了过多影响。正如历史学家和战略家拉塞尔·韦格利（Russell Weigley）所言，当时最流行的军事教科书，由一位重要的未来联邦将军所写，但未能正确地将战略概念化，而更多的是将其视为一场大型会战的准备，而非实现胜利的可行路径。② 历史学家史蒂芬·安布罗斯（Stephen Ambrose）表示："像大多数美国人一样，学员们认为战争就是一场大规模的会战，胜利一方继续前进，并占领失败一方的首都。"③ 美国内战期间，预测战争动态和结果的现代计算方法尚未形成，但似乎也没有人直观地概述如果两支规模和装备基本相当的大军交战，直至一方败下阵来，结果究竟会如何。

从某种意义上说，北方的军事准备不可能超前于政治

---

① Review by David Welker of Peter G. Tsouras, *Major General George H. Sharpe and the Creation of American Military Intelligence in the Civil War* (New York: Casemate Publishers, 2019).

② Russell F. Weigley, *A Great Civil War: A Military and Political History, 1861-1865* (Bloomington: Indiana University Press, 2000), p. XX.

③ Stephen E. Ambrose, "America's Civil War Comes to West Point," Civil War Times Illustrated, August 1965, historynet. com/americas-civil-war-comes-to-west-point. htm.

第一章　美国内战

局势的变化。由于不想激怒分裂主义者，林肯在就任总统的最初几周并没有试图组建北方军队。① 他把精力集中在防止战争上，意欲给南方机会，以避免战争。正如他在1861年4月对顾问约翰·海（John Hay）所说："我的策略是没有策略。"林肯和他的宿敌史蒂芬·道格拉斯在白宫会见的那一天，正值1861年4月14日萨姆特堡向南方邦联的部队投降，北方联邦国旗被降下的当天。这是具有讽刺意义的转折，鉴于他们早期对奴隶制未来情况的政策分歧，道格拉斯建议采取更加果断的做法。他建议林肯将向国会申请拨款扩军至7.5万人的计划改为申请拨款扩军至20万人。虽然林肯对国家大事尽心尽力，但他并不能预测战争走向，也不知道作为总司令，如何指挥战争才能取得胜利。② 和许多人一样，他把脱离联邦看作新联邦中少数人一时兴起发动的起义。据此，一旦灵活处理好这个少数派，它将受到数量更为庞大、举措更为睿智的南方邦联支持者的政治上的迅速镇压——你可以称之为沉默的大多数。③ 1861年1月，就任总统之前，林肯在一次访谈中表示："我认为只需两三个团就可以在那些对政府不满的州执行美

---

① Russell F. Weigley, *A Great Civil War: A Military and Political History, 1861–1865* (Bloomington: Indiana University Press, 2000), pp. 24–25.

② Carl Sandburg, *Abraham Lincoln: The Prairie Years and the War Years, One Volume Edition* (New York: Galahad Books, 1954), p. 231.

③ Clayton Newell, *The Regular Army before the Civil War, 1845–1860* (Carlisle: U. S. Army War College, 2014), p. 50, https://history.army.mil/html/books/075/75-1/CMH_Pub_75-1.pdf.

国所有律法。"① 正如林肯在1860年夏天竞选总统时所说："南方人民理智且隐忍，不会试图毁掉政府。至少，我希望并相信如此。"②

当然，林肯未曾轻视过开战的可能性，他相信如果战争真的开始，南方定会不遗余力。③ 但是在开战之前，林肯及其顾问团队都没有认真考虑战争的性质，或需要什么样的策略和相关行动来打赢这场战争。林肯的担忧远不止如此。这场战争也牵涉到国家的基本属性、宗旨和特征。④ 他还忧心如何才能不让分裂主义者认为他们受到联邦的威胁，以避免给其制造先发制人的借口，从而造成既成事实，并避免在特拉华州、马里兰州、肯塔基州、密苏里州和即将成立的西弗吉尼亚州等重要边界州煽动对分裂主义者的同情。正如他在1861年3月4日的第一次就职演说中所说：

我们不需要流血或暴力，除非国家被迫参与战争，否则不会发生流血或暴力事件。国家赋予我的权力将用于持有、占领和掌控属于政府的财产和土地，以及收取关税和

---

① John Lewis Gaddis, *On Grand Strategy* (New York: Penguin Books, 2018), p. 234.

② H. W. Brands, *The Zealot and the Emancipator and the Struggle for American Freedom* (New York: Doubleday, 2020), p. 273.

③ David Herbert Donald, *Lincoln* (New York: Simon and Schuster, 1995), p. 295.

④ Robert Kagan, *Dangerous Nation: America's Foreign Policy from Its Earliest Days to the Dawn of the Twentieth Century* (New York: Random House, 2006), p. 262.

第一章 美国内战

进口税。但除了实现这些目标所需采取的措施，我们不会侵犯任何地方的人民，也不会对人民使用武力，人民之间也不得使用武力。①

正如他后来在1865年3月4日的第二次就职演说中所指出："双方都没有预料到这场战争能达到现在的规模或持续这么长时间。"②

我们不能怪林肯没有花时间仔细研究战争计划或进行详尽的军事演习（这些都不存在）。他一门心思地研究这场战争的政治问题，因政治问题也是其军事层面不可或缺的一部分。五个边界州是否会像在北方联邦内部一样保持凝聚力，以及南方邦联内部人员是否会有强行停止脱离联邦的行动和冲突，这些问题对战争走向都有着至关重要的影响。然而，对军事准备的忽视仍然令人震惊。即使林肯在1861年7月4日的国会讲话中，要求拨款扩军40万人，使之成为一场"短暂而决定性的战斗"时，他仍然用"镇压叛乱"这种措辞来表明他对未来战役性质的直觉判断，或者至少他希望如此。③ "叛乱"一词的使用很大程度上是基

---

① H. W. Brands, *The Zealot and the Emancipator and the Struggle for American Freedom* (New York: Doubleday, 2020), p. 304.

② President Abraham Lincoln, Second Inaugural Address, Washington, DC, March 4, 1865, quoted in Carl Sandburg, *Abraham Lincoln: The Prairie Years and the War Years*, One Volume Edition (New York: Galahad Books, 1954), p. 664.

③ Abraham Lincoln, "Message to Congress in Special Session, July 4, 1861," in John Grafton (ed.), *Great Speeches of Abraham Lincoln* (New York: Dover Publications, 1991), p. 69.

于林肯一贯坚定地拒绝承认脱离联邦的合法性或南方邦联各州的地位。但是他使用"镇压"这个词则暗示了他预期不会花费太长时间。确实,在这几个月里,他授权在伊利诺伊州建造一座新的武器制造厂。① 可见,他的期望并非"轻而易举"。但是对总统来说,未来真正面临的根本性挑战,他却尚未意识到。

这种情况的另一个明显标志是战争部长的人选。为了安抚一个声望不高但较有影响力的人物——西蒙·卡梅伦(Simon Cameron),林肯让他选择担任战争部长或内政部长,虽然他原本想担任财政部长。林肯对他担任战争部长还是内政部长没有发表明确意见。可悲的是,卡梅伦选择了前者。随后,他在1861年担任战争部长期间,经常被指控欺诈和腐败,在北方联邦全速前进至关重要之时,使北方的军事准备陷入困境。用林肯传记作者戴维·赫伯特·唐纳德(David Herbert Donald)的话说:"任命卡梅伦为战争部长已经表明林肯尚未把战争当回事。"②

脱离联邦的各州关注的重点在于脱离,并建立一个南方邦联,继而为可能导致的旷日持久的战争做准备。故而当南方各州脱离北方联邦时并没有宣战。相反,他们只要

---

① Russell F. Weigley, *A Great Civil War: A Military and Political History, 1861–1865* (Bloomington: Indiana University Press, 2000), p. 24.

② David Herbert Donald, *Lincoln* (New York: Simon and Schuster, 1995), p. 281.

第一章 美国内战

求不受约束，追求自己选择的生活方式。因此，即使在今天的南方地区，人们仍然使用"北方侵略战争"这一说法。这种自傲和自以为是，助长了南方对与一个白人人口超过其三倍以上的北方进行战争的前景盲目乐观。许多南方人觉得其占据文化优势，在士气、美德和军事技能方面都远胜于北方人。弗吉尼亚州作为众多总统诞生和居住之地，加之其可观的经济实力，更是强化了这种观点。南方人也寄希望于从国外获得一定帮助，主要是因为他们过高地估计了世界各国对其棉花的需求，而事实上各国可以在埃及和印度等其他国家找到供货商。

罗伯特·李对即将到来的战争走向的预期更为现实。但他是个例外；正如他的助手沃尔特·泰勒（Walter Taylor）所言：李将军"是我当时认识的所有人中唯一一个持不同观点的人……他表现出对一场旷日持久的血腥战争的忧心忡忡"，并且"认为双方那些提议在 90 天内将对手从地球上消灭的虚幻言辞是夸大其词、荒谬至极"。[①] 尽管如此，李将军至少在 1863 年 7 月葛底斯堡战役之后，似乎一直坚信南方有很大机会获胜，并继续维持南方在政治上的自治性。

南方普遍存在的优越感和由此产生的自信心爆棚在战争早期更是得到了加强，如在 1861 年 7 月 21 日的第一次

[①] Emory M. Thomas, *Robert E. Lee* (New York: Norton, 1997), p. 197.

马纳萨斯战役（First Battle of Manassas）中，南方邦联军战胜了准备不充分的北方联邦军，这场胜利将在下文进一步讨论。① 此外，正如谢尔比·富特（Shelby Foote）指出的："南方有美国独立战争做榜样，当时反叛者面临着更加严峻的挑战。"②

但这些并不能表明美国在 19 世纪本质上处于和平之中。美国领土最初只包括北美东部沿海地区的狭长地带，在这一时期，其领土从大西洋沿岸扩展到太平洋沿岸。暴力往往是与对手抗衡必不可少的途径——首先是反抗英国人，接着是反抗美洲原住民，最后是反抗墨西哥和西班牙。历史学家和战略家罗伯特·卡根（Robert Kagan）称这一时期的美国是一个"危险的国家"。但是所有这些斗争的暴力程度和军事动员，与内战相比都微不足道。在两次世界大战之前，美国历史上从未有过像内战期间那样规模庞大的武装部队。在内战之前以及内战之后到第一次世界大战之前的各场冲突中，美国人的总死亡人数估计都不超过几千人。③ 正如詹姆斯·麦克弗森（James McPherson）所言："1861 年，许多美国人对战争的认识都是浪漫主义的、充满魅力的。"他在描述 1861 年南方邦联动员时用了另一个

---

① Shelby Foote, *The Civil War, a Narrative: Fort Sumter to Perryville* (New York: Vintage Books, 1958), pp. 73-74.
② Ibid., p. 60.
③ Kagan, *Dangerous Nation*; and DeBruyne, "American War", pp. 1-2.

第一章 美国内战

巧妙概括:"南方人都以为这是一场短暂而光荣的战争,趁着游戏还没结束争相加入军队。"①

无论战争开始时对未来战役的发展是何等自信或乐观,都不会在开战后持续太久。尽管尤利西斯·辛普森·格兰特承认,他和不少人至少在1862年4月田纳西州的希洛战役(battle of Shiloh)之前,预计战争持续时间会较短,但双方都在为持久战做准备,大规模动员士兵、生产武器。② 事实上,到1861年夏末,麦克莱伦将军极度谨慎的倾向,以及由此造成的拖延和耽搁,对北方联邦事业造成的伤害不亚于过度自信带来的严重后果。但是,重读和重温1861年之前的历史,我们可以注意到,双方似乎都不知道战争到底会造成什么结果。

可以肯定的是,恐慌一出现,双方都展现出了惊人的果敢。来自各行各业的美国人参加了这场可怕的战争。③ 双方都在伦理、宗教、对各自文化和生活方式的依恋以及普遍的信念中找到了强大的动力,认为如果必要,值得作出巨大牺牲。④ 然而,战场上的牺牲超出了他们自身和其

---

① James M. McPherson, *Battle Cry of Freedom* (Oxford: Oxford University Press, 1988) , pp. 317, 332.

② Ulysses S. Grant, *The Complete Personal Memoirs of Ulysses S. Grant* (Springfield: Seven Treasures Publications, 2010) , p. 131.

③ James M. McPherson, *Battle Cry of Freedom* (Oxford: Oxford University Press, 1988) , pp. 600-611.

④ Russell F. Weigley, *A Great Civil War: A Military and Political History, 1861-1865* (Bloomington: Indiana University Press, 2000) , pp. XXIV-XXVIII.

领导人最初的普遍预期。布鲁斯·卡顿（Bruce Catton）通过一些鲜明夸张性描述，生动地捕捉到了大多数士兵在战争初期的情绪：

> 军队出发的时候士气高涨。如今，当所有关于战争的幻想都化为乌有时，人们很容易忽略的是，那些年轻人当初曾争先恐后、轻松愉快地奔赴战场，满心欢喜地渴望就在前方的伟大冒险。他们奔赴战场是因为这是每个人的理想，他们天真无邪，根本不知道现实会是怎样，这一显而易见的事实并不能改变实际情况。领取入伍津贴后开小差的人和应征入伍的人还没有出现。这就是由国家的青年组成的军队，他们自觉地努力实现自己对勇敢的认识，坚信士兵就要一往无前；这支军队高举旗帜，可悲而真诚地摆出姿态，追求着自己不成熟的幻想。①

谢尔比·富特的观点类似：

> 尽管人们都在谈论各州的权利和联邦，但双方的男性自愿入伍的原因大同小异：寻求荣耀或

---

① Bruce Catton, *Mr. Lincoln's Army* (Garden City: Doubleday and Company, 1951), pp. 15–16.

第一章 美国内战

刺激,或者害怕被别人认为胆怯,但主要是因为这是分内之事。他们最大的共同特点是缺乏准备,对必须面对的东西一无所知……所有人都相信战争不会持续太久,有些人因为害怕在他们到达战场之前战争就会结束,于是匆忙加入。①

如果对战争潜在性质、持续时间和代价能有先见之明,战争就不会以这样的方式开始。林肯曾在就职演讲中承诺不对南方使用武力,另外,即使在七个州脱离联邦并成立南方邦联之后也"不需要流血或暴力,除非它被强加给国家权威,否则不会发生流血或暴力事件"。② 也许林肯本可以选择不增援萨姆特堡,这就不会让萨姆特堡战役成为1861年唯一一个可能引发战争的直接导火索。也许他应该给温菲尔德·斯科特将军的"长蛇计划"战略真正提供一次机会,即在进行大规模地面作战之前,通过封锁和控制海岸和河流在经济上打压南方。也许北方会在随意发起敌对行动之前建立一支真正的军队。

最重要的是,也许南方各州宁愿失去将奴隶制传播到新州的机会,也不愿意选择脱离联邦。毫无疑问,他们永

---

① Shelby Foote, *The Civil War, a Narrative: Fort Sumter to Perryville* (New York: Vintage Books, 1958), p. 63.

② Russell F. Weigley, *A Great Civil War: A Military and Political History, 1861-1865* (Bloomington: Indiana University Press, 2000), pp. 15-18.

远无法确信废奴主义运动不会壮大并直接针对南方已经存在的奴隶制。尽管大多数南方人不是大奴隶主,但他们不仅形成了主要基于奴隶制的独特经济模式,还形成了与美国其他大部分地区完全不同的社会制度和生活方式。随着时间的推移,这些差异变得更加显著。① 但与随后发生的事件相比,与可以实际预测的结果相比,至少从广义上来说,因奴隶制问题而不惜开战的决定不仅违背道德标准,而且此举极不明智。

有了这些大量的理论背景做支撑,下面将逐年对美国内战做一个简短总结,后面几章也都会有这种总结。在每种情况下,重点都不是单个会战的细节,而是将会战联系在一起来解释其更广泛意义上的战役和策略。

三、1861 年发生的战役

美国内战于 1861 年 4 月 12 日和 4 月 13 日在南卡罗来纳州查尔斯顿的萨姆特堡打响了第一枪,也就是大约在亚伯拉罕·林肯就任美国第十六任总统(也是首位共和党总统)一个月后。在脱离联邦的州中,一些联邦要塞已经被占领,但林肯坚持的原则是,作为美国总统,他理应控制

---

① Eugene D. Genovese, *The Political Economy of Slavery: Studies in the Economy and Society of the Slave South*, 2nd ed. (Middletown; Wesleyan University Press, 1989).

第一章 美国内战

所有要塞。因此，他试图在萨姆特堡抵抗到底，并计划在储备物资减少时进行再次增援。知道海上增援即将送达，南方邦联首先出击，轰炸要塞，直至投降。幸运的是，（尽管萨姆特堡投降后，南方邦联军向北方联邦国旗发出鸣礼炮时导致了一场事故，致使两名士兵丧生）来自南方邦联一方的交火并未造成人员伤亡。[1] 这场战役确实强化了北方支持林肯和北方联邦的情结。甚至林肯之前的死对头史蒂芬·道格拉斯也发表了慷慨激昂的演讲，恳求支持联邦（也就在他去世前几周）。罗伯特·李方面，他拒绝了林肯政府提出的任职北方联邦军队总司令的提议，辞去了在美国陆军中的职务，并很快加入了南方邦联的军队。后来北方联邦政府以拖欠税款为由没收了李将军在弗吉尼亚州阿灵顿的家产，最终将其建成一座墓地，后来被命名为阿灵顿国家公墓（Arlington National Cemetery）。[2]

事实上，南方州脱离北方联邦的进程在几个月前就已经从南卡罗来纳州开始了，即1860年12月20日，林肯当选后。之后在新一届政府上台之初，又有六个州（密西西比州、佛罗里达州、亚拉巴马州、佐治亚州、路易斯安那州和得克萨斯州）在2月1日之前脱离联邦。随后同月，南方邦联正式成立。阿肯色州、北卡罗来纳州、弗吉尼亚

---

[1] Adam Goodheart, *1861: The Civil War Awakening* (New York: Alfred A. Knopf, 2011), pp. 174–184.

[2] Emory M. Thomas, *Robert E. Lee* (New York: Norton, 1997), p. 314.

州和田纳西州也在春季和夏初加入。

林肯的策略旨在迫使南方邦联打响战争的第一枪,希望对方不开战,或至少不能加强北方是战争侵略者的说法。如前所述,林肯推测即使在南方也有一种潜在的亲联邦情结,人们一旦认识到发动战争愚不可及,重新加入联邦以恢复和平的可能性随之而来。① 所有这些都是为了在国家的两个地区用好政治手段尽快重建联邦(如果可能的话)。但对于南方来说,这在很大程度上被证明是一种幻想。

然而,林肯的策略在激励北方支持战争方面取得了更大成功。他把目光投向那些没有选择脱离联邦,但随时都有可能脱离联邦的蓄奴边境州。尽管他希望上帝站在联邦一边,但正如他曾打趣说的那句有名的话:"我必须拿下肯塔基州。"② 由于地理原因,林肯当然也需要马里兰州。他最成功的战略之一是在接下来的四年里将边境各州留在了北方联邦阵营中。

在接下来的几个月里,南北双方之间还进行了几次规模不大的交战。大多数是在南北方的地理交会处。8月发生在密苏里州的威尔逊溪(Wilson's Creek)战役和10月发生在弗吉尼亚州利斯堡(Leesburg)附近的鲍尔斯布拉夫

---

① David Herbert Donald, *Lincoln* (New York: Simon and Schuster, 1995), p. 260.
② James M. McPherson, *Battle Cry of Freedom* (Oxford: Oxford University Press, 1988), p. 284.

第一章 美国内战

(Ball's Bluff)战役均以南方邦联的胜利告终。然而,从7月开始,北方联邦军将南方邦联军赶出了即将建立的新州——西弗吉尼亚州,并阻止了南方邦联军重新夺回该地区的各种努力。① 这些战役,加上弗吉尼亚州脱离联邦,为正式建立西弗吉尼亚创造了必要的法律先决条件。这些战役也使34岁时担任铁路方面的领导,而非战争策划者的乔治·麦克莱伦获得了最初的成功。这让乔治·麦克莱伦引起了北方联邦的注意,为他迅速升迁奠定了基础,此后不久,他先是被任命为波托马克军团的总司令,后还曾一度担任美国军队的总司令。②

然而,美国内战的第一场大型战役是7月21日的第一次马纳萨斯战役,也称第一次奔牛河战役(First Battle of Bull Run)。此时,弗吉尼亚州的里士满继亚拉巴马州的蒙哥马利(Montgomery)成为南部联盟的首府。因此,正如南方邦联军队的一个关键小分队可乘火车到达战场参加战斗一样,杰弗逊·戴维斯也可以乘火车去观战。此时,双方已经组织了大量的战斗力量,试图控制由华盛顿特区、弗吉尼亚州北部及周边地区等构成的整体战区的关键地带和交通要道。北方联邦军发现南方邦联军集中在离国家首

---

① James M. McPherson, *Battle Cry of Freedom* (Oxford: Oxford University Press, 1988), pp. 297–303.

② Bruce Catton, *Mr. Lincoln's Army* (Garden City: Doubleday and Company, 1951), pp. 55–60.

033

现代战略家必读军事史：1861年以来美国的主要战争

都约30英里处，便从华盛顿出发对抗敌军。

一场勇气的考验在这里开始。此后，双方也开始意识到这场冲突将是一场名副其实的斗争，有许多硬仗要打。著名的林肯传记作者卡尔·桑德堡（Carl Sandburg）曾表示："1861年7月21日星期日的奔牛河战役，对一大群想看热闹的公众来说，就像一场体育赛事，战斗的日期和地点事先已经宣布，一群观众带着午餐篮来到现场，就像要去野餐一样。"① 但狂欢的气氛很快烟消云散。正如著名的美国内战历史学家谢尔比·富特（Shelby Foote）曾表示的那样："对运筹帷幄和充满个人浪漫主义的预想几乎没有实现。"② 双方各约有2万人参战，估计阵亡人数各约为600人，另各有约1 000人受伤。欧文·麦克道尔（Irvine McDowell）将军是北方联邦军的首领。皮埃尔·博雷加德（Pierre Beauregard）将军负责南方邦联军的战地指挥，约瑟夫·约翰斯顿（Joseph Johnston）将军负责全面指挥。还有其他在美国内战过程中成名的人，包括北方联邦的安布罗斯·伯恩赛德（Ambrose Burnside）、威廉·谢尔曼和奥利弗·霍华德（Oliver Howard），以及南方邦联的石墙·杰克逊和"杰布"·斯图尔特。

---

① Carl Sandburg, *Abraham Lincoln: The Prairie Years and the War Years*, one-vol. ed. (New York: Galahad Books, 1954), p. 252.
② Shelby Foote, *The Civil War, a Narrative: Fort Sumter to Perryville* (New York: Vintage Books, 1958), p. 93.

第一章 美国内战

　　由于采取高明的清晨战术和进攻策略，北方联邦军在战争初期一度获胜。如果他们充分利用最初的优势（或者提前一两天发动进攻），他们可能会一直取胜。但是南方邦联各位将领吸取教训，重新部署兵力，又得到了及时增援，战斗表现得勇敢无畏。就是在此时，石墙·杰克逊因和他的旅顽强坚守阵地而获此绰号。相比之下，许多北方联邦军的士兵在形势不佳时表现得不尽如人意，尤其是那些90天服役期即将到头的士兵。受挫后，一些人跑回了相对安全的华盛顿特区。由于北方联邦军表现不佳，麦克道尔将军被解职，取而代之的是年轻傲慢的麦克莱伦。①

　　结果，南方邦联更加坚信其尚武文化固有的优越性和其事业的正义性。然而，这场战争双方势均力敌，谈论胜利还为时尚早。并不是所有的北方联邦军都在战斗后溃不成军。②

　　1861年，除了后来的西弗吉尼亚，北方联邦在其他地方也取得了几次常被忽视的胜利。值得注意的是，北方联邦的海上封锁开始奏效。封锁始于1861年夏天。北方联邦海军发现，可以在未知航向的蒸汽船上使用线膛炮攻击一些南方要塞，并取得胜利，特别是作为屏障的岛屿地区。

---

① James M. McPherson, *Battle Cry of Freedom* (Oxford: Oxford University Press, 1988), pp. 339-368.

② Russell F. Weigley, *A Great Civil War: A Military and Political History, 1861-1865* (Bloomington: Indiana University Press, 2000), pp. 58-63.

现代战略家必读军事史：1861年以来美国的主要战争

从1861年8月开始，北卡罗来纳州开始占领岛屿和小港口，一路向南，在11月到达南卡罗来纳州的罗亚尔港（Port Royal），并于冬季和1862年初向南进入佛罗里达州。通过这种方法，北方可以在南方邦联土地上建立加油站和基地，即使没有机会控制附近的大陆领土，但是可以加强对南方邦联土地的封锁。① 这种攻击有其局限性。他们无法成功对抗较为强大的阵地，比如查尔斯顿港（Port of Charleston）。该港口在1863年4月7日遭到轰炸，但未被攻克，也没有被随后的海上袭击征服（只是在1865年谢尔曼将军的军队逼近时沦陷，下文会有更多介绍）。② 尽管如此，这些袭击使北方建立了更有效的基地网络，以进行和维持封锁行动。③ 这些行动最终使棉花出口相对于战前水平减少1/10以上，尽管达到这一效果花费了一段时间。④

除此之外，1861年在很大程度上是为即将到来的大规模战役进行动员并作准备的一年。这一过程中，双方招募了大量士兵，采取各种奖励制度，服役期限从3个月到3

---

① Russell F. Weigley, *A Great Civil War: A Military and Political History, 1861–1865* (Bloomington: Indiana University Press, 2000), pp. 72–77.

② Kevin J. Weddle, "'The Fall of Satan's Kingdom': Civil-Military Relations and the Union Navy's Attack on Charleston, April 1863," *Journal of Military History* 75 (April 2011): 411–439.

③ Russell F. Weigley, *A Great Civil War: A Military and Political History, 1861–1865* (Bloomington: Indiana University Press, 2000), pp. 72–77, 223–224, 420.

④ James M. McPherson, *Battle Cry of Freedom* (Oxford: Oxford University Press, 1988), pp. 382, 440.

第一章 美国内战

年不等。双方政府均未实行征兵制。一年的时间里，双方各组建起几十万的士兵。南方邦联中符合服役年龄的白人男性还不到北方联邦的1/3，但在士兵总数上接近北方，这比之后的任何一次战争都更要有效。北方因立法规定，最初只允许服役3个月。如前所述，在这一时期，北方联邦由一位无能的战争部长领导。①

战争动员还包括鼓励武器和其他关键材料的工业化生产。在这些方面，北方拥有巨大优势。例如，1860年，北方生产了全国高达97%的枪支和90%以上的鞋子、铁、机车及其他发起大型战争所需的关键要素。为了支撑军事基础设施建设的财税改革，北方联邦创立了美国有史以来的第一个联邦所得税。

南方邦联试图通过发展工业、从国外购买供应品（尽可能让一些武器绕过海上封锁），并在其领土上夺取联邦兵工厂的武器设备来充盈自身。南方邦联军械局（Ordnance Bureau）局长约西亚·戈尔加斯（Josiah Gorgas）为此所作的努力赢得了众人赞誉。但是，从战争之初及至接下来的4年战争，形势对南方都十分不利。②

除了仔细盘算如何将各边境各州留在北方联邦内，林

---

① David Herbert Donald, *Lincoln* (New York: Simon and Schuster, 1995), p. 296.

② James M. McPherson, *Battle Cry of Freedom* (Oxford: Oxford University Press, 1988), pp. 318–333.

肯还成功阻止了欧洲强国介入战争，尽管一些欧洲强国对南方棉花有较大需求（且一些国家对独立战争的结果仍有挥之不去的怨恨）。为此，他不得不在一场由北方联邦海军自找麻烦引发的危机中默默让步。11月，美国圣哈辛托号（U.S.S. San Jacinto）军舰在加勒比海地区拦截了一艘英国船只特伦特号（The Trent），并扣留了两名前往英国和法国的南方邦联特使。英国威胁说，如果不立即将被扣留者交由英国，英国将发动战争。当有人质疑林肯释放特使的决定时，他反驳说："一次只能打一场仗。"

四、1862年与战争的艰辛

1862年注定了美国内战无论如何都不会是一场短暂而轻松的战争。也是在这一年，双方的战略或明或暗地开始成为焦点。试图快速击倒对手的兴奋岁月一去不复返。他们需要严阵以待。

对于南方邦联而言，现实地说，其目标可能不是占领华盛顿或俘获林肯，但仍需要充分利用防御来保护里士满和南方邦联的主要领土和军队，同时希望机智和英勇能够带来战场上的胜利，以削弱北方的战斗意志。这种方法差一点就奏效了。

对北方联邦来说，目标逐渐明确（即便林肯的许多将军还没有这样认为，但至少在林肯看来是这样）：即使没有

第一章　美国内战

取得快速而决定性的胜利，即使输掉一些战役，也要利用其在人力和物力方面的巨大优势来拖垮南方。1862年取得较大成功的是温菲尔德·斯科特将军的"长蛇计划"战略。北方联邦军队试图将南方邦联分割成多个部分，彼此分隔，并与外界隔绝，并在田纳西州以及更广泛的密西西比河地区取得了初步成功。北方联邦有足够多对其有利的结构性因素，随着时间的推移，战场的实际情况越来越预示出北方的胜利，但前提是它能够在战役中找到合适的指挥官，并保持结束战斗的政治决心。

先来看西战区。最重要的行动发生在主要河流沿岸和附近，尤其是密西西比河，但也包括田纳西河和坎伯兰河，以及俄亥俄河。后三条河流向西或向北流入密西西比河，使其成为同一整体网络的一部分。这三条河流在军事和经济上都具有重要作用。它们构成了一个大面积森林地带的交通动脉，虽然道路和铁路网络相比东部地区更加稀疏。北方联邦最初的重要据点是伊利诺伊州的开罗（Cairo），位于俄亥俄河与密西西比河的交汇处（与密苏里州仅隔密西西比河相望）。

在整个地区，从阿巴拉契亚山脉延伸到密苏里州欧扎克斯（Ozarks）沿线，阿尔伯特·西德尼·约翰斯顿将军（General Albert Sidney Johnston）指挥着大约5万人的南方邦联军。该沿线的北方联邦军略超10万，由两个人指挥：亨利·哈勒克（Henry Halleck）负责从密苏里河到坎伯兰

现代战略家必读军事史：1861年以来美国的主要战争

河之间的地区，唐·卡洛斯·比尔（Don Carlos Buell）负责坎伯兰河以东地区。性格谨慎的哈勒克将军得到一位骁勇善战的军官辅佐，这位军官在1854年因酗酒而声名狼藉地离开美国陆军，如今又再次加入，他就是尤利西斯·辛普森·格兰特（Ulysses S. Grant）。

起初大多数士兵和军事领导人良莠不齐，表现平平。战争初期招募时利用的是人们的爱国热情，通常采用现金奖励。但几乎所有新兵对军事事务一窍不通。到了1862年，这一情况变得越来越明显，志愿兵制也已达到所能提供兵员的极限。因此，在1862年春天，南方邦联采取了一项较全面的征兵法案，要求适龄男子服役三年。1863年春天，北方联邦政府紧随其后，也出台了一项不够健全又漏洞百出的征兵法案。

1862年初，时任准将的格兰特出谋划策，制订了一个计划，即利用陆海军联合作战力量，攻击肯塔基州和田纳西州边界上的亨利堡（Fort Henry）。1862年2月的这次进攻使他们发现了南方邦联阵地中的薄弱点，并由此获胜。这不足为奇，因为南方阿尔伯特·约翰斯顿试图用非常有限的兵力保护整个肯塔基州的防线。无论其愿为新联盟政体如何倾其所有，单靠5万士兵来守护田纳西州和肯塔基州边境长达300英里的防线是困难重重的。尽管较上次的战役更加困难，北方联邦军还是很快在坎伯兰河附近的多尼尔森堡（Fort Donelson）再次取得胜利。

第一章　美国内战

随着进入1862年春天，阿尔伯特·约翰斯顿率领的南方邦联军最终向南撤退，从田纳西州和密西西比州边界退至密西西比州的科林斯镇（Corinth）。① 在那里，博雷加德将军指挥下的南方邦联军得到了1.5万名士兵的增援，他们分别来自新奥尔良（New Orleans）和亚拉巴马州的莫比尔（Mobil），由布瑞克斯顿·布雷格（Braxton Bragg）指挥。现在的4万兵力不仅足够重组，而且足以策划向北进军的反击计划。因此，1862年4月6—7日，希洛战役爆发，这是迄今为止最大的一场战役。南军已经北进到田纳西州，靠近一个名为匹兹堡枢纽（Pittsburgh Junction）的港口，格兰特带着部队在此与比尔将军的部队会合，准备在科林斯袭击南方邦联军。

但北方联邦军未准备好迎接己方阵地可能遭受的袭击。他们没有挖壕沟，也没有特别考虑在此进行自卫战的可能性，他们只把这里视为南下行军途中的一个中转站。因此，在遭受南方邦联军袭击时，北方联邦军大惊失色。随后的战斗发生在一座乡村教堂附近，这场战役因此得名，并成为美国内战史上的传奇之战。两天的战斗夹带着一个天气恶劣的夜晚。格兰特发现为他安排的室内庇护所兼作野战医院太过简陋，于是他出去在雨中找了个地方抽雪茄。谢尔曼将军找到他，说："哎，格兰特，这真是活见鬼的一天

---

① Russell F. Weigley, *A Great Civil War: A Military and Political History, 1861-1865* (Bloomington: Indiana University Press, 2000), pp. 111-118.

041

啊!"对此格兰特有一句著名的回答:"是啊,坚持到明天就好了。"① 不管他的真实想法究竟如何,这一战让格兰特相信这场战争将旷日持久、艰苦卓绝。②

第二天,北方联邦军确实迎来了好转。在比尔连夜赶到的情况下,联合起来的北方联邦军队抵挡住了进攻,并最终将规模较小的南方军队击退。双方的损失都很大。总兵力接近10万人(北方联邦军可能略高于5万人,南方邦联军约为4万人),总伤亡人数至少达到2万人。③ 阿尔伯特·约翰斯顿(Albert Johnston)将军腿部中弹,不久后因失血过多而死,成为整个战争期间双方伤亡者中军衔最高的人。

希洛战役的结果使北方联邦军继续向南突击。哈勒克将军的总兵力现在达到了10万人,于是向位于两条重要铁路交会处的科林斯附近的南方邦联军阵地推进。南方邦联的增援部队也及时赶到,总兵力达到约7万人。但南方邦联军成员相当混杂,且受到疾病肆虐的困扰。因此,他们最终不得不在春季末撤离这座城市。北方联邦占领了南方邦联唯一一条东西向铁路干线〔孟菲斯(Memphis)至查

---

① Bruce Catton, *Grant Moves South, 1861–1863* (Boston: Little, Brown, and Company, 1960), p. 242.
② Ulysses S. Grant, *The Complete Personal Memoirs of Ulysses S. Grant* (Springfield: Seven Treasures Publications, 2010), p. 131.
③ John MacDonald, *Great Battles of the Civil War* (New York: Collier Books, 1988), p. 31.

尔斯顿（Charleston）］，还有一条穿越科林斯、莫比尔和俄亥俄州的铁路。

1862年4月，孟菲斯和新奥尔良也相继陷落。关于新奥尔良，由在1812年战争中而声名大噪的60岁老将戴维·法拉格特（David Farragut）率领进攻。强大的海军能力再加上南方军队驻守该地的薄弱兵力，使得南方邦联军步步倒退。北方联邦在西战区的首要目标是对南方及其经济施加多重压力，这与将南方邦联分割成多个被封锁的部分并最终各个击破的思路是一致的。在西战区，北方联邦指挥官们开始从整个战区的角度进行作战思考和行动，意识到他们在人力物力方面的总体优势，故而即使遭遇战术挫折，仍坚持继续前进。

在攻占新奥尔良的过程中，法拉格特用他的小型舰队对城市下方的密西西比河上进行炮击。在一段时空内战斗异常激烈，使用了彰显当代海战特点的，诸如撞船、水雷等方式。最终，除了少数几艘较小的联邦舰只之外，其余舰只都成功通过，为运载1.5万地面部队的船只打开了通道。① 巴吞鲁日（Baton Rouge）也被北方联邦军队占领。这种多向挤压局势正在逐渐形成。②

因此，1862年对西战区的北方联邦军来说是充满希望

---

① James M. McPherson, *Battle Cry of Freedom* (Oxford: Oxford University Press, 1988), pp. 418–420.

② Ibid., pp. 392–427.

的一年。但全面胜利还有很长的路要走，必须等到第二年夏天才可能实现。北方联邦军仍然需要应对后勤保障不力，南方邦联发动的远至肯塔基州的突袭、疾病以及其他挑战。在接续一年的时间里，他们进展迟缓。

西战区还有一场大战。这场大战在田纳西州中部的斯通河（Stones River）和默弗里斯伯勒附近上演，从1862年12月31日一直持续到1863年1月2日，双方最终打成平局。在田纳西州，双方——威廉·罗斯克兰斯（William Rosecrans）将军率领的北方联邦军和布雷格将军率领的南方邦联军——都试图加强对这个关键州各自统治部分的控制。在这场战斗发生之前，1862年秋，肯塔基州佩里维尔（Perryville）附近发生了一场相关战斗。[1] 最终结果是肯塔基州仍然站在北方联邦一边。

与此同时，弗吉尼亚战区形势更加严峻，1862年是非常艰难的一年。如果说希洛战役预示了这场战争将会很艰难，那么当年春天和初夏的弗吉尼亚会战无疑证明了这一点。

但是，这并不是说北方在东战区事事不顺。例如，北方联邦军确实开始展示令人印象深刻的运输和后勤能力。陆军军需官蒙哥马利·梅格斯（Montgomery Meigs）和林肯新任命的战争部长埃德温·斯坦顿（Edwin Stanton）采取

---

[1] John MacDonald, *Great Battles of the Civil War* (New York: Collier Books, 1988), pp. 80–87.

第一章　美国内战

的措施已初见成效。梅格斯自1861年6月以来一直担任陆军军需官；斯坦顿在1862年1月取代了声名狼藉的西蒙·卡梅伦，成为林肯的坚定盟友。在梅格斯的领导下，军队物资竞标成为常态。另外还提出了标准化服装尺寸（属世界首次）；发明了制造鞋子的新方法；发明了小帐篷，使运输更方便。对于一支包括逾10万多士兵，经常在两个独立战区之间奔波征战，远离本土，每天消耗数百吨物资的军队而言，这些创新至关重要。[1] 与此同时，波托马克军团在新任指挥官乔治·麦克莱伦少将的领导下也更加井然有序了。然而，麦克莱伦在战斗中的表现不如在管理方面优异。早在1862年初，麦克莱伦就表现出了以下特征：他爱惜羽毛，除非具有压倒性优势（可惜他从未获得这种优势），否则他似乎不愿意向敌人开战。后来，他也因此被众口交詈。正如麦克莱伦传记作者斯蒂芬·西尔斯（Stephen Sears）所说的那样，"当乔治·布林顿·麦克莱伦将军发动战争时，他是一个被恶魔和妄想控制的人。"[2] 此时林肯已感觉处境艰难，于是在1862年3月解除了麦克莱伦美国陆军总司令的职务，不过，鉴于1862年春天和夏天都很关键，仍然保留了他波托马克军团指挥官的职位。

---

[1] James M. McPherson, *Battle Cry of Freedom* (Oxford: Oxford University Press, 1988), pp. 324-325.

[2] Stephen W. Sears, *George B. McClellan: The Young Napoleon* (New York: De Capo Press, 1999), p. 1.

现代战略家必读军事史：1861年以来美国的主要战争

3月，麦克莱伦制订的1862年重要战役计划付诸实施。为了从东侧攻击里士满，麦克莱伦率领波托马克军团10万余人沿切萨皮克湾而下，经水路进抵弗吉尼亚州詹姆斯河与约克河之间的半岛。同样，海上战争冲突也不容忽视。在此之前，弗吉尼亚号铁甲舰（CSS Virginia）和莫尼特号铁甲舰（U.S.S. Monitor）交锋，双方打成平手，推进了此次行动；前者不得不在战斗结束后撤回诺福克（Norfolk），因此无法威胁湾内航运。① 这两艘战舰都未能幸存；5月，弗吉尼亚号在诺福克落入北方联邦军手中时被凿沉，莫尼特号则在赴南方执行封锁任务时在海上失踪（双方在接下来的三年里各自建造了后续的战舰②）。

麦克莱伦的海上运输行动用了400艘船，进行得相当顺利，在两周内即完成了运输任务。③ 北方联邦的计划是，在登陆后经约克镇（Yorktown）和威廉斯堡（Williamsburg）从陆路进入里士满。此外，由欧文·麦克道尔将军指挥的约3.5万人从弗吉尼亚州弗雷德里克斯堡（Fredericksburg）向南行进，也将加入进攻部队。北方联邦军集结的兵力大概是南方邦联军兵力的两倍。南方邦联将在约瑟夫·约翰

---

① Russell F. Weigley, *A Great Civil War: A Military and Political History, 1861–1865* (Bloomington: Indiana University Press, 2000), pp. 120–121.

② James M. McPherson, *Battle Cry of Freedom* (Oxford: Oxford University Press, 1988), pp. 377–378.

③ John MacDonald, *Great Battles of the Civil War* (New York: Collier Books, 1988), p. 32.

第一章　美国内战

斯顿（Joseph Johnston）将军的带领下保卫里士满。然而，麦克莱伦的计划最终未能实现——随着麦克莱伦的部队频频受挫，士气一泻千里，即使他们已经离里士满相当近了，也无力继续战斗，战役计划很快遭到挫折。事实证明麦克莱伦并不具备最终赢得这场战争所需的胆魄韧性。尽管在兵力方面拥有相当大的优势，但他倾向于只守不攻，甚至在约克镇附近掘壕固守一个月（整个四月基本上都是如此）。当时，他认为北方联邦军人数低于南方邦联军，实际上后者人数要少得多。

　　说句公道话，在采取行动之前让自己多一点胜算并没有错——尤其是当一方拥有整体优势的时候。[1] 麦克莱伦还计划利用机动战和突袭战杀入里士满，以避免与准备充分的敌军进行正面对决，毕竟强固的防御工事对美国内战中许多将军而言都是灾难。他的想法具有一定的条理性。[2] 当时的情报也必然不精确；我们可以在历史书上列出内战中双方兵力部署的准确数字，但对当时的指挥官们而言，实时估算并没有那么精确可靠。

　　然而，在此情况下，麦克莱伦却助长了北方联邦军的惰性，此种政治形势，让南方邦联军有机可乘。南方邦联

---

[1] Donald Stoker, "McClellan's War Winning Strategy," *MHQ—The Quarterly Journal of Military History* 23, no. 4 (Summer 2011).

[2] Russell F. Weigley, *A Great Civil War: A Military and Political History, 1861–1865* (Bloomington: Indiana University Press, 2000), pp. 93–94.

军由此想到以下制胜方式：尽量拖延时间，耗尽北方联邦军持续作战的耐心和毅力。事实上，在李将军的恣意想象里，他不仅渴望拖延时间，还渴望对麦克莱伦的整个军队来个致命一击。实际上，李将军对于自己在1862年战役中的防御性成功并不满意，因为寡不敌众，他无法以总兵力约8万人实现光荣而决定性的反攻。①

　　林肯总统本人对麦克莱伦十分尊重，超过了通常情况下麦克莱伦对林肯总统的尊重。林肯甚至说，只要能帮助麦克莱伦将军获胜，即使是"为麦克莱伦牵马"他也愿意，虽然这只是打个比方。② 遗憾的是，他对麦克莱伦总司令的耐心和谦逊并没有得到回报。麦克莱伦经常众不敌寡，还经常在战斗遭遇挫折后坐下来舔舐伤口，而不是继续战斗。这些特点使得李将军有机会分化南方邦联军，因为他知道麦克莱伦通常不会察觉且不懂利用由此产生的作战时机，即使李将军他们一开始规模较小，但由于用兵灵活，经常出其不意地突袭北方联邦军。

　　1862年春夏间的情况大致如下。

　　首先，林肯总统过于谨慎，改变了派遣麦克道尔将军率部队从陆路增援麦克莱伦的计划。林肯之所以会这么做，

---

　　① Russell F. Weigley, *A Great Civil War: A Military and Political History, 1861-1865* (Bloomington: Indiana University Press, 2000), pp. 129-134.

　　② Carl Sandburg, *Abraham Lincoln: The Prairie Years and the War Years*, one-vol. ed. (New York: Galahad Books, 1954), p. 250.

第一章 美国内战

缘于李将军的一个妙计。李将军派石墙·杰克逊将军率领1.7万名士兵，徒步甚至乘火车到达弗吉尼亚州西部的谢南多厄河谷，在此进行一系列复杂的机动作战，在与人数两倍于他的北方联邦军对决的时候，取得五次胜利。这些胜利让华盛顿特区嗅到了危险的气息，于是林肯要求麦克道尔按兵不动，使麦克莱伦失去了原本要去进攻里士满和李将军的增援力量［然而，杰克逊最终还是率军抵达了里士满战区——正好赶上了"七日之战"（Seven Days' Battles）］。

这一变化影响了麦克莱伦的总兵力，似乎也影响了他对进攻计划的信心。这突如其来的变化，加上其部队在约克镇附近登陆时的潮湿天气，导致他向里士满的推进十分迟缓。由此，南方邦联军充分利用自己熟悉当地环境的优势，有时间部署阵地，制造佯攻来骗取敌人。5月底，在里士满以东的七松林（Seven Pines）发生战斗。一个月后，"七日之战"爆发。

这并不是说北方联邦军在战役中的任何阶段都落败了。事实上，虽然南方邦联军表现出相当大的胆识，但很难说李将军赢得了这些战斗。"七日之战"中北方联邦军共有3万人伤亡，南方邦联军伤亡更多。尽管如此，麦克莱伦还是在战后决定放弃击败李将军或夺取里士满的计划，结果是，虽然北方联邦军在战术上取得了成功，某种程度上仍

现代战略家必读军事史：1861年以来美国的主要战争

相当于北方联邦军在战略上失败了。① 麦克莱伦担心李将军麾下可能有20万军队，比他实际拥有的兵力多出数倍，因此说服自己，不采取后续行动会是明智之举。②

具有讽刺意味的是，1862年春季和初夏在里士满附近发生的这场战斗，也可能被认为是南方邦联的一种战略失败——著名内战历史学家詹姆斯·麦克弗森（James McPherson）将罗伯特·E.李的这些早期胜利称为"深刻的讽刺"。假设麦克莱伦在"七日之战"中成功夺取里士满，并说服戴维斯及其政府放弃战斗。如果内战和脱离联邦在早些时刻就已结束，奴隶制可能会得到保留，南方邦联的11个州可能会在未来数年甚至数十年保留其"特殊制度"（黑奴制度）。当时，北方联邦的战争目标还没有上升到废除南方邦联的奴隶制。③

8月，麦克莱伦的部队在联邦军总司令亨利·韦杰·哈勒克（Henry Wager Halleck）的命令下，按照与来时相同的路线撤退。一支5万多人的新北方联邦军成立了，名为弗吉尼亚军团，由约翰·波普（John Pope）将军指挥。但是，李将军再次派遣石墙·杰克逊北上，这次他只带了

---

① James M. McPherson, *Battle Cry of Freedom* (Oxford: Oxford University Press, 1988), pp. 454–477.

② Russell F. Weigley, *A Great Civil War: A Military and Political History, 1861–1865* (Bloomington: Indiana University Press, 2000), pp. 135–144.

③ James M. McPherson, *Battle Cry of Freedom* (Oxford: Oxford University Press, 1988), p. 490.

第一章 美国内战

一支1.2万人的小部队,在波普威胁到肥沃的谢南多厄河谷之前向其发动进攻。增援部队很快就使杰克逊的兵力增加了一倍,而麦克莱伦部队对波普的帮助却十分有限,而且迟迟未到。①

8月初,杰克逊和波普的部分部队在弗吉尼亚州北部库尔佩珀以南的雪松山进行了一场规模不大的战斗(对于那些不熟悉该地区的人来说,雪松山位于夏洛茨维尔和里士满以北,弗雷德里克斯堡以西,谢南多厄河谷以东)。这场没有结果的战役为8月29—30日的第二次马纳萨斯战役或第二次奔牛河战役(第二次布尔河之战)埋下了伏笔。正如在早先的谢南多厄河谷之战中一样,杰克逊的严明纪律、强势机动和快速化行军在北方联邦军队中引发了混乱。"杰布"·斯图尔特将军的骑兵增加了北方联邦军的不确定因素和焦虑情绪。波普将军和其他北方联邦军领导人不确定敌军[包括詹姆斯·朗斯特里特(James Longstreet)将军姗姗来迟的部队]的位置。李将军又进行了一次冒险,他将规模不大的部队分割开来,只留下一小部分守卫里士满地区,并指望联邦军的犹豫不决会成为他的辅助条件。最终,约5.4万名南方邦联军击败了6.3万名北方联邦军——前者伤亡约9 500人,后者伤亡约14 500人(包括

---

① Russell F. Weigley, *A Great Civil War: A Military and Political History, 1861–1865* (Bloomington: Indiana University Press, 2000), pp. 135–144.

死伤和被俘者)。① 尽管如此，杰克逊在战斗中表现出的战术攻击性还是不如他出色的机动和行军能力，因此波普才得以设法让军队幸存下来。②

战争进行到这个时候，林肯决定颁布法令，解放叛乱州的黑人奴隶，理由是他作为总统，有权这样做来对付叛乱的南方邦联。但是，战场上的情况使林肯暂时无法颁布《解放宣言》，从法律上解放参与脱离联邦活动的各州的所有奴隶。林肯认为，他需要一场胜利，使之变成一项有明显效果和有影响力的法令。他很快就迎来了这样的机会。

在第二次马纳萨斯战役之后，李将军将目光投向了马里兰州——这是他两场豪赌中的第一场，他试图将战火引向北方联邦的领土。他率领部队渡过波托马克河，到达马里兰州弗雷德里克附近（不要与弗吉尼亚州弗雷德里克斯堡混淆——马里兰州弗雷德里克附近也就是现在的戴维营附近，位于宾夕法尼亚州边界以南约 25 英里、西弗吉尼亚州哈珀斯费里以东约 25 英里处）。他进军北方的目标是在北方联邦支持者中制造一种心理危机，在马里兰州或宾夕法尼亚州生机盎然的土地上获得补给，在马里兰州民众中揭示对南方邦联的潜在同理心，或许能在南方邦联即将获

---

① John MacDonald, *Great Battles of the Civil War* (New York: Collier Books, 1988), pp. 48–55.

② Russell F. Weigley, *A Great Civil War: A Military and Political History, 1861–1865* (Bloomington: Indiana University Press, 2000), pp. 135–144.

第一章 美国内战

胜之时还得到外国对南方邦联政府的承认（外国的承认或许有助于减轻北方经济封锁的负担）。但他的每个目标都未能如愿实现。

在得知哈珀斯费里附近有北方联邦军后，李将军向西出发前往作战。但备受诟病的麦克莱伦将军却成功地将尚存的北方联邦军整合成一支新改组的波托马克军团，以保卫北方领土。之后，麦克莱伦将军的时运到来，一名联邦士兵在一个废弃的营地里发现了一份南方邦联的作战计划。这使得麦克莱伦能够在马里兰州西北部靠近夏普斯堡（Sharpsburg）与安提塔姆溪（Antietam Creek）的地方巧妙地布置部队，助他阻断并击败李的部队。第一次冲突发生在9月17日，这是战争中最血腥的一天，战争形势基本上有利于北方联邦军。双方的伤亡人数相当，南方邦联伤亡约1.1万人，北方联邦伤亡约1.2万人（双方总共约有3 600人死亡，近2万人受伤或被俘）。但北方联邦承受损失的能力更强，因为北方联邦派出了约6万名士兵对抗南方邦联派出的4.5万名士兵——而南方邦联还雄心勃勃地准备了一场大规模的后续行动，但后来不得不放弃。[①] 这场胜利，足以让林肯在几天后发布了《解放宣言》草案，并于1863年1月1日正式生效，解放了叛乱各州境内的所有奴隶。

---

① John MacDonald, *Great Battles of the Civil War* (New York: Collier Books, 1988), pp. 56-67.

遗憾的是，这只是局部胜利而已。麦克莱伦与生俱来的谨慎使他在重要的战斗日只进行了持续却有限的攻击，而不是利用他在兵力规模和战场情报方面的优势进行决战杀敌。军事历史学家拉塞尔·韦格利在一篇评论文章中写道:[1]

麦克莱伦不仅没有察觉到李将军后方高地所提供的机会，而且在战斗中连续进行了三次攻击，每次攻击都分解成一系列不协调的进攻。从而使李将军能够将阵型松散的部队从一个威胁点转移到另一个地方。与此同时，麦克莱伦从未动用过自己的后备军。他也从未感受过战斗的脉搏，因为他虽然身处安提塔姆溪以东的高地，可以从远处观察溪流以西的战斗情况，但他从未近距离接触过战斗，也无法感受战斗的残酷，也就无法把握战斗高潮的决定性时刻，而这正是最伟大的军事指挥官在前线指挥所获得的——即使是在20世纪也是如此。

麦克莱伦后来也没能追击南方邦联军，而他本有机会将其困在波托马克河北岸，并在第二天逐个击破。结果，南方邦联军很快向南逃到了自己的地盘和相对安全的地方。

1862年11月，林肯判断麦克莱伦有"拖延"的毛病，这集中体现在10月下旬，当时麦克莱伦声称他的战马仍然疲惫不堪（安提塔姆战役后一个月，这是他们最后一次真

---

[1] Russell F. Weigley, *A Great Civil War: A Military and Political History, 1861–1865* (Bloomington: Indiana University Press, 2000), pp. 153–154.

第一章 美国内战

正的战役）。林肯也直接告诫他说："亲爱的麦克莱伦，如果你不想使用军队，我想借用一段时间。"林肯解除了麦克莱伦的指挥权，由安布罗斯·伯恩赛德（Ambrose Burnside）将军取而代之。①

伯恩赛德立即开始追击南方邦联军，在通往里士满的道路上持续向前。12月13日，伯恩赛德11.5万人的部队在弗吉尼亚州弗雷德里克斯堡附近遭遇了李将军、杰克逊、朗斯特里特等人，他们的总兵力将近8万人。但随之而来的却是整个战争中最糟糕的战术指挥。由于地势较高，开阔地附近又有石墙保护，无保护的北方联邦军以鲁莽的作风直插敌人阵地，却忽视了南方邦联军火力的准确性、密集度和杀伤力。从而造就了一场大灾难，也为当年的战役画上了一个事实上的句号。北方联邦军伤亡近1.3万人，而南方邦联军的总伤亡人数仅5 000多人。很快，伯恩赛德本人也被解除了指挥权。②

此后，北方联邦在许多方面陷入了集体低迷。尽管在安提塔姆战役中取得了部分胜利，而且当年在西战区也取得了总体进展，但情况依然如此。这些局部的、有待商榷的胜利并不能抵消弗吉尼亚战役的总体挫败感，也不能抵

---

① Carl Sandburg, *Abraham Lincoln: The Prairie Years and the War Year*, one-vol. ed. (New York: Galahad Books, 1954), p. 324.

② John MacDonald, *Great Battles of the Civil War* (New York: Collier Books, 1988), pp. 68–79.

055

消在战争中明显的战略动力的不足之处。格兰特的著名传记作家布鲁斯·卡顿（Bruce Catton）将整个情况综合起来写道：北方联邦度过了一个"不满的冬天"。①

五、1863年：从钱斯勒斯维尔和荒原战役到葛底斯堡战役、维克斯堡战役和查塔努加战役

1863年正值美国内战中期。在此之前，战争已经持续了大约一年半。在此之后，双方还将持续进行15个月的战斗。这一年的战事在很多方面对战争的进程产生重大影响。特别是7月初北方联邦军在维克斯堡和葛底斯堡战役中几乎同时告捷，但北方联邦军队并未因此而胜券在握。实际上，就在东战区和西战区取得里程碑式胜利的整整一年后，林肯却险些因战事失利而在1864年的大选中无法连任。因此，总体而言，对待1863年这一年，最为贴切的方式就是仅仅将其视为内战的中间节点，这场血腥的战争几乎导致美国一分为二，而在随后的一年甚至更长时间内，也依然如此。若说在战争的硝烟和双方大规模伤亡的掩映之下，还能勉强辨识出那些积极的迹象，那就是尤利西斯·辛普森·格兰特的崛起，他坚决果敢的作战风格为北方联邦军

---

① Bruce Catton, *Grant Moves South, 1861–1863* (Boston: Little, Brown, and Company, 1960), p. 366.

第一章 美国内战

带来了新的希望。但在 1863 年，格兰特尚未统领全军。

随着 1 月和 2 月的来临，周围仍被寒冷而凄凉的冬季所笼罩。格兰特将军还在努力夺取维克斯堡。经过长期的准备和漫长的围城，他在这一年的年中取得了胜利。而此时，他这样描述当时面临的境况：

> 由于连续大雨，河水水位高涨。这个前所未有的漫长而枯燥的冬季，给所有参与维克斯堡战役的人带来极大的磨难……部队几乎找不到可以搭帐篷的干地；疟疾突然暴发；麻疹与天花也向士兵袭来……当时到过营地的来访者回到北方后总是将这里的情况描述得很悲惨；这些悲惨故事还被添油加醋后刊登在北方报纸上，传回到士兵手中。因为我不可能向来访者透露我的真实计划，所以他们就断言说我在军营中无所事事，没有能力在紧急关头指挥部队，极力要求罢免我的职务。①

然而，即便在这样的困境下，局势也开始逐渐向着有利的方向发展，至少在西战区是如此。尽管补给线遭受袭扰，道路泥泞不堪，而且由于南方邦联军在沿岸设置的火

---

① Ulysses S. Grant, *The Complete Personal Memoirs of Ulysses S. Grant* (Springfield: Seven Treasures Publications, 2010), pp. 161-162.

炮，密西西比河下游行军异常艰难，但格兰特的工兵和后勤人员仍然不懈努力，设法进行合理的战争补给，汇聚起强大的军力，准备对维克斯堡发动最终的围攻。尽管有些北方人士要求撤换格兰特，但格兰特的上级继续给予他坚定的支持，让他有时间完成复杂的后勤部署。格兰特表示："尽管承受着如此巨大的压力，林肯总统与哈勒克将军自始至终站在我这一边。我虽然从未见到过林肯先生，但他对我的支持却始终如一。"①

为了避开自然屏障和南方邦联军的阵地，格兰特最终调集并安排部队从维克斯堡上游出发，沿密西西比河西岸（即路易斯安那州一侧）向南行进。接着，他下令海军舰艇穿越南方邦联军在维克斯堡附近沿密西西比河设置的炮火线，借助密西西比河每小时 4 节的南向流速，最大限度地减少在最危险的战区停留的时间，安全抵达城市下游后，再将士兵转移到东线。1863 年 4 月底，格兰特终于在维克斯堡以南的高地找到了登陆点。他在描述这一情景时，内心的激动之情溢于言表。这种喜悦丝毫不亚于他在实际作战中取得胜利后的兴奋之感；这同时彰显出格兰特在思考问题时，更倾向于从长期作战的角度出发，而非仅仅局限于某一场战斗：

---

① Ulysses S. Grant, *The Complete Personal Memoirs of Ulysses S. Grant* (Springfield: Seven Treasures Publications, 2010), p. 162.

第一章 美国内战

此举成功实施之后,我有了一种从未有过的解脱感。我们仍未夺取维克斯堡,这是事实;我们之前的几次进攻也没有让敌人的士气受挫;我们目前处在敌人的地盘上,距离我方补给点隔着一条宽阔的大河以及维克斯堡这座要塞。然而,现在我们已经渡河登岸,与敌人处在河流的同一侧。从去年12月到现在,我们进行的所有军事行动、付出的所有辛劳、忍受的所有痛苦,最终就是为了实现这个目标。①

正如英国战略家和历史学家 J. F. C. 富勒所称赞的,"4个月来,格兰特运用了多种计谋和虚实攻防,与沼泽、河湾及森林周旋,这场战争的艰辛程度前所未有,目的只为掩护此次登陆行动"。② 确立阵地后,对维克斯堡的围攻即将开始。这就需要在距离南方邦联军阵地几百码处挖掘堑壕线、加固防护,随着南方邦联军的防线被击溃、补给耗尽,北方联邦军逐步将堑壕线向前推移。

然而,进入围攻态势还远非故事的结局。南方邦联军意识到他们的时间所剩无几,因此试图在更广阔的区域内

---

① Ulysses S. Grant, *The Complete Personal Memoirs of Ulysses S. Grant* (Springfield: Seven Treasures Publications, 2010), p. 169.

② J. F. C. Fuller, *Decisive Battles of the Western World, Volume Ⅲ: From the American Civil War to the End of the Second World War* (London: Cassell and Co., 2001), p. 57.

扭转局势。约瑟夫·约翰斯顿将军试图聚集兵力骚扰格兰特的侧翼，干扰他在东部和北部的补给线，并为被围困在维克斯堡的南方邦联军提供支援。然而，北方联邦军进行了强有力的应对之策。格兰特暂时调集自己的部队与谢尔曼将军的部队联手，共同对付约翰斯顿。在此过程中，格兰特并没有依赖常规的交通线和补给线。他意识到，要在围攻维克斯堡时占据有利地位，首先必须消除来自东部的威胁，切断维克斯堡和杰克逊（Jackson）之间的铁路。他依旧从战役角度来思考问题。这一策略也为谢尔曼的"向海洋进军"奠定了基础。虽然谢尔曼也切断了传统且相对安全的补给线，但格兰特是在当地敌军对自己构成更大威胁的情况下选择了这种策略。

其间，格兰特的部队得到增援，总兵力超过7万人，准备发动最后的攻势。6月25日和7月1日，他们利用地下爆破破坏了敌军的关键防线，成功攻占了这座城市。攻城获得成功后，南方邦联军将领约翰·彭伯顿（John Pemberton）在7月4日这个充满历史意义的日子，接受了格兰特提出的苛刻但还算人道主义的投降条件。[1]

然而，在年初的几个月里，联邦军在东部地区的战况依然十分严峻。就在约瑟夫·胡克（Joseph Hooker）将军筹划下一步行动，势必要攻占里士满的时候，李将军再次

---

[1] Ulysses S. Grant, *The Complete Personal Memoirs of Ulysses S. Grant* (Springfield: Seven Treasures Publications, 2010), pp. 188–203.

第一章　美国内战

出奇制胜。尽管在该战区以2∶1的兵力处于劣势，但他选择分散兵力，准备在"荒原"地带（Wilderness）附近发动进攻（一年后荒原再次成为重要战场）。

钱斯勒斯维尔战役（Battle of Chancellorsville）随即爆发，这场战役发生在1863年5月1日至5月4日。茂密的灌木丛和复杂的地形让主场军队获得了明显的优势。胡克无法发挥自己在兵力和火力上的优势。然而南方邦联军通过机动和突袭，用相对较少的兵力发动攻势并取得胜利。考虑到当时的武器装备和战术策略，此举极其冒险。战术的关键是通过在茂密的森林中隐秘机动，让大批南方邦联军得以从北方联邦军的侧翼和后方发起进攻。这场交锋有效挫败了北方联邦军短期内继续向南推进的计划。

南方邦联军的总兵力约为6万人，伤亡人数为12 500人。北方联邦军的总兵力为13万人，伤亡17 300人。①

然而，这样的胜利对于南方军而言代价过高。石墙·杰克逊将军被南方军误伤手臂，截肢后很快离世，这无疑是个沉重的打击。李将军在杰克逊过世前便感慨道，"他失去了左臂，而我也失去了自己的得力助手。"② 一周后，杰克逊的离世让这句话一语成谶。除了失去杰克逊，本就兵力有限的南方邦联军也失去了更多兵力，虽然他们在战术

---

① John MacDonald, *Great Battles of the Civil War* (New York: Collier Books, 1988), pp. 88-99.

② Emory M. Thomas, *Robert E. Lee* (New York: Norton, 1997), p. 287.

061

机动方面很成功，且展现了独特的作战风格，但也难获成功。拉塞尔·韦格利（Russell Weigley）敏锐地指出："即使在李将军曾指挥的最辉煌的战役中，他所付出的代价也是南方邦联军最稀缺的资源——南方邦联军士兵的生命，而这意味着南方的局势只会持续恶化。"[1]

此时，胡克担任波托马克军团指挥官的日子已所剩无几。不久后，戈登·米德（Gordon Mead）将军接替了他的职位，且恰好赶上了葛底斯堡战役，并任至战争结束。因此，在内战的前两年中，波托马克军团共有四任指挥官被撤职，包括麦克道尔、麦克莱伦、伯恩赛德和胡克。在1862年，弗吉尼亚军团组建之初，约翰·波普曾担任军团指挥官，但在第二次马纳萨斯战役/奔牛河战役战败后被撤职（战争期间，斯科特、麦克莱伦、哈勒克和格兰特都曾担任总司令一职，但只有麦克莱伦曾同时担任总司令和波托马克军团指挥官）。

接下来是葛底斯堡战役。令人不可思议的是，这场战役竟然发生在如此偏北的地区。李将军向北方联邦军展示了他可以在北方领土上作战，可以像北方军队在南方那样从土地上获取补给（翌年谢尔曼将军的行动同样成效显著），甚至可以对国家首都构成潜在威胁。除了军事方面的考虑以外，他还有政治上的考量，包括震慑北方，让他们

---

[1] Russell F. Weigley, *A Great Civil War: A Military and Political History, 1861–1865* (Bloomington: Indiana University Press, 2000), p. 229.

第一章　美国内战

认为这场战争并不值得，同时增强北方联邦内部反战的政治势力，或许他还希望能说服一些欧洲国家承认联盟国的合法地位。

李将军于6月开始北进。他在弗吉尼亚州库尔佩珀进行了一场主要由骑兵参与的战役，即白兰地车站之役（Battle of Brandy Station），揭开了一场声势浩大的规模战的序幕。虽然北方联邦军的骑兵察觉到南方邦联军的动向，但误认为他们可能会对华盛顿特区构成威胁，于是试图阻止南方邦联军北上。事实上，这只是李将军为北上和西进所做的初步准备。随着李将军再度越过波托马克河继续前进，华盛顿以北约75英里的葛底斯堡成为战场。正是在这里，北方联邦军队及时发现了情势变化，迅速作出反应并调整了布阵。葛底斯堡作为交叉口和枢纽，成为众多道路和部队的交汇点。

在南方邦联内部，围绕即将到来的战斗展开了激烈的争论，尽管南方本可选择避免这场战斗。作为一部伟大的现代历史小说，《杀手天使》（The Killer Angels）对这段历史进行了巧妙的刻画。书中展现了李将军与更倾向防御的朗斯特里特（Longstreet）将军之间关于士兵和军事文化的辩论，以及李将军是否应该在葛底斯堡攻击北方联邦军，还是绕过北方联邦军的阵地，引诱北方联邦军主动进攻（或许就在他们通往华盛顿特区的途中主动进攻）。李将军作为一名资深战略家，他懂得如何洞察对手，善于利用防御工事并敢于冒险。此外,他极度信奉进攻的重要性。在当时的将领中,他并非孤例。正如李将军传记的作者埃默里·托马斯(Emory Thomas)所言,"他希望将战火带入敌国,在宾夕法尼亚境内捍卫联盟国的利益而不是在弗吉尼亚展开保卫战。无论李将军对杰弗逊·戴维斯(Jefferson Davis)说了什么或写了什么,他的行动清楚表明,他渴望在北方的土地上打一场决定性的战斗,一场能够在短短一个下午决定胜负的歼灭之战。"①

事实上,李将军必须考虑补给线的问题,他不能在宾夕法尼亚州和马里兰州过多逗留(或长时间设防),否则会面临物资短缺的风险。但这并不意味着他可以无视19世纪60年代的军事技术,以及自身兵力相对短缺的问题,然后毫无顾忌地冲向北方联邦军防御森严的阵地。南方邦联军犯下的最严重错误是其将领皮克特(Pickett)在面对北方联邦军的炮火时,选择在大片开阔的地带发起冲锋,并试图攻占主战场南部的小圆丘(Little Round Top),希望能在那里包抄(或沿主轴线射击)神学院山脊(Seminary Ridge)的北方联邦军阵地,但未能成功。

葛底斯堡战役后,双方军队狼狈撤离。虽然没有一方被摧毁或丧失作战能力,但伤亡非常惨重。南方邦联军约有7.7万人,伤亡人数约为2.8万人,超过总人数的1/3,

---

① Emory M. Thomas, *Robert E. Lee* (New York: Norton, 1997), p. 288.

第一章 美国内战

北方联邦军约有9.3万人,伤亡人数约为2.5万人。然而,李将军明显经受不起多次类似的交战,他的北上之旅在这场战斗后告一段落。因此,无论从战术上如何评价,对于北方联邦军而言,葛底斯堡战役都是一次巨大的战略胜利。① 实际上,李将军在战斗后感到非常沮丧和身心疲惫,甚至提出辞职,但遭到了戴维斯总统的拒绝。与此同时,在这一年剩下的时间里,东线的北方联邦军并未试图借助葛底斯堡战役所获得的优势而发动大规模的南进行动。在库尔佩珀、拉皮丹河和拉帕汉诺克河、布里斯托车站、布罗德河(Broad Run)、雷奔(Mine Run)以及弗吉尼亚州北部的其他著名城镇和地标及其周边地区,米德和李将军的部队之间发生了各种小规模冲突。但在这一年剩下的时间里,该战区没有发生任何重大或决定性的战役或演习。

如果说维克斯堡战役和葛底斯堡战役分别代表了北方联邦军在西线和东线战场的重大胜利(尽管后者属于防守性胜利),在1863年下半年,战略的重心则转向了另一个战区,即田纳西州东部地区。布雷格将军和罗斯克兰斯将军率领的部队一直在争夺对这一关键州及佐治亚州北部地区的控制权,但两军之间的较量尚未对战局产生任何战略性影响。随着夏季接近尾声,两方也在努力增强各自军力,巩固后勤补给线(特别是罗斯克兰斯将军,因为他是在敌

---

① John MacDonald, *Great Battles of the Civil War* (New York: Collier Books, 1988), pp. 100-111.

方领土上作战），并计划下一步行动。罗斯克兰斯的计划是对田纳西州东部/佐治亚州北部地区施加压力，因为那里有南部联盟连接各地的铁路枢纽，还能对亚特兰大构成威胁。

然而，这些目标无法立即实现。而且事与愿违，1863年9月19日至20日，奇克莫加战役（Battle of Chickamauga）在佐治亚州西北部爆发。战后，北方联邦军夺得了田纳西州的查塔努加（Chattanooga），但无法继续前进，甚至无法保住目前的阵地。奇克莫加战役在一条名为奇克莫加的小河（奇克莫加小溪）附近爆发，战况激烈而残酷，坎伯兰军团的5.7万北方军损失约1.6万人，布瑞克斯顿·布雷格率领的6.6万南方军损失了1.85万人。

北方联邦军节节败退，陷入了危险的境地，然而布雷格将军却未能充分利用这一机会。而且北方联邦军的伤亡人数略少于南方邦联军。事实上，著名历史学家拉塞尔·韦格利（Russell Weigley）在评价钱斯勒斯维尔战役时曾说："对南方邦联来说，如果有更多像奇克莫加战役这样的'胜利'，其结果将和葛底斯堡战役一样具有毁灭性。"从地理和战役层面来看，这场战役的结果尚不明朗，还要取决于后续的发展。尽管北方联邦军在战后占领了查塔努加，但正如韦格利所言，"布雷格现在占据了查塔努加周围的制高点，特别是西南的卢考特山和东部的传教士岭，因此对于坎伯兰军团而言，查塔努加更像是一座监狱，而

第一章　美国内战

不是战利品。"①

　　10月,格兰特将军(原田纳西军团指挥官)被晋升为辖域更广的西部战区指挥官,该区域现称为密西西比军事区。至此,战局开始出现转折。格兰特将军将负责整个田纳西州的战事。查塔努加面临南方邦联军的围攻,城内的北方联邦军被困于北边的河流和南方的敌军阵地之间,物资供应短缺,这是格兰特目前面临的当务之急。上任6天后,格兰特于10月23日抵达查塔努加,准备策划后续的行动。他派遣4个师从维克斯堡出发,乘火车向查塔努加进发,并负责修复沿途的铁轨;他们的任务是在查塔努加与坎伯兰军团会合,此外,波托马克军团的援军也计划乘坐火车赶来。② 格兰特、胡克、舍曼和罗斯克兰斯几位将军,终将亲临前线指挥。

　　在北方联邦军全部到达之前,为了打开补给线,突破敌军的包围圈,格兰特批准了一项计划,决定抄近路,直接绕过田纳西河蜿蜒曲折的河段。他们计划以夜色为掩护,避开南方邦联军的防线。最终,他们于10月的最后几天成功执行该计划。③ 这条陆上捷径被称为"饼干线"(Cracker Line),借助这条路线,北方联邦军得以绕过田纳西河蜿蜒

---

① Russell F. Weigley, *A Great Civil War: A Military and Political History, 1861-1865* (Bloomington: Indiana University Press, 2000) , p. 277.
② Ibid. , p. 278.
③ Ibid. , pp. 277-285.

曲折的河段，并在沿途设防。格兰特再次展现了他对大规模战役的指挥能力，以及他对水上及陆上作战策略的综合运用能力。

11月下旬，格兰特发动了更全面的攻势，旨在驱逐查塔努加周边高地（如传教士岭和卢考特山）上的南方邦联军，彻底控制该地区。这场战役从11月23日持续到25日，联邦军勇猛地冲上高地，攻入了南方邦联军的阵地（这些阵地的位置并不理想）。这场高地战被人们誉为"云上战役"（Battle above the Clouds）。① 经过3天的激战，北方联邦军队从原先的56 000人损失了约6 000人。而布雷格的部队，尽管只有3万人，但损失近7 000人。更重要的是，这场胜利解救了被围困的查塔努加，巩固了北方联邦军对该地区的控制，为1864年谢尔曼（Sherman）将军著名的南进战役奠定了基础。②

如前所述，1863年下半年最受瞩目的事件是格兰特崭露头角，成为北方军的领军人物，尽管他当时尚未正式获得最高指挥权。

当然，格兰特也有对手，其中最显眼的要数"政治将军"约翰·麦克勒南（John McClernand）。在维克斯堡战役

---

① Addington, *The Patterns of War since the Eighteenth Century* (Bloomington: Indiana University Press, 1984), p. 76.

② John MacDonald, *Great Battles of the Civil War* (New York: Collier Books, 1988), pp. 112–131.

第一章 美国内战

中,格兰特不得不逐步削弱麦克勒南的影响力。维克斯堡战役胜利后,麦克勒南甚至给林肯总统写信,试图抹黑格兰特。著名的格兰特传记作家布鲁斯·卡顿(Bruce Catton)指出,"麦克勒南显然是想要翻旧账,强调格兰特时不时饮酒的毛病"。① 但事实上,格兰特的毛病并不是爱喝酒。有传言称,林肯总统在其他场合听说此事时,甚至曾表示,应派人弄清楚格兰特将军平时喜欢哪个牌子的威士忌,然后给每位将军送一些过去。但实际上,格兰特真正的问题在于他对骑马过分痴迷。1863年9月初,他在新奥尔良附近骑马时发生事故,导致他昏迷了数周。

不过,他的身体很快便复原了,并被战争部长埃德温·斯坦顿(Edwin Stanton)任命为密西西比军事指挥官。二人在印第安纳州印第安纳波利斯会面确认此事,这也是他们第一次见面。随后,他便如前文所述,赶往查塔努加。②

查塔努加战役结束后,格兰特并未就此止步,而是迅速找机会继续南进,直到第二年他才有机会策划攻打亚特兰大。从这方面来讲,格兰特的目光不是局限于某一场战役,而是更看重赢得战争的总体策略。正如卡顿在"敌人没有足够的兵力"一章中写道,格兰特"终于意识到,北

---

① Bruce Catton, *Grant Takes Command, Grant Moves South, 1861–1863* (Boston: Little, Brown, and Company, 1960), p. 5.
② Ibid., pp. 1–85.

方联邦军要取得最后的胜利,就必须不断给对手施压,不让他们有任何喘息的机会。简言之,就是要充分发挥北方的资源优势,不断给南方施压,使其毫无招架之力"。①

总之,由于格兰特在战场上表现出色,威望日盛,在华盛顿特区的一次会议之后,林肯在 1864 年 3 月任命格兰特为总司令,这次会议也是他们的首次会晤。林肯在给战争部长的一封信中明确表达了他对格兰特的信任,在信中写道:"斯坦顿先生,我们都曾试图去掌控这场战争,但我们的方式并没有奏效。我们已经派人去请远方的格兰特先生(就如他的夫人所称呼的那样)施以援手,我认为我们应该给予他充分的自主权,让他按照自己的意愿行事。"格兰特曾表示,虽然很多人都前来他的战地拜访,但林肯是唯一有权询问他的战役计划却并未这么做的人。显然,这并不意味着林肯就仅仅是个旁观者。

尽管总统明确投下了信任票,而他也因此获得了相关授权,但那一年的大部分时间,格兰特仍然面临着重重挑战。这一年,胜利仍然遥不可及。② 而接下来的一年也将异常艰难,直到 1864 年 9 月初,谢尔曼的部队才成功攻克了亚特兰大。

---

① Bruce Catton, *Grant Takes Command, Grant Moves South, 1861-1863* (Boston: Little, Brown, and Company, 1960), p. 93.

② Ibid., p. 139.

第一章　美国内战

六、1864—1865 年：美国内战的最后岁月

美国内战时期最后的 15 多个月可以作为一个整体来看待，因为其间只有一场持续近一年的军事行动，尤其是在关键的东战区。米德和格兰特不断向南部的里士满和李将军的部队进逼，最终从侧翼包抄并逐渐包围整个里士满。最终，里士满和李将军的军队在短短几日内先后失守。而这也给战略家和历史学家留下了一个长久以来悬而未决的问题：南方邦联军的重心究竟是什么？是首都里士满，还是主力军？

然而，直到 1864 年夏天，南方似乎尚有一丝胜算。1990 年，肯·伯恩斯（Ken Burns）为美国公共广播公司（PBS）制作了一部有名的关于美国内战的纪录片，片中 1864 年的夏天被形容为北方在整场战争中的最低潮。[1]

南方要在 1864 年取得战争胜利，就需要再次将军事斗争与政治策略巧妙结合。单纯仅靠军事力量获胜希望渺茫。有效的战略则是拖垮联邦政府，不仅指拖垮北方军队，还要拖垮政府领导和其选民，这样林肯便无法在 11 月的选举中获得连任。如果新的总统上台，无论是否需要对美国进

---

[1] Ken Burns, "The Civil War," PBS Documentary Series, 1990.

行重构,都不会废除奴隶制,而且极有可能同意签署和平协议。

事实上,尽管北方联邦在人力、工业和物资等多数领域拥有至少3∶1的优势,但在军事方面,他们仍然面临诸多挑战。首先,由于北方联邦军掌控了西战区的大部分地区,尤其是从田纳西州到更广阔的密西西比河流域,仅维护后勤补给线就需要花费大量兵力。多数时候,北方联邦军仍依赖铁路和河流运送大量补给。在1864年夏季之前,谢尔曼还未采用其自给自足的战术,而其余大部分北方联邦军将领也没有找到更好的办法来减轻后勤负担。

其次,在1864年春夏之交,随着三年兵役期接近尾声,大批在1861年加入北方联邦军的士兵面临退伍。在兵役期满的最后几周,众多士兵的战斗意志日渐淡薄,仅有半数人决定继续留在军队里。应征士兵虽然可以填补人员空缺,但其可靠性和战斗力尚不可知。总之,格兰特估计,1864年优秀的新兵只有1/5。正如布鲁斯·卡顿所述,"内战的军队最初依赖志愿兵役制,但由于负担过重,这种制度早已崩溃。过去,志愿兵役制能够吸引全国最优秀的士兵,而今只能吸引素质较差的士兵。过去喜欢志愿兵的军队指挥官现在更希望得到应征士兵(如有)"。① 此外,"政治将领"(political generals)问题仍然严重,他们多数

---

① Bruce Catton, *Grant Takes Command, Grant Moves South, 1861–1863* (Boston: Little, Brown, and Company, 1960), p. 368.

第一章 美国内战

靠其背景取得军职,而在战场上的表现往往令人失望至极。①

因此,1864 年初春,也就是格兰特于 3 月初就任总司令后不久,军队从位于弗吉尼亚州中北部的拉皮丹河两岸的冬季营地出发,但未能迅速取得突破。事实上,内战期间,在弗吉尼亚战区许多令人难忘的战役都是在接下来的 7 周内发生的:荒原战役(Wilderness)、斯波特瑟尔韦尼亚(Spotsylvania)战役、冷港(Cold Harbor)战役和彼得斯堡(Petersburg)战役。好在林肯最终找到了一位不会因为战术失误而退缩不前的将领。②

1864 年春季战争开始时,北方联邦军人数超过 7 万,而李将军的部队约为 4 万。整个战斗过程中,双方人数比例基本稳定,比如在冷港战役中,联邦军增至 11 万,而南方邦联军为 6 万。双方的伤亡比例也大体相近,但北方联邦军的损失更为惨重。格兰特的战略战术计划均优于北方军队。在 5 月初的一周内,北方联邦军在荒原战役和斯波特瑟尔韦尼亚战役中的伤亡或失踪的人数约为 3.2 万人,而南方军约为 1.8 万人。这些数字令人震惊,尽管许多损失得以弥补,但也使已经耗尽耐心的北方军倍感压抑。至 6

---

① James M. McPherson, *Battle Cry of Freedom* (Oxford: Oxford University Press, 1988), pp. 718-724.

② Eliot A. Cohen, *Supreme Command: Soldiers, Statesmen, and Leadership in Wartime* (New York: Free Press, 2002), pp. 15-16.

073

现代战略家必读军事史：1861年以来美国的主要战争

月底，北方联邦军在春季战斗中的总损失为6.5万人，南方军为3.5万人。①

战线持续向南推进，最终到达了里士满南部的彼得斯堡。北方联邦军经过数周的努力，在南方邦联军的防线下开出一条地道，成功引爆了一座巨大的地下矿井，这也成为那年夏天的标志性事件。然而，爆破形成的巨大弹坑，以及南方邦联军防线上出现的短暂缺口并没有得到有效利用。回顾这段时期和随后的整个夏天，北方联邦军面临的形势总体不太乐观。尽管格兰特始终坚持不懈，但他无法在短时间内取胜，到了夏天，他的进军速度也相对放缓。

东战区的次级军事行动［例如，菲利普·谢里登（Philip Sheridan）领导的北方联邦军在谢南多厄河谷的战斗］同样遭遇重重困难。"莫斯比骑兵队"利用他们对地形的了解，通过各种方式对联邦军的侧翼和后方发动袭击，这种策略在现代被称为混合战。7月，具伯·尔利（Jubal Early）将军率军越过波托马克河，在马里兰州弗雷德里克附近的莫诺卡西河战役（Battle of the Monocacy River）中取得胜利。他甚至带领南方邦联军越过波托马克河，逼近华盛顿特区，但是被首都坚固的防御工事拦住了。② 战斗的

---

① James M. McPherson, *Battle Cry of Freedom* (Oxford: Oxford University Press, 1988), pp. 726-743.

② Ethan S. Rafuse, "'Little Phil,' a 'Bad Old Man,' and the 'Gray Ghost:' Hybrid Warfare and the Fight for the Shenandoah Valley, August-November 1864," *Journal of Military History* 81 (July 2017): 775-801.

第一章　美国内战

声音引来了一位头戴细高礼帽的男士，一名没有认出他身份的联邦士兵警告他："趴下，你这个该死的傻瓜，免得吃子弹。"那名男士正是林肯总统。① 据传，林肯微笑并听从了士兵的建议。直到那年深秋，谢里登将军在谢南多厄河谷发动了一场旷日持久的战役，才使这条南方邦联军进攻联邦领土的线路被彻底切断，而这次战役也为谢尔曼的"向海洋进军"奠定了基调。

1864年，由于屡遭打击且伤亡惨重，国民士气大受打击。1864年夏，林肯获得连任的希望渺茫，而南方的战略似乎仍有可能奏效。几年前负责领导北方联邦军并遭遇困境的乔治·麦克莱伦，似乎有望在11月的大选中击败"诚实的亚伯"（Honest Abe）。

然而，尽管当时还很难察觉，但战局正逐渐朝着对北方有利的方向发展。格兰特逼近里士满，从而获得了部队补给，弥补了损失。同时，李将军的部队也疲于应战。由于北方联邦军不断施压，他们的补给日渐减少，战略纵深也越来越受限。从整个战役的角度看，尽管格兰特及波托马克军团在多数战斗中落于下风，但他本人深知他的策略无疑是成功的。

不过，从政治角度来看，在1864年秋季，帮助林肯巩固总统地位，并挽救北方联邦的，并非波托马克军团，而

---

① James M. McPherson, *Battle Cry of Freedom* (Oxford: Oxford University Press, 1988), p. 757.

是南方的战局变化。经过一整个夏天的精心部署，谢尔曼将军终于在亚特兰大附近取得了突破。约瑟夫·约翰斯顿将军和约翰·胡德（John Hood）将军率领的南方邦联军坚守城市阵地，多次击退各种试探性攻击，他们只有在处于有利防御位置时才会奋力抵抗，如在6月27日的肯尼索山（Kennesaw Mountain）战役中，南方邦联军取得了压倒性胜利，但他们的好运并未持续太久。

1864年9月1日，联邦军一举攻下亚特兰大。谢尔曼的策略终于奏效，他从亚特兰大南部一个意想不到的方向发起进攻。谢尔曼无意保护平民，也无意为维持亚特兰大的驻军而给后勤补给线增加负担，于是下令撤离这座城市。

此次胜利迅速扭转了北方联邦的国民士气。11月8日，林肯以212票对21票的压倒性优势战胜了麦克莱伦，赢得了1864年总统选举。

随后，胡德的残余部队对谢尔曼的补给线进行滋扰，在得到格兰特、斯坦顿和林肯的允许后，谢尔曼和他的6万士兵切断补给线，开始向东进军。用谢尔曼的话来说，他要让"佐治亚州哭号"。然后，他们在通往萨凡纳和大海的285英里的范围内开辟了一片狭长的区域。在1864年的最后六周，谢尔曼的部队随身携带弹药，依靠当地物资提供补给，完成了军事史上最具影响力的一次行军。在南方邦联经济岌岌可危的同时，北方联邦却呈现出欣欣向荣的景象。谢尔曼成功夺取了南方腹地25—60英里宽的大片土地，

第一章 美国内战

一直到萨凡纳,几乎没有遭到任何抵抗。[1] 杰弗逊·戴维斯将谢尔曼称为"美洲大陆的阿提拉"(Attila of the American Continent),这并不是毫无道理的,尽管在这次行军中,物资损失远大于人员伤亡。[2]

冬季,谢尔曼和他的部队在卡罗来纳采取了同样的行动,尽管此次行军并不为人广泛知晓,但重要性不亚于其他行军,实际上这次行军过程更为艰难。他再次采取了"长蛇计划"战略,并展现了谢尔曼式的战术特征。同时,胡德将军转战田纳西州,力图寻找胜利的机会,并尝试将北方联邦军赶出中部战区。但年底时,乔治·托马斯(George Thomas)将军带领的6万名联邦军在纳什维尔战役中打败了胡德的4万名南方邦联军。[3]

正如前文所述,东部和最北部战区的战事有所放缓。格兰特将更多的注意力转向了谢南多厄河谷,试图确保该地区不再对北方联邦和华盛顿构成威胁,并阻止南方邦联军夺得这片肥沃之地。1864年10月19日,谢里登将军集结部队,在锡达克里克(雪松溪)战役(Battle of Cedar Creek)中反败为胜。总的来说,该战区的形势逐渐向北方

---

[1] James M. McPherson, *Battle Cry of Freedom* (Oxford: Oxford University Press, 1988), p. 809.

[2] J. F. C. Fuller, *Decisive Battles of the Western World* (London: Cassell and Co., 2001), p. 84.

[3] James M. McPherson, *Battle Cry of Freedom* (Oxford: Oxford University Press, 1988), pp. 811-819.

现代战略家必读军事史：1861年以来美国的主要战争

联邦倾斜。

在里士满附近，战斗进展迟缓，这很可能是因为格兰特的部队在经历了春天和初夏的激烈战斗后已身心俱疲。格兰特似乎希望从多个方向对李进行施压。由于谢尔曼和托马斯在其他地方的战役已告一段落，他还希望能从他们那里获得支援。这意味着他的计划要到1865年初才能完全展开。但是，战事压迫的态势仍在继续。尽管如此，格兰特仍坚持向南和向西推进，意在切断对方的补给线，特别是韦尔登铁路和南侧铁路。波伊德顿栈道（Boydton Plank Road）、夏芬断崖（Chaffin's Bluff）、哈彻河（Hatcher's Run）和皮布尔农场（Peeble's Farm）等地都发生过战斗。北方联邦军队在夏末、秋天和冬天开展多次军事行动，逐渐切断了更多的通道和铁路，加强了抵御南方邦联军进攻的防线。①

随着冬天的来临，战争逐渐接近尾声，李将军开始重新审视自己的策略。他曾考虑过突破包围，离开里士满，去支援乔·约翰斯顿（Joe Johnston）将军对抗谢尔曼。这样一来，他可能需要放弃里士满（但他希望杰弗逊·戴维斯和联盟政府能够先行撤离），而北弗吉尼亚军团则继续作

---

① Grant, Ulysses S. Grant, *The Complete Personal Memoirs of Ulysses S. Grant* (Springfield: Seven Treasures Publications, 2010), pp. 291–305; Russell F. Weigley, *A Great Civil War: A Military and Political History, 1861–1865* (Bloomington: Indiana University Press, 2000), pp. 423–434.

为南部联盟的坚守力量。但该计划并未实行。北方联邦军在彼得斯堡东部击败了约翰·戈登将军的部队后,又在该城西南部击溃了皮克特师,大局已定。李将军再也无路可逃。

他的部队只剩下约 3.5 万人,形势日趋严峻。4 月 2 日,李将军致信杰弗逊·戴维斯,建议他放弃里士满。几天后,林肯总统踏上了这座城市,李将军向西逃窜。不久,北方联邦军将其包围,迫使他于 4 月 9 日圣枝主日(Palm Sunday,又称基督苦难主日)在阿波马托克斯投降(也就是林肯在 4 月 14 日耶稣受难日遭到暗杀的五天前)。关于这场战争的重心以及北方联邦军的重点目标究竟是里士满还是李将军的部队,这一问题长期备受争议,而这两个地方却在一周内相继失守。①

尽管一段时间内,其他地方还有一些零星的战斗,但到 5 月 10 日,杰弗逊·戴维斯在佐治亚州被俘(他被关押了两年才获释),南方最后的希望也完全破灭。战争终于宣告结束。

七、所犯的错误和吸取的教训

关于美国内战中的重大决策,历史学家们的争论已持

---

① James M. McPherson, *Battle Cry of Freedom* (Oxford: Oxford University Press, 1988), pp. 844–850.

续150余年，并且无疑还会继续下去。但是，对于当代战略家来说，哪些议题、问题和启示对当下尤为重要？

虽然内战的主要争议大多集中在政治和伦理方面，包括脱离联邦、奴隶制和美国民主的基本实践。但是，对于现代军事战略家来说，为了找出这场战争中哪些经验教训对战争具有更加广泛的适用性，以下几个具体问题不容忽视：

·在弗吉尼亚战役中，麦克莱伦是否过于谨慎，特别是在1862年？

·北方军在追击李将军的部队并对里士满施压的同时，采取"长蛇计划"战略进行经济施压，这样的总体战略是否恰当？如果更加坚定且耐心地实施这个战略，是否可以避免这场战争中普遍存在的正面攻击？

·南方试图在传统战场上夺取胜利的总体策略是否明智？

·李将军是否过于冒进，尤其是他曾试图入侵联邦领土？

·考虑到当时的技术条件，双方将领是否过于轻率，派出大量士兵发动正面进攻，从而导致大量不必要的伤亡？

·为了执行选定的既定战略，北方联邦军是否真的需要维持较长的后勤补给线？

要从更广泛的视角来审视美国内战，并探讨这场战争于今天而言有哪些经验教训，首先需要对上述问题进行深

第一章 美国内战

入的思考。

在战争初始阶段的弗吉尼亚战区上，北方联邦军将领在冲锋陷阵、战术战役创新及战争预判方面的表现要比南方将领逊色得多。战争最初几个月，北方联邦在士兵招募、训练及装备方面显得颇为混乱。例如，拉塞尔·韦格利就曾不解，训练北方联邦军的准备时间竟然比一个世纪后训练越战士兵所需的时间还要长。① 因此，北方在战争初期的表现确实不尽如人意。

尽管李将军常常因其卓越的战术而备受称赞，但关于其南军战略之于其整体军事贡献仍存在较大争议。鉴于当时的技术条件和双方的兵力差距及战争目标，他似乎过分偏重于进攻。他与北方展开了多次激烈的交锋，尽管他赢得了不少胜利，但这并没有为南方邦联带来最大限度上的收益或者弥补南方邦联的劣势。1997年，美国海军陆战队曾发布了一份备受好评的文件，文件中明确指明了这一点。近年来，关于李将军的军事贡献，也出现了更多的批评声音。② 约瑟夫·约翰斯顿将军倾向于采取"以空间换取时间"的策略。正如在肯尼索山战役中，除非部队的位置极为有利、牢不可破，否则他通常会避免与谢尔曼正面交火。

---

① Russell F. Weigley, *A Great Civil War: A Military and Political History, 1861–1865* (Bloomington: Indiana University Press, 2000), p. 67.

② United States Marine Corps, *Campaigning* (Washington: Department of the Navy, 1997), pp. 21–30, marines.mil/Portals/1/Publications/MCDP%201-2%20Campaigning.pdf.

现代战略家必读军事史：1861年以来美国的主要战争

从整体来看，约翰斯顿的策略或许更适合南方邦联军。这种策略能够拖长战争的时间，从而消磨北方的耐心和政治意愿。这种做法在北美大地上早有先例，乔治·华盛顿在美国独立战争期间便采取了这样的基本策略。战争结束后，当问及南方应该采取的策略时，格兰特也持有相似的观点。[1]

在其他战略要素方面，历史学家也展开了激烈的讨论。英国历史学家J. F. C. 富勒认为，联邦将弗吉尼亚战区作为南方邦联的重心，这是其在策略方面的一大失误。[2] 富勒认为，真正的战略重心应放在田纳西州的查塔努加与佐治亚州的亚特兰大之间的狭长地带，因为这里有两条主要的铁路连接南方邦联的南部和西部与弗吉尼亚州和卡罗来纳州。他指出，如果能切断这些铁路，北方联邦军队就有机会隔离上述三个州和南方邦联的其他地区，从而有效实施围攻策略。

所以，如果北方行动更迅速，他们可能会更早取得胜利。如果李将军采用了类似于越共，甚至是华盛顿的策略，他可能会在战场上坚持得更久，甚至消磨掉北方的耐心和意志。如果北方联邦军当时采取"攻占查塔努加"战略，

---

[1] Russell F. Weigley, *A Great Civil War: A Military and Political History, 1861-1865* (Bloomington: Indiana University Press, 2000), pp. 358-367.

[2] J. F. C. Fuller, *Decisive Battles of the Western World* (London: Cassell and Co., 2001), pp. 12-52.

第一章 美国内战

或者给予"长蛇计划"更多的时间,或许就能避免弗吉尼亚战区和其他地方的鏖战。这场战争本可以选择不同的策略,有很多不同的走向,从而减少战斗的伤亡。

然而,我们在理解这些失误时,不能抛却内战的历史背景。这是一场极具破坏性和悲剧性的战争,而当时的美国无论在思想、物资,还是制度方面都尚未做好充足的准备。经过深入思考,我认为这些失误并不是造成内战如此惨烈的主要原因。

例如,有观点认为,北方联邦在调动部队方面行动迟缓,导致在1861年浪费了大量时间。这种看法自有其合理性。但是,即使采取了更有效的策略,最多只是提前几个月为1862年的战役做好准备。再对比一下美国在一个世纪之后为越南战争所作的动员。20世纪60年代初,美军的编制部队规模已经非常庞大,并处于冷战状态,距离规模巨大的朝鲜战争也仅仅过去了十年。相较而言,1861年的军队规模相对较小,深受政治化影响,且因为南方脱离联邦而失去了众多资深技术官员。因此,北方联邦在一段时间内反应效率低下尚在情理之中。正如克劳塞维茨所言,战争中所有事情看似简单,但在前所未有的规模之下,即使是最简单的任务也会变得极为困难。

当时的很多将军,甚至包括最富传奇色彩的将军,似乎也没有完全认识到步枪和火炮的威力,依然选择在开阔地上进行冲锋。这种观点在某种程度上是正确的。但在很多战斗中,进攻方将领都试图避免这种策略,更倾向于通过机动,从侧翼包抄敌军,以便沿着对方的主要阵地纵向开火,或者试图孤立并瓦解对方的编队,将其各个击破。这种僵化且早已过时的进攻方式究竟造成了多大的伤亡,我无法估计。但从我对主要战役的了解来看,我认为这个数字不会超过总伤亡的50%。只有1862年12月北方联邦军在弗雷德里克斯堡的进攻和1863年7月在葛底斯堡的皮克特冲锋等少数几场战役,才真正让我觉得愚蠢至极。

确实,仅从军事角度看,李将军或许应该避免频繁发动战术进攻。并非过分美化李将军,他的战争行动确实有一定的逻辑性。历史学家杰伊·温尼克(Jay Winik)提到,1865年初,李将军和杰弗逊·戴维斯曾认真考虑过放弃里士满,并将李将军的部队转为游击战方式,但他们始终难以下定决心,因为在他们看来,这与他们所信奉的南方文明和生活方式背道而驰。[1] 李将军试图侵入北方也有其政治逻辑,那就是想要削弱联邦的士气和战斗意志。

麦克莱伦真的如传言中那般过于谨慎吗?他似乎总在期待从华盛顿、其他将领或任何他能批评的人那里得到更多支持。他总有一堆理由来解释为何不能前进、不能持续战斗或为何在许多战役中无法取得胜利。通过他的信件和公开声明,再加上他在1864年大选中与林肯竞选,以及从

---

[1] Jay Winik, *April 1865: The Month That Saved America* (New York: Harper Collins, 2001), pp. 147–172.

第一章 美国内战

当时看来对南方的妥协态度来看，这位自大的将军在历史上的形象大打折扣。如果不是他掌握主要指挥权，这场战争会不会结束得更早？

关于麦克莱伦的种种批评看似都很有道理（让人不禁想问，为何他的雕像还屹立在华盛顿特区的杜邦环岛）。具体来说，如果麦克莱伦能够在1862年把握住机会，那么凭借半岛战役的后勤部署，他或许可以成功抵达里士满，从而可能使战争提前结束。

但我们不应忘记，麦克莱伦并不是东战区唯一倾向于谨慎行事的联邦将领。在他之前的麦克道尔（马纳萨斯战役），以及在他之后的伯恩赛德、胡克均持有类似的态度。他们在战争结果尚不明朗的时候，都未制定关键性的后续作战行动方针。正如拉塞尔·韦格利所言，部分原因可能是，当时的将领更倾向于大规模作战，而不是在整个战区范围内进行持续且多方位的战斗，这种观点在内战的历史研究中仍然存在争议。① 对于我们这些拥有150多年翔实资料的后人来说，要明白当时作战条件艰难，部分原因是缺乏准确的战场情报。克劳塞维茨在谈到情报时表示，"战争中收集的情报很多时候是互相矛盾的，还有许多是假情报，

---

① Russell F. Weigley, *A Great Civil War: A Military and Political History, 1861–1865* (Bloomington: Indiana University Press, 2000), pp. xx–xxiv, 324–330; Stephen Badsey, Donald Stoker, and Joseph G. Dawson III, "Forum II: Confederate Military Strategy in the U.S. Civil War Revisited," *Journal of Military History* 73 (October 2009): 1273–1287.

现代战略家必读军事史：1861年以来美国的主要战争

并且绝大部分是不确切的情报"，这当然不仅适用于美国内战，也适用于他熟知的19世纪初的拿破仑战争。①

在战争中，真正的杰出将领往往不是一开始便崭露头角。有时，真正的作战经验才是最真实的考验，也是筛选然后有待时间验证的过程。此外，麦克莱伦在组织、后勤和激励士气方面确实拥有出色才能，这是林肯所深知的②（考虑到北方的物资优势，他在1861年8月便计划建立一支近30万人的军队并果断进军里士满，然后继续南下，这种想法并不符合逻辑③）。回过头来看，我们可能认为格兰特的坚韧、持久和自信是天然的，但这些品质在当时倾向于谨慎行事的将领中，其实也是相当罕见的。④

当经济上占有优势但尚未充分准备的大国与弱小的对手对抗时，选择稳妥且循序渐进的战略自有其道理。虽然从现在的角度看来，北方联邦军采取缓慢进攻的作战方式是错误的，但在当时的环境和条件下，这样的选择并非没有道理。

美国内战中的许多主要战役都极其惨烈，造成了巨大伤亡。考虑到战斗开始后的1—3天内，伤亡率通常占初始

---

① Carl von Clausewitz, *On War*, edited and translated by Michael Howard and Peter Paret (Princeton: Princeton University Press, 1976), pp. 117-118.

② Doris Kearns Goodwin, *Team of Rivals: The Political Genius of Abraham Lincoln* (New York: Simon and Schuster, 2006), pp. 475-480.

③ Sears, *George B. McClellan* (New York: Ticknor and Fields, 1988), pp. 98-99.

④ Eliot A. Cohen and John Gooch, *Military Misfortunes: The Anatomy of Failure in War* (New York: Free Press, 1990), p. 244.

第一章 美国内战

部队的 15%—30%，也就不难理解为何胜利的一方不能迅速地追击失败方。因为他们自己也付出了巨大的代价，同时还要考虑对撤退中的敌人发起进一步攻击的后勤需求。拉塞尔·韦格利表示，林肯对米德将军在葛底斯堡后未能追击李将军非常不满："这是林肯作出的最不公平的评价。"①但从另一个角度看，如果追击可能早日结束战争和杀戮，那么林肯的观点也不无道理。

简言之，考虑到战争过程中的众多决策和政策，注定了这是一场旷日持久且充满毁灭性的战争。双方都视之为生死存亡之战，都为其目标作出了坚定甚至狂热的承诺。双方都拥有充足的武器装备和战略纵深，以及其他物质资源和精神韧劲，使对方无法迅速取得胜利。但由于双方都期望通过政治手段避免战争，因此在战前的准备上都显得不足。重大失误几乎在所难免。

因此，对于任何一方来说，真正的失误并不是战争中的不佳表现，而是选择开始这场战争。南方首先发动了战争，与这一灾难性的决策相比，麦克莱伦、李或其他将军的失误都显得微不足道。

尽管战争的残酷在实际的战斗中愈发明显，但即使在战前，其困难和挑战都是可以预见的。近几十年来，克劳塞维茨在其著作中论述了战争的恐怖性和复杂性，并在同

---

① Russell F. Weigley, *A Great Civil War: A Military and Political History, 1861–1865* (Bloomington: Indiana University Press, 2000), p. 254.

现代战略家必读军事史：1861年以来美国的主要战争

时代及其后时代中得到了许多历史证据支撑，如19世纪50年代的克里米亚战争。即便是为了实现崇高的民众需求，但将战争浪漫化也是一个错误，当时的领导人也应该明白这一点。①

对许多南方人而言，这可能是一场生死存亡之战，因此无论代价如何，战争都不可避免。但没有哪一方威胁要灭绝对方，也没有人立即要求改变对方现有的生活方式。所以从某种程度上说，这场战争并不是真正的生死存亡之战。特别是考虑到这场战争的恐怖性。最主要的争议是奴隶制的扩张，而不是针对已存在奴隶制的地方其观念的根深蒂固。尽管许多南方人认为这场战争是维护他们传统生活方式的必要之举，但这并不意味着他们是对的。考虑到大规模战争可能带来的军事失败，选择留在联邦并承受其对传统生活方式的改变，或许是一个更加明智的选择。

经过对南北方资源的深入剖析，即便是那些高度评价南方军事优势的评论家，也可能会怀疑南方是否真的能够赢得胜利。他们指出，南方的胜利在很大程度上依赖于北方在战争中的优柔寡断。尽管南方坚信战争可以持续下去，北方却可能觉得这场战争的代价过于沉重。这种看法在某种程度上是有道理的，但过于理想化。

从道义、政治和军事层面来看，南方应当为美国内战

---

① Russell F. Weigley, *A Great Civil War: A Military and Political History, 1861–1865* (Bloomington: Indiana University Press, 2000), pp. 29–35.

第一章　美国内战

承担主要责任。但是，北方的策略也应受到质疑。或许林肯总统过于自信，他或许应该采纳更为审慎的"长蛇计划"，减少陆地作战，逐步迫使南方投降。我们都知道，仅仅依靠经济制裁和其他经济措施很难迫使一个国家迅速改变策略。如果没有直接的陆地威胁，南方军队还可能会进攻北方联邦军在海岸和港口的阵地，这些地方是北方联邦军封锁策略的关键。尽管这种策略需要一定的耐心，并伴有一定风险，可能还需要花费北方联邦军 10 年甚至更久的时间才能达到预期，但与战争导致的大规模伤亡相比，这种策略是否更值得考虑？显然，林肯和其他北方联邦的将领并没有真正考虑过这种方法，而这本是他们的职责所在。

澳大利亚知名历史学家杰弗里·布莱内（Geoffrey Blainey）认为，参战的领导通常都希望能够取得胜利，而且往往希望能够迅速取胜。这是人类固有的偏向性，我们需要认识、理解并通过系统化的方法克服这种缺点。

正如兰德公司学者阿兰·C. 恩托文和 K. 韦恩·史密斯在他们关于军事分析的经典之作《多少才算够？》中所述，我们在思考或筹划战争时，必须预计可能的最好和最坏的结果。① 这一基本原则常被忽视，但这并不能为那些轻率参与美国内战的人开脱。在 19 世纪 50 年代至 60 年代初，波托马克河的两岸都没有为战时的困境制定充分的应

---

① Alain C. Enthoven and K. Wayne Smith, *How Much Is Enough? Shaping the Defense Program, 1961–1969* (Santa Monica: RAND, 2005).

对之策。

美国内战为我们留下了许多经验教训。其中最为关键的一点是，我们在与任何大国甚至是一些小国作战时，不要指望能够迅速获胜，这种想法过于乐观，甚至是鲁莽。我们可能会因为自己站在了正义一方，或者因自身强大的军事实力、先进的军事技术以及高超的新型战术而过于自信，误认为可以轻而易举地赢得决定性的胜利。然而，历史（特别是美国内战）告诉我们，真实的情况往往并非如此。

我们同样需要留意，未来的某些对手可能因过于乐观而在与美国的冲突中误判自身的胜算。下面我们将讨论另外一场战争，这场战争本应深受美国内战影响并从中吸取教训，但事实上却并非如此。这场战争就是第一次世界大战。

第一章

第一次世界大战

第二章 第一次世界大战

1914年6月28日，奥匈帝国哈布斯堡王朝王位继承人弗朗茨·斐迪南大公（Archduke Franz Ferdinand）在萨拉热窝遇刺身亡，成为第一次世界大战的导火索。1908年，奥匈帝国吞并了萨拉热窝及波斯尼亚和黑塞哥维那的部分地区，这引发了塞尔维亚和其支持者俄国的强烈不满。行刺者为加夫里洛·普林西普（Gavrilo Princip），他在行刺后被捕并被判刑，五年后因肺结核在狱中去世。普林西普并非单独行动，而是在塞尔维亚"黑手社"（Black Hand）的训练和支持下进行。塞尔维亚是东部的独立小国，当时正试图扩张疆域，吸纳更多散居在该地区（包括波斯尼亚和黑塞哥维那）的塞尔维亚人。当时的塞尔维亚国内充满了民族主义和政治阴谋。[1]

为了对萨拉热窝暗杀事件进行报复，奥匈帝国选择对塞尔维亚发动惩罚性军事打击，从而揭开了战争的序幕。德国选择支持其盟友奥匈帝国。俄国在近年来为了其盟友和自身利益在巴尔干半岛遭受了多次打击，为确保进出土耳其海峡的权益，因此决定予以反抗。这些挫败不仅包括奥匈帝国对波斯尼亚和黑塞哥维那的吞并，还包括1912年和1913年的巴尔干冲突。在这两场战争之后，东南欧大部分地区摆脱了奥斯曼人的控制，塞尔维亚的领土也因此扩张。尽管塞尔维亚希望得到亚得里亚海的出海口，但面对

---

[1] Christopher Clark, *The Sleepwalkers: How Europe Went to War in 1914* (New York: Harper Collins, 2013), pp. 3–64.

奥匈帝国的最后通牒，不得不作出妥协。① 到了 1914 年，俄国决定更加坚决地保护其东正教信徒，甚至不惜发动全面战争。实际上，俄国的全面动员计划不仅针对奥匈帝国，还包括德国，并迅速付诸实践。为此，德国决定首先进攻与俄国结盟的法国。这是因为德国采用了施里芬计划，实行双线作战。这决定了德国首先要向西进攻，迅速击败法国，然后再把战略重点转向东线，对抗更加庞大的俄国军队。德国深知，法国一直对自己虎视眈眈，其中最大的原因是为此前的战争失利报仇雪恨。因此德国的战争支持者坚信，与其坐以待毙，不如主动出击。

经过五周的虚张声势、相互协商、秘密谈判、公开威胁和军事部署，以及奥匈帝国对塞尔维亚的局部打击，8 月 4 日大规模战争爆发。德军经过卢森堡和比利时入侵法国北部，而俄国在东线（即今天的波兰及周边地区）迅速对德国和奥匈帝国发动进攻。

就这样，一场孤立的、悲剧性的政治暗杀引发了一场全球性的灾难。第一次世界大战无疑是人类历史上的重大失误。当时的欧洲是全球的地缘政治、经济和军事中心，而这次战争是欧洲的集体失败，特别是对于当时欧洲领导和国家体制而言。至于哪个国家应该背负最大的责任，至

---

① Christopher Clark, *The Sleepwalkers: How Europe Went to War in 1914* (New York: Harper Collins, 2013), pp. 83–87, 254–255, 266–292.

第二章　第一次世界大战

今仍是历史学家的讨论热点。很少有人会认为德国是完全无辜的。俄国过于好斗，一心只想实现其野心，而不是解决或缓和冲突。法国和英国同样有着不可推卸的责任，两国激烈的竞争和帝国主义情结，为第一次世界大战的爆发创造了条件。①

这场战争直接导致了1 000万人死亡。欧洲主要参战国的死亡人数通常为100万到200万人，另外还有大量的伤员，其中许多人因此终身残疾。各国的平均总人口约在4 000万到6 500万（俄国除外，其人口约为1.7亿）。② 相较之下，美国内战夺去了75万人的生命，被认为对社会产生了毁灭性影响，因为当时美国的总人口仅为3 000多万。对于大部分欧洲参战国来说，第一次世界大战的死亡率是美国内战的2—3倍。而这场战争过后建构起来的和平秩序存在极大缺陷，从而为伤亡更为惨重的第二次世界大战埋下了隐患。

第一次世界大战爆发有诸多原因。但从本书及军事史的视角来看，当时各国过于自信，对战争后果的乐观情绪太过明显。美国内战已经过去半个世纪，但各国军队似乎仍未充分意识到快速射击和高杀伤性武器给战争究竟带来

---

① Michael S. Neiberg, *Dance of the Furies: Europe and the Outbreak of World War I* (Cambridge: Harvard University Press, 2011), pp. 1-35.

② Paul Kennedy, *The Rise and Fall of the Great Powers: Economic Change and Military Conflict from 1500 to 2000* (New York: Random House, 1987), p. 243.

了哪些新特点。

  主要参战国的极端民族主义和军国主义情绪在很大程度上加速了战争的爆发,推动了战争进程。以德国为例,弗里德里希·冯·伯恩哈迪(Friedrich von Bernhard)将军在战前出版了一本畅销书,名为《德国与即将到来的战争》(*Germany and the Next War*)。书中章节分别阐述了战争的正当性、发动战争的职责义务和战争的必要性。① 广义而言,这一时期有不少人错误地认为战争具有某种能够振奋人心的崇高品质。②

  王室间错综复杂的关系同样加深了战争的阴影。令人惊讶的是,战争初期的德国和英国统治者(德皇威廉二世和英王乔治五世)以及俄国沙皇的妻子均为已故的维多利亚女王的孙辈,而沙皇本人就是德皇的表亲。这些领导者之间的亲缘关系并没有为他们之间带来友好关系,反而加剧了他们的分歧和不满。③ 事实上,这些主要参战国的领导者并没有展现出令人瞩目的领导力,他们中找不出真正出色的人物。即使像温斯顿·丘吉尔(Winston Churchill)这样日后声名远扬的人物,在第一次世界大战中也并未扮

---

  ① Barbara W. Tuchman, *The Guns of August* (New York: Bantam Books, 1976), p. 25.

  ② Stephen Van Evera, "Why Cooperation Failed in 1914," in *Cooperation Under Anarchy*, edited by Kenneth A. Oye (Princeton: Princeton University Press, 1986), pp. 90–92.

  ③ Christopher Clark, *The Sleepwalkers: How Europe Went to War in 1914* (New York: Harper Collins, 2013), p. 173.

第二章　第一次世界大战

演特别积极的角色。奥匈帝国的继承人相对来说则更为出色，他提倡国家改革，并友善对待塞尔维亚等少数民族，但他的遇刺却成为这场战争的导火索。比利时国王阿尔伯特（Albert）也是一位令人敬佩的领导者。尽管他率部勇敢抵抗了德军，但仍然难以阻止德国的进攻（尽管如此，他们确实拖住了德国，为法国争取了宝贵的时间）。伍德罗·威尔逊（Woodrow Wilson）直到1917年才决定让美国参战，他认为所有参战国都有一定的过错，并试图在战后建立强大的国际联盟，以防止这样的灾难再次发生。但是，由于他的努力未能如愿，再加上《凡尔赛条约》带来的诸多问题，他很难被视为一个真正的英雄。[1]

事实上，第一次世界大战爆发时，人类在工程、科学、交通通信、经济和人类福祉等领域都取得了前所未有的成就，这使这场悲剧显得更加匪夷所思。当时的科学家和知识分子远远超越了政治和军事领域的人才。

德国、奥匈帝国和意大利（初期）组成了同盟国，而法国、英国和俄国则形成了协约国，之后协约国成员不断增加。后来，意大利投向了协约国。奥斯曼帝国的残余部分，即现在的土耳其（文中有时也指后者），加入了德国和

---

[1] Adam Tooze, *The Deluge: The Great War, America and the Remaking of the Global Order, 1916-1931* (New York: Viking, 2014), pp. 50–67; U. S. Census Bureau, "Statistical Abstract of the United States," Department of Defense Personnel, www.census.gov/compendia/statab/, and U. S. Army Center of Military History, "American Military History," vols. 1 and 2, history.army.mil/books.

奥地利、匈牙利的阵营。1917年，俄国政府垮台，国家陷入革命和内战的旋涡，无力进行卓有成效的军事抵抗。这一年美国加入协约国一方，在替代俄国的同时，也给协约国带来了巨大支持。

地理上，这场战争主要发生在四大战场。首先是众所周知的西线战场，位于法国北部和比利时一带，1914年夏末，改良版的施里芬计划在此实施。① 随后堑壕战爆发。1914年之后，每年都有一方试图打破僵局，将各自的战壕向南、向西或向北、向东推进一小段距离。但1918年前，战线的位置几乎没什么大的变化。

第二个主要战场为更广阔的中欧地区，涵盖奥匈帝国、俄属波兰、俄国、现代乌克兰和德国。战事最终扩散到了塞尔维亚、巴尔干半岛诸国及意大利。

第三个战场由世界各地的殖民地和帝国所占领土组成，在这些地方，欧洲列强和日本为保护自身利益和扩大势力范围而相互争夺。包括撒哈拉以南的非洲、北非、地中海至土耳其海峡、中东以及中国部分沿海地区。有时，无论是在本地还是欧洲前线，殖民地人民都不得不代表殖民者参战。例如，在第一次世界大战中，约有130万印度士兵

---

① Gerhard P. Gross, "There Was a Schlieffen Plan: New Sources on the History of German Military Planning," *War in History* (November 2008).

为英军效力，其中约有 7.4 万人献出了生命。① 许多来自英法统治区的非洲人也参加了战争。

第四个主要的战场位于大西洋和北欧海域。最初，该区域的封锁对英国构成了威胁，但随着战争的推进，它逐渐严重影响德国。在战争开始的三年里，由于德国实行无限制的潜艇战策略，美国损失了大量的船只、人员，这深深激怒了美国并促使其加入战争。

研究第一次世界大战与美国内战相似，都可以简化为对关键战役的分析。如下所述，我们可以将这场战争按年度进行划分，以便分析。但在此之前，我们还需先了解这场冲突的前因后果。

一、20 世纪初的欧洲战略背景及联盟体系

第一次世界大战的根源可以追溯到数百年来的欧洲国家体系及其日益增强的民族主义、竞争性和帝国主义特征，伴随着与技术进步和主要经济体的现代化和工业化特征的结合。② 1648 年的《威斯特伐利亚和约》和 19 世纪的"欧

---

① Shashi Tharoor, "Why the Indian Soldiers of World War I Were Forgotten," *BBC News*, July 2, 2015, bbc.com/news/magazine-33317368.
② Joseph S. Nye, Jr., "1914 Revisited?" *Project Syndicate*, January 13, 2014, project-syndicate.org/commentary/joseph-s--nye-asks-whether-war-between-china-and-the-us-is-as-inevitable-as-many-believe-world-war-i-to-have-been?barrier=accesspaylog.

洲协调"（大国之间控制或处理问题的协调机制），被普遍视为有效地将冲突限制在一定的范围内。但在当时，不论是欧洲内外，都未真正实现和平。从北美到撒哈拉以南的非洲，再到埃及和尼罗河周围地区，英法两国之间的冲突并没有因为威斯特伐利亚体系而得到遏制。[1] 19世纪，欧洲相继爆发过几场重要战争，如1853—1856年的克里米亚战争，俄国与法国、英国和奥斯曼帝国交战；1866年的普奥战争；1870—1871年的普法战争。

　　第一次世界大战的具体原因可以追溯到1870—1871年普法战争结束之时。当时，德国从法国手中夺得阿尔萨斯和洛林，迅速崛起为一个统一而强大的国家。

　　自19世纪90年代开始，尤其是在奥托·冯·俾斯麦（Otto von Bismarck），这一曾是克制和冷静代表（至少在普鲁士/德国赢得战争并在19世纪60年代和70年代初实现统一之后）的人物卸任德意志宰相一职后，国际军事竞争日趋激烈。德国和意大利作为这场帝国主义战争中的"后起之秀"，也想从海外殖民地和战利品中分得一杯羹。但这并不容易。尽管德国扩充了海军力量，但在帝国主义角逐中仍处于不利地位，例如，1911年，德国在摩洛哥控制权

---

[1] Paul Kennedy, The *Rise and Fall of the Great Powers: Economic Change and Military Conflict from 1500 to 2000* (New York: Random House, 1987), pp. 219-220.

第二章　第一次世界大战

之争中败给了法国。①

总参谋长赫尔穆特·冯·毛奇（Helmuth von Moltke）等德国军队高层也开始担心，日渐强大的俄国和日益紧密的英俄关系会使德国未来的处境愈加艰难。毛奇和其他持相同观点的人开始倾向于通过发动防御性战争来削弱竞争对手。他们可能指望通过此类战争夺得欧洲的战略枢纽，如比利时和法国北部的港口。② 1914年的前10年，无论是在摩洛哥、波斯尼亚还是在其他问题上，德国军事领导人一直主张使用武力，并持续与法、英、俄三国对立。正如斯蒂芬·范·埃弗拉（Stephen Van Evera）在谈到德国高级军官时所说："在1905—1914年的每一次危机中，他们都主张发动战争。"③ 这种观点最终导致德国以奥匈帝国进攻塞尔维亚以及俄国入侵东部地区为借口，对法国发动预防性进攻。

---

① Christopher Clark, *The Sleepwalkers: How Europe Went to War in 1914* (New York: Harper Collins, 2013), p. 208.

② Stephen Van Evera, "The Cult of the Offensive and the Origins of the First World War," in *Military Strategy and the Origins of the First World War,* edited by Steven E. Miller, Sean M. Lynn-Jones, and Stephen Van Evera, rev. and exp. ed. (Princeton: Princeton University Press, 1991), pp. 81–83; and Christopher Clark, *The Sleepwalkers: How Europe Went to War in 1914* (New York: Harper Collins, 2013), pp. 326–334.

③ Stephen Van Evera, "European Militaries and the Origins of World War Ⅰ," in *The Next Great War? The Roots of World War Ⅰ and the Risk of U.S.-China Conflict,* edited by Richard N. Rosecrance and Steven E. Miller (Cambridge: MIT Press, 2015), p. 152.

事实上，在战争爆发前的两年里，德皇威廉二世的信函、公文、外交往来和其他谈话中都充斥着对全面战争的渴望和战争必然性的预期。他经常使用充满种族色彩的措辞来描述日耳曼人与斯拉夫、拉丁人之间的对立，并揭示了德国及其盟友希望将领土从英吉利海峡一直延伸至地中海东部的野心。① 令人意想不到的是，这位皇帝（他在1918年退位并移居到荷兰，后于1941年去世）临终前，曾盛赞希特勒取得的初步胜利，认为这些胜利印证了自己的目标，并高度评价指挥这些战役的德国将领："他们将施里芬在我指示下制定的计划付诸实践，正如我们在1914年所做的那般。"② 正因如此，尽管颇具争议，但在20世纪60年代，著名德国历史学家弗里茨·费歇尔提出，德国是第一次世界大战中的主要责任方，许多杰出的现代历史学家和战略家，如麻省理工学院的斯蒂芬·范·埃弗拉，都持有同样的观点。③

我并不全然反对这些批评德国的观点。但与众多历史学家一样，我也认为俄国在战争初期对奥匈帝国和德国的侵略行为过于激进。至少，俄国为进攻德国和奥匈帝国而

---

① John C. G. Rohl, *Kaiser Wilhelm* Ⅱ (Cambridge: Cambridge University Press, 2015), pp. 135-163.

② Ibid., p. ⅹⅵ.

③ "Stephen Van Evera Revisits World War Ⅰ, One Century After Its Bitter End," *MIT Center for International Studies Magazine* (Fall 2018), https://cis.mit.edu/publications/analysis-opinion/2018/stephen-van-evera-revisits-world-war-i-one-century-after-its.

进行的全面动员和进攻准备,为德国发动全面战争提供了借口。俄国担忧,奥匈帝国在击败并解散塞尔维亚后,会继续进攻,通过土耳其海峡(达达尼尔海峡和博斯普鲁斯海峡)夺取黑海的控制权,从而让维也纳和柏林有机会打压俄国经济。① 然而,将此作为对两大邻国发起直接进攻的理由,显得过于牵强。法国和英国也并非毫无过错。在过去的数十年中,他们的帝国扩张和全球征服加剧了欧洲列强之间的民族主义竞争。法国还制定了一项进攻性军事策略,即"第十七号计划"(Plan XVII),意图夺回几十年前被普鲁士和刚成立的德国夺走的领土。尽管德国理应受到谴责,但它远非唯一过错方。对其他列强的谴责并不能减轻德国的罪责;第一次世界大战的责任分配并不是简单的零和分析。令人震惊的是,许多国家在诸多层面都犯下了滔天罪责。尽管许多国家原本都有机会避免这场战争,但皆未采取行动。

从19世纪至20世纪初,一些国家日渐崛起,而另一些帝国则呈现衰退之势。其间,离心力与向心力时常并存,有时甚至同时作用。奥匈帝国一方面表现出与其他欧洲强国相似的征服欲望与扩张企图,一方面却苦思冥想如何维系一个由九个主要民族组成的帝国。尽管奥斯曼帝国依然

---

① Christopher Clark, *The Sleepwalkers: How Europe Went to War in 1914* (New York: Harper Collins, 2013): 484 – 487; and Stephen Van Evera, *Causes of War* (Ithaca: Cornell University Press, 1999), p. 133.

现代战略家必读军事史：1861 年以来美国的主要战争

强势，但经过数百年的演进，已日渐衰退。奥斯曼帝国对领土的控制岌岌可危，为其他帝国主义国家创造了机会，但也引发了各国之间的相互猜疑，担心其他外部大国会以自己的国家为代价，夺取土耳其海峡等地的控制权。这为日后的冲突埋下了隐患。芭芭拉·塔奇曼（Barbara Tuchman）在其关于一战的经典之作《八月炮火》中写道："俄国觊觎君士坦丁堡已达数千年之久，还把这座位于黑海口的城市干脆称为'沙皇格勒'。那条叫作达达尼尔（Dardanelles）的著名的狭长出海通道，长仅 50 英里，最宽处不过 3 英里，是俄国唯一终年可通向世界各地的出口。"① 夺取这一地区的机会很快出现。而更令人担忧的是，德国和奥匈帝国也已经盯上这一地区。

欧洲领导者未曾留心伟大的普鲁士军人和学者卡尔·冯·克劳塞维茨几十年前关于战争迷雾和局势升级的警告。他们或许误解了克劳塞维茨《战争论》（*On War*，1832 年出版）中的部分章节，其中克劳塞维茨提出，战争无非政治手段的另一种继续。这一观点（在正确的语境下）意味着，克劳塞维茨认为战争往往不是无缘无故发生，也不是仅仅遵循军事逻辑，在敌人被彻底消灭后便宣告结束。

但危险的是，这种观点可能被误读为是对战争的合理化，暗示战争是可以被完全控制的。克劳塞维茨提出的

---

① Barbara W. Tuchman, *The Guns of August* (New York: Bantam Books, 1976), p. 162.

第二章 第一次世界大战

"决定性战斗"也可能被曲解。当然,成功的对决比消耗战更受欢迎。但是单纯追求胜利并不能保证成功。[1] 克劳塞维茨也曾警告说防御有其优势,因此在将他的观点解读为偏向进攻前,人们应该更加审慎。[2] 可惜,他的理论往往被选择性地解读。[3]

此外,这些领导者也未能深入理解古希腊伟大的学者修昔底德对战争吸引力和危险性的看法。修昔底德在《伯罗奔尼撒战争史》(*History of the Peloponnesian War*)(雅典及其盟邦与斯巴达及其盟邦的斗争)第一部中提到,恐惧、贪婪和荣誉是导致战争的主要动因。[4] 在 20 世纪初,贪婪和荣誉的作用尤为明显。修昔底德在书中记载"米洛斯对话",其中提到强大的雅典为弱小的米洛斯制定了法律,并指出在国际政治中,强者为所欲为,弱者逆来顺受。[5] 当时,德国迅速崛起,希望在欧洲和全球占有一席之地,而

---

[1] Mark McNeilly, "The Battle of the Military Theorists: Clausewitz versus Sun Tzu," *History News Network*, George Washington University, January 25, 2015, https://historynewsnetwork.org/article/158123#:~:text=Clausewitz%20then%20stated%20that%20the,would%20end%20the%20war%20favorably; and Barbara W. Tuchman, *The Guns of August* (New York: Bantam Books, 1976), p. 36.

[2] Lawrence Freedman, *Strategy: A History* (Oxford: Oxford University Press, 2013), p. 124.

[3] Hew Strachan, "Clausewitz and the First World War," *Journal of Military History* 75 (April 2011), pp. 367–391.

[4] Thucydides, *History of the Peloponnesian War* (New York: Penguin Books, 1972), pp. 79–80 (book one, sections 75 and 76).

[5] Ibid., pp. 400–402.

现代战略家必读军事史：1861年以来美国的主要战争

已经在本土之外攫取大片土地的英法两国并不想将自己的囊中之物拱手相让。①

也许是因为欧洲近期战争都极其短暂，尤其是1866年的普奥战争和1870—1871年的普法战争，所以人们过于乐观地认为未来的战争同样不会持续太久。这一时期的欧洲人本应从美国内战中汲取经验教训（世纪之交发生在非洲南部的布尔战争与美国内战存在不少相似之处），而不是研究欧洲近期爆发的几场战争。②

欧洲一些主要领导人，包括德国首相贝特曼·霍尔维格（Bethmann Hollweg）、德国海军参谋长巴赫曼（Bachmann）上将、英国海军大臣温斯顿·丘吉尔、英国财政大臣和未来的首相劳合·乔治（Lloyd George）以及俄国战争部长苏霍姆利诺夫（Soukhomlinov）将军公开表示，他们坚信战争很快便会结束。这样的例子不胜枚举。③ 1914年8月，德皇对即将出征的德国军队保证，"叶落之前，你们便会返回故乡"。但并非人人都如此轻率。实际上，法德两国军队的统帅约瑟夫·霞飞（Joseph Joffre）将军和赫尔穆特·冯·毛奇将军都预见到，这将是一场旷日持久的消耗战。尽管

---

① Donald Kagan, *On the Origins of War: And the Preservation of Peace* (New York: Anchor Books, 1996), p. 134.

② 参见 Cathal J. Nolan, *The Allure of Battle: A History of How Wars Have Been Won and Lost* (Oxford: Oxford University Press, 2019), pp. 1–17。

③ Geoffrey Blainey, *The Causes of War*, third edition (New York: Free Press, 1978), pp. 35–39.

第二章 第一次世界大战

如此,他们并没有对作战计划或总体策略作出相应调整。英国的基奇纳勋爵(Lord Kitchener)也对战争时间持悲观态度,并据此采取战争行动。他要求,(一旦战争正式爆发)英国应立即制订一份涉及百万英军的长期作战计划。①但这种审慎态度相对较少。

上文阐述了1914年前夕,各国的情况及各国领导者的态度。然而,在遥远的萨拉热窝发生的孤立事件如何能够引发全球战争,这个问题仍然让人费解。其中,复杂的联盟体系导致的连锁效应起到了关键作用。

这些主要联盟,并非建立在防御性策略的基础之上。在过去的数十年乃至几个世纪中,无论是在欧洲周边地区,还是在美洲、非洲、中东、南亚和亚洲沿岸地区,欧洲大国狂热追求领土扩张。因此,他们往往不愿签署那些需要严格遵守的安全条约(security pacts)。俾斯麦领导下的德国曾(在一定程度上)是个例外,但他于1890年就离任了。更确切地说,尽管一些联盟在表面上看似是为了防御,实则是为了侵略他国提供许可。随着1914年日益临近,这些联盟越来越具有进攻性。

具体而言,德国和奥匈帝国于1879年缔结两国同盟,承诺共同对抗来自俄国的威胁。在此之前,两国曾于1866年爆发普奥战争。随后在1867年,奥匈帝国(作为二元制

---

① Barbara W. Tuchman, *The Guns of August* (New York: Bantam Books, 1976), pp. 142-143, 221-233.

君主国）成立。当时，德国首相奥托·冯·俾斯麦是出于防御目的缔结了此同盟。但在他离任后，情况有所转变。到了1912年，德国首相贝特曼·霍尔维格（Bethmann Hollweg）向议会表示，如果奥匈帝国与俄国开战，无论哪个国家先发起进攻，德国都会站在奥匈帝国这一边。① 这样的立场使得这一同盟更趋于攻击性。

事实上，问题要远比这更为严重。德国担心，如果他们支持奥匈帝国对抗俄国，法国可能会趁机从西面攻击德国，这一方面是出于机会主义的考虑，想要夺回之前失去的领土，另一方面也是担心德国在战胜俄国后，会借机攻击法国。德国的顾虑并非毫无根据。因此，德国想要先发制人。② 这种悲观性思维导致施里芬计划的日渐形成与发展。1913年，冯·毛奇甚至取消了计划中只对俄国进行单线作战的方案。③ 在1914年的危机中，尽管德国和奥匈帝国试图采取缓和策略，但双方多次鼓励对方采取包括全面动员和战争在内的升级策略。④

1882年，意大利与德国和奥匈帝国结为同盟国。他们约定，若其中一国遭受两个（而非一个）国家同时攻击，

---

① Stephen Van Evera, *The Cult of the Offensive and the Origins of the First World War* (Princeton: Princeton University Press, 1991), pp. 89, 98-99.

② Ibid., p. 91.

③ Margaret MacMillan, *The War That Ended Peace: The Road to 1914* (Toronto: Allen Lane, 2013), p. 343.

④ Glenn H. Snyder, *Alliance Politics* (Ithaca: Cornell University Press, 1997), pp. 254-260.

其余两国将予以支援。三国同盟一直维持到20世纪初，尽管意大利对三国同盟的忠诚度日渐动摇。值得注意的是，意大利在1900年和1902年与法国签订秘密协定，削弱了其对德国、奥匈帝国的大部分承诺。1909年，意大利还与俄国签署秘密协定，旨在限制双方在奥斯曼帝国的达达尼尔海峡、博斯普鲁斯海峡以及如今利比亚的黎波里（Tripoli）和昔兰尼加（Cyrenaica）的竞争。[1] 最终，在1914年战争爆发时，意大利利用三国同盟的规定条约，即只在盟友遭受攻击时才需出手援助，他选择保持中立，而非站在盟友一边。[2]

值得一提的是，1887年，德国与俄国签订了短暂的《再保险条约》（Reinsurance Treaty）。根据该条约，除非德国攻击法国或俄国攻击奥匈帝国，否则两国承诺互不侵犯。换言之，该协议属于防御性质，不适用于柏林或圣彼得堡的战争情形。然而，此条约仅维持到1890年。因为奥托·冯·俾斯麦的继任者未能看到相互制约的防御性条约的重要性。[3] 俾斯麦希望确保法国不会因其在1870—1871年的战败而报复性进攻德国。但不幸的是，他的继任者只对欧

---

[1] Christopher Clark, *The Sleepwalkers: How Europe Went to War in 1914* (New York: Harper Collins, 2013), p. 93.

[2] John Keegan, *The First World War* (New York: Alfred A. Knopf, 1999), pp. 52, 70.

[3] Donald Kagan, *On the Origins of War: And the Preservation of Peace* (New York: Anchor Books, 1996), pp. 114-119; and Christopher Clark, *The Sleepwalkers: How Europe Went to War in 1914* (New York: Harper Collins, 2013), p. 121.

现代战略家必读军事史：1861年以来美国的主要战争

洲和全球范围怀有野心。① 1905年，德皇威廉二世与沙皇尼古拉二世签订临时条约，根据该条约，俄国和德国成为盟友。但是，这份在两位君主间草拟的协议，遭到了其他德国官员的反对，最终未能实施。

在世纪之交，德英两国在德皇威廉二世和首相索尔兹伯里勋爵（Lord Salisbury）的领导下，也曾考虑过结盟。② 但最终，两国成为竞争对手而非战略伙伴，比如，德国对英国在南非的布尔战争就持反对态度。③

在1912—1913年的巴尔干危机中，德国、英国与俄国联手稳住了局势。但俄国对最终结果深感失望，发誓在未来强有力地支持其盟友塞尔维亚（及自身）的利益。④

1891年，俄国与法国开始签订条约，承诺以自己的力量对抗三国同盟中一个或多个成员国的军事动员。1894年，两国正式结盟。⑤ 但因协议条款是保密的，导致签署方对条款的具体内容都不十分清楚。

---

① Bernadotte E. Schmitt, *Triple Alliance and Triple Entente* (New York: Henry Holt and Company, 1934), pp. 6, 34–37.

② Robert Jervis, *Perception and Misperception in International Politics* (Princeton: Princeton University Press, 1976), p. 92.

③ Margaret MacMillan, *The War That Ended Peace: The Road to 1914* (Toronto: Allen Lane, 2013), pp. 49–55.

④ Robert Jervis, *Perception and Misperception in International Politics* (Princeton: Princeton University Press, 1976), p. 110.

⑤ Christopher Clark, *The Sleepwalkers: How Europe Went to War in 1914* (New York: Harper Collins, 2013), p. 130.

第二章 第一次世界大战

对于全球范围内哪些危机需要一方向另一方施以援手，巴黎和圣彼得堡经常出现分歧。① 随着时间的推移，局势有所转变。尤其是在一战爆发前的两年间，法国越来越多地表示，会在巴尔干半岛的任何危机中支持俄国，且两国军队在制订联合作战计划方面不断加强合作。或许这种态度变化并非出于对遥远的俄国的无私支持，而是出于地缘政治和机会主义的驱动，且主要是受到了雷蒙德·庞加莱（Raymond Poincare）的影响。他从1912年开始担任法国外交部长和总理，并于1913年起担任法国总统，直至战争结束〔战争期间，法国先后换过几任总理，最后一位为乔治·克列孟梭（Georges Clemenceau）〕。②

19世纪末，英国与意大利和奥匈帝国就维护稳定的共同利益达成共识，限制俄国在地中海的活动。③ 但到了1901年前后，尽管英国一度考虑加入德国、奥匈帝国、意大利的三国同盟，但最终还是选择了与法国和俄国结盟。④

---

① Margaret MacMillan, *The War That Ended Peace: The Road to 1914* (Toronto: Allen Lane, 2013), pp. 158-159.

② Christopher Clark, *The Sleepwalkers: How Europe Went to War in 1914* (New York: Harper Collins, 2013), pp. 222-224, 293-313.

③ Margaret MacMillan, *The War That Ended Peace: The Road to 1914* (Toronto: Allen Lane, 2013), p. 82.

④ Ibid., pp. 49-53.

现代战略家必读军事史：1861年以来美国的主要战争

1904年，英国与法国签订了"诚挚协定"①，1907年与俄国签订了《英俄条约》（*Anglo-Russian Convention*）。1902年，为了确保对华"门户开放"，英国还与日本结成同盟。②

尽管如此，英国、法国和俄国之间签订的条约并不构成共同防御性安全体系。③ 例如，《英俄条约》主要是为了避免两国在波斯、（中国）西藏地区和阿富汗发生冲突，因为在过去数年，两国在这些地区展开了激烈的竞争（在中国、博斯普鲁斯海峡、达达尼尔海峡、黑海和地中海，两国也存在类似的竞争）。④ 1914年7月末，德国还在试图说服英国避免介入欧洲大陆的战争，这表明英国对法国的承

---

① 1904年4月8日，英国和法国签订了一系列协定，这些被称为"诚挚协定"（*Entente Cordiale*）的条款将两国有关殖民地问题的"谅解"落实到纸面上，就多个国家和地区的控制权达成了一致，包括埃及、摩洛哥、马达加斯加、中西非洲、暹罗（泰国）等地。如：法国方面"不妨碍大不列颠在埃及的活动"，英国方面则承认"维持摩洛哥的和平是法国的职责"。——译者注

② Christopher Clark, *The Sleepwalkers: How Europe Went to War in 1914* (New York: Harper Collins, 2013), pp. 138-139; Margaret MacMillan, *The War That Ended Peace: The Road to 1914* (Toronto: Allen Lane, 2013), p. 55; and Paul Kennedy, *The Rise and Fall of the Great Powers: Economic Change and Military Conflict from 1500 to 2000* (New York: Random House, 1987), pp. 250-256.

③ Christopher Clark, *The Sleepwalkers: How Europe Went to War in 1914* (New York: Harper Collins, 2013), pp. 123, 139.

④ Paul Kennedy, The *Rise and Fall of the Great Powers: Economic Change and Military Conflict from 1500 to 2000* (New York: Random House, 1987), p. 252; Christopher Clark, *The Sleepwalkers: How Europe Went to War in 1914* (New York: Harper Collins, 2013), pp. 129-130; and Donald Kagan, *On the Origins of War: And the Preservation of Peace* (New York: Anchor Books, 1996), pp. 151-153.

第二章　第一次世界大战

诺并不是坚不可摧的。①

简言之，从1871年到1914年，德国从一个新兴国家崛起为欧洲的工业强国，并拥有了德皇威廉二世这样雄心勃勃的领袖。② 同时，德国领导者一直担忧，法国可能会寻找时机重新夺回1870—1871年在普法战争中失去的阿尔萨斯和洛林。法国扬言采取军事行动让德国更加警觉。德国自1871年统一以来，工业和人口都迅速增长。1897年前后，在海军上将阿尔弗雷德·冯·提尔皮茨（Alfred von Tirpitz）的领导下，德国决定大力扩充海军，这也加剧了德国与英国之间日益紧张的关系。而在1905年后，日渐强大的俄国也给德国带来了压力。俄国人口庞大，接近1.7亿，是德国的两倍半。虽然其人均收入仅为法国和德国的40%，但在短短一代人的时间里，俄国经济增长迅速，从1909年到1913年，年均增长达到5%。③ 法国和英国长时间竞争全球霸权，但两国在1904年就摩洛哥和埃及的势力范围达成了协议，有效地遏制了双方的竞争。尽管双方都在减少彼此的竞争，除了在萨摩亚（Samoa）和喀麦隆（Cameroon）等地勉强做出一些让步外，他们几乎没有为德国留下多少

---

① Robert K. Massie, *Dreadnought: Britain, Germany, and the Coming of the Great War* (New York: Ballantine Books, 1991), pp. 890-900.

② Donald Kagan, *On the Origins of War: And the Preservation of Peace* (New York: Anchor Books, 1996), pp. 205-214.

③ Peter Gatrell, *Russia's First World War: A Social and Economic History* (London: Pearson Education Limited, 2005), p. 3.

竞争余地。出于各种原因，德国可能越来越担心自己能否长期获得关键原材料。① 奥斯曼帝国的衰落也使巴尔干半岛变得不稳定，而土耳其海峡的未来控制权也变得不明确。② 最终，法国和俄国以及德国和奥匈帝国之间的安全条约都变得更加严格和具有无条件性，对防御的重视度有所降低，而英国对"英法协约"的承诺则显得更加脆弱。

二、一战中的武器和其他技术

在某种程度上，第一次世界大战的关键技术与美国内战并无太大区别。轻武器、火炮、铁路和电报/电话线在前者中发挥的作用与后者并无二致。铁锹和马匹也是如此！自行车也开始用于军事侦察。③

当然，这其中也有不同之处。第一次世界大战时，轻武器中引入了机枪。这种武器的自动化功能增强了膛线枪管的射击效果，使徒步接近敌方设防阵地的士兵面临巨大危险。新型无烟火药的出现，也使敌军狙击手或其他士兵的位置更加难以判断。火炮在尺寸和杀伤力上都有所增强；后坐力吸收技术和延时保险丝使火炮的精准性和有效性都

---

① Dale C. Copeland, *Economic Interdependence and War* (Princeton: Princeton University Press, 2015), pp. 122–133.
② Schmitt, *Triple Alliance and Triple Entente*.
③ Dennis E. Showalter, *Tannenberg: Clash of Empires, 1914* (Lincoln: Potomac Books, 2004), p. 219.

第二章　第一次世界大战

有所提高。火炮的射速也得到了显著提升；历史学家休·斯特拉坎（Hew Strachan）在描述法国 75 毫米野战炮时写道："通过在炮管下方安装滑轨以及使用缓冲器吸收后坐力，75 毫米野战炮可以每分钟发射 20 发炮弹，且发射后无须重新瞄准。"① 此外，战场上还出现了带刺铁丝网。虽然人们仍使用铁锹挖掘战壕，但战壕变得更深、更复杂并且相互连接。这些战壕通常使用混凝土加固，同时配备了很深的地下掩体，供士兵躲避炮火。②

电报也发挥了重要作用。尽管无线电也得到了有限使用，但在陆地作战中，电话更为普遍（电话和电报线常常被切断以防止敌人使用）。但是，很多通信还是通过信号旗或其他原始方法进行。当时无线电技术刚刚起步，可用性和可靠性均有待提高。③

有时，将领会选择乘车出行。1914 年 9 月的马恩河战役（Battle of the Marne）中，曾使用巴黎出租车队进行战术调动，将增援部队从巴黎调往马恩河第六集团军（Sixth

---

① Hew Strachan, *The First World War* (New York: Penguin Books, 2013), p. 43.

② Bodie D. Dykstra, "'To Dig and Burrow Like Rabbits:' British Field Fortifications at the Battle of the Aisne, September to October 1914," *Journal of Military History* 84 (July 2020), pp. 747-773.

③ Mike Bullock, Laurence Lyons, and Phillip Judkins, "A Resolution of the Debate about British Wireless in World War Ⅰ," *Journal of Military History*, no. 84 (October 2020): 1079-1096; and John Keegan, *The First World War* (New York: Alfred A. Knopf, 1999), pp. 162-163.

Army)！但总的来看，机动车在战场上仍然较为罕见。① 相比之下，火车则发挥了核心作用，在欧洲战场的关键地区提供了巨大的运力。

在第一次世界大战中，飞机发挥了重要作用。当时，出现了早期空战和"红男爵"（Red Baron）这样的"王牌飞行员"。但是，通过空中手段对敌军阵地进行大规模轰炸的时机尚未到来；就地面影响而言，飞机更多用于侦察和目标定位。齐柏林飞艇是一种轻于空气的飞行器，在当时被用来进行城市轰炸，造成了一定程度的物资和人员损失（例如，一战期间，英国只有不到 1 500 人因此丧生），并引起了一定恐慌。② 尽管如此，随着战争接近尾声，空中作战的重要性逐渐增强，预示着在未来的战斗中，空中力量将发挥更大的作用。③ 到战争结束，空中力量对战术战斗产生了很大的影响。④

坦克也在一战中首次亮相，并在战争结束时为联军作

---

① Max Boot, *War Made New: Technology, Warfare, and the Course of History, 1500 to Today* (New York: Gotham Books, 2006), pp. 146 - 195; and Michael Howard, "Men Against Fire," in *Military Strategy and the Origins of the First World War*, edited by Steven E. Miller, Sean M. Lynn-Jones, and Stephen Van Evera, rev. and exp. ed. (Princeton: Princeton University Press, 1991), pp. 3-19.

② H. A. Feiveson, *Scientists Against Time: The Rose of Scientists in World War II* (Bloomington: Archway Publishing, 2018), p. 43.

③ Russell F. Weigley, *The American Way of War: A History of United States Military Strategy and Policy* (Bloomington: Indiana University Press, 1973), pp. 224-225.

④ Hew Strachan, *The First World War* (New York: Penguin Books, 2013), p. 313.

第二章　第一次世界大战

出了重要贡献。在第一次世界大战的现代战场上，还首次出现了化学毒气这样惨无人道的武器，并在整个战争中得到广泛使用。但这些新技术并未根本改变攻守的平衡，也没有明显加速战争的终结。[1] 例如，尽管战争结束时已生产出数千辆坦克，但这些坦克大都太过笨重、行动缓慢且容易出现故障，所以并不适合北欧泥泞的战场；坦克的使用直到第二次世界大战才达到鼎盛，在此之前，还需要基于技术进步和战场经验进行进一步的完善。[2]

到第一次世界大战时，金属船体和蒸汽动力船已经完全成熟。英国依然在这一领域占据主导地位，这在很大程度上是因为英国致力于打造一支规模超过全球其他两大主要海军舰船总和的海军力量。当时，用于远程高效轰炸的无畏号战舰成为舰队的中坚力量。战争伊始，潜艇和反潜作战平台展开了至关重要的大西洋之战，对战争的走向产生了深远影响。[3] 同时，各式各样的水雷也在实战中得到了广泛的应用，并经常造成严重的破坏。[4]

美国内战时期，在一些重要的战役中，交战双方通常

---

[1] Martin Van Creveld, *Technology and War: From 2000 B. C. to the Present*, rev. and exp. ed. (New York: Free Press, 1991), pp. 167–197.

[2] Hew Strachan, *The First World War* (New York: Penguin Books, 2013), p. 312.

[3] Martin Van Creveld, *Technology and War: From 2000 B. C. to the Present*, rev. and exp. ed. (New York: Free Press, 1991), pp. 199–216.

[4] Norman Van Der Veer, "Mining Operations in the War," *United States Naval Institute Proceedings* 45, no. 11 (November 1919): 1857–1865.

约有 5 万至 10 万人参战。但到了第一次世界大战，这个数字成倍增加。这场战争的征兵和动员规模庞大。在西线作战的德军，人数高达 150 万人，这是 1870 年普法战争时普鲁士军队的 6 倍。① 战争结束时，每个主要交战国至少曾有数百万人参战，退役军人总数达到约 6 500 万。②

虽然当人们提及第一次世界大战时，首先想到的往往是静态堑壕战，而在西线战场的大部分战斗中，情况也确实如此，但在其他地区则不然。在战争初期的法国和比利时，德军采取快速机动的迂回策略，穿过中立的比利时，进入法国北部，试图按照原定计划，在大约四十天内全面击败法国。战术行军依靠步行，但如果没有进行激烈的战斗，部队每天可以行进 15—20 英里，因此主要行动有时确实推进得相当迅速。③ 涉及俄国、奥匈帝国、德国、意大利和中欧小国的战斗同样重视机动。

三、战略和作战计划

1914 年战争前夕，各主要参战国的根本目的是什么？

---

① Barbara W. Tuchman, *The Guns of August* (New York: Bantam Books, 1976) , p. 35.

② Paul Kennedy, *The Rise and Fall of the Great Powers: Economic Change and Military Conflict from 1500 to 2000* (New York: Random House, 1987) , pp. 203, 274; and John Keegan, *The First World War* (New York: Alfred A. Knopf, 1999) , p. 73.

③ John Keegan, *The First World War* (New York: Alfred A. Knopf, 1999) , pp. 35-36.

第二章　第一次世界大战

为了实现这些目标,他们又制订了怎样的作战计划?与美国内战前不同,此次冲突前夕,主要参战国的军队进行了大量的规划和准备。遗憾的是,这些规划非但没有让规划者和领导者认识到战争的不确定性和潜在隐患,反而滋长了他们的自负;这些战略家对自己的洞察力和策略创新能力过于自信满满。他们常常忘记赫尔穆特·冯·毛奇(历史上经常称他为"老毛奇")在1871年提到的一句真言:当与敌军主力初次交战后,原有的计划往往难以保持不变。① 此外,一些关键的战略目标在战争开始的数月内才逐渐明确和具体化。

奥匈帝国意在对塞尔维亚实施惩罚,因为他们认为遇刺事件背后有塞尔维亚政府的暗中支持。除了出于报复的考虑,他们的战略意图在于:阻止塞尔维亚在塞尔维亚人散居的地区进一步扩大影响力或领土范围。一些奥匈帝国领导者甚至考虑将塞尔维亚分裂或解体。

与之相反,俄国则希望维护其在该地区的盟友和代理人的利益。俄国有自己的野心,希望在巴尔干半岛、博斯普鲁斯海峡、达达尼尔海峡和地中海地区拥有更大的影响力,不愿将这些地区拱手让给竞争对手。

对德国而言,其主要的战略目标是打败法军并使其元

---

① Stephen Van Evera, "Why Cooperation Failed in 1914," in *Cooperation Under Anarchy*, edited by Kenneth A. Oye (Princeton: Princeton University Press, 1986), pp. 80–117.

现代战略家必读军事史：1861年以来美国的主要战争

气大伤，以便主导和平协议的制定。这就涉及占领法国北部的大片领土，从而确保法国无法再在西欧挑战德国的主导地位。同时，德国对俄国的崛起感到不安，并在东部设定了一些预防性战争目标。尽管德国的总体战略仍然不甚明确，但其目的在于通过从军事上战胜俄国来实现长久而稳定的和平。

法国的目标在于击败德国并收复阿尔萨斯-洛林。而英国并不关心欧洲大陆的边界调整，他们更希望通过建立强大海军而扩张其全球野心，以免德国在欧洲大陆一家独大。当时，英国是世界上的头号帝国主义强国，拥有最大的海外帝国和最强大的海军。

随着1914年的临近，意大利也开始觊觎欧洲东南部和非洲北部的领土。

而对于奥匈帝国、俄国和奥斯曼帝国，他们由战争初期意图扩张领土的野心转变成战争结束时为生存而战的诉求。但这些生存之战对于那些最初发动战争的国家而言，大都不太成功。

对美国而言，其初衷是避免卷入战争，而其最终目标是速战速决，随后重建国际秩序，避免此类事件再次爆发。然而，除了在决定参战后快速协助协约国取得胜利外，其他目标并未实现。停战后，伍德罗·威尔逊总统在巴黎花费了近六个月的时间，努力推进国际联盟的建立，但遭到了美国参议院的否决。正如威尔逊所预期，《凡尔赛和约》

第二章 第一次世界大战

对德国施加了沉重的赔偿。①

交战各方的作战计划反映了他们的主要目标。然而,作战计划更多的是战争动员计划与初始作战概念的结合,对后续战斗阶段的预测能力不足。作为军事策略,这些计划往往并不完善,而作为总体策略,在指导国家成功签订稳定的战后与和平协议方面,也存在着巨大的不足。②

德国长期实施的施里芬计划便是一个显著例子,该计划在第一次世界大战爆发的20年前便已开始筹划(施里芬本人于1906年退休,后于1913年初去世)。该计划默认的前提是,德国和奥匈帝国在未来的欧洲战争中将与法国和俄国同时交战。计划的重点是通过中立的卢森堡和比利时大举进攻法国。当时的策略是在战争初期,将大部分德军集中在"右翼"(即德国的最北端和最西侧),在六周内对法军主力造成决定性挫败。德国的首要目标是打败并迫使法军投降。在大部分德军部队借助大规模逆时针行动进入法国的中心地带之后,预计战斗已经取得了胜利,此时大部分获胜的部队能够快速搭乘火车转战东线,对抗行动较

---

① Julian E. Zelizer, *Arsenal of Democracy: The Politics of National Security—from World War II to the War on Terrorism* (New York: Basic Books, 2010), pp. 28-38.

② Russell F. Weigley, *The American Way of War: A History of United States Military Strategy and Policy* (Bloomington: Indiana University Press, 1973), pp. 192-204.

慢的俄军。① 因此，不论战争究竟因何而起，在法国发动进攻（公平而言，法国很可能会这样做），俄国开始动员，甚至在比利时预料到进攻并摧毁关键桥梁前，德国必须先下手为强，对法国展开攻势，并在西线快速取得胜利。

最终，施里芬计划差一点就取得成功。但是，在军事规划中，人们必须时刻思考，当墨菲定律（Murphy's Law）起作用时，可能会出现哪些问题、潜在后果为何以及应该采取怎样的应对措施。阿尔弗雷德·冯·施里芬和他的同事并未充分考虑这些因素。

其他国家的军事领导人也有同样的问题。这些国家的策划者在为庞大的军队编制动员和运输时间表时同样表现出色。② 19世纪末20世纪初，欧洲各国军队建立了战争学院，组织参谋进行实地考察，举行战争模拟演练，并在备战过程中密切关注铁路和道路的利用以及其他后勤事宜。在后勤方面，他们的计划通常都非常详尽，并有精确的时间安排。有时，计划会专注于如何在设想的战斗中进行机动。但在实际交战时，这些计划在与敌人的首次交锋后，往往难以保持不变。尽管欧洲各国在这一时期开始将军事

---

① Jack Snyder, "Civil-Military Relations and the Cult of the Offensive, 1914 and 1984," in *Military Strategy and the Origins of the First World War*, edited by Steven E. Miller, Sean M. Lynn-Jones, and Stephen Van Evera, rev. and exp. ed. (Princeton: Princeton University Press, 1991), pp. 24–30.

② Margaret MacMillan, *The War That Ended Peace: The Road to 1914* (Toronto: Allen Lane, 2013), pp. 318–323.

第二章　第一次世界大战

规划制度化,但他们并没有广泛进行现今所称的"红队研判"。真正的备选计划并不存在。①

集体决策并非铁板钉钉。很显然,不是所有德国将领都认同施里芬计划的理念。"老元帅"赫尔穆特·冯·毛奇及其侄子"小毛奇"(接替施里芬担任参谋长)都认为战争可能会异常艰难和漫长。后者对施里芬计划中的某些弱点深感担忧,因此从施里芬重视的右翼(或最西翼)调动一些部队,重新部署到德国战线的中线和左翼。根据施里芬计划的设想,德国在西部战区的72个师中,有53个师部署在右翼。但是,小毛奇调整了这种部署比例。战争一开始,他就抽调了4个师增援东翼对抗俄军,并将7个师留在了比利时,对抗该地的突然抵抗。因此,即使进军法国的部队数量有所减少,但也超出了补给线。② 同时,得益于内部交通线,法国能够利用火车迅速调动部队,抵消德军的初步优势。总之,由于后勤方面的限制和战场需求的变化,德国迅速取得决定性胜利的可能性大大降低。③

受拿破仑伟大胜利战役思想的影响,法国在一定程度上对进攻怀有执念。"生命冲动(élan vital)"和"进攻至

---

① John Keegan, *The First World War* (New York: Alfred A. Knopf, 1999), pp. 25-28.

② B. H. Liddell Hart, *Strategy*, second rev. ed. (New York: Meridian Books, 1967), pp. 151-156.

③ Barbara W. Tuchman, *The Guns of August* (New York: Bantam Books, 1976), pp. 38-44.

上（offensive à outrance）"两个概念抓住了主流哲学的精髓。斐迪南·福煦（Ferdinand Foch）将军和法军总参谋长约瑟夫·霞飞将军均为拿破仑的拥护者。① 其基本信念是：在战斗中，信心、胆识和勇气会带来胜利。此外，法国比德国更依赖于现役部队，因此，及早发动攻击至关重要。法国认为，在未来任何一场战争中，法国都应该在德国动用全部力量之前全力攻击德国。因此，法国制订了"第十七号计划"（Plan XVII）。尽管德国防御准备看起来充分，法国仍计划迅速向东推进至阿尔萨斯和洛林或其他地方——最终由霞飞将军根据对德国进攻初期的评估结果作出决定。② 霞飞的宗旨是根据地形灵活作战，因为不管英国和比利时提供何种帮助，法军主要目标就是击败德军。③

对是否参与欧洲大陆的战争，英国颇为矛盾。前文已经提到过，英国只是暂时承诺帮助法国。因此，英国是否制订了作战计划这点就很难说。尽管如此，在英法两国各自的军事圈内，英国立场日渐明晰。英国表示如果战争爆发，英国愿意派遣其常备军（规模相对较小）中约 7 个师的兵力（约 15 万名士兵）奔赴法国。但是，无论战争规划

---

① Barbara W. Tuchman, *The Guns of August* (New York: Bantam Books, 1976), pp. 50-70, 264.

② Robert A. Doughty, "French Strategy in 1914: Joffre's Own," *Journal of Military History* 67 (April 2003): 427-454.

③ Robert A. Doughty, *Pyrrhic Victory: French Strategy and Operations in the Great War* (Boston: Harvard University Press, 2005), pp. 54-57.

第二章　第一次世界大战

者意欲何为，英国多位政治家都坚持"光荣孤立"的立场，不做出任何为捍卫协约国而战的承诺。①

较之英国，俄国对法国的承诺稍显坚定。在第一次世界大战爆发前几年里，经总参谋部多次磋商，俄国最终向法国承诺，如果德国攻打法国，俄国将在德国出兵15天内派遣数十万兵力攻打德国。因此，俄国开始改进通往俄属波兰的铁路线，俄属波兰当时是俄国的主权领土，在俄国的控制之下。俄国于1905年在日俄战争败北后，扩充军队，将更多精力集中在欧洲，同时进行大规模国内政治改革。俄国在战争规划中做出的关键决策是：不要只制订与奥匈帝国的作战计划。俄国认为，战争必将导致俄德冲突，并将这一假设变成了自证预言，其动员计划几乎没有留出局部动员的余地。俄国战争规划人员提出了一个灵活性不高的全面动员概念，认为无须在进行全面动员之前进行局部动员。②

法国因依赖俄国提供的帮助（这种帮助对法国而言非常重要）而感到不好抨击沙皇在萨拉热窝和塞尔维亚问题上惩罚奥匈帝国的决定。事实上，法国甚至可能鼓励俄国

---

① Barbara W. Tuchman, *The Guns of August* (New York: Bantam Books, 1976), pp. 69–70.

② Ibid., pp. 75–87, 297–325; Margaret MacMillan, *The War That Ended Peace: The Road to 1914* (Toronto: Allen Lane, 2013), pp. 587–588, 600–603; Christopher Clark, *The Sleepwalkers: How Europe Went to War in 1914* (New York: Harper Collins, 2013), p. 508.

作出上述行动,因为法国认为这场危机让它有机会与德国算旧账。因此,作战计划的细节虽然通常是由军事组织在某种程度上脱离各自政府而制定,但最终却强化了通往战争的道路——不仅在德国,在俄国和法国(以及其他国家)也是如此。为了确保盟友在战争中得到所需帮助,他们最终放任彼此最糟糕的本能,而非提出质疑。这种反常的行径进一步削弱了在危机期间制定良策的能力。

如上所述,奥匈帝国最初的目标是惩罚和削弱塞尔维亚——也可能是分裂塞尔维亚。[1] 具体来看,在奥匈帝国的作战计划中,兵力主要集中在三个方面:安排适量兵力对付塞尔维亚或南方面临的其他威胁,拨出更多兵力对付俄国,留出机动兵力视情况增援前两者。[2] 如果俄国与德国最终开战,德国则将需要奥匈帝国的快速支援——因为当时认为,在战争的最初几周,德国会把主要兵力集中在西线。因此,如果奥匈帝国履行其同盟国义务,就需要灵活性和快速反应。然而,奥匈帝国的铁路网相对薄弱,快速重新部署部队的能力有限。[3]

比利时作为中立小国,其意图尚不明确。不过,因其

---

[1] Christopher Clark, *The Sleepwalkers: How Europe Went to War in 1914* (New York: Harper Collins, 2013), pp. 451-452.

[2] John Keegan, *The First World War* (New York: Alfred A. Knopf, 1999), pp. 30-47.

[3] Margaret MacMillan, *The War That Ended Peace: The Road to 1914* (Toronto: Allen Lane, 2013), p. 358.

第二章 第一次世界大战

持中立态度,不需要考虑哪个国家会违反中立原则,因此无须制订正式的作战计划。但是,比利时最终还是派出了一支由六个师组成的小型军队,与德国人进行了激烈战斗。①

美国竭尽所能置身于战争之外,甚至置身于战时准备之外。正如伍德罗·威尔逊总统在1914年所言:"每一个真正热爱美国的人都会本着真正的中立精神做事说话。"美国之所以持中立立场,部分原因是其种族构成复杂——美国有大量移民来自混战中的欧洲各国,包括许多德裔美国人(以及爱尔兰裔美国人,爱尔兰裔美国人整体上并不完全亲英或支持协约国)。② 然而,随着时间的推移,威尔逊以及大多数美国人的态度都发生了变化。正在这时,一件重要的催化事件发生了。1915年5月7日,英国豪华客轮卢西塔尼亚号(Lusitania)被一艘德国潜艇击沉,造成约1 200人死亡,其中包括128名美国人。这艘德国U形潜艇执行的是德国的"无限制潜艇战"(unrestricted submarine warfare)政策,意在拦截所有可能向协约国运送物资的船只。不过,美国的态度转变需要时间。③ 尽管亲战和反德

---

① Barbara W. Tuchman, *The Guns of August* (New York: Bantam Books, 1976), p. 39.

② Robert Kagan, *Dangerous Nation, Volume* II: *America and the Collapse of World Order, 1900–1941*, forthcoming.

③ Michael S. Neiberg, *The Path to War: How the First World War Created Modern America* (Oxford: Oxford University Press, 1916), pp. 66–94.

情绪逐渐增长,但战争仍没有左右1916年美国总统竞选。威尔逊与共和党人查尔斯·埃文斯·休斯(Charles Evans Hughes)在这场竞选中争夺总统宝座。很多名流,如前总统泰迪·罗斯福(Teddy Roosevelt)、前国务卿及时任参议员伊莱休·鲁特(Elihu Root)和前战争部长(也是未来的国务卿和战争部长)亨利·史汀生(Henry Stimson),都支持采取更严厉的措施。不过,威尔逊打出的竞选口号是"让我们远离战争",偶尔暗示美国可能会在1916年秋季直接实施军事干预。①

1915年末,威尔逊下达指示,要求战争部长和海军部长制订扩军计划。1916年,经国会批准,威尔逊将上述计划转变为法律和政策。然而,美国陆军在1916年只有28.6万人。直到1917年5月,《选征兵役法》(Selective Service Act)才获通过并经签署成为法律。② 一战伊始,美国并没有真正制订战争计划。

总之,俄国和德国制订了应对未来战争升级的计划。两国认为,任何冲突都可能有所扩大,无论是参与国数量还是战争地理范围。缓解冲突和军事降级并未被视为优先

---

① Michael S. Neiberg, *The Path to War: How the First World War Created Modern America* (Oxford: Oxford University Press, 1916), pp. 152, 175, 209.

② Sean M. Zeigler et al., *The Evolution of U. S. Military Policy from the Constitution to the Present*, Vol. Ⅱ (Santa Monica, CA: RAND, 2020), p. 63; Robert B. Zoellick, *America in the World: A History of U. S. Diplomacy and Foreign Policy* (New York: Twelve, 2020), pp. 147–149; and Kagan, *Dangerous Nation* Ⅱ.

第二章　第一次世界大战

采取的措施。而奥匈帝国则制订了惩罚塞尔维亚的计划，准备启动战争。各国均强调及早、迅速动员，认为决定性战斗会在战争开始的最初几周（最不济几个月）内发生。

一般情况下，战争计划都是绝密的。不仅公众和对手接触不到，盟友也接触不到；在军队中，甚至本国政府的其他部门也接触不到。在俄国、德国和奥匈帝国等专制独裁的国家，君主独揽外交政策控制权以及战争与和平决策权，封闭性沟通渠道（stove-piping）①和保密性证实了这种倾向。②更让人惊讶的是，这种倾向在议会制民主国家也很明显。例如，法军总参谋长约瑟夫·霞飞将军及其在国防部担任文职的同僚实际上可以自由制定军事政策。③在英国和德国，陆军甚至不与海军分享战争计划！④

四、1914 年——通往战争爆发之路

第一次世界大战之所以会爆发，是因为奥匈帝国决定

---

① 封闭性沟通渠道，是指信息流通处在一条孤立狭窄的通道（an isolated and narrow channel of communication）上，信息交流趋于单一性、单向性。——译者注

② Donald Kagan, *On the Origins of War: And the Preservation of Peace* (New York: Anchor Books, 1996), p. 97.

③ John Keegan, *The First World War* (New York: Alfred A. Knopf, 1999), pp. 24–28, 33; and Christopher Clark, *The Sleepwalkers: How Europe Went to War in 1914* (New York: Harper Collins, 2013), p. 222.

④ Margaret MacMillan, *The War That Ended Peace: The Road to 1914* (Toronto: Allen Lane, 2013), p. 325.

现代战略家必读军事史：1861年以来美国的主要战争

惩罚塞尔维亚——塞尔维亚协助暗杀了奥匈帝国的王位继承人，还有一部分原因是避免奥匈帝国这个多民族帝国内部因此出现任何分离主义运动（secessionist movements）或斗争。但是，俄国不愿看到盟友塞尔维亚遭受主要对手奥匈帝国的攻击，因此威胁要发动战争，并强烈暗示战争不仅要针对奥匈帝国，还要针对德国。在意识到可能发生上述事件后，德国理所当然认为应该采取施里芬计划以及其两线作战的独特构想。法国希望全面战争能够为其战略和领土利益服务，因此更多地考虑俄罗斯会前来援助——迅速在东线发动对德战争——而非尝试化解危机。

英国选择放弃施加影响力来阻止德国攻击法国，从而加剧了问题的复杂性。这种选择主要宣之于英国外交大臣爱德华·格雷（Edward Grey）之口。当外界要求格雷阐明英国参战的条件时，他的反应搞得众人摸不着头脑。例如，英国会对德国进攻法国作出回应，还是只在德国侵犯比利时这一中立国时才会采取行动？德意志帝国皇帝威廉二世意识到英法之间存在诸多对抗，似乎希望英国根本不会参战。[1] 这其中部分责任在于英国，因为格雷微妙而模棱两可的姿态和策略，让他显得有些自作聪明。事实上，也许格雷和包括首相亨利·阿斯奎斯（Henry Asquith）[一战头两年担任英国政府首脑，1916年被戴维·劳合·乔治

---

[1] Margaret MacMillan, *The War That Ended Peace: The Road to 1914* (Toronto: Allen Lane, 2013), p. 203.

第二章　第一次世界大战

（David Lloyd George）取代］在内的其他英国领导人尚不知道自己该如何应对战争。[1]

最后一次，德皇威廉二世重新审视了德国是否真的应该发动对法国的预防性战争。但是，到了8月1日，施里芬计划已经付诸实施。现在改变计划为时已晚——至少德军总参谋长赫尔穆特·冯·毛奇这样认为，德皇最终选择了听取毛奇的意见。尽管德皇作为德国君主拥有非凡的权力，但在这一刻，他冲动之下的临时决定已无法逆转此前经他批准后规划编制的严谨周密的战时行动。[2] 事实上，在所有关键国家，军队组织在制订战争计划和与盟友沟通方面都具有重大影响力——军民关系（civil-military relations）并没有牢不可破地包含对各国武装部队强有力的文官控制（civilian control）。[3]

在6月28日斐迪南大公被暗杀后的五周，接续发生了以下事件。最初几周局势并没有那么紧张或让人有不祥预感。7月5日，德皇私下承诺德国会在危机中支持奥匈帝国，甚至怂恿奥匈帝国对塞尔维亚采取强硬措施。当时，各国都认为，俄国可能随时采取进攻，但这种进攻并不具

---

[1] Robert Jervis, *Perception and Misperception in International Politics* (Princeton: Princeton University Press, 1976), p. 54.

[2] Barbara W. Tuchman, *The Guns of August* (New York: Bantam Books, 1976), pp. 99-100; and Christopher Clark, *The Sleepwalkers: How Europe Went to War in 1914* (New York: Harper Collins, 2013), pp. 527-537.

[3] Christopher Clark, *The Sleepwalkers: How Europe Went to War in 1914* (New York: Harper Collins, 2013), p. 214-224.

有必然性。① 随后,德皇登上游艇进行了为期三周的夏季航行。7月23日,奥匈帝国向塞尔维亚发出最后通牒,要求调查和惩罚塞尔维亚境内与暗杀有关的组织(如黑手社等)。由于不信任塞尔维亚人,奥匈帝国坚持由本国人员监督此次调查。事实上,与看似合理的要求相比,这个最后通牒言辞相当温和,其未包含分裂塞尔维亚领土、永久侵犯主权或支付赔款的字眼。7月26日,塞尔维亚接受了部分要求。不过,塞尔维亚也提出了足够多的附加条件和警告,包括不会给奥匈帝国参与调查的任何权利,以至于奥匈帝国认为塞尔维亚是在借此拒绝它提出的条件。②

接下来事件迅速升温。7月28日,奥匈帝国向塞尔维亚宣战,并于7月29日对贝尔格莱德展开小规模进攻。7月29日,俄国宣布部分动员部署在本国内陆而非俄国与奥匈帝国边界的军队。然而,奥匈帝国和俄国都在第二天进行了全面总动员。7月31日,德国向俄国发出最后通牒,要求俄军撤销动员令。③ 然而,暗地里,德国很可能还感谢俄国下达了动员决定,因为德国似乎已经承诺动员本国

---

① Annika Mombauer, *The Origins of the First World War: Controversies and Consensus* (London: Pearson Education Limited, 2002), p. 14.

② Christopher Clark, *The Sleepwalkers: How Europe Went to War in 1914* (New York: Harper Collins, 2013), pp. 451–469.

③ John Keegan, *The First World War* (New York: Alfred A. Knopf, 1999), pp. 48–70.

军队,从而在两线同时发动战争。① 因此,俄国此举只是让德国看起来(对有些人而言)更像受害者而非侵略者,但并没有说服德国采取任何原本不打算采取的措施。随后,德国自行进行了总动员。

因为德国进攻法国的计划要求德军出其不意迅速进入比利时,所以德国动员军队无异于决定开战。然而,其他国家的官员和许多德国领导人自己都没看清这一事实。德军必须在比利时醒悟之前占领比利时境内的最初阵地,以免危及整个施里芬计划及计划中设定的时机和安排。②

当天晚些时候,法国也宣布进行总动员——尽管法国也将军队部署在距法德边界10千米(超过6英里)处,以防范发生非蓄意性战争的风险。然而,德国非但没有缓和紧张局势,反而加剧了紧张局势。尽管如此,8月1日,德国向法国提出了一项不同寻常的要求——鉴于东线战争不可避免,德国要求法国允许德军在东线战争期间驻扎在德法边界沿线的法国要塞。法国当然拒绝这一要求。德皇选择孤注一掷。他给英国国王乔治五世(George V)发了一份电报,声称如果英国确保法国持中立态度,德国就不会攻击法国。英国拒绝了德国提出的条件,因此入侵准备工

---

① Annika Mombauer, *The Origins of the First World War: Controversies and Consensus* (London: Pearson Education Limited, 2002), p. 204.

② Stephen Van Evera, *Causes of War* (Ithaca: Cornell University Press, 1999), pp. 49, 63, 137.

现代战略家必读军事史：1861年以来美国的主要战争

作仍在继续。8月1日晚，德军越境进入中立国卢森堡。与此同时，德国驻俄国大使向俄国外交部长递交了宣战照会。①

芭芭拉·塔奇曼（Barbara Tuchman）在她的绝世佳作中精彩展现了这一时刻：

> 德国人凭借骨子里对小国的冷酷无情，选择在一个官兵"出生小名和官方名字"（native and official name）均为特鲁瓦维耶日（Trois Vierges，意为"三个处女"）的地方入侵卢森堡。这三个"处女"实际上代表了信仰、希望和仁慈，但历史恰如其分安排了这样一个场合，让她们在公众心目中分别对应卢森堡、比利时和法国。②

总的来说，塔奇曼在文字表述上很有一套。她还曾经说过，回顾自己的职业生涯和许多成就："如果我拿到了博士学位，它就会扼杀我的写作能力。"③

8月1日，英国还未准备好如何澄清英国对法国的承诺。但是，预料到可能会出现此类不测事件，温斯顿·丘

---

① Barbara W. Tuchman, *The Guns of August* (New York: Bantam Books, 1976), pp. 91-101.

② Ibid., pp. 102-103.

③ Eric Pace, "Barbara Tuchman Dead at 77: A Pulitzer-Winning Historian," *New York Times*, February 7, 1989.

第二章 第一次世界大战

吉尔动员英国海军。① 8月2日,德国向比利时发出最后通牒,要求其保持"善意中立"立场,允许德军借道比利时。第二天一早,比利时国王阿尔伯特(Albert)及其政府拒绝了这一要求,继续小规模动员比利时军队(动员已从7月31日开始)。② 8月3日,德国对法国宣战。当天晚上,英国外交大臣格雷在伦敦发表评论称:"全欧洲的灯就要熄灭了,有生之年,我们将再也看不到它们重放光明。"③ 这一评论极具先见之明、令人永生难忘。

第二天,即8月4日,德军越过了比利时边境。当天结束时,英国和德国也正式开战——德国拒绝了英国要求其停止破坏比利时中立立场的最后通牒,其中,比利时的中立立场在1839年得到了包括英国和德国在内的几个大国的保证。对英国而言,担心德国称霸欧洲大陆可能是推动其如此决策的最重要因素,但从政治角度来看,破坏小国比利时的中立性是英国参战的关键。④ 8月5日,奥匈帝国对俄国宣战。截至8月12日,英法两国也相继向奥匈帝

---

① Barbara W. Tuchman, *The Guns of August* (New York: Bantam Books, 1976), pp. 105-119.

② Margaret MacMillan, *The War That Ended Peace: The Road to 1914* (Toronto: Allen Lane, 2013), p. 622.

③ Barbara W. Tuchman, *The Guns of August* (New York: Bantam Books, 1976), p. 146.

④ Ibid., pp. 150-157.

国宣战。①

五、1914 年：8 月（和秋天）的炮火

8 月 4 日，随着德军进入比利时，抵抗开始了，第一次世界大战随之开启。德军和比利时军队在列日市（Liège）附近相遇，兵力相当于几个师的德军与比利时一个师（比利时全国兵力共六个师）在此地展开战斗。对于比利时这个师而言，其优势在于默兹河（Meuse River）的天然屏障（已在德国人到达之前摧毁部分桥梁）以及在河两岸列日市周围建造的堡垒系统。德军若想过河就需要摧毁这个用来保护城市和交通要道的系统［包括十几个独立地下堡垒，在附近的那慕尔（Namur）也建造了一个类似的系统］。比利时这个师进行了殊死战斗，但面临压倒性优势，他们也只能尽力而为，历经两天战斗后被迫撤退。

比利时军队一度在单独设防的堡垒中坚守不出。德军只有部署新款巨型火炮（火炮经拆卸后以货车通过公路运输到战场后再重新组装）才能最终实现这一目标。德军部署了 12 英寸炮车，最初射击存在失误，在德军发现并予以纠正后，这些射程 2 英里左右的炮弹逐渐"走向"目标。

---

① John Keegan, *The First World War* (New York: Alfred A. Knopf, 1999), pp. 69–70.

第二章　第一次世界大战

到 8 月中旬,列日市的堡垒大部分已经支离破碎,驻军面临威胁,士气低落。8 月 17 日,德军主力开始向南行进,进军法国——只比原计划晚了两天。到 8 月 24 日,德军以同样的方式进攻那慕尔,并在获胜后继续向前推进。①

德国入侵比利时的行动,有时颇为血腥和残酷,比如多次屠杀平民,包括蓄意杀害当地某些政治领导人和牧师。另外还包括对古城鲁汶（Louvain）大部分地区（包括图书馆、博物馆、建筑和居民区）的悲剧性破坏——这场暴乱从 8 月 25 日开始,持续了近一周。②

8 月 20 日,德军占领了布鲁塞尔。但是,比利时军队已经撤回到更靠北的安特卫普附近。比利时军队规模虽小,但作风凶悍、勇猛,最终得以幸存,编入协约国联军,继续参战。

自 8 月 14 日起,法军开始发动对洛林的进攻,此前,法军已对阿尔萨斯进行了为期一周的小规模试探性进攻。法军实际上是在实施本国早已制订好的"第十七号计划"。该计划以进攻为目标,揭示了法国人在这一时期的作战或战略思想远非纯粹防御。长期以来,法国一直渴望拿回 40 多年前被普鲁士夺走的领土,同时力求在一战开始后收回

---

① Barbara W. Tuchman, *The Guns of August* (New York: Bantam Books, 1976), pp. 188-220.

② John Keegan, *The First World War* (New York: Alfred A. Knopf, 1999), pp. 71-89.

137

这些领土。法军沿着几个前进轴线，越过了法德边境，继续向前推进，终于来到普鲁士于1870—1871年夺走的法国领土。德军最初只进行了有限抵抗，故意让法军将补给线和侧翼延伸到德国领土上——然后发动猛烈反击，击退法军，击碎了法国夺回领土的企图。与此同时，因情报有误，法国低估了附近德军人数，导致法国未能成功穿过阿登森林（Ardennes forest）。①

后世将8月里发生的这些战斗统称为"边境战役"（Battle of the Frontiers）。事实上，在这些战斗中，法军总体上可谓出师不利。除了在这些进攻中落败之外，法军对德军借道比利时发动进攻一事反应迟钝，应对不佳。此外，8月21日，两军在默兹河［默兹河在列日市以西与桑布尔河（Sambre River）交汇］附近发生战斗，法军在这场战斗中未能守住阵地，被迫撤退［这场战斗通常被称为比利时沙勒罗伊战役（Battle of Charleroi）］。

自8月10日起，英军陆续抵达欧洲大陆，兵力约五个师。英军最近在非洲战斗中积累了不少经验，虽然规模不及欧洲各国的征兵制军队，但却久经沙场，更为专业。正如8月23日在蒙斯（Mons）镇附近发生的蒙斯战役中大家所看到的那样，尽管英军总体规模很小，但表现一直相当

---

① Barbara W. Tuchman, *The Guns of August* (New York: Bantam Books, 1976), pp. 234-261; and John Keegan, *The First World War* (New York: Alfred A. Knopf, 1999), pp. 89-94.

第二章 第一次世界大战

不错。但是，在法国人撤退后，英军也不得不立即撤退，以免暴露侧翼——侧翼暴露会导致补给线、后勤部门、通信渠道和战地指挥官因保护力度不足而受到突然袭击。对于德国发起的战役，尽管因遭遇比利时抵抗而放缓，但就总体计划和时间表而言，德军表现"可圈可点"。截至目前，边境战役完全有利于德国。

话虽如此，法国或英国的主力部队并未被彻底击败。虽然在目前看来法国显然无法迅速取得胜利，但施里芬计划是否会成功尚不清楚。事实上，该计划也确实没成功。

在8月下旬及9月初，法军和英军成功撤退——英国历史学家约翰·基根（John Keegan）称之为"大撤退"（The Great Retreat）。德军紧随其后，于8月24日首次越境进入法国，驻扎在距巴黎约150英里处。法军总参谋长霞飞将军命令法军在索姆河（Somme River）沿岸蒙斯镇西南75英里处调整部署，并把法军新总部设在塞纳河（Seine）畔。尽管霞飞"进攻至上"（Joffre's *offensive à outrance*）的想法失败了，但他依然保持着冷静——悠闲享用午餐，依然整夜好眠——并制订了有效的备战计划。

霞飞认为，尽管法军初期遭遇了挫折，损失巨大，但如果法军能够重新部署，调整结构，仍会占据多方优势。法军五大集团军完好无损。第一集团军（First Army）和第二集团军（Second Army）在东线牢牢守住了各自的阵地（尽管它们在早期进攻中也有败绩）；第三集团军（Third

Army)、第四集团军（Fourth Army）和第五集团军（Fifth Army）在保持凝聚力的同时向南推进。此外，法军还成立了一支新的部队——法国第六集团军（Sixth French Army），用来对抗德军西翼（或称右翼）。第六集团军主要由第一集团军和第二集团军的裁撤部队组成，乘火车从法国东部来到中部。① ［德国各集团军也是按照一个简单逻辑进行编号，第一集团军（First Army）部署在最西边，第七集团军（Seventh Army）部署在最东边。一个"集团军"通常包括几个军，而一个军通常包括两个师。］② 尽管法国失去了对工业和采矿业而言很重要的大片领土，但就生存前景而言，总体地理状况尚可接受。东线堡垒完好无损；塞纳河水系的水道未被德军越过或占领；随着法国在巴黎北部部署大量兵力，内部交通线对法国越来越有利。与此同时，对于入侵法国的德军而言，其补给线变得越来越长，不确定性也越来越高。作为指挥官，霞飞将军经验老到，恩威并施，时常视察前线各部队，鼓励士兵——但也会在指挥官表现不佳时将其撤职。相比之下，在一战第二阶段，德军总参谋长冯·毛奇更加孤立无援，总的来说发挥的作用很小。③

---

① Barbara W. Tuchman, *The Guns of August* (New York: Bantam Books, 1976), pp. 381–390.

② Ibid., pp. 408–409.

③ Holger H. Herwig, *The Marne, 1914: The Opening of World War I and the Battle That Changed the World* (New York: Random House, 2011), pp. 51–53, 191–194, 307–319.

第二章 第一次世界大战

随着撤退的结束，英军和法军为拖住德军，同时确保本国军队向南推进，接连进行了多场小型或中型战役（8月下旬，英军获得了适度增援，增援兵力为1.5个师）。战役发生地点包括朗德勒西（Landrecies）、马鲁瓦耶（Maroilles）、勒卡托（Le Cateau）、吉斯（Guise）/圣康坦（St. Quentin）、内里（Nery）等。

在这段时间里，士兵们通常需要背着60磅重的背包，每天在夏季烈阳下行军15—20英里。到9月5日行军结束的当天，所谓的马恩河战役开始了。事实上，马恩河战役的主要战斗均发生在马恩河各支流沿线及其附近，而不是马恩河本身。从总体上来看，马恩河干流发源于法国东部，呈弧状向西流动，先向北，然后稍折向南，最后汇入巴黎附近的塞纳河。① 而在接下来的一周里，一战中更重要的一场战役即将在这个不起眼的地区打响。

随着法军和英军重新部署完成，法国将军霞飞和英国将军约翰·弗伦奇（John French）共同指挥着459个营，对战德国部署在战斗最西部地区的262个营。德国总部在遥远的卢森堡监督这次行动。② 根据其他机构当时对军事平衡的估算可知，协约国的优势在于以36个师的兵力对战

---

① John Keegan, *The First World War* (New York: Alfred A. Knopf, 1999), pp. 100-112.

② Holger H. Herwig, *The Marne, 1914: The Opening of World War I and the Battle That Changed the World* (New York: Random House, 2011), p. 231.

现代战略家必读军事史：1861 年以来美国的主要战争

德国不足 30 个师的兵力（顺便说一句，在一战的这一阶段，每个师通常包括 12 个步兵营，每个步兵营有 1 000 名士兵，以及 12 个炮兵连，每个炮兵连配有 6 门火炮，因此每个师总共有约 15 000 名士兵）。① 双方均在此地集结兵力，共涉及约 200 万名士兵。不久之后，超过 10 万人受伤或死亡。②

根据施里芬计划，德国第一集团军，即德军西翼，需留在巴黎西部，在横扫巴黎地区后，再向东推进。然而，德国第一集团军指挥官亚历山大·冯·克鲁克（Alexander von Kluck）将军却利用手中的指挥特权更改了计划。当德国第一集团军还在巴黎以北的时候，克鲁克就命令部队折向东，认为可以追击到以法国第五集团军为中心的法军侧翼，此时法军已元气大伤。

但是，这是不可能的。至关重要的是，法国新成立的第六集团军在米歇尔－约瑟夫·莫努里（Michel-Joseph Maunoury）将军的率领下，同时，新成立的巴黎城防军部分兵力在约瑟夫·加利埃尼（Joseph Gallieni）将军率领下，继续维持攻势。法军凭借精准的情报发现了冯·克鲁克所率军队的侧翼，并发起进攻。发现情报的过程如下：法军

---

① John Keegan, *The First World War* (New York: Alfred A. Knopf, 1999), pp. 22, 112; and John Keegan, A History of Warfare (New York: Vintage Books, 1994), p. 307.

② H Holger H. Herwig, *The Marne, 1914: The Opening of World War Ⅰ and the Battle That Changed the World* (New York: Random House, 2011), p. Ⅻ.

第二章 第一次世界大战

首先在一名阵亡德国军官身上发现了带有德国作战计划的地图,然后利用空中侦察证实德军改变了行进方向。① 法军安排一支约包括 600 辆法国雷诺出租车的车队紧急运送部分兵力到关键作战区域,这支车队共运送了 3 000 名步兵——这就是历史上有名的出租车运兵事件,尽管这一部署的实际军事意义仍存在争议。②

此外,英军在约翰·弗伦奇将军的领导下重整旗鼓,重返战场。起初弗伦奇因法军表现不佳和南向大撤退而颇为消沉,因此将本国部队撤出战斗,规避全军覆没的风险。但是,弗伦奇将军最终在英国战争大臣兼陆军元帅基奇纳(Kitchener)勋爵的严厉责备下重振士气。随后,英军幸运地找到了冯·克勒克(von Kluck)率领的德国第一集团军和冯·布洛(von Bulow)率领的德国第二集团军这两支集团军的防御漏洞,对侧翼发动攻击,从而隐隐对这两支集团军产生威胁。

马恩河战役出现了奇迹性结果,由此扭转了协约国军队的战局,进而扭转了战争局势。不过,成功并非一蹴而就。在接下来数天的战斗中,德军似乎仍有可能成功包围、

---

① G. J. Meyer, *A World Undone: The Story of the Great War, 1914 to 1918* (New York: Random House, 2006), p. 202; and Barbara W. Tuchman, *The Guns of August* (New York: Bantam Books, 1976), pp. 440-459.

② Herwig, *The Marne*, pp. xiii, 262.

现代战略家必读军事史：1861年以来美国的主要战争

诱捕并摧毁法国主力军团的大部分兵力。① 双方都试图包抄对方，都有多支部队参战。堑壕战还算不上大事。侦察和通信毫无起色，指挥官各执己见，导致战场形势复杂多变。

但是，兵力和地理双重优势最终拯救了法军和英军。② 法国士兵的战斗精神也是其中一个因素。正如德军将领亚历山大·冯·克鲁克在9月9日谈到法军这个劲敌时所说的那样："但是那些已经撤退了十天的人……那些疲惫不堪、半死不活席地而睡的士兵，居然有力量在号角响起时抓起步枪冲锋陷阵，我们从未想到过会发生这种情况；德国战争学院也从未探讨过这种可能性。"③ 历史学家霍尔格·赫尔维格（Holger Herwig）认为，马恩河战役是20世纪最重要的陆战，因为它阻止了德国以闪电战取得决定性胜利，为不久之后的长期战争奠定了基础。④

德国随后重新评估了其前沿阵地的防御能力、暴露程度和后勤可持续性。冯·毛奇手下的将领——在德军总部担任中级特使的理查德·亨茨（Richard Hentsch）中校是评估中的关键人物，他既有总部授权，又有实地考察部队

---

① John Keegan, *The First World War* (New York: Alfred A. Knopf, 1999), pp. 112-120.

② Ibid., p. 114.

③ Holger H. Herwig, *The Marne, 1914: The Opening of World War I and the Battle That Changed the World* (New York: Random House, 2011), p. 311.

④ Ibid., p. xi.

第二章　第一次世界大战

的经验，素有才名。他发现德军阵地已然暴露、易受攻击且后勤不可持续，建议德军撤回到一个更容易防守的阵地。① 德军采纳了他的意见，随后撤退到法国更靠北的一条与马恩河平行的河流——埃纳河（Aisne River）。到9月第二周结束时，德国凭借自身强大的工程和挖掘能力，新建了一条连续战壕线，覆盖法国北部大部分地区。但是，德国迅速获胜的愿望最终破灭。

法军和英军感到有机可乘，决定向北推进，并在9月下半月继续进攻。德军也四处进行试探性袭击。然而，这一切徒劳无功。② 正如几周前法国速战速决的希望在阿尔萨斯、洛林和阿登地区破灭一样，德国和施里芬的同样"迅速获胜"的希望也在马恩河和埃纳河环绕的法国北部地区破灭了。

唯一可能打破僵局的地区是位于比利时沿海的佛兰德斯（Flanders）。在佛兰德斯，第一次伊普尔战役（First Battle of Ypres）随之发生，战役从10月19日持续到11月22日，历时长达一个月。包括比利时多个师和英属印度部队在内的各方都试图在这片开阔的土地上找到成功进攻的方法。各方都希望通过突防或成功从侧翼攻击敌方赢得

---

① Holger H. Herwig, *The Marne, 1914: The Opening of World War* I *and the Battle That Changed the World* (New York: Random House, 2011), pp. 266-306.

② John Keegan, *The First World War* (New York: Alfred A. Knopf, 1999), pp. 122-127.

现代战略家必读军事史：1861年以来美国的主要战争

"奔向大海作战"的胜利——从而推动在更广大战区取得决定性结果。可惜各方终将失望。各方你来我往，不断过招，包括比利时决定摧毁部分战场，以阻碍德军行动。这场战役的最终结果并不确定。[1] 最后，战斗因天气寒冷、人员疲惫而走向终结。在一战的这个阶段，德国的优势在于炮兵，英国的优势在于主力部队作风专业、枪法精准，法国的优势在于熟悉地形、将领才能杰出——但最重要的是，具备防御优势，因为狭长的堑壕线绵延在整个北欧。[2]

随着1914年西线战争接近尾声，战争的严重后果也开始显现。战争中共有约400万人上战场，各国都损失惨重，其中，德国死亡近25万人，法国死亡约30万人，英国和比利时各死亡3万人。各方沿着从北海（North Sea）到瑞士长达475英里的狭长土地修建了连续的堑壕线。现代战争技术的致命影响已然显现，尤其是对在攻击中暴露出步兵的致命影响。然而，在接下来的4年里，这些堑壕线将一次又一次地接受战火考验，各方都收效甚微。[3]

在东线战争范围内，1914年的战斗也很激烈，各方在战斗中有胜有败。但是，东线战争并未对大的地理区域产生重大影响，在1914年结束时也并未产生类似西线战争中

---

[1] Mark Connelly and Stefan Goebel, *Great Battles: Ypres* (Oxford: Oxford University Press, 2018), p. 4.

[2] John Keegan, *The First World War* (New York: Alfred A. Knopf, 1999), pp. 127–137.

[3] Ibid., pp. 135–136.

第二章 第一次世界大战

的军事胶着状态。

1914年东线战争的主要过程如下:奥匈帝国对塞尔维亚宣战,但结果胜负未明。尽管塞尔维亚面积小且相对落后,但它能够抵御攻击。其中部分原因是塞尔维亚相对落后,地形恶劣且公路线和铁路线相对较少,无法迅速调兵遣将和征服对手。塞尔维亚一旦将所有人动员起来,也能够集结一支40万人的军队,这对一个小国来说绝非易事。①俄国随后参战,对战奥匈帝国和德国。俄国利用当时在其主权控制下的波兰部分领土(一个伸入德国和奥匈帝国敌对海域的半岛)参战。俄国从波兰斜刺杀出意味着它需在以下两侧对战德国:北侧是德国的东普鲁士(East Prussia),西侧是德国的另一地区西里西亚(Silesia)。俄国还面对奥匈帝国南部地区加利西亚(Galicia),再往南是喀尔巴阡山(Carpathian Mountains),然后是匈牙利的开阔平原。

俄国认为自己足够强大,可以同时迎战德国和奥匈帝国,因为当时德国部署在东线的兵力很少,而且奥匈帝国被巴尔干半岛的战事分散了注意力。这确实是事实情况,尽管俄国幅员辽阔,基础设施普通,动员进度缓慢,意味着它在一战开始的几周内只有一小部分兵力可用——最终

---

① John Keegan, *The First World War* (New York: Alfred A. Knopf, 1999), p. 153.

总共可能有135个师（甚至更多）。① 战斗伊始，俄国确实在总体上占据优势：俄国集结了19个师对战德国9个师；在加利西亚地区，俄国则集结了71个师对战奥地利47个师。② 然而，俄国的兵力优势因其后勤劣势而被削弱；俄国饱受铁路线分布不均之苦，铁路线在俄属波兰很少，但在东普鲁士却很多。

两支独立的俄国军队通过平行、交错、极不协调的路线进入东普鲁士。这两支军队分赴地形复杂的马苏里安湖（Masurian Lake）地区两侧。在这里，俄国这两支主力军与俄军总部高层之间通信不畅。此外，在这两支军队试图通过无线电与下级司令部通话时，德国有幸截获了部分关键信号，破解了敌人的进攻计划。德国在空中侦察方面也更加成功。空中侦察不仅需要让飞机在正确的地区和合适的天气条件下升空，还需要合理评估下方探测到的敌军的规模和部署。

话虽如此，俄国在初期还是取得了一些成功。8月17日，北翼俄军在保罗·冯·伦宁坎普（Paul von Rennenkampf）将军的率领下，开始向德军发起进攻。总的来说，俄国开局就占上风，最终导致德军撤退。但是伦宁坎普将军自觉伤势严重，后勤方面也面临极大挑战，因此选择放弃追击

---

① John Keegan, *The First World War* (New York: Alfred A. Knopf, 1999), pp. 141–151.

② Ibid., pp. 144, 151.

撤退的德军。尽管俄国首战告捷，但这也为它不久之后的惨败埋下了伏笔。

几天后，在亚历山大·萨姆索诺夫（Aleksandr Samsonov）将军的指挥下，俄国另一支负责入侵德国的主力部队向华沙附近进发。这将是俄军位于南方的钳爪，用来配合伦宁坎普将军率领的北方军队，形成钳形攻势。但在这里，德国凭借其情报优势，再加上冯·毛奇将军派来领导此次行动的新领导人埃里希·冯·鲁登道夫（Erich von Ludendorff）将军和保罗·冯·兴登堡（Paul von Hindenburg）将军在指挥方面的胆魄，共同促成了一次大胆的决定性战斗。德军新领导团队由兴登堡和鲁登道夫组成，他们确信俄军将领伦宁坎普不会追击撤退的德军，因此制订了一个大胆的计划。他们这是在赌博。他们将一直在北方作战的大量德国士兵装上德国境内的火车（顺便说一下，这些铁路线的轨距与俄属波兰铁路线的轨距不同——这意味着，俄国人实际上无法使用这些铁路线，除非俄国能够以某种方式夺得德国火车车厢，或者重新控制铁路线）。这些德军被运送到南方，从而帮助对抗萨姆索诺夫将军领导的俄军。

结果，从8月25日开始，萨姆索诺夫率领的部队不断遭到毁灭性围歼，战斗于8月26日达到高潮，持续了近一周时间。这就是历史上著名的坦能堡战役（Battle of Tannenberg）。在这次战役中，俄国损失惨重，据估计，约

50 000名士兵伤亡，多达92 000名士兵被俘。这场战役的名字源自东普鲁士附近的一个城镇［现位于波兰境内，名为斯泰巴尔克（Stebark）］。在德国军方看来，坦能堡战役具有重要历史意义，因为德国祖先条顿骑士团在大约五个世纪前曾在此地输给了波兰立陶宛联军。① 500年后，德国人在某种程度上进行了复仇——尽管敌人并不相同。据传，面对这次毁灭性的打击，萨姆索诺夫战败后在森林深处自杀殉国。据报道，他在自杀前频频哀叹，称自己让沙皇失望至极，无颜再见沙皇。

正如历史学家丹尼斯·肖沃尔特（Dennis Showalter）在反思坦能堡战役对德国的特殊意义时所说的那样——这番评论不仅当时适用，未来也适用：

> 坦能堡战役是第一次世界大战中唯一可以直接与历史上的伟大胜利相提并论的战役，有开始、过程和结束，时间跨度相对较短，是德国在四年战争中唯一拿得出手的、无可争议的胜利之战。②

接下来，在9月的第二周，德军在马苏里安湖战役

---

① Dennis E. Showalter, *Tannenberg: Clash of Empires, 1914* (Lincoln: Potomac Books, 2004), pp. 292, 323; and Barbara W. Tuchman, *The Guns of August* (New York: Bantam Books, 1976), pp. 297–346.

② Dennis E. Showalter, *Tannenberg: Clash of Empires, 1914* (Lincoln: Potomac Books, 2004), p. 347.

第二章 第一次世界大战

(Battle of the Masurian Lakes)中将俄军将领伦宁坎普赶出了东普鲁士。这次溃败算不上具有决定性意义,但它确实恢复了对国家领土主权的控制。①

俄国在与奥匈帝国对战时表现要好一些,奥匈帝国军队稍显逊色。8月26日至9月10日,随着伦贝格战役(Battle of Lemberg)的结束,俄国取得了重大胜利——俄军让奥匈帝国军队蒙受了巨大损失,并将奥匈帝国军队远远逼回本国领土内。奥匈帝国总参谋长康拉德·冯·赫岑多夫(Conrad von Hotzendorf)性格鲁莽,粗心大意。他命令军队分散部署,导致后勤补给线随着部队向北推进而延长,从而暴露了侧翼。从而造成灾难性结果。② 幸好奥匈帝国的重要交通和物流枢纽普热梅希尔市(Przemysl)戒备森严,抵挡住俄国围攻近6个月。30年来,当地一直致力于修建一个特大要塞,包括约35个独立堡垒。这些堡垒形成一个圆圈,绵延30英里,围绕着这座城市。③ 这在一定程度上为奥匈帝国主力部队重整赢得了时间——尽管它从未真正完全重整,因为在战争最初几周损失过于惨重。作为早期防御的另一个后果,奥匈帝国不得不将对塞尔维亚复

---

① Barbara W. Tuchman, *The Guns of August* (New York: Bantam Books, 1976), p. 345.

② Dennis E. Showalter, *Tannenberg: Clash of Empires, 1914* (Lincoln: Potomac Books, 2004), pp. 326-327.

③ Alexander Watson, *The Fortress: The Siege of Przemysl and the Making of Europe's Bloodlands* (New York: Basic Books, 2020), pp. 1-54.

仇的对决之战推迟到战争后期。①

在东线的这些战斗中，军队交战时通常都处于机动作战状态。这多半还算不上堑壕战。战斗异常激烈，造成巨大的人员伤亡。算上所有的伤亡和被俘人员，俄国和奥匈帝国在1914年各损失了100多万名士兵。② 除马苏里安湖外，多个地理参考点和军事障碍形成了战场，包括维斯瓦河（Vistula River）和桑河（San River）以及喀尔巴阡山。

与法国和比利时的情况不同，东线的主要战役一直持续到秋冬两季。10月，俄军（约55个师）在去往俄属波兰中部城市华沙的途中与奥匈帝国军队（31个师）和德国军队（13个师）发生战斗并获胜。德军大幅后撤，尽管仍然占据俄属波兰西部的一小块地区。奥匈帝国军队在这次战斗中惨败，撤回到克拉科夫（Cracow）附近的奥匈帝国领土上。

11月，华沙上演了第二场战斗，对德国和奥匈帝国而言，此次战斗结局稍好。11月和12月，在靠近西部的罗兹（Lodz）市周围发生了多场战斗。此外，在克拉科夫附近的俄国—奥匈帝国边境上以及喀尔巴阡山周围，战斗仍在继续。12月，位于波兰南部的加利西亚（当时属于奥匈帝

---

① Barbara W. Tuchman, *The Guns of August* (New York: Bantam Books, 1976), p. 345; and John Keegan, *The First World War* (New York: Alfred A. Knopf, 1999), p. 245.

② John Keegan, *The First World War* (New York: Alfred A. Knopf, 1999), p. 170.

第二章 第一次世界大战

国)利马诺瓦(Limanowa)镇和拉帕诺(Lapanow)镇之间也发生了一场关键战役。在此次战役中,奥匈帝国遏制了俄国继续向南进入奥匈帝国领土的野心——被称为奥匈帝国在整个一战中的最后一次真正胜利,只不过在这场战役中奥匈帝国是德国的小跟班。不久之后,奥匈帝国在与俄国的山地战中表现不及预期。[①]

不过,在战略层面上,由此导致的领土得失或人员物资损失都算不上具有决定性的作用。事实上,东线作战最重要的效应是它对西线的影响。当德国派遣两个军转战东线,帮助对抗俄国时,德军右翼又一次遭到削弱,从而进一步破坏了施里芬所设想的迅速击败法国的愿景——这一愿景已然堪忧。如果西线未能迅速取得胜利,投入东线的军力就不会出现大幅变化,两线战斗都会继续。

在遥远的东方,日本夺取了德国此前占领的中国青岛及周边的领土。并决定占领西太平洋的多个岛链。在战后的和平谈判中,美国最终未能让日本吐出掠夺的岛链。毫无疑问,在此后的几年里,日本的野心只增不减。[②]

最后,在东部和南部,奥斯曼帝国加入战局,力挺德国和奥匈帝国。奥斯曼帝国可能并非别无选择。但无论如

[①] John Keegan, *The First World War* (New York: Alfred A. Knopf, 1999), pp. 165-171.

[②] Michael J. Green, *By More than Providence: Grand Strategy and American Power in the Asia Pacific Since 1783* (New York: Columbia University Press, 2017), pp. 123-131.

何，机缘巧合之下，奥斯曼帝国作出了这一决定。战争初期，两艘德国军舰被困在地中海，无法返航。它们转而逃往土耳其，以躲避协约国军队，但在路上悬挂着土耳其海军舰艇的旗帜。在德国军官的指挥下，这些军舰在整个秋季里继续向北行驶，并于10月28日向黑海北岸沿线的俄军阵地开火。因此，从某种意义上说，当奥斯曼人尚未就是否坚守中立立场下定决心时，就上了德国人的当，导致后者代表自己加入了战争。很大程度上因为这个原因，俄国在11月初向土耳其宣战，法国和英国则紧随其后。①

六、1915 年与 1916 年

接下来的两年（1915年与1916年），第一次世界大战可以压缩成一个故事，甚至可以用一个词来形容：徒劳。可以肯定的是，参战各国在军事创新方面进行了相当多的尝试，但这些尝试对已经很强大的防御方的助益往往比对进攻方更大。参战各国都在不断努力，在工业等方面进一步加大战争投入。但是，这种努力非但没有带来突破，反而加剧了战事，大大增加了伤亡。正如历史学家西奥多·罗普（Theodore Ropp）所说，在整个一战时期（西线），"尽管参战各国作出了英勇的牺牲，且不断出现新的战争机遇，

---

① Barbara W. Tuchman, *The Guns of August* (New York: Bantam Books, 1976), pp. 161–187.

第二章　第一次世界大战

但在 28 个月的时间里，战线推进却不超过 10 英里……"[1]

在西线战场，双方对抗的特点是协约国或同盟国偶尔试图打破僵局，但总是以失败告终。结果，有几场大规模且持续时间普遍较长的战役被载入史册，包括伊普尔战役（第二次）、凡尔登战役、索姆河战役。在东线战场，德国投入了更多兵力，在与俄国的对抗中占据了上风。然而，由于地理位置和俄国地域广阔，阻碍了德国发起决定性行动。最后，从加里波利（Gallipoli）到美索不达米亚（Mesopotamia，也就是现在的伊拉克），协约国避开西线的堑壕线，利用协约国在海上和欧洲许多侧翼的优势，不断寻求新的进攻途径。在这些战役中，尽管协约国在中东等地取得了一些局部性的胜利，但在战略上都失败了。关于所有这些动态，我们还需要做更多的讨论，但这些都是一战在这两年基本陷入僵局的主要原因。

在西线，1914—1915 年，由于冬季的来临，以及双方均需要从前几个月战斗所造成的巨大灾难中恢复，战争一度中断。但在接下来的几个月里，英国做好了战争准备，并与加拿大和澳大利亚一道，向法国和比利时派遣更多军队。法国也动员更多军队，并加强工业发展。协约国共同发展出一种进攻思维，这种思维超越了早先的"第十七号

---

[1] Theodore J. Ropp, *War in the Modern World* (Baltimore: Johns Hopkins University Press, 2000), p. 246.

计划"概念。毕竟,法国需要这样的态度和战略,以夺回被占领土,包括一半以上的煤炭和钢铁产地。① 法国还希望能够夺回阿尔萨斯和洛林。

然而,这些进攻目标并未实现。许多战术家提出了新的战斗理念,但所得成果往往更有助于防守而非进攻,因此不会产生重大突破。防御方面的改进包括挖深堑壕,以及修筑额外的平行堑壕作为后撤阵地,这些平行堑壕通常位于附近山丘的下坡,用于减弱进攻方的炮火攻击。这些堑壕中还配备了用于机枪阵地的混凝土炮位、带刺铁丝网和用于在已建立的阵地之间进行可靠通信的埋地电话线。

双方还试图改进进攻性武器和战术。进攻方希望在某些地区出其不意地集中兵力,增加可用弹药数量,更好地协调炮兵的"徐进弹幕"射击方式和步兵攻势,这样就能给进攻带来足够的动力,从而发挥更好的作用。有些理念在1918年产生了比较好的效果,但在战争的这个阶段却反响平平。例如,较长时间的炮击掩护对堑壕部队并没有特别的打击效果。相反,这些轰炸会使防御方警觉,从而派兵增援。当进攻方完成行动准备并派出部队时,防御方通常已做好排兵布阵,随时可向进攻方暴露的步兵开火。②

---

① Holger H. Herwig, *The Marne, 1914: The Opening of World War I and the Battle That Changed the World* (New York: Random House, 2011), p. 315.

② Stephen Biddle, *Military Power: Explaining Victory and Defeat in Modern Battle* (Princeton: Princeton University Press, 2004), pp. 28-51.

第二章　第一次世界大战

战争后期，随着反炮击火炮效果的提高，"徐进弹幕"方式被更多地用于步兵攻击之前的行动。步兵部队在进攻时关于决策和武器装备方面也获得了自主权。这两点都使战果有所改善。①

还有一些理念更具创造性。例如，进攻方试图在敌人阵地下方挖掘地道安放炸药。经过一番努力后，这种方法在局部地区取得了很好的打击效果，如在第二次伊普尔战役（Second Battle of Ypres）中，1915 年春天在新沙佩勒（Neuve-Chapelle）附近的战斗中就取得了很好的效果。但这并不意味着能在整个战区取得重大突破。②

在第二次伊普尔战役中，德国军队首次在第一次世界大战战场上使用了毒气。③ 起初，这种毒气并不可靠，效力也不强，对进攻方帮助不大，尤其是当防御方学会采取简单的预防措施后，比如用湿围巾捂住口鼻——有助于抵御水溶性氯气。

同年晚些时候，英法联军在附近的阿图瓦（Artois）地区［靠近法国最北端，毗邻佛兰德斯（Flanders）］再次发动进攻，但再次失败。法军还试图在巴黎东北部、凡尔

---

① Paddy Griffith, *Battle Tactics of the Western Front: The British Army's Art of Attack, 1916-18* (New Haven: Yale University Press, 1994), pp. 199-200.

② G. J. Meyer, *A World Undone: The Story of the Great War, 1914 to 1918* (New York: Random House, 2006), pp. 291-304.

③ Mark Connelly and Stefan Goebel, *Great Battles: Ypres* (Oxford: Oxford University Press, 2018), pp. 5, 27.

登以西的香槟地区（Champagne）进一步向东发动进攻，但也没有成功。法军的目标是让东进的阿图瓦渗透部队与北进的香槟地区部队会师，切断德军在这两部队之间的大块兵力。但事实并非如此，因为防御方击败了进攻方。两军在洛斯（Loos）、苏切斯（Souchez）、苏瓦松（Soissons）、费斯图伯特（Festuburt）、塔胡尔（Tahure）、拉弗利（La Folie）和马西热（La Main de Massiges）都发生了有名的战斗。正如约翰·基根（John Keegan）所写，"对于西线的盟军来说，1915年是令人沮丧的一年，大量的鲜血换来的却是微薄的战果，任何胜利的希望都被推迟到了1916年"。① 到1915年底，法国在仅15个月的战斗中遭受的伤亡已经超过了整个一战期间伤亡人数的一半。②

不幸的是，1916年的西线战况并没有好转多少（即使伤亡率有所下降）。这一年，双方分别进行了一次大规模的正面攻击。第一次是1916年2月21日，德军在洛林对面（大概在巴黎东边）的凡尔登发起攻击。这次攻击的特点是大规模炮击，因为德军在重炮方面占有优势，所以试图利用这一优势。发起攻击的第一天，德军就发射了数百万发炮弹，通常是150毫米炮弹（直径约6英寸），不过也使用

---

① John Keegan, *The First World War* (New York: Alfred A. Knopf, 1999), pp. 192-203.

② Robert A. Doughty, *Pyrrhic Victory: French Strategy and Operations in the Great War* (Cambridge: Harvard University Press, 2005), p. 509.

第二章 第一次世界大战

了一些1914年8月在比利时使用的大型火炮。相比之下，在战争的这一阶段，法军的首选仍然是75毫米火炮；相比掩体或其他防御工事，这种火炮对暴露在外士兵的打击效果更强。在这一年中，交战双方至少在凡尔登使用了4 000万发炮弹。① 这场战役从春季一直持续到夏季，甚至在某种程度上几乎持续了整整一年。这场战役是德军参谋长埃里希·冯·法金汉（Erich von Falkenhayn）将军的心血结晶，目的是通过强大的火力打击来摧毁法军的斗志。空中力量（主要用于侦察）和毒气也是德法双方战斗的重要组成部分。② 事实上，在战争的这一阶段，空中力量已经变得非常重要，以至于负责保卫凡尔登的法国第二军团（French Second Army）司令菲利普·贝当（Philippe Petain）将军说，"如果我军的空中防御失守，结果不言而喻，凡尔登也会失守"。③

凡尔登战役是第一次世界大战中历时最长的一场战役，也是一场巨大的悲剧。历史学家保罗·扬科夫斯基（Paul Jankowski）表示：

> 法金汉将军后来声称，他在凡尔登发动进攻的

---

① Paul Jankowski, *Verdun: The Longest Battle of the Great War* (Oxford: Oxford University Press, 2016), pp. 9–10, 119–120.
② Ibid., pp. 111–120.
③ Ibid., p. 114.

现代战略家必读军事史：1861年以来美国的主要战争

唯一目的是让法军血流成河，这种异端主张让他与他的同胞格格不入，也会让他在后人眼中蒙羞。他的说法正如英国远征军（British Expeditionary Force）司令道格拉斯·海格（Douglas Haig）一样令人难以置信，后者在1916年索姆河战役和1917年帕斯尚尔（Passchendaele）战役后都坚称，消耗对方战力是他的唯一目标。①

最终，双方都大伤元气。在长达近一年的战斗中，总伤亡约37.5万人。② 消耗战略有时在战争中确实有效。但是在1915—1917年，这种战略在造成了巨大破坏的同时，却几乎没有带来领土利益。

1916年的整个夏天，法军在凡尔登发动攻势。秋季，法军逐渐夺回了德国在战役开始的几周和几个月中占领的大部分土地［1917年8月，法军夺回了附近更多的土地；1918年9月下旬，美国远征军（American Expeditionary Force）最终以凡尔登为中心发动了默兹—阿尔贡（Meuse-Argonne）攻势——下文将详细介绍］。由于这场战役显而易见的徒劳无功，法金汉于1916年8月失去了指挥权，由

---

① Paul Jankowski, *Verdun: The Longest Battle of the Great War* (Oxford: Oxford University Press, 2016), p. 43.

② Ibid., p. 117.

第二章 第一次世界大战

保罗·冯·兴登堡将军接替。①

1916年西线的另一场大战发生在巴黎正北、索姆河沿岸，主要在通往比利时的路上。这场战役由当时已取代弗伦奇成为英国远征军司令的道格拉斯·海格将军策划。战斗于6月下旬打响，炮击持续了一周。随后，步兵发起进攻。

索姆河战役也是一场灾难。这场传奇战役发生在索姆河附近，历时4个月。在战役爆发的第一天，即7月1日，就有近2万名英国士兵阵亡，另有近4万人受伤。事实上，这些攻击的准备工作更充分，火力也更强。严格来说，这些攻击并非单纯地重复以往的攻击模式，其中也进行了一些调整，如英法军队更多地尝试同步发起炮火攻击与步兵攻势。但同样，战术上的大多数变化对防御方的助益要大于进攻方。防御方将堑壕挖得更深，其中更多的堑壕远离前线，并在地表以下很深的地方辅以保护性防空洞。驻守堑壕的士兵们也知道，即使世界末日即将来临，他们也能在激烈的轰炸中幸存下来。②

伦敦帝国战争博物馆（Imperial War Museum）的彼得·哈特（Peter Hart）表示：

---

① Paul Jankowski, *Verdun: The Longest Battle of the Great War* (Oxford: Oxford University Press, 2016), pp. ix-xi.

② Stephen Biddle, *Military Power: Explaining Victory and Defeat in Modern Battle* (Princeton: Princeton University Press, 2004), pp. 28-51.

现代战略家必读军事史：1861年以来美国的主要战争

"前线"一词有点用词不当。事实上，这是一个完全实现的堑壕系统，由相距约200码的3条战线组成，通过交通壕连接在一起，并包含要塞村庄。这些堑壕建造非常精良，有大量的深防空洞，还有多个高达40英尺深的出口……堑壕前方是两条宽达30码的带刺铁丝网带。要塞处的村庄房屋都经过加固处理（主要使用钢筋混凝土），并扩建了现有地窖，形成了一个地下战壕。①

在第一道防线后方2 000—5 000码处还有第二道防线，在3 000码处还有部分第三道防线。哈特依据几十封信件和其他目击者的描述，从单个士兵的视角讲述了试图攻击这些防线的感受，这些描述令人心碎——他对堑壕中寒冷、泥泞、虱子滋生的营房、卫生问题和其他生活陋习的描写突出表明，即使战斗并不激烈，堑壕中的生活也非常艰难。②

索姆河战役见证了盟军将坦克引入战争。但正如预期的那样，对于一项新兴技术来说，坦克的数量并不多，所能带来的直接效果也十分有限。③

---

① Peter Hart, *The Somme: The Darkest Hour on the Western Front* (New York: Pegasus Books, 2010), p. 58.
② Ibid., pp. 109-210, 538-548.
③ John Keegan, *The First World War* (New York: Alfred A. Knopf, 1999), pp. 278-299.

第二章 第一次世界大战

1916年的大屠杀再次令人震惊。在这一年中,有数十万人丧生。英法联军在索姆河战役中的战果只是将战区前线的平均位置净推进了大约3—5英里。① 约翰·基根再次戏剧性地表示,"索姆河战役标志着英国人生活中一个重要的乐观主义时代的终结,而这一时代此后再也未能恢复"。② 彼得·哈特将他关于这场战役的开创性著作的副标题命名为《西线最黑暗的时刻》(The Darkest Hour on the Western Front)。

与此同时,东线战场上1915年和1916年的战斗各有输赢。东线发生了各种运动,主要集中在今天的波兰境内和周边地区以及南部地区。但是,虽然领土广袤,也足以提供战略纵深和巨大资源,但这些运动远没有产生决定性影响。

1915年春,德国和奥匈帝国取得了对俄战争的巨大胜利。两国从西部调集兵力,并受益于德国在战争初期建立起来的强大工业优势,在军队和装备上取得了3∶2或更大的优势,并于5月初在戈尔利采-塔尔努夫(Gorlice-Tarnow)成功发动突袭。此后,因为战局持续有利于同盟国,大部分俄军陷入混乱或撤退状态,俄属波兰继续被德国和奥匈帝国占领。

---

① Hart, *The Somme*, p. 530.
② John Keegan, *The First World War* (New York: Alfred A. Knopf, 1999), p. 299.

也就是说，对于德国而言，从某种角度看是一次成功的进攻，但随着时间的推移，对于俄国而言却变成了一次改进的防御。俄国并没有试图保卫整个波兰地区，而是巩固了近一半防线——此时，俄罗斯的防线从1000英里变为从北向南的600英里。这一防线可以在南部成功发动一些有限的反击，并保护俄罗斯在北部的利益和领土。①

重新布置防线也为俄国在1916年成功发动进攻奠定了基础。俄国在奥匈帝国领土上靠近喀尔巴阡山脉的南部地区展开了令人印象深刻的行动。在该战区，俄国将军布鲁西洛夫（Brusilov）表现得气定神闲，足智多谋。尽管在整个上述区域，俄国比敌方多出大约1/3的兵力，但鲁西洛夫在战术运用上表现出色，包括在发动攻击前将堑壕线移到离敌人尽可能近的地方，并将战线拉长至大约300英里进行攻击，以防止后备队展开的防守行动过于集中。相对于前一年的损失，此次收复的领土并不多——基本上向西推进了20—40英里，没有超过60英里。但这些胜利成果确实改变了战斗态势，并使已经疲惫不堪的奥匈帝国军队再次蒙受巨大损失。②

这几年内，奥匈帝国还对塞尔维亚展开了新一轮进攻。并有其他国家加入了这场战争。1915年，意大利作为协约

---

① John Keegan, *The First World War* (New York: Alfred A. Knopf, 1999), pp. 229-234.

② Ibid., pp. 302-306.

第二章　第一次世界大战

国一方参战。罗马尼亚也加入了协约国。保加利亚与德国、奥匈帝国和奥斯曼帝国联手参战。

　　在 1915 年和 1916 年，这场战争真正演变成了一场世界大战。除西线战场和东线战场之外，在其他地区也形成了几个重要战场。一个是非洲战场。该战场上，德国通常无法保住其各个殖民地。不过，这个战区地处偏远地带，对核心战斗没有太大影响。另一个是大中东地区（broader Middle East）战场。该战区包括苏伊士运河附近的埃及以及中东的巴勒斯坦/黎凡特（Levant）地区。在英国的保卫下，苏伊士运河未落入奥斯曼帝国手中；而巴勒斯坦/黎凡特地区当时仍由奥斯曼帝国控制，但英国最终在 1918 年成功夺回了其控制权。所有这些都有助于为逐步实施 1916 年《赛克斯—皮科协定》（*Sykes-Picot Agreement*）的框架创造条件。根据该协定，英法两国实际上就如何在大中东地区进行瓜分达成了一致。主要战役发生在今天的土耳其加里波利所在地；意大利当时希望沿着多山的意、奥、匈边境扩张领土；在巴尔干半岛，如前所述，奥匈帝国再次决心重创塞尔维亚，同时保加利亚和罗马尼亚也加入了战斗。然后在北海爆发了著名的日德兰海战（Battle of Jutland）。

　　事实上，除了日德兰海战及其对英德两国之间海上封锁战的潜在影响之外，这些战区都没有对战争的整体进程产生决定性的特别影响。但是其中一些战区消耗了主战场的大量资源，从这个意义上说，它们与战争的主要轨迹相

现代战略家必读军事史：1861年以来美国的主要战争

关，所以值得在这里简单讨论一下。意大利试图从昔日的盟友奥匈帝国手中夺取领土，这导致奥匈帝国动用原本部署在其他地方的军队进行防御。英国最终从埃及到中东、希腊到加里波利部署了大约100万士兵，这削弱了它在西欧主战场中的实力和潜力。①

伊斯坦布尔附近爆发的加里波利战役无疑是所有这些战役中最著名的。其基本理念是，协约国认识到西欧僵持不下的堑壕战状况，需设法改变战争地理重心。温斯顿·丘吉尔是这个失败理念的主要设计者之一。一个设想是开辟一条取道黑海通往人力丰富但武器匮乏的俄国的可靠补给线。通过这条补给线，协约国可以改善其在东线的态势。也许俄国甚至可以实现控制君士坦丁堡的梦想。是否值得采取必要行动来实现这些目标仍有争议。虽然前景美好，但不幸的是，协约国，尤其是英国政府当时在这个问题上始终无法作出最终决定。

协约国在加里波利遭受重创。首先，对因获得战争预期成果需要投入多少资源的问题争论不休，导致备战犹豫不决，失去了突袭时机。盟军最初也没有意识到海峡中存在舰船可能受到攻击的区域，需要出动地面部队加以控制。当意识到需要采取更多行动，包括大规模出动地面部队时，为时已晚——奥斯曼人已趁机在1915年的大部分时间里恢

---

① John Keegan, *The First World War* (New York: Alfred A. Knopf, 1999), pp. 217-230.

复其据点并重新部署部队。4月的首批登陆战和8月新采取的一次重大行动都资源不足，进展缓慢。即使建立的据点有利于对防守部队发动突袭，协约国指挥官也错过了起初乘胜追击的机会，以及快速向内陆机动的潜在机会。1915年8月的苏弗拉湾（Suvla Bay）战役就是一个突出例子。①最终，协约国军队无法在多山石的狭长地带——加里波利半岛——的地面战斗中取得大的进展。在整个战役中，总共约100万士兵参战，超过10万人死亡，数十万人受伤。②

澳大利亚历史学家L. A. 卡莱恩（L. A. Carlyon）在书中讲述了在加里波利持续8个月、对澳大利亚及其邻国新西兰以及英国和土耳其都非常重要的一系列战斗，并作出了尖锐而沉痛的总结：

> 除了指出英国战略（如果使用该词确实恰当的话）的三个显而易见之处外，我们不应对其进行过多的评析议论。丘吉尔、基奇纳和伊恩·汉密尔顿（加里波利战役中英军的高级指挥官）根本没有办法终止战争：他们从一开始就缺少大约五个师的兵力和几百门重炮。其次，英国政府的政策决心从来不坚定。最后，加里波利战役自始

---

① Cohen and Gooch, *Military Misfortunes: The Anatomy of Failure in War* (New York: Free Press, 2006), pp. 133–146.

② L. A. Carlyon, *Gallipoli* (London: Bantam Books, 2003), p. 645.

至终没有制订计划,成为一次冒险行动。①

卡莱恩在回忆他的战场之旅时进一步表示:"这是澳大利亚最大的纪念碑,却未设在澳大利亚。另一件奇怪的事情是:战死在这里的澳大利亚人和新西兰人当时实际上是为俄国最后一位沙皇尼古拉二世而战。他们曾许诺为他攻下君士坦丁堡。"② 如果行动成功,获得的好处将不止如此。但是却不可能成功。

奥匈帝国认为不必急于复仇,于是在1915年末开始重新进攻多山的内陆王国塞尔维亚。在德国和保加利亚的帮助下,此次进攻取得了相当大的进展。尽管英国和法国通过与(分裂的)希腊政府(一部分兵力)合作,在萨洛尼卡(Salonika)西南部建立了他们自己的主要军事集结地,在巴尔干半岛建立了抵抗力量,但奥匈帝国的进攻还是取得了巨大进展。塞尔维亚军队和政府最终被赶出了他们的国家,在战斗中穿越黑山(Montenegrin)山区的艰难困苦中幸存下来的人员于1915—1916年的冬天从海上成功逃离。

然而,1915年,虽然土耳其出于保卫自己在加里波利的关键地带而作出反应是可以理解的,但它在帝国东部地

---

① L. A. Carlyon, *Gallipoli* (London: Bantam Books, 2003), p. 643.
② Ibid., pp. 19–20.

第二章 第一次世界大战

区大规模屠杀了亚美尼亚人,酿成了一场悲剧。由于担心亚美尼亚可能反叛帝国以及投奔俄国,土耳其将大量亚美尼亚平民赶出家园,赶入邻近的沙漠,导致数十万人丧生。这是所谓的20世纪第一次种族灭绝事件。[①]

在第一次世界大战中,有两次重要的海战(不包括加里波利战役;正如上文所述,加里波利战役本身也有重要的海战元素)。一次是时间和空间均有限的单一性大战役——日德兰海战,另一次可以被称为大西洋之战(不过这个词通常与第二次世界大战联系在一起),这是一场旷日持久的战役,一直延续到1916年之后,前面这场海战在某种程度上导致了后面这场海战。

日德兰海战发生在北海丹麦海岸,从1916年5月31日一直到6月1日凌晨,持续了大约12个小时。此次战役有250艘舰船参战,是当时战争史上最大的一次海战。

战斗中,英方主要指挥官是海军上将约翰·杰利科(John Jellicoe)爵士和海军上将戴维·贝蒂(David Beatty)爵士,德方是海军上将赖因哈德·舍尔(Reinhard Scheer)。德国舰队曾一度发动袭击或展示武力,以刺激英国作出反应,进而与其展开一场有限战争并获胜,意欲削弱英国的

[①] Samantha Power, *"A Problem from Hell": America and the Age of Genocide* (New York: Basic Books, 2013), pp.1-16.

海军整体优势。① 但不幸的是，英国充分发挥其在海底电缆通信领域的优势，学会了如何解码德国的海上通信情报[后来凭借这一优势帮助拦截了德国的"齐默尔曼电报"（Zimmermann Telegram）。该电报中，德国为促使美国在1917年卷入战争，煽动墨西哥攻击美国]。② 因此，尽管在内部通信初期出现了一些失误，妨碍了对信息的加工利用，但英国军队基本上知道接下来德国将采取什么行动。③ 因此，英国从苏格兰的基地出动其主力舰队，向南航行，保持警惕，以防伏击。④

在那个时代，火炮和鱼雷的射程通常不超过10英里，并且缺乏各种类型的末端制导来在最后接近目标时瞄准目标。⑤ 但光学设备较发达，可估计出相对于其他船只的射程，观察炮弹（重量达1吨）的着陆点，随后修正目标。

---

① Holloway H. Frost, "A Description of the Battle of Jutland," *United States Naval Institute Proceedings* 45, no. 11 (November 1919): 1842; and John Brooks, *The Battle of Jutland* (London: Cambridge University Press, 2016), pp. 131–143.

② Rush Doshi and Kevin McGuiness, "Huawei Meets History: Great Powers and Telecommunications Risk, 1840 – 2021," Center on Security, Strategy and Technology Paper, Brookings Institution, Washington, DC, April 2021, brookings.edu/wp-content/uploads/2021/03/Huawei-meets-history-v4.pdf.

③ Jason Hines, "Sins of Omission and Commission: A Reassessment of the Role of Intelligence in the Battle of Jutland," *Journal of Military History* 72, no. 4 (October 2008): 1117–1153.

④ National Records of Scotland, "Battle of Jutland 1916," nrscotland.gov.uk/research/learning/first-world-war/the-battle-of-jutland.

⑤ John Brooks, *The Battle of Jutland* (London: Cambridge University Press, 2016), pp. 63–96.

第二章　第一次世界大战

但这些设备依赖于好天气,活动范围有限。雷达当时还不存在。战斗机不多,而且易受恶劣天气的影响。像巡洋舰和战列巡洋舰这样的舰船比双方都拥有的全副武装的无畏号战舰快 10 节（海里/时）,但无论何时,搜索半径都很有限。① 因此,获取了舰队位置的一般信息并不意味着获得战术目标坐标。要想获得战术目标坐标,需要更直接的接触。

这场战役分为五个主要阶段。首先是英国大舰队（Grand Fleet）的一部分向南机动。其间,双方进行了初步侦察。双方交火之后,德军就在这场战役的早期占了上风。② 然后,在整场战役的第二阶段,英军转向北方,诱使德国公海舰队（High Seas Fleet）进行追逐,继而将其带入英军的埋伏圈。

英军的战术奏效了,接下来的两个阶段将是无畏号战舰之间的重量级较量。其间,英国舰队两次成功"排成 T 形"队列攻击德军。也就是说,英国舰队在战术上适时将其舰船左右排开形成一条线（而不是像通常在巡航中的那样排成数条较短平行线）,并调整好方位使大多数舰船都能够从"T 形的顶部"向驶近的前后排成一条线的德国舰船

---

① John Brooks, *The Battle of Jutland* (London: Cambridge University Press, 2016), pp. 36-48.

② Robert K. Massie, *Castles of Steel: Britain, Germany, and the Winning of the Great War at Sea* (New York: Random House, 2003), pp. 579-605.

171

开火。舍尔（Scheer）上将意识到己方处于劣势并且火力不足后，在每次交火后都中断了与敌军的对峙，不过他返回进行第二轮对峙的决定仍然存在争议，甚至令人费解。两次交战之后，舍尔使用驱逐舰（冒着相当大的风险）发动了一次鱼雷齐射，成功地为其主要主力舰赢得了逃跑的时间（风险在于，尽管明白杰利科可能会避开鱼雷，以提高其舰队以机动性制胜的概率，但还是采取了该战术）。①

最后一个阶段是由较小的护卫舰在夜间开展战斗。与此同时，德国主要舰队直奔东南方向的安全港，而英国舰队则（错误）预判了第二天可能再次交战的位置。然而，德军通过齐柏林飞艇很快就成功侦察到英军所在的位置。无论如何，由于英国人的错误猜测，日德兰海战的结局早已注定。②

就物资损失方面而言，英军和德军几乎是"两败俱伤"。英国舰船和水兵损失更大——分别损失了15艘舰船和6 000名水兵，而德国损失了11艘舰船和2 500名水兵。这对处于劣势的德国而言算是一项成就。但是就幸存的舰船而言，德军需要大修的舰船比英军要多。与预期相比，

---

① Robert K. Massie, *Castles of Steel: Britain, Germany, and the Winning of the Great War at Sea* (New York: Random House, 2003), pp. 606–634.

② Imperial War Museums, "Battle of Jutland Timeline," 2021, iwm.org.uk/history/battle-of-jutland-timeline; and Robert K. Massie, *Castles of Steel: Britain, Germany, and the Winning of the Great War at Sea* (New York: Random House, 2003), pp. 635–657.

第二章 第一次世界大战

英军的表现并不强劲；杰利科上将称这一结果"令人不快"。现代历史学家约翰·布鲁克斯（John Brooks）同样表示："较弱的一方造成了更大的损失，而较强的一方虽然控制了战场，但却无法阻止敌人舰队夺回其基本完好无损的基地。"①

然而，从战略上来说，这场战役实际上是英国获胜——而且是一场重大胜利。德国意识到其舰队凭借好运才逃脱了困境，因此决定在战争期间不再将其水面舰队开出北海以外的范围。② 这一时期的海军很珍惜自己的舰队，如果可能导致损失大量精良舰船，就不愿冒险开战。③ 毕竟，这些舰船由先进发动机推动，装备巨型火炮，并有厚厚的装甲防护，是他们花了几十年时间才建造出来，是现代科学和工程的非凡成果。④

日德兰海战的这一结果使双方的封锁开始向英国的绝对优势倾斜。海上竞争的地理条件对英国十分有利，英国四面环海，有些海岸还面向公海。相比之下，德军只能通过北海的水路与外界联系，而北海可能会在很大程度上被

---

① John Brooks, *The Battle of Jutland* (London: Cambridge University Press, 2016), p. 514.

② John Keegan, *The First World War* (New York: Alfred A. Knopf, 1999), pp. 257-274.

③ Martin Van Creveld, *Technology and War: From 2000 B. C. to the Present*, rev. and exp. ed. (New York: Free Press, 1991), pp. 207, 216.

④ Krepinevich, "From Cavalry to Computer: The Pattern of Military Revolutions," *National Interest* 37 (Fall 1994).

现代战略家必读军事史：1861年以来美国的主要战争

英国海军封锁。德军在法国对面的英吉利海峡动用了舰艇、潜艇和水雷，并在苏格兰附近的更北部潜伏着雷区和大型主力舰。德军所谓的公海舰队实际上成为北海舰队——除了其强大的潜艇部队，该潜艇部队继续在大西洋、爱尔兰西部和其他地区活动，对航运造成巨大破坏——特别是在1915年和1917—1918年，当时德军诉诸无限制潜艇战，在这类战争中，潜艇不会向攻击目标发出任何公平警告。①协约国最终找到了应对U形潜艇战的一些方法，而德军则永远无法逃脱对本国航运实施封锁的惩罚。

1916年底，伍德罗·威尔逊总统提议进行和平谈判。但他的做法是要求各方公开澄清他们的核心条款——因为很少有人愿意以如此公开和主动的方式向敌方让步，所以各方无法做到真诚妥协。鉴于战争仍陷于僵局，通过外交手段，本可以达成一项协议，将比利时和法国北部从德国的控制下解放出来，将阿尔萨斯和洛林或至少其中的一部分归还给法国，并建立独立的波兰国家，作为德国抵御俄国的缓冲地带，但是却很难真正实现。②

然而，我们很难将这场战争归咎于一位远在战场外的

---

① Robert K. Massie, *Castles of Steel: Britain, Germany, and the Winning of the Great War at Sea* (New York: Random House, 2003), pp. 715-738; Adam Tooze, *The Deluge: The Great War, America and the Remaking of the Global Order, 1916-1931* (New York: Viking, 2014), pp. 34-35.

② Robert B. Zoellick, *America in the World: A History of U. S. Diplomacy and Foreign Policy* (New York: Twelve, 2020), pp. 154-165.

美国总统，因为在这场战争中，欧洲参战国已经毫无意义地相互厮杀了两年半，并且还在为来年如何取得胜利而争论不休。从经济视角衡量，威尔逊的影响力相当大，但仍然缺乏有意义的军事因素。

七、1917年和1918年：革命、升级、战争与和平

1917年初和前两年一样悲惨，主要战线上的战斗持续不断。但是，战争、苦难和经济萎靡所带来的累积效应很快就使事态的发展大为改观。

历史学家约翰·基根将1917年描述为"军队崩溃"的一年。这样说的原因在于：法国、意大利军队，尤其是俄国军队在某种意义上达到甚至超过了他们所能承受的极限。由于如此漫长、残酷和激烈的战争给所有国家造成了巨大困难，德军和奥匈帝国军队也承受着巨大的军事和社会压力，但其影响没有那么快。这意味着他们还有最后一次机会争取全面胜利。在这一尝试中，他们与美国参战的时间赛跑。然而，在1918年，他们失败了。

1917年，在西线战场，协约国根据前一年11月在法国尚蒂伊（Chantilly）制订的联合计划，发动了春季攻势（1915年12月也曾召开过一次会议，规划了索姆河攻势），这次进攻造成了更多的军事失败。英军和加拿大军队在阿

拉斯（Arras）[差不多位于巴黎正北方，大部分通往里尔（Lille），然后通往比利时边境，蒙斯以西] 以及维米岭（Vimy Ridge）附近取得了有限的胜利。但是，他们只将战线推进了几英里，然后就陷入了北欧春天的寒冷、雨水和泥泞之中。德军调整了堑壕的位置，在新的"兴登堡"（Hindenburg）防线周围进行巩固。到了战争的这个阶段，德军将更多的兵力部署在第二线和第三线，而不是前沿阵地，并将机动预备队部署在更靠后的位置。法军在巴黎东北部的贵妇小径地区（Chemin des Dames，如上所述，在英军和加拿大军队试图发起进攻的东南方约80英里处）发起进攻时，上述部署发挥了作用，对法军造成了毁灭性打击。①

因此，基根将1917年描述为"法军崩溃"的一年。可以肯定的是，强大的法国幸存了下来，事实上，法军也幸存了下来。尽管如此，军队中还是发生了一些兵变。堑壕线仍然有人驻守；防御作战仍然在可能的范围之内。但大部分法军向上级明确表示，他们拒绝成为大规模正面进攻的绞肉机。因此，法军在进攻的时间和方式上变得更加谨慎。也许，在当时的情况下，在等待美军增援的过程中，这是明智之举。②

---

① John Keegan, *The First World War* (New York: Alfred A. Knopf, 1999), pp. 322-330.

② Ibid., pp. 330-332.

第二章 第一次世界大战

与此同时,兴登堡防线向东移动,也使得整个前线可以由一支规模较小的德军来保护,这样一来,德军就可以腾出更多兵力,投入到正在进行的对俄作战中。

1917年,俄国内部发生动乱。俄国没有像德国那样因战争而面临粮食短缺,但是,通货膨胀较为严重,不公平现象更加明显,整个社会发生重大震荡。① 随后,爆发了伟大的俄国革命。俄国革命分为两部分,第一部分集中在2月/3月,第二部分集中在10月,最终布尔什维克掌握了政权(尽管这一进程直到20世纪20年代初才得以巩固和完成)。沙皇于3月退位,并于1918年7月惨遭灭门。这些事件都逐渐削弱了俄国继续战斗的决心。比较典型的事件就是,1917年6月,针对奥匈帝国的所谓"克伦斯基(Kerensky)攻势"(也是在伦贝格附近),俄国取得了一定的成功,但很快就偃旗息鼓了。到10月底,俄国实际上已经退出了战争。② 随后,德军在战场上吞并了波兰、乌克兰和东欧其他地区的部分领土,并最终于1918年初在波兰进行谈判,签订了《布列斯特—立陶夫斯克条约》(*Treaty of Brest-Litovsk*)。取得这些战果后,德国至少在目前大幅扩大了其领土面积,同时还没收了大批粮食,从而在一定程

---

① Peter Gatrell, *Russia's First World War: A Social and Economic History* (London: Pearson Education Limited, 2005), pp. 132-150.
② John Keegan, *The First World War* (New York: Alfred A. Knopf, 1999), pp. 332-343.

度上减轻了英国领导的海上封锁给德国国民造成的经济困境。①

在意大利，奥匈帝国和德国开始了新一轮的战斗，打破了山区长期存在的僵局，并将意大利军队赶入本国领土纵深。1917年秋天，意大利全面战败。②

美国于1917年春天参战。威尔逊和美国改变主意主要出于两个直接原因。第一，德国试图引诱墨西哥结盟，希望墨西哥攻击美国以分散美国的注意力，但没有成功。然而，德军的"齐默尔曼电报"被英国和美国情报部门截获，激怒了美国。在试图让美国置身于战争之外时，很难想象有什么比冒险进行这样的挑衅更愚蠢的事情了。

第二，也是更重要的，2月1日恢复了无限制U形潜艇战，德国潜艇舰队的规模非常大，有近150艘潜艇，这对协约国也造成了严重影响。协约国运往英国（主要为粮食）、法国和意大利（主要为煤炭）的航运月损失率从1915年和1916年的不到10万吨增加到1917年2月的52万吨、3月的56.5万吨和4月的86万吨。4月的月损失率轻易就超过了德国海军认为在几个月内赢得战争所需的量。当时，德国的U形潜艇平均每月仅损失3艘左右，因此这

---

① Adam Tooze, *The Deluge: The Great War, America and the Remaking of the Global Order, 1916-1931* (New York: Viking, 2014) , p. 108.

② John Keegan, *The First World War* (New York: Alfred A. Knopf, 1999) , pp. 343-350.

第二章 第一次世界大战

一趋势对协约国非常不利。① 与此同时,协约国在西线的进攻失败了,俄国从内部开始衰弱。大多数趋势似乎都明显有利于德国和奥匈帝国,尽管两国也受到战争和长期封锁的累积影响。

然而,狂轰滥炸式U形潜艇攻击也夺去了美国人的生命,事实证明这是压垮美国的最后一根稻草。威尔逊希望建立战后世界新秩序,这增加了他想让美国参战的动力。大多数美国人可能对战争及其后果并没有如此大的期待(这也解释了为什么威尔逊的国际联盟构想最终没有得到足够的国内支持而被美国参议院接受)。但他们确实同意,欧洲的发展对他们自己的利益构成了不可接受的威胁,到1917年,他们对此非常愤怒。② 4月,美国首先对德国宣战,随后又对奥匈帝国、保加利亚和土耳其宣战。此时的问题是,在美国介入并扭转局势之前,同盟国能否赢得战争?

考虑到当时美国军队的规模如此之小,以及U形潜艇作战的威力如此之大,答案一开始并不清晰。美国迅速大幅扩大其地面部队的规模。1917年,美国约有10万名士兵和约1.5万名海军陆战队员,到1918年,实际上已超过

---

① John Keegan, *The First World War* (New York: Alfred A. Knopf, 1999), pp. 350-354.

② Michael S. Neiberg, *The Path to War: How the First World War Created Modern America* (Oxford: Oxford University Press, 1916), pp. 206-237.

400万人。其中，到1918年3月，会有30万美军驻扎在欧洲；到8月，会有130万美军驻扎在欧洲；而到战争结束时，会有约200万美军驻扎在欧洲（其中大部分是陆军士兵，战争高峰期还包括约2.5万名海军陆战队士兵）。① 1918年初，前总统泰迪·罗斯福（Teddy Roosevelt）和其他一些人仍在批评威尔逊的战争规划和动员工作力度不够。② 然而，到那时，美国似乎已经走上了军事集结和全面战争的严峻道路。到战争结束时，在1915年以来的4个财政年度里，美国军费开支占国内生产总值的比例将从大约1%上升到近14%。③

但与此同时，协约国的处境依然艰难。1917年夏秋之交，道格拉斯·海格（Douglas Haig）将军领导的第三次伊普尔战役（Third Battle of Ypres）［又称巴雪戴尔战役（Battle of Passchendaele，巴雪戴尔位于比利时）］造成了巨大损失，却没有取得重大的战略成果。所谓的"咬住不放"（bite-and-hold）战术在战争的这一阶段取得了一定程度的

---

① Peter T. Underwood, "General Pershing and the U. S. Marines," *Marine Corps History* 5, no. 2 (Winter 2019): 7; and John Keegan, *The First World War* (New York: Alfred A. Knopf, 1999), pp. 372–373, 410; and Edward M. Coffman, *The Regulars: The American Army, 1898–1941* (Cambridge: Harvard University Press, 2007), p. 203.

② Doris Kearns Goodwin, *The Bully Pulpit: Theodore Roosevelt, William Howard Taft, and the Golden Age of Journalism* (New York: Simon and Schuster, 2013), p. 744.

③ Julian E. Zelizer, *Arsenal of Democracy: The Politics of National Security—from World War II to the War on Terrorism* (New York: Basic Books, 2010), p. 28.

第二章　第一次世界大战

进展，坦克也成为进攻组合的一部分，但仍然无法促进重大突破。防护车辆数量有限、速度缓慢、防御工事林立，再加上泥泞的路面，德国吸取了这些教训，在23年后进攻法国时排除了这些作战方法和部署。第四次和第五次伊普尔战役则于1918年爆发。①

总的来说，从英国的角度来看，伊普尔和佛兰德斯成为整场战争的重要象征。正如两位历史学家在反思佛兰德斯战场上积累的经验时所说，"到1918年，伊普尔战争已经演变成一个极其复杂的故事……它是一座亡灵之城，却注入了不可征服的不朽精神；它是一座中世纪的辉煌之城，如今已化为废墟；它是战争恐怖和污秽的中心，也是崇高贵族的所在地"。② 此外，还有一首著名的诗歌——《在佛兰德斯战场》（*In Flanders Fields*），由加拿大医生兼军官约翰·麦克雷（John McCrae）所作，他为自己的同胞亚历克西斯·赫尔默（Alexis Helmer）在1915年第二次伊普尔战役中丧生而哀悼。这首诗歌强调了战争的悲剧性，但是，它反映了当时的普遍态度并不是呼吁和平：

在佛兰德斯战场，罂粟花随风飘荡

---

① Nick Lloyd, *Passchendaele: A New History* (New York: Penguin, 2017), pp. 1-9, 108-109, 143-144, 287-303; and Mark Connelly and Stefan Goebel, *Great Battles: Ypres* (Oxford: Oxford University Press, 2018), pp. 7-8.

② Mark Connelly and Stefan Goebel, *Great Battles: Ypres* (Oxford: Oxford University Press, 2018), p. 61.

> 一行又一行，绽放在殇者的十字架之间
>
> 那是我们的疆域
>
> 云雀依然在天空勇敢地歌唱，展翅翱翔
>
> 歌声湮没在连天的烽火里
>
> 此刻，我们已然罹难
>
> 就在之前
>
> 我们还一起生活着，感受晨曦，仰望落日
>
> 我们爱过，一如我们曾被爱过
>
> 而今，我们长眠在佛兰德斯战场
>
> 继续战斗吧
>
> 请你从我们低垂的手中接过火炬
>
> 让它的光辉，照亮血色的疆场
>
> 若你背弃了与逝者的盟约
>
> 我们将永不瞑目
>
> 纵使罂粟花依旧绽放在佛兰德斯战场 ①

11月，英军还在比利时伊普尔更南面法国境内的康布雷（Cambrai）②发起进攻，动用了300多辆坦克。尽管最初取得了一些战果，但最终收效甚微，部分原因是没有得

---

① John McCrae, "In Flanders Fields," Poetry Foundation, Chicago, 2021, https://www.poetryfoundation.org/poems/47380/in-flanders-fields.

② 即康布雷战役（Battle of Cambrai），是第一次世界大战期间英军和德军于1917年11月20日至12月7日在法国北部斯海尔德河畔的康布雷地域进行的一次交战。——译者注

第二章　第一次世界大战

到近距离步兵的支援，因此坦克很容易受到敌方各种战术影响，而且德军迅速发动反击，夺回了部分他们失去的阵地。①

同时，为了维持协约国继续作战的能力，并为1918年大批美军横渡大西洋做好准备，必须直接减轻潜艇的威胁。因此，协约国决定使用护航舰队，使德军的U形潜艇更难在公海上随意寻找目标。这种护航舰队还可以得到武装护卫舰的支援，这可能会使U形潜艇本身面临更大的风险。最后，协约国在关键地点使用雷场、战舰和反潜机——即使不能发现和击沉U形潜艇，也能减少U形潜艇的寿命，减缓其进攻行动。这产生了有利的净影响。德国继续建造和发射新潜艇，速度至少与现有潜艇被摧毁的速度一样快。但协约国改进战术，实现了确保大多数船只安全通行的主要目标。1917年8月的航运损失下降到50万吨多一点，12月的损失下降到40万吨，1918年春季的月损失率下降到船舶总重量30万吨以下。② 在战争的最后一年，90%以上的协约国船队以护航运输队方式航行（通常每队有15艘或更多舰船），折损率仅为0.5%。③

美国的工业能力无法满足军队扩建的需求。美国士兵

---

① John Keegan, *The First World War* (New York: Alfred A. Knopf, 1999), pp. 369–371.

② Ibid., p. 354.

③ Robert K. Massie, *Castles of Steel: Britain, Germany, and the Winning of the Great War at Sea* (New York: Random House, 2003), p. 738.

现代战略家必读军事史：1861年以来美国的主要战争

在第一次世界大战中使用的大多数武器实际上是在法国制造的。① 实际上，法国在战争中生产的飞机数量远超德国和英国，美国军队在战争中使用的重型装备，其中有3/4以上是由法国提供的。②

1918年的历史要分两部分来阐述。从春天到7月，德国从东线调集了大量兵力投入到西线，对法国发动了大规模进攻。德国西线拥有192个师，协约国军队拥有178个师，在整体兵力上，德国略胜一筹。德国西线军队一路推进，从协约国军队手中夺取的领土比过去3年任何一次进攻活动夺取的领土都要多。总的来说，这次进攻取得了重大进展，向巴黎推进了相当长的距离，缩短近一半时间。事实上，德国军队离法国首都已经很近了，可以借助新型巴黎炮（经常与"德国巨型加农炮"混淆）从几十英里外的地方向法国首都开炮。

德军的胜利除了得益于数量和火力上的增加外，还得益于几项创新。其中一些创新可以追溯到1917年末的英国，但英国人自己也是直到1918年末才能特别有效地使用这些创新。③ 德军发起了全方位进攻，使守军难以借助后

---

① John Keegan, *The First World War* (New York: Alfred A. Knopf, 1999), p. 374.

② Robert A. Doughty, *Pyrrhic Victory: French Strategy and Operations in the Great War* (Cambridge: Harvard University Press, 2005), p. 511.

③ Paddy Griffith, *Battle Tactics of the Western Front: The British Army's Art of Attack, 1916–18* (New Haven: Yale University Press, 1994), pp. 84–93.

第二章 第一次世界大战

备力量应对局部攻击。德军指挥小型精锐步兵编队（包括配备了轻机枪的"风暴营"），绕过敌军抵抗，深入到敌军后方阵地，从而增加了成功突破的概率。此外，德军还提前校准了火炮，减少了预备炮击时瞄准距离方面的初始误差，增加了第一炮出其不意的袭击效果。① 德军使用密集但相对短暂的滚动炮火轰击敌人的前线和纵深防御系统，为步兵行动做好了准备。德军充分利用飞机和其他传感器来锁定敌人的火炮。德军进行了严格的训练，确保能够协调一致地同步完成上述所有工作，但同时也赋予了地方指挥官很大的战术自主权。②

协约国深感自身困境，加之美军源源不断地抵达战场，1918年4月初，协约国一致同意将指挥权统一起来。当时担任法国军队参谋长大约一年的陆军元帅斐迪南·福煦（Ferdinand Foch）被任命为战争期间协约国军队的最高指挥官。

局势很快发生了转变。历史学家迈克尔·内伯格（Michael Neiberg）认为："只要德军的伤亡人数与协约国

---

① Michael S. Neiberg, *The Second Battle of the Marne* (Bloomington: Indiana University Press, 2008), p. 65; and Stephen Biddle, *Military Power: Explaining Victory and Defeat in Modern Battle* (Princeton: Princeton University Press, 2004), pp. 78–107.

② Timothy T. Lupfer, "The Dynamics of Doctrine: The Changes in German Tactical Doctrine During the First World War," *Leavenworth Papers*, No. 4 (Fort Leavenworth, Kansas: U. S. Army Command and General Staff College, July 1981), pp. 37–58.

现代战略家必读军事史：1861年以来美国的主要战争

军队的伤亡人数大致相当，这就意味着德军需要承受规模更大、流动性更强的人员消耗。由于德军无法像协约国军队那样迅速补充人员损失，德国的进攻实际上是在将自身推向失败的深渊，而不是胜利的彼岸。"①

地理和后勤方面的问题也拖慢了德军的脚步，因为他们为了向海滨推进，将英国和法国军队分开（目的是迫使英国军队撤回国内），过度扩张了军队。② 例如，在第二次马恩河战役（从7月15日开始一直持续到8月9日）中，他们在总兵力上的优势可能是75个师对59个师。但是，如果考虑到协约国军队中有8个师是美军，规模是其他师的2倍（其余的师中，有45个是法军，4个是英军，2个是意大利军），这种优势就不那么明显了。相比之下，德国军队的常规师可能是战争进行到这个阶段战场上规模最小的。而且，由于年初时取得了几次胜利，德军离补给线越来越远。更重要的是，饱受摧残和围困的英法军队坚守不退。他们不仅在防御战中奋力拼搏，而且，由于在情报方面取得了突破，并且了解了德军的阵地和计划，据此而发动进攻。此外，协约国军队现在也配备了更多的坦克（尽管数量仍然不多）。战争进行到这个阶段，兵变之年已经过

---

① Michael S. Neiberg, *The Second Battle of the Marne* (Bloomington: Indiana University Press, 2008), p. 73.

② Stephen Biddle, *Military Power: Explaining Victory and Defeat in Modern Battle* (Princeton: Princeton University Press, 2004), p. 82.

第二章　第一次世界大战

去，法国人表现出了相当大的勇气、决心和毅力。①

福煦推断，德军当时即将逼近马恩河，特别是兰斯镇及其附近的铁路。他还进一步断定，此举会令德军暴露侧翼（弱点），从而令德军遭到反击。1918年，就在德军即将发起新一轮成功战役之际，福煦开始察觉到战争的局势正在悄然转变，逐渐转向了对协约国军队有利的方向。很快，第二次马恩河战役的结果就验证了他的观点。这场战役不仅会消除对巴黎的威胁，还会从根本上改变西线战事的整体态势。②

与此同时，美军仍在陆陆续续抵达战场。他们组成了自己的军队——美国远征军（AEF），由约翰·潘兴（John Pershing）将军任总司令。最终，大约200万美国士兵（平均每人接受了几个月的训练）抵达了欧洲。为了应对德国U形潜艇的威胁，美军最近扩大了海军护航舰队的使用范围，因此，这些士兵大多安全地抵达了欧洲。③ 抵达欧洲后，美军占据了南部地区的阵地，在与敌军对峙时，美军处于协约国军队的右侧。

6月，在巴黎东北约50英里的贝洛森林，美军在助力

---

① Michael S. Neiberg, *The Second Battle of the Marne* (Bloomington: Indiana University Press, 2008), pp. 182-190.

② Ibid., p. 85.

③ Theodore J. Ropp, *War in the Modern World* (New York, 1962): 260-261; and Doughty et. al., *Warfare in the Western World: Military Operations Since 1871* (Boston: D. C. Heath and Company, 1996), p. 601.

现代战略家必读军事史：1861年以来美国的主要战争

夺取一次重要战役的胜利方面发挥了举足轻重的作用。在那场战役中，包括美国海军陆战队第4旅在内的陆军第2师进行了顽强的斗争，并最终获得了胜利。一些法国领导人认为，美军的到来为拯救巴黎立下了汗马功劳。① 因此，第4旅的表现被载入了服役史册，在军界得到广泛认可。② 美国陆军和海军陆战队的成功也阻止了德军进入关键的交通要道，而借助这些交通要道，本可以为该地区的部队提供双倍物资。③

9月，在比利·米切尔（Billy Mitchell）上校率领的一支大型空军特遣队的支援下，美法联军在圣米耶勒（St. Mihiel）突出区附近取得了重大胜利。④ 美军可能会奉命继续前进，切断德国通往法国的后勤通道。但是，在英法两国的坚持下，美军被调往了西部和北部，去那里与英国的主力部队会合，共同对抗盘踞在那里的德国军队，虽然战略性机动作战可能是更好的选择，但他们却因此被迫卷入

---

① Doughty et. al., *Warfare in the Western World: Military Operations Since 1871* (Boston: D. C. Heath and Company, 1996), p. 621.
② Marine Corps History Division, "Brief History of U. S. Marine Corps Action in Europe during World War I," USMCU, 2017, https://www.usmcu.edu/Research/Marine-Corps-History.
③ Peter T. Underwood, "General Pershing and the U. S. Marines," *Marine Corps History* 5, no. 2 (Winter 2019): 5.
④ Doughty et. al., *Warfare in the Western World: Military Operations Since 1871* (Boston: Heath and Company, 1996), pp. 624-626.

了消耗战。[1] 10月下旬至11月，美军进入了默兹河和阿贡森林地区，以及更靠近英吉利海峡的地方。在大部分战斗中，由于德军掘壕据守、顽强抵抗，美军损失惨重、收获甚微。总的来说，在1918年秋天的大部分行动中，美国在战术上都存在缺陷，致使行动进展缓慢、令人沮丧，且血腥惨烈。美军经验不足，但是，交给他们的任务却极具挑战性。

在更高的作战和战略层面，形势对德国依然不利。面对英、法、美、加、澳等国日益壮大的联军，德国的胜算迅速下降。[2] 西班牙流感的暴发对饥肠辘辘、不堪一击的德国军队打击尤为严重。[3]

到11月，军事方面的综合影响，再加上海军封锁和人们对国内政治不满造成的经济困难，最终导致德国政府垮台，德皇退位，军队解散。比起边境对面的敌人，幸存的德国军队更加关注布尔什维克内部的叛乱。同样，比起与外敌继续作战，奥匈帝国和奥斯曼帝国更关心如何处理自身的解体问题。

---

[1] Russell F. Weigley, *The American Way of War: A History of United States Military Strategy and Policy* (Bloomington: Indiana University Press, 1973), pp. 202-203.

[2] Doughty, et. al., *Warfare in the Western World: Military Operations Since 1871* (Boston: Heath and Company, 1996), pp. 626-631.

[3] John Keegan, *The First World War* (New York: Alfred A. Knopf, 1999), pp. 407-411.

八、结束和平的和平

玛格丽特·麦克米伦（Margaret MacMillan）以英国科幻小说家 H. G. 威尔斯（H. G. Wells）及其 1914 年的小说《以战止战》(The War that Will End War) 为例，将第一次世界大战描述为"结束和平的战争"。这种说法令人信服。标志着第一次世界大战结束的"和平会议"为这一进程画上了句号，并为后来纳粹主义的崛起创造了条件。这就是结束和平的和平。

1918 年秋，当协约国根据威尔逊所谓相对宽容的"十四点原则"提出停战时，德国无力拒绝，因为其军事抵抗能力正在迅速瓦解。据此，提出和平条款，1919 年 6 月，这些和平条款在凡尔赛宫正式被确定下来并得到强化，与预期相比，这些条款只对德国的领土，尤其是西部的领土，做了微小调整。[1] 但是，在协约国军队（占领德国部分地区的军队）的支持下，这些条款对德国的军事能力进行了严格限制。协约国要求支付从 1918 年到 1931 年的巨额赔款，平均每年的赔款额占国内生产总值的 3.4%，[2] 这一点

---

[1] Michael S. Neiberg, *The Treaty of Versailles: A Concise History* (Oxford: Oxford University Press, 2017), pp. 53–68.

[2] Adam Tooze, *The Deluge: The Great War, America and the Remaking of the Global Order, 1916–1931* (New York: Viking, 2014), p. 369.

第二章 第一次世界大战

不一定与"十四点原则"一致。这在很大程度上源于法国等国需要偿还拖欠美国的债务，而美国不同意免除这些债务。所有这些都为魏玛共和国的经济困境埋下了伏笔，因此，在世界经济大萧条（20 世纪 20 年代末开始的）之后，阿道夫·希特勒（Adolf Hitler）便顺势崛起了。[1]

1919 年上半年，威尔逊一直在法国努力制定和平协议条款，有时，还对这些条款进行缓和性的调整。但是，他既无力对抗庞大的反对势力，也无法避免自己犯下严重的外交错误。[2] 其中一个证据便是国际联盟。由于美国共和党没有参与谈判，这些条款从未获得共和党的支持。许多人认为，此举会迫使德国在未来开展军事行动时，按照多个国家的意志行事，而非按照本国领导人的要求行事。[3] 因此，参议院未能批准这些条款，美国在此事上置身事外，而国际联盟也基本上失去了实权。尽管威尔逊并不希望这样做，但为了成立国际联盟，德国承担了沉重的赔偿责任。[4]

即使美国加入了国际联盟，但对要如何维持稳定的世

---

[1] Patricia O'Toole, *The Moralist: Woodrow Wilson and the World He Made* (New York: Simon and Schuster, 2018), pp. 370-371; and Adam Tooze, *The Deluge: The Great War, America and the Remaking of the Global Order, 1916-1931* (New York: Viking, 2014), pp. 333-373.

[2] Adam Tooze, *The Deluge: The Great War, America and the Remaking of the Global Order, 1916-1931* (New York: Viking, 2014), pp. 218-231.

[3] Michael Beschloss, *Presidents of War: The Epic Story, from 1807 to Mod-ern Times* (New York: Crown, 2018), pp. 330-358.

[4] Julian E. Zelizer, *Arsenal of Democracy: The Politics of National Security—from World War II to the War on Terrorism* (New York: Basic Books, 2010), p. 34.

界秩序，执行方法也不明确。正如帕特里夏·奥图尔（Patricia O'Toole）在她的杰作《威尔逊传》中表示：国际联盟的理念是"拥有足以自卫的陆军和海军，但仅此而已"。但是，从理论上来讲，这些陆军和海军也必须足够强大，可以扭转任何不遵守世界新秩序核心原则的行为。[①]说起来容易做起来难。防务分析人士都清楚，防务分析具有不精确性和不确定性，因此，很难构建稳定的均势，也无法确保一个具有防御意识的联军能够将其意志强加给侵略者。即使在火力或其他战斗效能方面拥有2∶1的优势，甚至3∶1的优势，也不能保证获得胜利，更不能保证能迅速或轻松地获得胜利。[②] 可以肯定的是，如果有6个或8个规模和能力相当的主要国家组成联盟，那么，只要他们行动迅速、步调一致，就极有可能击败任何一个脱离集体安全制度的国家。但目前尚不清楚这些条件在现实中是否具有可行性。

　　第一次世界大战本身不仅仅是一场可怕的悲剧，它的

[①] O'Toole, *The Moralist*, p. 307; Beschloss, *Presidents of War*, pp. 317–358; and Adam Tooze, *The Deluge: The Great War, America and the Remaking of the Global Order, 1916–1931* (New York: Viking, 2014), p. 120.

[②] Alain C. Enthoven and K. Wayne Smith, *How Much Is Enough? Shaping the Defense Program, 1961–1969* (Santa Monica: RAND, 2005), pp. 31–72; Trevor N. Dupuy, *Numbers, Predictions, and War: The Use of History to Evaluate and Predict the Outcome of Armed Conflict*, rev. ed. (Fairfax: HERO Books, 1985); Joshua M. Epstein, *Strategy and Force Planning: The Case of the Persian Gulf* (Washington, DC: Brookings, 1987); and Michael E. O'Hanlon, *Defense 101: Understanding the Military of Today and Tomorrow* (Ithaca: Cornell University Press, 2021).

第二章　第一次世界大战

结束方式更为第二次世界大战带来了深重灾难。

九、所犯的错误和吸取的教训

第一次世界大战是多个国家共同的过错，是一连串连环错误造成的一桩超乎想象的悲剧。这场战争本不该打。

在某种程度上，这句话几乎可以适用于任何战争。但是在人类在各方面取得如此大进步的时候，这场战争却打得毫无意义，这着实令人震惊。虽然德国和紧随其后的俄国应受到谴责，但更重要的是集体责任。关于可能发生伤亡的这一幼稚说法令人瞠目结舌。领军将领未能制订出既确保安全又不具有侵略性的战争计划，不仅可悲，而且极其不专业；各国外交官同样犯了煽动危机而非寻求化解危机的错误。

在涉及冲突的五个主要当事方中，任何一方都可以找到防止战争大规模爆发的较易实行的措施。奥匈帝国无须花费数周的时间来讨论用何种方式惩罚塞尔维亚或不接受塞尔维亚对（奥匈帝国对塞尔维亚的）最后通牒的答复。毫无疑问，俄国根本不需要参战；它本可以让奥匈帝国在不损害其主要利益或核心安全的情况下实施某种报复。法国本可以鼓励俄国保持克制，在国外少一些帝国主义野心，在国内少一些对德战争的紧锣密鼓的备战。德国没有必要怂恿奥匈帝国发动战争，当然也不需要参战或先发制人地进攻法国。英国本可以在更早的时间，也就是在战前，更审慎地考虑自己的利益，并阐明自己的承诺，这样做的话可以进一步威慑德国，让德国不要发动进攻。

然而，对于战略家和国防规划人员而言，还需要从对第一次世界大战的研究中吸取更多附加性和技术性的教训。他们从以下问题着手：

·是联盟的约束力太强，还是约束力和可信度不够？

·作战计划（尤其是但不限于施里芬计划）是否过于僵化并有造成态势迅速升级的风险？

·当时的战略家没有预见到现代战争技术对作战的影响，这是否是一种疏忽？随着战争的展开，这些战略家是否过于固执地坚持以往的战术？

过于自信和天真无疑是第一次世界大战中应该吸取的教训。政府官员和军事规划者都犯了战略家的这一大忌。在战争决策和军方制订的早期战争计划中，这种思想尤为普遍，产生了重大影响。人们有时会说，欲求和平，必先备战。但事实上，在第一次世界大战之前，备战却助长了战争的发生。随着战争的进行，人们对战斗的天真态度逐步削弱，技术对人体和有组织的武装部队的影响变得愈加明显。

到1915年以后，固执、狂热以及想要证明所忍受的沉没成本的合理性等种种缘由导致了持续不断的大屠杀。领导人本应收起他们的骄傲和怒火，在没有取得胜利的情况

第二章 第一次世界大战

下寻找摆脱战争的办法——威尔逊总统说得没错,没有胜利者的和平远比随后发生的事情要好得多。人性如此,当时的领导人也并未收起他们的骄傲和怒火,事实证明,说起来容易做起来难。正如弗雷德·伊克莱(Fred Iklé)在其经典著作《每场战争都必须结束》(*Every War Must End*)中所指出的,"战斗会使敌意更加强烈……因为政府和人民都会认为,战争的结果应该证明所付出的牺牲是值得的。此外,各种制度力量都将加剧缔造和平的困难"。① 因此,在现实中最可以避免的错误就是一开始就决定开战,而且制订荒谬的速战速决计划。

不过,在对作战计划以及军事作战概念和战术(尤其是施里芬计划,但也有其他计划)进行评判之前,还有一个关于这个时代的联盟体系的问题。当时联盟的根本问题在于,其创建者普遍摒弃了俾斯麦的防御主张,而试图以这样或那样的方式来推进主要当事方的进攻性战略野心。② 在奥斯曼帝国日益式微并失去对巴尔干半岛控制的背景下,奥匈帝国和俄国希望在巴尔干半岛拥有更多的权力和影响力,这既是为了它们自己,也是为了它们的同盟者和代理人。从非洲到南亚,再到中国和其他地区,法国和英国希

---

① Fred Charles Iklé, *Every War Must End* (New York: Columbia University Press, 1971), p. 107.

② Donald Kagan, *On the Origins of War: And the Preservation of Peace* (New York: Anchor Books, 1996), pp. 100–119.

现代战略家必读军事史：1861年以来美国的主要战争

望保持其殖民征服和帝国征服的机动自由。法国还希望，如果有一天俄国和德国开战，其可以利用这个机会夺回1870—1871年割让给德国的阿尔萨斯和洛林地区。德国希望加入这场全球博弈，提高其在欧洲的地位，这样其海军就不会再被束缚于北海范围内。其他国家如日本、意大利、塞尔维亚、保加利亚和希腊，也都有自己的野心，它们对中国沿海、利比亚和巴尔干地区的奥斯曼帝国地区的侵略和土地掠夺证明了这一点。

塞尔维亚和保加利亚在1912年第一次巴尔干战争（主要是为了将奥斯曼人赶出这一地区）中夺取的一些领土，在1913年第二次巴尔干战争中丧失殆尽。第二次战争主要是争夺第一次战争中的战利品。在两次战争期间，塞尔维亚并没有完全实现其多数派成员的目标，但它在战后的领土规模确实是战争爆发前的2倍，而且此后它依旧怀有更大的野心，包括对奥匈帝国的内部领土也虎视眈眈。[1] 从这个意义上说，塞尔维亚与俄国之间的"假联盟协议"事实上推动了战争的发展，因为这种联盟协议促使塞尔维亚相信，就算它试图对邻国挑起事端，也有向其提供保护的同盟者。

---

[1] Annika Mombauer, *The Origins of the First World War: Controversies and Consensus* (London: Pearson Education Limited, 2002), p. 12; and Christopher Clark, *The Sleepwalkers: How Europe Went to War in 1914* (New York: Harper Collins, 2013), pp. 254-255.

第二章 第一次世界大战

更普遍地说，即使用防御的措辞或伪装，当时的安全盟伴关系也不是为了互相制衡，而是为了推进各自野心的实现。①

由于其所处的进攻性战略环境，当时的各方联盟放大和加速了危机，而不是帮助化解危机。值得注意的是，1914年夏，奥匈帝国和德国强化各自力量，利用斐迪南大公遇刺事件（萨拉热窝事件）后对塞尔维亚的惩罚作为发动更广范围战争的口实。随着20世纪的发展和竞争态势的加剧，早期成立的"欧洲协同体"（大国之间为抑制或解决出现的问题而进行的合作）逐渐弱化。②

俄国与法国的联盟使得俄国更有可能对德国发动进攻。因为俄国明白，任何这样的冲突都可能导致德法两国彼此开战，从而德国从东线抽调兵力，使其无法迅速抵御俄国军队。在这点上，俄国的推断是正确的，但其逻辑有悖常理。出于对德国的反感，以及对收复阿尔萨斯和洛林地区的渴望，法国任由自己陷入这种不利的安全关系中。1912年担任外长和首相、1913年担任总统的普恩加莱（Poincaré）明确表示，法国将在几乎所有战争中支持俄国，哪怕是俄国自己选择战争和挑起战争——这是对先前法俄

---

① 制衡战略也在二战后的中东地区得到运用，Stephen M. Walt, *The Origins of Alliances* (Ithaca: Cornell University Press, 1987); Glenn H. Snyder, *Alliance Politics* (Ithaca: Cornell University Press, 1997), pp. 368-371。

② G Glenn H. Snyder, *Alliance Politics* (Ithaca: Cornell University Press, 1997), pp. 201-260, 365-371.

联盟（French-Russian alliance）协定的修改之处。[1]

这些条约中的附加条件、秘密条款和故意制造的歧义也促成了战争的爆发。它们违背了现代威慑理论关于承诺的明确性和可信度的重要性的论述。[2] 最突出的问题是德国不确定英国是否会为保卫法国和比利时而战，并最终对其作出了错误的评估。英国之所以对这一问题起到了推波助澜的作用，是因为英国主要从如何服务其全球野心的视角来看待联盟，因此在最后一刻都力求保持最大的灵活性。

总之，当时联盟的主要问题并不是一开始就存在的那些问题。相反，这些难题的出现是因为它们反映并强化了大多数成员国的进攻性外交政策。英国优柔寡断的态度于事无补。

现在，我们从施里芬开始谈谈作战计划。要了解他那漏洞百出的计划为何能在当时的德国人心目中占据一席之地，首先必须承认施里芬做对了很多事情。凭借创造性、超前性和高效的后勤工作，精心筹划了稳步进军法国的构想，该计划获得了很多人的青睐。要吸取的教训就是要警

---

[1] G Glenn H. Snyder, *Alliance Politics* (Ithaca: Cornell University Press, 1997), pp. 287–290; Christopher Clark, *The Sleepwalkers: How Europe Went to War in 1914* (New York: Harper Collins, 2013), pp. 293–308.

[2] Alexander L. George and Richard Smoke, *Deterrence in American Foreign Policy: Theory and Practice* (New York: Columbia University Press, 1974); Thomas C. Schelling, *Arms and Influence* (New Haven: Yale University Press, 1966); and Thomas C. Schelling, *The Strategy of Conflict* (Cambridge: Harvard University Press, 1960).

第二章　第一次世界大战

惕那些承诺迅速取得决定性胜利的作战计划，这些计划听起来很巧妙，几乎没有留下让人犯错的余地。

施里芬设想了如何将7/8的德军动员起来并部署在西线，包括现役师和预备役师（后者出乎法国的意料）。随后，他制订了一项计划，使用西线师团中大约2/3的兵力，从法国北部，穿过卢森堡和比利时，越过阿登森林，而非穿过附近的阿尔萨斯-洛林的边境地区，对法国进行一次大规模的右翼攻击或迂回攻击。① 根据该计划，在出兵的第十二天打通了通过比利时列日市的道路，在第十九天攻克布鲁塞尔，在第二十二天穿越法国边境，在第三十九天攻克巴黎和整个法国。②

但是施里芬和他的同僚们并未充分考虑可能出现的意外问题。按照固定的6周时间表征服一个庞大的邻国，这与历史所教给我们的战争的不可预测性是背道而驰的。③ 这充其量只是一个高度乐观的设想。即使在面对敌人的抵抗时，这种设想也要求有精准的时间安排和精确的完成度。在实际层面上，该计划也未充分重视前沿部队的后勤可持续性。④ 它忽视了这样一个事实，即受到攻击的对手可能

---

① Margaret MacMillan, *The War That Ended Peace: The Road to 1914* (Toronto: Allen Lane, 2013), pp. 346–356.

② Barbara W. Tuchman, *The Guns of August* (New York: Bantam Books, 1976), p. 43.

③ Ibid., pp. 35–36.

④ Freedman, *Strategy*, p. 123.

现代战略家必读军事史：1861年以来美国的主要战争

会利用国内铁路进行相对快速的移动来增援其阵地，而推进部队则不得不主要依靠步行。①

埃里希·冯·鲁登道夫（Erich von Ludendorff）将军曾经说过："将军既要能够负重前行，又要具有坚定的信念。文人常常有这样一种想法，以为战争好像算数学题一样，由已知来求未知。实际上完全不是这样。"② 鲁登道夫更应把批判的矛头指向他的同僚阿尔弗雷德·冯·施里芬元帅。施里芬计划从根本上说是不可靠的，它要求德国先发制人地对付潜在的敌人，从而使决策者失去危机外交的选择。

其他国家的军事行动理念也存在严重缺陷。以俄国为例。俄国选择将巴尔干半岛地区一场较小的危机不仅变为一场单一战争，更变为一场两线战争。俄国心存侥幸地这样做了。具有讽刺意味的是，正是对德国力量的惧怕导致俄国选择先发制人地进攻德国。因为俄国担心，其对付德国的唯一希望就是趁德国可能忙于西线作战时及早出击。在两条战线上敷衍地战斗而不是只在一条战线上勇敢战斗，或者更好的办法是根本不打，这样的决策反映了总参谋部两个不同阵营之间的官僚妥协。没有一个国家会实施这样的终极计划。

---

① Gunther E. Rothenberg, "Moltke, Schlieffen, and the Doctrine of Strategic Envelopment," in Peter Paret, *Makers of Modern Strategy: From Machiavelli to the Nuclear Age* (Princeton: Princeton University Press, 1986), pp. 315–325.

② J. F. C. Fuller, *Decisive Battles of the Western World* (London: Cassell and Co., 2001), p. 208.

第二章 第一次世界大战

同样，俄国战备的一些引人瞩目的方面也助长了这种自负。到 1914 年，俄国进行了快速预备役征兵工作，并通过铁路将新兵运往前线阵地。这足以为奥匈帝国获得战争的早期胜利铺平道路。但这并不足以击败德国。①

法国执着于"进攻至上"和"冲锋"策略，这也存在问题。一旦实施了施里芬计划，这样的策略就会促使法国领导人试图对德军进行正面攻击。法国希望收回阿尔萨斯和洛林，该计划为解放这两个地区带来了希望，只要有足够的信心和团队精神就能取得胜利。但法国的计划早在德国的预料之中。因此，法国实际上正中德国下怀——后者的部队在战斗初期后撤，将法军部队与后勤支援部队分开，使法军产生过于自信的感觉。随后，尽管德国主要力量向北和向西快速推进，但仍然进行反击，并大获全胜。

这些作战计划和理念普遍存在严重缺陷。援用这些作战计划和理念（实际上决定作战）同样存在严重缺陷。当时的领导人应该意识到战争陷入僵局的显著特征。恩托文（Enthoven）和史密斯（Smith）告诫说，对于军事规划、预算编制或作战中可能出现的任何情况，既要有悲观的估

---

① Jack Snyder, "Civil-Military Relations and the Cult of the Offensive," in Miller, Lynn-Jones, and Van Evera, *Military Strategy and the Origins of the First World War*, pp. 45-51; and Stephen Van Evera, "The Cult of the Offensive and the Origins of the First World War," in *Military Strategy and the Origins of the First World War*, rev. and expand, edited by Steven E. Miller, Sean M. Lynn-Jones, and Stephen Van Evera (Princeton: Princeton University Press, 1991), pp. 88-90, 101.

现代战略家必读军事史：1861年以来美国的主要战争

计，也要有乐观的估计。这样的告诫很中肯。第一次世界大战时期的领导人手头没有《多少才算够？》(*How Much Is Enough?*)这本书，但他们有修昔底德和克劳塞维茨相助，还有自己的常识观念。他们还以美国内战和布尔战争为例，说明现代武器对人体的危害。在1914年之前，战争学院也逐渐制度化。这些学院本应少花一点时间掌握铁路时刻表，多花一点时间对实际战斗中可能出现的变数和结果进行作战模拟。

虽然关于第一次世界大战中攻守平衡的争论仍未停止，而且争论双方各执己见，但持有的证据更倾向于认为在整个战争期间都持续存在防守优势。20世纪初的欧洲在军事平衡、技术和地理位置方面存在一些进攻优势，至少是存在一些可能性的。① 但进攻异常艰难，并且战斗过程也必然残酷血腥。②

鉴于当时的武器和相关战术不足以改变战争命运走向，交战国是否应在1914年的悲剧显现之后就改变其基本战略？在某种程度上，答案是肯定的。他们本可以叫停战斗，并归还战前的领土协议或诸如此类协议中规定的领土。但

---

① Scott D. Sagan, "1914 Revisited: Allies, Offense, and Instability," in Miller, Lynn-Jones, and Van Evera, *Military Strategy and the Origins of the First World War*, pp. 114-124; and Jonathan Shimshoni, "Technology, Military Advantage, and World War Ⅰ: A Case for Military Entrepreneurship," in *Military Strategy and the Origins of the First World War*, pp. 134-162.

② Stephen Peter Rosen, *Winning the Next War: Innovation and the Modern Military* (Ithaca: Cornell University Press, 1991).

第二章 第一次世界大战

是,一旦造成了惨重伤亡,这种反思对于有着强烈自豪感和荣誉感的人类来说就变得极其困难。

或许,在西线受挫的英法两国本应尝试着利用其力量投射能力将战争引向别处。他们尝试过,但是成效甚微,正如英法两国在希腊的共同努力一般;也正如英军与澳大利亚和新西兰一起在加里波利遭遇惨败一样。在中东取得的胜利主要是对战奥斯曼帝国取得的,而不是对抗主要的侵略者或敌人取得的——对于英法两国来说,取得这些胜利也极为不易。

英国和法国在法国采取守势,同时寻求通过对德国和奥匈帝国的经济封锁来赢得海上战争,这确是更有希望的做法。但是,没有人能够确定这一策略在1915年、1916年或1917年能发挥多大作用。事实上,德国本身也有可能利用其U形潜艇在基于此类封锁的作战计划中占得上风——在俄国陷入内战革命并退出战争之后更是如此。美国最终卷入冲突并不是什么可预见或不可避免的特殊事件。

本人的结论是,第一次世界大战参战国的主要错误都是在战前和开战之初犯下的。傲慢、帝国主义、扩张主义、极端民族主义以及故意忽视当时武器杀伤力的作用是主要原因。当时的领导人在才智和德行方面普遍平庸。政府在处理信息、制订方案和作出决策时,也是各自为政、闭门造车,表现平平。

修昔底德在其不朽的名著《伯罗奔尼撒战争史》中提

出,战争有着三项根植于人性的永恒动机:恐惧、荣誉和利益。在 1914 年,出于荣誉和利益原因发动的战争比比皆是。出于恐惧原因而发动的战争尚少。当时普遍自大地认为强大的战争力量一旦释放,就可以得到有效控制。而这一切,皆发生在这样一个充满希望的历史时期。从宏观层面来看,这也许是所有教训中最引人注目的一个。战争可能并非真的是偶然的。但战争可能以惊人的速度和惊人的破坏性方式发生。正如彼得·哈特(Peter Hart)在谈到英国当时的态度时表示,"战争是一种风险,任何人都能接受。但当战争来临时,情况并不像他们想象的那样,但那时为时已晚"。① 一些关键人物,包括德国人在内,可能对他们正在发动的战争有一种不祥的预感。但这种情绪似乎是下意识的,并没有使他们放弃通过尝试战争来进行豪赌一把的雄心壮志。②

---

① Peter Hart, *The Somme: The Darkest Hour on the Western Front* (New York: Pegasus Books, 2010), p. 12.

② Annika Mombauer, *The Origins of the First World War: Controversies and Consensus* (London: Pearson Education Limited, 2002), pp. 211–212.

第三章

第二次世界大战

第三章　第二次世界大战

在诸多方面，第一次世界大战与第二次世界大战紧密关联。大多数主要参与国相同，彼此联盟关系虽不完全一致，但也大同小异。许多在第二次世界大战中的高级政治或军事领导人都曾在第一次世界大战中指挥作战，他们的世界观正是在第一次世界大战的进程及其后果中被塑造的。第一次世界大战后，《凡尔赛和约》中的相关条款内容存在严重缺陷，这为阿道夫·希特勒1933年在德国夺取政权创造了条件，间接导致了纳粹党在德国的崛起。希特勒上台6年后，1939年第二次世界大战全面爆发。

然而，对速胜的期望与第一次世界大战时不同。具有讽刺意味的是，虽然第二次世界大战确实见证了一些重大且在某种程度上是决定性的快速胜利，但对大多数参与者来说，这并不是一场被普遍期望会迅速结束的战争。德军闪电战在1939年秋波兰战役、1940年春法国战役中初步取得了惊人而迅速的成功，这使得一些人认为德国军队将会相对容易和迅速地结束，但这种看法从未在希特勒及其将军们的集体决策中占据主导地位。[①] 有些矛盾的是，希特勒本人既坚信通过创新的军事规划和良好的准备可以经常迅速取胜，又表现出一种心理上的变态战斗意愿——即使战争导致数百万人死亡并持续很长时间也在所不惜。希特勒在敌我冲突中看到了战争的"美德"，并提倡一种结合了

---

① Stephen G. Fritz, *The First Soldier: Hitler as Military Leader* (New Haven: Yale University Press, 2018), pp. 1-17, 85-122, 364-375.

霍布斯国际政治观点的激进主义。① 而日本军队同样由一群狂热和野心勃勃的武士阶层所领导。

相比于第二次世界大战的规模范围，第一次世界大战相形见绌。在两次大战之间，全球的制造业产能几乎翻了一番。包括德国、日本、意大利、美国、英国和苏联在内的"大国"通常会将其远大于以往的国内生产总值的20%到40%用于军事领域。② 二战前夕，世界大国的平均军事开支是1914年的7倍之多。③ 举个例子，在二战高峰年份，全球每年生产的军用飞机超过了10万架；到了1944年，这个数字超过了20万架。④ 科学技术领域的新发明和工业化达到了前所未有的水平，从人类历史来看，也是前无古人、后无来者。此外，仅美国一国的战争直接成本就达到了大约5万亿美元（以当今美元计算）。⑤ 战争期间，约有1 600万美国人参军服役。⑥

一战和二战两场战争在造成血腥屠杀方面都极为残酷。二战的死亡人数大约是一战的6倍，暴行也更加野蛮。在一战中，在国家荣耀和国家忠诚的驱动下，士兵进行互相杀

---

① William L. Shirer, *The Rise and Fall of the Third Reich: A History of Nazi Germany* (New York: Simon and Schuster, 2011), p. 86.

② Kennedy, *The Rise and Fall of the Great Powers*, pp. 299, 332-360.

③ Tooze, *The Deluge*, p. 514.

④ Kennedy, *The Rise and Fall of the Great Powers*, p. 354.

⑤ Rick Atkinson, *The Guns at Last Light: The War in Western Europe, 1944-1945* (New York: Henry Holt and Company, 2013), p. 633.

⑥ Ibid., p. 641.

第三章 第二次世界大战

戮,战场往往避开了城市和手无寸铁的平民。相反,在二战中,平民频繁成为袭击的目标并被杀害。实际上,平民构成了二战所有死亡人数的约3/4。① 对犹太人的大屠杀造成的受害者数量更是一战中最严重平民大规模杀害事件——1915年奥斯曼帝国对亚美尼亚人实施的种族清洗②——的10倍。

据估计,二战中几乎一半的死者是苏联人民;可能有2 700万人死亡。中国大约有1 500万人死亡;③德国有近700万人死亡;日本有近300万人死亡;波兰有500万公民被杀害;包括印度尼西亚在内的东南亚国家总共有约500万人遭难;菲律宾也另有100万人遭难;大约有50多万意大利人和同样数量的法国人丧生;英国人的死亡人数略低于50万人;近50万美国人也失去了生命;有100万到300万印度人死亡,其中大部分死于饥荒和苦难,还有一部分人为英国服役而战死;100多万南斯拉夫人死亡;近80万罗马尼亚人死亡。其他国家也有许多人丧生:约40万朝鲜人和同样数量的希腊人、30多万捷克人、约10万芬兰人,

---

① Max Hastings, *All Hell Let Loose: The World at War 1939-1945* (London: Harper Press, 2001), p. 671.

② 即亚美尼亚大屠杀,又称亚美尼亚种族灭绝,是指1915—1923年奥斯曼帝国对亚美尼亚人进行的大规模屠杀,估计死亡人数在60万—150万。——译者注

③ 《抗战期间中国军民伤亡3500万 间接经济损失5000亿美元》,2015年7月14日,中国政府网,https://www.gov.cn/2015-07/14/content_2896515.htm。——译者注

约 4.5 万加拿大人、同样数量的澳大利亚人和约 1.2 万新西兰人丧生。① 战争及其直接后果导致 2 000 多万人流离失所。② 如果希特勒获得战争的胜利,那么他还可能会设法杀死或饿死数百万人,③ 以便在中欧为他设想的雅利安民族的居住地,一个扩张版的德意志帝国腾出空间。

从技术角度来看,二战可能是历史上见证并催生了最多军事创新的冲突。④ 希特勒和刚刚战败的德国急于报一战德国战败之仇,最初以闪电战取得了优势。但是,随着空战、海战、两栖攻击、潜艇和反潜作战、密码破译机以及最终核武器的出现,其他国家——当然包括美国——很快就紧跟其后,投入到了这场技术创新的竞赛中。

---

① Max Hastings, *All Hell Let Loose: The World at War 1939-1945* (London: Harper Press, 2001), pp. 669-671.

② William I. Hitchcock, *The Struggle for Europe: The Turbulent History of a Divided Continent, 1945-2002* (New York: Doubleday, 2002), pp. 16-18.

③ 第二次世界大战期间,纳粹德国对苏联及东欧占领地区制订了残酷的战略计划,如"饥饿计划"(Hunger Plan)、"东方总体计划"(General Plan Ost)等,企图通过剥夺占领地区的食物资源,确保德国的粮食供应,同时通过严格限制食物供应,削减战俘、苏联及东欧人口数量,进而达到种族清洗和德意志化。尽管纳粹德国在战争中最终失败,使得计划未能完全实现,但计划的部分实施仍造成了巨大的人道和文化灾难,影响深远。——译者注

④ H. A. Feiveson, *Scientists against Time*; Peter Rosen, *Winning the Next War*; Williamson Murray and Allan R. Millet (eds.), *Military Innovation in the Interwar Period* (Cambridge: Cambridge University Press, 1996); Barry R. Posen, *The Sources of Military Doctrine: France, Britain, and Germany between the World Wars* (New York: Cornell University Press, 1984); and Montgomery C. Meigs, *Slide Rules and Submarines: American Scientists and Subsurface Warfare in World War II* (Hawaii: Hawaii University Press of the Pacific, 2002).

第三章　第二次世界大战

　　1939年9月，德国入侵波兰，随后在1940年春季对法国北部（以及挪威和低地国家）发动侵略，标志着欧洲战场的战争开始。1940年夏天，德国试图通过空袭和入侵威胁迫使英国投降，但未能成功。1941年上半年，德国恢复了势头，先是迅速占领了巴尔干半岛和希腊的大部分地区，随后于6月22日侵入苏联。然而，到1941年底，它对苏联的攻势开始放缓，陷入停滞，最终遭到逆转。在大西洋战场，德国的U形潜艇部队在1942年对盟军船只造成了重大破坏，但到了1943年，形势发生了决定性转变。日本对珍珠港的突袭显著削弱了美国在太平洋的舰队力量，其在菲律宾和西南亚的同步侵略行动在很大程度上推进了其"大东亚共荣圈"的实现。然而，从1942年5月开始的珊瑚海海战①和中途岛战役②以及所罗门群岛战役③改变了二

---

①　珊瑚海海战（Battle of the Coral Sea，1942年5月4—8日）是太平洋战争中的一场重要海战，也是历史上首次航空母舰之间的对战，即双方的舰船未进行直接炮火交战，而是完全依靠航空兵力进行攻击。这场海战的主要参与者为美国和日本海军，战斗主要发生在澳大利亚东北部的珊瑚海区域。——译者注

②　中途岛战役（Battle of Midway，1942年6月4—7日），是第二次世界大战太平洋战场上的转折点之一。在这场战役中，美国海军解密了日本通信信息，以中途岛为中心，对日本海军进行了预谋的伏击，成功击沉四艘日本航空母舰，有效削弱了日本海军的航空打击能力。这场战役的结果对日后太平洋战争的进程产生了深远的影响。——译者注

③　所罗门群岛战役（Battle of the Solomon islands，1942年8月24—25日），是美日双方海军在瓜岛东南海域展开了瓜岛战役以来的第二次大规模海战。在战斗中，美国海军成功地阻止了日本对瓜达尔卡纳尔岛的进一步增援，特别是阻挠了日本试图增强其在该地区机场的航空力量的企图。东所罗门群岛海战是第二次世界大战太平洋战区的一场重要海战。——译者注

战的走向，到1943年末，美国已准备好以夏威夷和澳大利亚为起点，向西和北方向（朝日本本土）发起不可阻挡的进攻。到了1944年6月的诺曼底登陆（D日），盟国的巨大工业优势在所有战线上都开始显现效果，战争的结局已经几乎注定。①

一、战争武器和主要参战方的战略

二战在技术层面上可谓历史上最大的创新实验室。在这场冲突中，一些军事技术和作战理念到了空前的重视和展示，许多新系统和概念在战争过程中被开发出来。鉴于这些技术和理念对战争进程的影响极为重要，以下将提供更详细的讨论。我们可以注意到，在第二次世界大战之前或期间，军事领域发生了翻天覆地的变化——甚至可以说是革命，涉及航空母舰战、战斗中的大规模两栖登陆、闪电战、空战和反潜作战中的雷达使用、战略轰炸以及核战争等。②包括坦克和战斗机在内的战争基本武器在冲突过程中也获得了重大改进。③物流和长距离运输的创新也同样非凡。正如前文所述，这场战争的工业化规模，为战争

---

① Shirer, *The Rise and Fall of the Third Reich*.
② Thomas Heinrich, *Warship Builders: An Industrial History of U. S. Naval Shipbuilding, 1922-1945* (Annapolis: Naval Institute Press, 2020).
③ Richard Overy, *Why the Allies Won* (New York: W. W. Norton and Company, 1997), pp. 101-244.

第三章 第二次世界大战

提供了物资，其规模在战争历史上前所未见。①

的确，"军事革命"的概念过于宏大和笼统，存在着夸大特定创新引起的变革程度的风险。例如，虽然很少有人会质疑航空母舰登场的重要性，但在二战期间，除了在战争中的 6 次主要航母战②（其中四次在 1942 年发生，分别是珊瑚海、中途岛、东所罗门群岛和圣克鲁斯群岛战役，2 次在 1944 年，分别是菲律宾海和莱特湾战役）中直接对抗外，航空母舰并非大部分海军力量损耗的原因。实际上，航空母舰上起飞的飞机在战争期间只造成了约 17% 的舰船损失，这在很大程度上归咎于航母飞机投弹精准度和杀伤

---

① Paul Kennedy, Engineers of Victory: The Problem Solvers Who Turned the Tide in the Second World War (New York: Random House, 2013).
② 二战期间的 6 次主要航空母舰战是海战史上的重要转折点，彰显了航空兵力在现代海战中的决定性作用。主要战役包括：（1）珊瑚海海战（1942 年 5 月）是历史上第一次航母间的对战，美日两国通过舰载机进行远距离攻击，没有直接炮火交战。此战阻止了日本对新几内亚的进一步侵略计划；（2）中途岛战役（1942 年 6 月）被视为太平洋战争的转折点，美军在此战中摧毁了 4 艘日本主力航母，重创了日本海军的航空力量，改变了太平洋战区的战略平衡；（3）东所罗门群岛海战（1942 年 8 月）作为所罗门群岛战役的一部分，此战帮助美军保住了瓜达尔卡纳尔岛，阻止了日本的进一步增援；（4）圣克鲁斯群岛海战（1942 年 10 月），虽然美军在此次海战中只上承受了较大损失，但有效地耗尽了日本海军的航空力量，为瓜达尔卡纳尔岛的最终胜利奠定了基础；（5）菲律宾海海战（1944 年 6 月）也被称为"马里亚纳海战"，此战彻底摧毁了日本的航空力量，美军以压倒性的优势取得胜利，确保了对中太平洋地区的控制权；（6）莱特湾海战（1944 年 10 月）是第二次世界大战中规模最大的海战之一，也是历史上最后一次主要的航母战。在这次多日的战斗中，美军成功击退了日本的最后一次大规模海上反击。——译者注

力实在一般。① 尽管如此,难以否认的是,航空母舰确实见证了显著的、具有颠覆性的军事创新。

二战期间主要参与方的战略多元又复杂,且在整个战争过程中也经历过显著的变化。

对于德国和希特勒而言,目标侧重于欧洲的统治,包括在中欧和东欧大部分地区为雅利安人创造一个巨大的德国"生活空间"。只有通过这样的吞并,德国才能确立自己的大国地位,增强国家实力,巩固其长期安全,并实现其真正的使命。② 这将不仅需要击败那里的人民,还需要将他们根除。对希特勒来说,这是必然之举。③ 他的整体地缘战略目标得以通过永久削弱法国——使其不再成为一个强大的竞争对手或威胁——以及与英国在柏林的约束下达成某种协议实现。④ 希特勒通过军事征服和大规模屠杀相结合来实现这些目标,消除他不希望居住在这些地区的人民(不仅是犹太人),以释放他们的领土和资源给他的民族同胞。他并不像一战的施里芬计划那样有详细的时间表。

---

① James R. FitzSimons, "Aircraft Carriers versus Battleships in War and Myth: Demythologizing Carrier Air Dominance at Sea," *Journal of Military History* 84 (July 2020): 843-865, especially pp. 852-858.

② Stephen G. Fritz, *The First Soldier: Hitler as Military Leader* (New Haven: Yale University Press, 2018), pp. 18-38.

③ Volker Ullrich, *Hitler: Downfall, 1939-1945* (New York: Vintage Books, 2020), pp. 9-189.

④ 希特勒在其文章和自传《我的奋斗》第二卷中对此进行了阐述。Shirer, *The Rise and Fall of the Third Reich*, p. 82.

第三章　第二次世界大战

他还试图逐个击破——确保在攻击苏联之前让法国退出战争（并希望英国也能如此，虽然在这方面他没有成功），最理想的情况，在能与美国开战之前击败苏联。当然，他的动机很简单——为一战的失败和《凡尔赛和约》的条款复仇，恢复德国的荣耀。但即使在历史上最军国主义的领袖行列中，希特勒也是一个极度野心勃勃且极其精神病态的例子。① 尽管如此，他的愿景也得到了他的将军们和其他领导人的支持，这一点比人们有时所承认的要多得多，在很大程度上他有足够的能力考虑其中的精妙与愚蠢。②

苏联的约瑟夫·斯大林，尽管其可能对人员伤亡的冷漠程度与希特勒相当，但他的行为在某种程度上更易于理解。通过与德国的初期联盟，即1939年签订的《莫洛托夫—里宾特洛甫条约》，③ 他寻求与希特勒共同瓜分东欧，为苏联夺取波兰的广阔地带及其北部地区。1941年6月22日，希特勒撕毁协议，出人意料地攻击苏联，使斯大林大为震惊。起初，斯大林为了生存而战，随后则为了夺回对

---

① Shirer, *The Rise and Fall of the Third Reich*, pp. 82, 256, 283, 305–308, 427–430; and Gerhard L. Weinberg, *A World at Arms: A Global History of World War II*, new ed. (Cambridge: Cambridge University Press, 2010), pp. 44, 165, 213, 305.

② Fritz, *The First Soldier*.

③ 《莫洛托夫—里宾特洛甫条约》（*Molotov-Ribbentrop Pact*），也称为《苏德互不侵犯条约》，是1939年8月23日由苏联外交人民委员莫洛托夫和纳粹德国外交部长里宾特洛甫签署的一份重要条约，其中最著名的部分是秘密附加议定书，划分了东欧的势力范围，尤其是波兰、波罗的海国家、芬兰和罗马尼亚。——译者注

被占领的苏联土地的控制权及击败希特勒而战。事实上,在希特勒背叛之后,斯大林感受到了富兰克林·罗斯福的心腹哈里·霍普金斯(Harry Hopkins)所说的对希特勒的"冷酷、无情的愤怒"。①

从意识形态上看,意大利的战争目标与希特勒所追求的推广法西斯主义不谋而合。在领土方面,罗马主要采取机会主义。② 贝尼托·墨索里尼钦佩希特勒,十分艳羡希特勒取得的军事胜利。他想让意大利也分得一杯羹,这导致他对法国发动进攻,后来又在未与希特勒事先协商的情况下,对希腊发动了进攻。

对于英国而言,其战争目标体现了丘吉尔的决心与风格。首先也是最为关键的,自然是对祖国的勇敢防卫,这是一场为了生存的斗争。当直接面临的被征服的紧迫威胁消退后,伦敦坚定了反击纳粹侵略、击败希特勒的决心。英国还致力于维护其大英帝国的完整,包括印度及非洲的殖民地。因此,鉴于对石油和其他贸易商品的需求,英国在整个战争期间特别关注地中海和北非战区。这一立场也意味着,虽然丘吉尔努力促使美国采取"优先考虑欧洲"的战略,但伦敦对"印太"地区同样抱有极大的兴趣。③

---

① Michael Fullilove, *Rendezvous with Destiny: How Franklin D. Roosevelt and Five Extraordinary Men Took America into the War and into the World* (New York: Penguin Press, 2013), p. 297.

② Nolan, *The Allure of Battle*, pp. 442-444.

③ Freedman, *Strategy*, pp. 139-145; and Weinberg, *A World at Arms*, p. 325.

第三章 第二次世界大战

对于美国这个整体政治实体而言，最初的目标是基于务实考虑的。这些目标不仅包括阻止轴心国——德国、日本和意大利——吞噬全球大片领土，而且还希望如果可能的话保持战争中立（至少对大多数美国人和大部分政治领导者来说是这样，尽管罗斯福可能并非如此）。因此，战争初期，美国成为"民主的兵工厂"，通过1941年3月启动的《租借法案》向苏联和英国提供了大量物资，希望仅凭这一角色就能足够应对。主要各方并不清楚美国是否会参战。罗斯福的密友和顾问哈里·霍普金斯1941年1月访问伦敦时，他在与首相的私下会谈中引用《路得记》的话说："你去哪里，我就去哪里。你在哪里居住，我也在哪里居住；你的人民是我的人民，你的神是我的神。"[1] 这番话深深打动了英国人。这样的声明之所以具有强大力量，是因为它几乎是华盛顿在那个时期对盟国胜利作出的最接近铁一般承诺的表达。[2] 丘吉尔的医生后来回忆说："即使对我们来说，这些话也像是向溺水者扔出的救生索。"[3] 然而，如果没有日本对美国的袭击，美国会采取何种行动还是个

---

[1] 文中引用的《路得记》中的话语："你去哪里，我就去哪里。你在哪里居住，我也在哪里居住；你的人民是我的人民，你的神是我的神。"此话由路得对其婆婆拿俄米表达，展现了路得对拿俄米的忠诚及其决定接受拿俄米的民族和信仰的决心。这段话象征着坚定的忠诚与承诺。——译者注

[2] Fullilove, *Rendezvous with Destiny*, p. 135; and Rick Atkinson, *An Army at Dawn: The War in North Africa, 1942–1943* (New York: Henry Holt and Co. , 2002), p. 7.

[3] Fullilove, *Rendezvous with Destiny*, p. 135.

现代战略家必读军事史：1861年以来美国的主要战争

未知数。

在珍珠港遭到日本的偷袭之后，美国就不可能再置身于战争之外，在这一点上，日本严重误判了美国的政治体系。德国在珍珠港事件后不久对美国宣战，这无疑将使美国在两条战线上作战。随着美国人民对纳粹政权以及东条英机领导下的日本政府展现出的极端残忍和邪恶有了更深刻的认识，罗斯福及全国民众的抗战意志更加坚定。这场战争也俨然变成了一场道德征伐。① 鉴于德国的规模、力量和潜在威胁，美国制定了"欧洲优先"的战略——尽管实际上，对资源的分配并没有完全按照这一策略倾斜，而是比外界预期的更为平衡。②

对加拿大、澳大利亚和新西兰等英联邦国家而言，二战是一场明显的正义与邪恶的较量，是为了保卫"英国母亲"——尤其对澳大利亚而言，在日本日渐增加的威胁下，也是为了自身安全的战争。对于英国（和法国）殖民地来说，派遣士兵参加盟军的决定并不那么自愿，而且往往也不那么热情。③

对于法国来说，鉴于在战争中一段时间内存在两个实际上代表对立立场的政府，将其战略概括为一个统一的主

---

① Atkinson, *An Army at Dawn*, pp. 54, 293-298; and Beschloss, *Presidents of War*, pp. 359-394.

② Green, *By More than Providence*, pp. 188-190.

③ Hastings, *All Hell Let Loose*, pp. 407-416.

第三章 第二次世界大战

题颇具挑战。通敌的维希政府试图通过与德国合作，在法国南部及其海外殖民地（主要位于非洲）保持一定的自治。形成鲜明对比的是，自由法国军队在军官、未来总统夏尔·戴高乐（Charles de Gaulle）的领导下抵抗德国侵略，与盟军从北非打到中东，最终打回到法国本土。①

东欧的小国通常遵循古希腊时期修昔底德在"米洛斯对话"中提出的格言：在国际政治中，"强者为所欲为，弱者逆来顺受"。尽管如此，芬兰（抗击苏联）② 和南斯拉夫（抗击德国）③ 等国家还是作出了崇高的努力，不畏艰险地进行抵抗，即使这种抵抗给其人民带来了巨大的苦难。④

日本的主要目标是通过"共荣圈"在军事和经济上主

---

① Hastings, *All Hell Let Loose*, pp. 80-81, 124-128, 375-376.

② 冬季战争（Winter War, 1939年11月至1940年3月）。自建国以来，苏联一直对与芬兰相接的国境存有异议，认为其威胁到列宁格勒的安危。1939年11月，苏联突然发动侵略芬兰的攻击，企图吞并芬兰或至少获得重要的战略领土，如卡累利阿地区，以增强列宁格勒（现圣彼得堡）的安全。尽管苏联军队在数量和装备上远超芬兰，芬兰军队通过灵活的战术和对严寒环境的适应，对苏军造成了重大伤害。1940年3月12日，芬兰最终被迫签订《莫斯科和平协定》，割让了一部分领土，但保持了国家的独立和主权。——译者注

③ 1941年3月25日，南斯拉夫政府宣布加入轴心国并签署三国条约，激起人民的强烈反对。3月27日部分高级军官利用人民运动发动政变。4月5日新政府成立，并与苏联签订《苏南友好和互不侵犯条约》。此举激怒希特勒，德国在1941年4月6日入侵南斯拉夫，迅速击溃了南斯拉夫的正规军队。南斯拉夫沦陷后爆发了大规模抵抗运动，当时的抵抗力量主要由两大派别领导：共产主义者游击队（后来的南斯拉夫人民解放军）和塞尔维亚皇家查塔克游击队。1945年，共产主义者游击队在苏联红军的帮助下最终解放了南斯拉夫，建立了社会主义联邦共和国。——译者注

④ Weinberg, *A World at Arms*, pp. 135-138, 215-224.

宰欧亚大陆东部和西太平洋。日本认为，如果没有可靠的途径获得该地区的资源，则其自身的领土和资源基础不足以实现其所追求的权力和财富。在很多地区，日本对其受害者实施了极端的残暴行为，如1937年底广为人知的南京大屠杀。① 偷袭珍珠港的目的是希望能暂时削弱美国的太平洋力量，从而让日本有足够的时间在东南亚及广泛的太平洋地区建立一系列岛屿要塞。这样一来，任何攻击日本"共荣圈"或本土岛屿的企图都会显得过于困难且代价高昂，从而最终迫使美国接受日本在西太平洋的霸权（并取消对其经济的制裁）。② 与此同时，日本甚至可以在"共荣圈"内获得其急需的原材料（包括石油、金属和橡胶）。遗憾的是，针对日本最初对中国和朝鲜的侵略而对其实施的禁运，促使日本非但没有收敛，反而变本加厉，将其帝国主义的觊觎扩展到东南亚大部分地区，不仅攻击英国和荷兰在亚洲的领地，还攻击美国及其属地。③ 正如澳大利亚历史学家杰弗里·布莱尼所指出的："从根本上说，这种经济封锁——本意是希望能阻止日本的前进——反而使得这种前进成为日本的紧迫优先任务。"④

---

① Ezra F. Vogel, *China and Japan: Facing History* (Cambridge: Harvard University Press, 2019), pp. 248-285.

② D. Clayton James, "American and Japanese Strategies in the Pacific War," in *Makers of Modern Strategy: From Machiavelli to the Nuclear Age*, pp. 703-708.

③ Blainey, *The Causes of War*, pp. 243-264.

④ Ibid., p. 254.

第三章　第二次世界大战

二、通往战争之路

第二次世界大战的根源可以直接追溯到第一次世界大战、《凡尔赛和约》、国际联盟的最终失败，以及 20 世纪 20 年代和 30 年代经济崩溃后的外交恶化。E. H. 卡尔（E. H. Carr）的著作名为《二十年危机》（*The Twenty Years' Crisis*），亚当·图兹（Adam Tooze）关于 1916 年至 1931 年这段时期历史的著作名为《滔天洪水》（*The Deluge*），这都是有原因的：这是一个世界在许多方面分崩离析的时代。

第一次世界大战结束后的几年，德国极度虚弱，濒临失败国家的边缘。1918 年德皇退位后留下了政治真空，共产党人、君主主义者以及其他力量纷纷争夺权力。巨额的赔偿款要求，平均占到德国 GDP 的 3%（相当于当今美国国防预算的规模），加剧了经济的脆弱，阻碍了经济复苏，并直接导致了 1923 年的严重通货膨胀。实际上，在 1923 年第四季度，月通胀率一度超过了 13 000%![1] 同年，希特勒试图通过"啤酒馆政变"来实质上推翻当时尚且运作的政府（尽管因法律系统的腐败和操纵，他仅仅被监禁了几个月），这一事件象征着当时的政治动荡。这只是众多类似事件中的一个。

---

[1] Tooze, *The Deluge*, pp. 369, 444-445.

现代战略家必读军事史：1861年以来美国的主要战争

对于希特勒和许多德国人来说，一种"背后被刺"的说法在《凡尔赛和约》签订后深入人心：认为是柏林那个匆忙组建以取代退位的皇帝的错误政府，在外军尚未踏入德国领土时，就背叛性地放弃了战争。在两次世界大战间的几十年里，这个神话在德国人中扎根，即认为德国实际上从未被真正击败。然而，德国却受到了严厉的惩罚。因此，德国有着要清算的旧账和需要恢复的荣耀，以纠正战争非法终结所造成的不公，包括《凡尔赛和约》对德国的不公正指责和"战争罪责"条款。① 这种因严重的赔偿金支付（例如，在1923年的超级通货膨胀期间德国也没有得到任何缓解）和对德军事能力的严格限制而加剧的荣誉感受损，被1923年法国行使权利占领鲁尔工业区的行为进一步激化，这在已经严重折损的民族自豪感上又撒了一把盐。② 但是，在缺少英国或美国的明显帮助下，法国并不足以对人口更多的德国采取这样的强制行动，特别是当美国和英国都未在欧洲大陆上维持足够的军事力量或采取积极行动时尤为如此。③

反过来，在1923年的恶性通货膨胀危机之后，德国暂时恢复了元气。正如著名记者兼历史学家威廉·夏伊勒

---

① 即《凡尔赛和约》的第231条。该条款将德国及其盟国认定为本次战争的唯一责任方。这一条款被德国人广泛视为羞辱。——译者注
② Shirer, *The Rise and Fall of the Third Reich*, pp. 29-32, 57-75.
③ Kagan, *On the Origins of War*, pp. 295-299.

第三章 第二次世界大战

(William Shirer)在谈到20世纪20年代中后期的德国时所述：

> 德国正在经历一场奇妙的变革。生活看起来比我所见过的任何地方都更加自由、更加现代、更加令人兴奋。那种旧日压抑人心的普鲁士精神似乎已经消亡并埋葬。遇到的大多数德国人——无论是政治家、作家、编辑、艺术家、教授、学生、商人还是劳工领袖——给人的感觉都是民主的、自由派的，甚至是和平主义的。[1]

然而，从1929年开始的全球经济危机极大地破坏了这种精神。在接下来的3年中，德国的工业产出几乎减半。[2] 当对《凡尔赛和约》相关条款内容的极度不满与20世纪30年代初的经济灾难叠加时，德国人的挫败感转变为愤怒。当战败国明显受够了或无力执行《凡尔赛和约》的条款时，愤怒就以一种侵略性的形式表现出来了。尽管赔款最终被大幅削减，但从更广泛的背景来看，这种缓解措施来得太少、太迟。

《凡尔赛和约》条款确实严苛，但这并非导致第二次世界大战的唯一原因。20世纪20年代末的经济危机、极端民

---

[1] Shirer, *The Rise and Fall of the Third Reich*, p. 118.
[2] Kagan, *On the Origins of War*, pp. 316–317, 354, 360.

族主义政治家所培育和利用的历史不满情绪,以及阿道夫·希特勒这一独特而变态的人格,共同铺就了通往人类历史上最悲惨战争的道路。历史学家格哈德·温伯格(Gerhard Weinberg)生动地指出:

> 当时流行一种广泛的错觉,这种观点在20世纪二三十年代由德国的宣传机器精心培育,当时广泛被接受,直至今日仍是历史教科书的标准说法。那就是德国被和平条款(peace settlement)严重压垮,遭受了极其恐怖的待遇,和平协议给德国施加了各种沉重的负担和限制,从而长期削弱了德国的力量。基于这一观点,和约条款进行了一系列修改,无一例外都有利于德国。占领德国的时间比和平条约(peace treaty)中规定的提前结束,监督裁军的委员会被撤销,赔款被减免并最终取消,由德国人自行负责审判战犯(结果可想而知),这些仅仅是所做的一些最重要的更改。①

到1930年,希特勒领导的国家社会主义工人党在选举中赢得了640万票,与1928年相比增长了8倍,成为德国

---

① Weinberg, *A World at Arms*, p. 15.

第三章　第二次世界大战

议会的第二大党。① 希特勒在 1933 年成功就任总理,并在次年成为元首(在保罗·冯·兴登堡总统去世后,希特勒还接替了总统职位)。虽然希特勒最初确实是通过选举成功上台的,但他立即滥用了自己的职位,摒弃了正常的民主约束。含沙射影、公然撒谎,纳粹冲锋队、党卫军和盖世太保(秘密警察)对主要对手的谋杀,1933 年 2 月下旬在国会大厦纵火,通过欺诈和虚假承诺采取戒严,以及在 1934 年 8 月兴登堡去世时,以违宪的方式取消总统职位——所有这些都是希特勒夺取绝对权力和巩固纳粹统治的手段。②

尽管德国在之前 15 年的苦难经历极大地促成了必要的社会和政治条件,但这种转变如何发生的仍然让人难以置信。正如威廉·夏伊勒在谈到 1933 年的形势时所述:

> 那个留着查理·卓别林式小胡子的男人——他年轻时在维也纳是个穷困潦倒的流浪者,一战中是个默默无闻的士兵,在战后初期的慕尼黑是个被遗弃的人,啤酒馆政变中那个略带滑稽的领袖,这位甚至不是德国人而是奥地利人、只有 43 岁的巧舌如簧的演说家,刚刚宣誓就任德意志帝

---

① Shirer, The Rise and Fall of the Third Reich, pp. 118-120, 136-138.
② Ibid., pp. 150-230.

国总理。①

希特勒掌权后,他大幅提升了德国的军事开支,而美国、英国和法国却步履蹒跚,未能跟上。这一新格局出现在英法两国已经大刀阔斧削减军事能力的 10 年之后。比如,在 1919 年,英国在两年时间里将其军力裁减了 90%,同时还实施了"十年规则"政策,② 认为英国在未来 10 年内不会参与战争——即便英国理应在反制任何违反《凡尔赛和约》条款的行动中扮演重要角色。③

历史学家保罗·肯尼迪(Paul Kennedy)估计,在 1930 年,德国的军事开支不足 2 亿美元,而英国和法国各自的军事开支约为 5 亿美元,美国则达到了 7 亿美元。1936 年,德国公然违反《凡尔赛和约》中要求莱茵兰地区非军事化的条款,以武力重新占领莱茵兰地区,其军事预算已经飙升至 23 亿美元。与此同时,美国、英国和法国的军事开支都仅接近 10 亿美元。到了 1938 年,德国的军事开支激增至 74 亿美元;英国接近 20 亿美元;而法国和美

---

① Shirer, The Rise and Fall of the Third Reich, p. 4.
② "十年规则"(Ten Year Rule)是指 1919 年英国实施的一项防御政策。这项规则假定接下来的十年内,英国不会面临任何大规模战争的威胁,因此可以安全地减少国防预算。"十年规则"政策导致了英国军事力量的相对削弱,特别是在海军和空军的建设上。随着 20 世纪 30 年代初全球政治局势的变化,特别是日本和德国军事力量的增强,英国开始意识到这一政策可能带来的风险,并最终于 1932 年废除了"十年规则"。——译者注
③ Kagan, On the Origins of War, pp. 312-313.

第三章　第二次世界大战

国的军事开支还仅仅维持在约 10 亿美元。也就是说，到了那一年，德国的军事开支几乎是英国、法国和美国总和的 2 倍（此时，日本的军费开支接近 20 亿美元；苏联超过 50 亿美元；意大利接近 10 亿美元）。[1] 到 1938 年，德国至少将其国内生产总值的 15% 投入到了军队中。相较之下，英国和法国的军费开支占 GDP 的比例为 6%—7%，美国仅为 2%。[2]

在亚洲，按照某些标准衡量，军事化的进程越来越快；到了 1938 年，日本在其武装部队上的开支已超过国内生产总值的 20%。自 1931 年日本侵入中国东北地区，建立伪满洲国开始，整体形势便开始崩解——在国际联盟框架或其他国际组织或机制下，这种局面仍未得到明显缓和。[3] 这一失误不仅损害了国际联盟在亚洲的信誉，也损害了其在全球的信誉。[4] 在经历了 20 世纪 20 年代一段保持相对合作和不侵犯行为的时期后，日本再次沿袭了 19 世纪末至 20 世纪初的军国主义和扩张主义路线，其间，先后侵占中国台湾、朝鲜、中国东北三省和萨哈林岛（属于俄罗斯），以及西太平洋的众多小岛。

20 世纪 30 年代，日本极端的民族主义和好战的军队利

---

[1] Kennedy, *The Rise and Fall of the Great Powers*, p. 296.
[2] Tooze, *The Deluge*, p. 514.
[3] Kagan, *On the Origins of War*, pp. 332-333.
[4] Kennedy, *The Rise and Fall of the Great Powers*, pp. 333-335.

用经济大萧条期间的不景气和混乱，进一步强化了自己在国内的地位。① 在右翼刺客暗杀了众多温和派领导人，极端主义者在认为"主宰东亚大部分地区对于日本的未来经济发展至关重要"的意识形态驱动下，逐步扩大了他们的控制力。诸如石油、橡胶、铜、铁矿石和煤炭等资源，以及农田和扩大日本日益增长的人口空间，成为驱使极端分子的主要动力。然而，这种思维更接近于传统的欧洲帝国主义，而不像希特勒的"生存空间"② 目标那样。因此，尽管未来几年里发生了多起大规模屠杀事件——特别是在中国，种族灭绝并未被视为战略中必需的一部分。③ 由于中国持续的内部冲突，包括共产党和国民党以及军阀之间的战争，它成为日本帝国主义者的一个诱人目标，20世纪30年代初期日军在中国东北地区几乎没有遭遇到什么抵抗力量。④

自20世纪30年代初期起，日本对其所谓的"大东亚

---

① Tooze, *The Deluge*, pp. 499-504.

② "生存空间"（Lebensraum）是纳粹德国的意识形态核心之一，由阿道夫·希特勒在《我的奋斗》中提出。该概念主张德国需要扩展其领土以容纳不断增长的人口和满足经济需求，特别是通过向东欧扩张，以获得必需的资源和耕地。希特勒将其视为德意志民族为实现其历史使命而必须追求的目标，这一理念成了第二次世界大战期间德国侵略政策的理论依据，并导致了对东欧国家的广泛侵略和占领。——译者注

③ Blainey, *The Causes of War*, p. 244.

④ Ezra Vogel with Richard Dyck, "Political Disorder and the Road to War, 1911-1937," in Ezra F. Vogel, *China and Japan: Facing History* (Cambridge: Harvard University Press, 2019), p. 233.

第三章　第二次世界大战

共荣圈"的追求——这一充满了日本种族优越论和战斗美化元素的政策，越来越成为其政府思想和政策的主导（同时，澳大利亚、英国和美国等国的许多人在某种程度上也存在着另一种类型的种族主义偏见——例如，由于认为"日本的军事装备和战斗力量天生不如西方国家"的过时观念，而低估了日本军事装备的质量和战斗力量的素质）。① 这种扩张的野心不仅延伸到了中国东北地区，还扩展到了法属印度支那、菲律宾、荷属东印度群岛以及更远的地方。② 在这一时期，日本在战舰、飞机（包括那令人瞩目的"零式"战斗机）、航空母舰、精良的鱼雷及其他关键武器装备的生产上大踏步前进。③

在欧洲（让我们回到欧洲）及其周边的非洲和中东地区，通往战争的历史车轮缓缓转动，大体经过如下阶段。1935年，意大利入侵了埃塞俄比亚。意大利的强人领袖、总理贝尼托·墨索里尼觉得，时机已经成熟，可以在非洲为数不多的几个未被英国、法国（或比利时、葡萄牙）控制的地区实现自己的帝国梦想了。对于这一行动，国际联盟确实采取了措施，但仅限于施加了一些影响有限的经济制裁。④

---

① Blainey, *The Causes of War*, pp. 248–249.
② James, "American and Japanese Strategies in the Pacific War," pp. 703–708.
③ Kennedy, *The Rise and Fall of the Great Powers*, pp. 300–301.
④ Kagan, *On the Origins of War*, p. 349.

现代战略家必读军事史：1861年以来美国的主要战争

在1936年和1937年，德国、意大利和日本签订了一系列协议，① 这些协议共同铸就了轴心国同盟的基础。② 大约从这一时期开始，墨索里尼就不那么关心德国对奥地利的野心了，这位"领袖"对德国独裁者的迷恋日益加深，相较于之前，他更加容忍德国的帝国主义野心了。③

1936年3月，希特勒借口法俄之间表面上的安全协定不友好，违背《凡尔赛和约》的规定，将3个营部署到德国的莱茵兰地区。他的将军们都非常紧张，他们预计法国的100个师的一部分可能会在英国的支持下对德国进行攻击，这本是战胜国的权利。然而，希特勒对巴黎和伦敦的判断却是准确的。这可能是轻松阻止希特勒的最后一个明显机会——因为如果军事行动在国内西部失败，他很可能因此耻辱地丢掉权力。④ 在这种情况下，法国和英国的战争疲惫感、政治上的优柔寡断以及对军事行动的不自信共同导致了他们的不作为。

然后侵略开始了。1938年3月，德国通过一系列精心

---

① 这些协议主要包括：（1）反共产国际协定（Anti-Comintern Pact），首先在1936年由德国和日本签订，意大利1937年加入，该协议旨在建立一个反对苏联的共产国际的联盟；（2）钢铁协定（Pact of Steel），是德国和意大利之间签署的一项重要军事同盟协议。该协议正式确认了德意两国之间，特别是在军事和政治领域的紧密合作。虽然此协议直到1939年才正式签订，但1936年和1937年间德国和意大利的外交接触为这一更为正式的军事同盟奠定了基础。——译者注
② Kagan, *On the Origins of War*, p. 365.
③ Shirer, *The Rise and Fall of the Third Reich*, pp. 279–347.
④ Ibid., pp. 290–300.

第三章　第二次世界大战

策划的事件和不流血的军事掠夺吞并了奥地利——这无疑是一次充满敌意的接管行动，虽然是在奥地利纳粹的默许下完成的。"德奥合并"后来在奥地利通过公投得到了批准，但这是在德国制造了极端恐惧和胁迫的氛围后才进行的。同年秋天，德国又夺取了捷克斯洛伐克的苏台德区——这里居住着大约300万德裔居民，占该国总人口的30%。①在1938年9月的慕尼黑会议上，英国首相张伯伦和法国总理达拉第的无耻默许，为德国的这一行为开了绿灯。② 在这一经济复苏和无血征服的时期，据信希特勒获得了德国民众的压倒性支持。③ 尽管此时德国的军事开支已经大幅增长，但其军队的规模仍不足以在准备入侵捷克斯洛伐克时在西部部署超过5个现役师和7个预备师。这意味着，如果法英两国选择直接回应德国在其东部的任何侵略行为，以保卫捷克斯洛伐克的安全，它们很可能还有机会取得决

---

① Shirer, *The Rise and Fall of the Third Reich*, pp. 322–356.

② 1938年9月29—30日，英国首相张伯伦、法国总理达拉第、纳粹德国元首希特勒和意大利首相墨索里尼在德国慕尼黑参加了慕尼黑会议。此次会议主要目的是解决苏台德危机，会议签署了《慕尼黑协定》。该协议同意将苏台德地区割让给德国，以换取希特勒承诺不再进一步扩张德国领土。英法两国领导人希望通过这种方式防止欧洲再次发生大规模战争。《慕尼黑协定》被视为避免战争的胜利，张伯伦甚至宣称带回了"和平，荣耀的和平"。但历史学家普遍评价这次会议为典型绥靖政策。事实上，希特勒并未遵守协议，并1939年入侵并吞并了整个捷克斯洛伐克，最终引发了第二次世界大战。——译者注

③ Ullrich, *Hitler*, p. 10.

定性的军事胜利。① 但它们未采取行动。考虑到军费开支的趋势,也许这早在意料之中,因为到目前为止,德国军费开支正在迅速赶上第一次世界大战的战胜国的军费开支。在这个关键时刻对德国采取任何执法行动是否会顺利或轻而易举,这是值得怀疑的。

在对捷克斯洛伐克其他地区的分裂主义运动进行煽动和资助之后,希特勒于1939年初吞并了整个捷克斯洛伐克。这是他首次将德国的侵略扩展到日耳曼族群占多数地区之外。唐纳德·卡根对此如何发生作了以下阐述:

> 在《慕尼黑协定》中,英国同德国一道承认了捷克斯洛伐克的独立。为了履行其承诺,英国需要立刻举起武器,保护那些遭受德国侵略的受害者。然而,希特勒却巧妙地安排了一切,使得那些急于相信的人认为捷克斯洛伐克的崩溃在很大程度上是内部原因造成的,德国只是在收拾残局。张伯伦采纳了这种观点,并向议会表示,英国无法被要求对一个已经不存在的国家提供保证。②

---

① Shirer, *The Rise and Fall of the Third Reich*, p. 424.
② Kagan, *On the Origins of War*, pp. 410–411.

第三章 第二次世界大战

这还不是战争的真正开端，因为这些公然的背叛和侵略行径尚未涉及高强度战斗，也未牵扯到英国、法国或苏联。但到了1939年9月1日，形势急转直下。希特勒当时已经急不可耐。他已经摸清了那些对手领导人的底细，但并未将其放在眼里。他已经完成了一大部分的军事建设，并感到自己实力倍增。然而，他还认为这种新的优势可能是一种即将消耗殆尽或逐渐减弱的资产，其他国家将很快挑战这一优势——这意味着现在是采取行动的时刻。在向波兰人提出领土要求数月后，希特勒声称已尝试进行了最后的和平提议，随后指示党卫队成员伪装成波兰军官，佯装对一家德国广播电台进行攻击。[1] 虽然袭击是假的，但子弹和伤亡却不是假的。这一切为9月1日对波兰的入侵以及第二次世界大战的爆发搭建了舞台，因为这一悲剧性的行为将使许多战斗人员首次参战。[2]

亚洲的局势也在不断升温：日本对中国采取了越来越明目张胆和骇人听闻的侵略行动，此时已波及上海和南京。[3] 这场冲突暂时还局限于一场地区性战争，但这种局

---

[1] 格莱维茨事件是1939年8月31日纳粹德国对波兰进行假旗行动的一部分，旨在为随后的德国入侵波兰提供借口。在这次事件中，党卫队成员和安全局特工伪装成波兰士兵，攻击了德国的格莱维茨广播电台，制造了一场看似由波兰发动的袭击。行动中，使用了从集中营带来、被杀害的囚犯来伪造"伤亡"，以增加事件的可信度。这一行动标志着第二次世界大战欧洲战场的即将开启。——译者注

[2] Shirer, *The Rise and Fall of the Third Reich*, pp. 593–596.

[3] Nolan, *The Allure of Battle*, p. 531.

面不会持续太长时间了。

三、1939年秋至1940年春：东西方的闪电战

1939年9月1日，德军的两支重装甲部队从北方和南方向波兰挺进，最终在波兰中心地带会合，迅速削弱了重步兵和重骑兵的波兰军队。德国动用了62个师，包括6个装甲师和10个机械化师，而波兰方面则有40个师，却1个装甲师或机械化师都没有。许多波兰人英勇战斗。很多波兰军人勇敢地战斗。但波兰军队装备不足，动员不及时，且在国家最西端暴露的地区部署不当（实际上已被德军三面包围），实际上无法提供持续的抵抗。一些波兰军队重新部署以防守华沙，甚至有些部队英勇反攻，但胜算对他们而言太渺茫了。

战斗实质上在一个月内便告一段落——这时，苏联也参与进来，根据与希特勒在臭名昭著的《莫洛托夫—里宾特洛甫条约》中的预先安排，瓜分了波兰东部的一部分。具体来说，9月17日德国军队已将华沙围困，同一天苏联军队也进入了该国东部。华沙在接下来的10天里遭受了猛烈轰炸，到了9月27日，波兰投降。这场战争虽然被称为"闪电战"，但由于双方军队武器装备的悬殊差距，加上波兰巨大的地理劣势，这场战役在军事史上更多被视为一场

第三章　第二次世界大战

轻而易举的胜利。① 德国在波兰战场上死亡的军事人员不到1.5万人。而波兰损失了10万人的性命，另有100万军事人员被俘虏。在随后的岁月里，许多人在德国或苏联手中遭受了极其恶劣的对待，多数以死亡告终。②

在1939年秋到1940年春之间，当希特勒急切地要求他的将军们通过阿登③尽早对法国发起主要攻击，但又必须等待适宜的天气条件时。另一场引人注目的冲突也在上演。这就是芬兰和苏联之间的"百日冬季战争"，戈登·桑德（Gordon Sander）在同名著作中对此进行了精彩描述。④ 历史上，"芬兰大公国"在1809—1917年一直是俄罗斯的一部分。⑤ 不管斯大林是否真的感觉有必要夺回芬兰，⑥ 他确实认为需要在列宁格勒（即圣彼得堡）和即将于1940年

---

① Keegan, *The Second World War*, pp. 44-47.

② Weinberg, *A World at Arms*, pp. 48-57.

③ 即欧洲地区的一处森林台地，位于比利时东南、卢森堡北部和法国东北部。其间山高林密，道路崎岖，还有数条河流贯穿该地区，历来是中欧的战略要地。1944年12月16日，希特勒在这里发动了最后一次主动进攻，即阿登战役。——译者注

④ Gordon F. Sander, *The Hundred Day Winter War: Finland's Gallant Stand against the Soviet Army* (Kansas: University Press of Kansas, 2013).

⑤ 芬兰在历史上曾是俄罗斯帝国的一个自治大公国（1809—1917），又称为"芬兰大公国"。根据1809年的《弗雷德里克港和平条约》（*Treaty of Fredrikshamn*），瑞典将芬兰割让给俄罗斯。作为俄罗斯帝国的一部分，芬兰保留了广泛的自治权，拥有自己的立法机构——芬兰议会（Eduskunta），以及按照芬兰法律行政的权力，但外交和防御事务则由俄罗斯帝国控制。1917年，俄罗斯爆发二月革命，沙皇尼古拉二世退位，俄罗斯政府陷入混乱。利用这一机会，芬兰加紧争取独立，终于在同年12月6日宣布独立。——译者注

⑥ Weinberg, *A World at Arms*, p. 448.

现代战略家必读军事史：1861年以来美国的主要战争

被苏联吞并的波罗的海国家附近，设立更长的战略缓冲区。斯大林于1939年10月提出领土调整要求，芬兰拒绝了（尽管此时德国和苏联还是盟友，芬兰无法期待附近任何大国的援助）。战争于11月30日爆发。最终，芬兰17.5万的总武力无法阻挡100万的苏联军队，莫斯科获得了其所期望的领土——至少暂时如此。但在苏联全面调动并发挥其压倒性优势之前，这场战争异常激烈。正如约翰·基根所描述的那样：

> 芬兰人或许是所有欧洲民族中最为好战且最为坚韧的，他们在本土森林中积雪覆盖的荒野中，巧妙地利用环境与俄罗斯的攻击者周旋，运用所谓的"柴堆"①（motti）或"伐木"（logging）战术，切割并包围敌人。这种战术令习惯传统作战的敌军迷失方向，士气大减，因为他们的训练未曾让他们准备好面对这样的战斗方式。②

---

① "柴堆"战术，即曼纳海姆元帅建立的一条抵御苏军的"曼纳海姆防线"，并将芬兰军队化整为零，分散到了苏军后方，这套战术被称为"柴堆"战术。"柴堆"战术是将苏军想象成森林，砍伐后摆成一个个柴堆，再一一烧掉。主要分为三个步骤：首先侦察敌情，将苏军引诱到一个相对封闭的作战区域。其次，芬兰士兵会踩着滑雪板从四处冲向苏军军营，使用枪械和燃烧瓶对苏军军营发动攻击，主要击杀军官，将苏军分散成一个个小集群。最后，芬兰战士对防守最弱的"柴堆"发起攻击，中间的敌军逐渐失去支援，只能被芬兰战士收割。——译者注

② Keegan, *The Second World War*, p. 47.

第三章　第二次世界大战

到了 1940 年春天，希特勒接连占领了丹麦和挪威。他这样做的主要目的是威胁英国舰队，并通过挪威海岸的港口进入北大西洋。利用挪威港口还能在冬季从瑞典北部的矿山运输铁矿石到挪威，再通过船运至德国，同时阻止盟军可能在北欧的行动。丹麦被视为德国通往挪威的"陆桥"的一部分。4 月 9 日，德军开始对丹麦发动攻击。吓昏了头的丹麦很快就投降了。挪威努力抵抗，一度得到英法军队的有限支援（直到德国次月对法国的进攻使英法改变优先级并撤退）。最终挪威还是被德国控制，部分原因是挪威国内的纳粹党支持了德国。正如格哈德·温伯格所写的那样："在备战过程中，德国人利用了挪威国内纳粹党的支持，这些支持的引领者和代表人物就是首相维德孔·吉斯林（Vidkun Quisling），吉斯林的名字已成为'卖国贼'的代名词，他把自己的国家卖给了另一国，从此仰人鼻息。"[①]

1940 年 5 月 10 日，德国对法国展开了闪电战（挪威的灾难发生后，张伯伦在同一天辞去了英国首相的职务，由丘吉尔接替）。德国派遣了一支小规模的部队，途经比利时和卢森堡，沿着著名的施里芬计划的右翼路线或最西端的路线前进，诱使英国和法国军队相信主攻方向将从此处来临，导致他们将大量兵力向北调动，准备迎战。

出人意料地，德国并未将其主要攻击力集中在西线，

[①] Weinberg, *A World at Arms*, p. 114.

而是派出大部分装甲部队穿越了比利时与法国东北角交界处地形复杂的阿登森林。随后,这些装甲部队绕过马奇诺防线的防御工事(该防线遭到了一支规模较小、装甲水平低得多的部队的攻击),并通过浮桥等方式跨越了默兹河。法军被分割开,后勤线被切断,指挥部和通信网络遭到严重干扰,整个军队基本上陷入了瘫痪状态。

不过,也有一线希望。德军在其迅速推进的行动中,于5月17日以及5月24—26日两次无谓地暂停。特别是后一次暂停,为英法部队准备撤退战提供了宝贵时间。敦刻尔克撤退行动虽未能携带重型装备,但却成功地通过一支临时组建的船队运送了30余万士兵。尽管与许多人的预期大相径庭,但在近800艘参与撤离的船只中,德国空军仅击沉了约1%的船只。① 事实上,考虑到各自可用机场的位置,敦刻尔克战役的地理位置实际上有利于英国皇家空军。从5月26日到6月3日,德国空军损失了240架飞机,而英国损失了177架。②

但到了5月27日,德国迫使比利时投降,比利时军队在敦刻尔克北侧海边的一个包围圈内投降。随着6月的到来,德国军队不仅占领了比利时,还控制了法国北部地区,

---

① Keegan, *The Second World War*, p. 80.

② Williamson Murray, *The Luftwaffe, 1933-45: Strategy for Defeat* (Washington, DC: Brassey's, 1996), p. 39.

第三章 第二次世界大战

其势力范围一直扩展到了英吉利海峡。①

为了取得如此显著的效果,德国还运用了令人震惊的特种部队作战。其中包括针对比利时的埃本·埃马尔要塞②进行的滑翔机攻击,这座要塞被认为是坚固无比的。他们的目标是摧毁要塞的炮台,以确保侵略军能够控制对行动至关重要的桥梁——这一精彩的战斗被海军上将威廉·麦克雷文(William McRaven)在其引人入胜的书籍《特种作战》(*Spec Ops*)中详细叙述。③ 这次行动经过周密的计划和演练,然后以极其大胆的方式实施,采用了创新技术,包括使用成型炸药来摧毁要塞的关键结构构件,麦克雷文对这次行动进行了总结,他表示:

> 对埃本·埃马尔要塞的突击行动无疑是特种作战历史上最具决定性的胜利之一。69名德国滑翔兵乘坐9架飞机,攻击当时"受要塞保护且人数是德军10倍"的比利时军队,并取得了压倒性的胜利。④

---

① Keegan, *The Second World War*, pp. 54-83.

② 埃本·埃马尔要塞位于比利时的梅斯河畔,是当时欧洲最大和最现代的军事防御工事之一,装备有重炮、反坦克炮和机枪阵地,周围还有深沟和铁丝网。其主要任务是阻挡任何试图通过比利时进入法国的德国军队。——译者注

③ William H. McRaven, *Spec Ops: Case Studies in Special Operations Warfare Theory and Practice* (New York: Ballantine Books, 1996), pp. 29-69.

④ McRaven, *Spec Ops*, p. 55.

现代战略家必读军事史：1861年以来美国的主要战争

德国在阿登森林的突然袭击超出了所有人预期，这是因为森林地形的崎岖和道路的相对稀缺。但一旦德国意识到能够在必要的时间内完成必需的行动，这些恰当的条件加上森林的掩护，便为其提供了意外的优势。值得一提的是，许多德军指挥官对这个计划是否可行表示怀疑。这一设想不仅依赖于坦克，还依赖于机动化支持，使整个师能够快速行进——通常每天行进30或40英里，是一般徒步行军士兵每天行军路程的两倍。步兵同样至关重要，他们为装甲单位打开突破口，然后保护坦克行进的侧翼，同时击败孤立的敌军。德军单位指挥官被授予依据自己的战术直觉行动的权力，利用初步成功，持续前进，并在可能时绕过敌人的据点。他们的策略是建立在一战末期已经证明成功的理念之上的。尽管闪电战常被视为坦克主导的装甲至上概念，但坦克通常是第二进攻波次而非第一。装甲侦察营、工兵和步兵通常走在前头。① 真正的关键词是完善整合的联合兵种作战。② 尽管流行观念不这么认为，敌方部队的目标与其指挥部一样重要。目标是孤立、包围并最

---

① Jonathan M House, *Combined Arms Warfare in the Twentieth Century* (Lawrence: University Press of Kansas, 2001), p. 115.

② Doughty, *Warfare in the Western World*, p. 665.

第三章　第二次世界大战

终消灭它们，就像在之前的冲突中一样。①

即便在1939年和1940年取得一系列胜利之后，德国军队还在不断完善支撑闪电战的理念。② 相反，法国和英国的战略家们在1940年5月之前，并未充分研究波兰战役，也未能正确识别其主要教训。③

闪电战的成功很大程度上也得益于空中作战及其与地面行动的紧密协同。虽然飞机通常不直接摧毁装甲车辆，但它们在许多其他方面发挥了重要作用，比如攻击暴露无遗的士兵。④ 德国人为了提升空军的效率，采取了多种措施。他们使空军指挥部与地面指挥部同地设立，确保空军明确支援地面作战。他们还充分利用无线电和战术情报，确保进行及时有效的近距离空中支援。⑤

德国空军在1940年春天还以其他方式展现了其卓越的能力。德国空军提前对敌机和敌方机场进行频繁、猛烈的攻击，从而迅速取得了空中优势。他们不仅能为交战中的

---

① Robert A. Doughty, *The Breaking Point: Sedan and the Fall of France, 1940* (Mechanicsburg: Stackpole Books, 1990), pp. XV-XIX, 22-28; and Stephen Robinson, *The Blind Strategist: John Boyd and the American Art of War* (Dunedin: Exisle Publishing, 2021), pp. 1-156.

② Williamson Murray, "Armored Warfare: The British, French, and German Experiences," in *Military Innovation in the Interwar Period*, edited by Williamson Murray and Allan R. Millett (Cambridge: Cambridge University Press, 1996), pp. 34-49.

③ Cohen and Gooch, *Military Misfortunes*, pp. 210-230.

④ Doughty, *The Breaking Point*, p. 342.

⑤ James S. Corum, *The Luftwaffe: Creating the Operational Air War, 1918-1940* (Lawrence: University of Kansas Press, 1997), pp. 275-280.

装甲部队提供一体化的近距空中支援,还能在装甲单位超前于步兵支援时保护其侧翼。①

德国空军的成功很大程度上也得益于其灵活高效的后勤支持。德国人认识到,将飞机部署到其夺取的机场附近进行作战的重要性,这样飞机就不会脱离地面行动的范围。② 他们的战斗机平均每天出动4架次,而法国战斗机平均每天出动仅0.9架次。德国空军还为地面部队提供了强大的火力支援,防御敌军飞机的同时,还成功执行了空降作战任务,尤其是在战役初期对荷兰的空降行动中表现突出。③

马克斯·布特(Max Boot)在总结这一切时也颇有见地地指出,法国将军莫里斯·甘末林(Maurice Gamelin)是如何将他最精锐、最庞大的部队派往北面进入德国陷阱的:

曾被视为边远的地带,由法国的第九和第二军团守护,这些部队主要由年纪较大的"B系列"预备役士兵④组成,这些军人多年前就服过兵役,

---

① James S. Corum, *The Luftwaffe: Creating the Operational Air War, 1918-1940* (Lawrence: University of Kansas Press, 1997), pp. 275-280.

② Murray, *The Luftwaffe, 1933-45*, p. 38.

③ Corum, *The Luftwaffe*, pp. 276-278.

④ 通常指的是军事预备役部队中的一个分类,用于表示预备役人员的特定层级或战备状态,具体标识和含义可能因国家和军事组织而异,如"第二梯队"或"B类"预备役等。——译者注

第三章 第二次世界大战

近年来很少接受训练,也没有得到新装备。这些军人于 1939 年 9 月被征召入伍,但他们并没有利用接下来的 9 个月来弥补自己的严重不足(相比之下,德军在这一时期则在纠正波兰战役中犯下的错误)。他们中的大多数人都被派去挖掘防御工事,而不是学习在开阔地上机动作战。他们的装备大部分仍然陈旧,几乎没有反坦克炮,更不用说坦克了。用老旧装备部队部署防线根本抵御不了德国,哪怕甘末林将军是纳粹的间谍,也没有必要以这样的方式损害他的祖国。①

敦刻尔克战役以及比利时投降后,德军迅速向南进发。法国试图沿着所谓的"魏刚防线"进行临时防御,这条防线因指挥官马克西姆·魏刚(Maxime Weygand)将军而得名,他于 5 月 20 日接替了碌碌无为的甘末林。该防线从英吉利海峡延伸到马其诺防线,囊括了法军最初 100 个师的大约 2/3 的兵力。在这 66 个幸存的师中,有 17 个师仍部署在马其诺防线阵地内,其他师则部署在法国北部,形成了一条长长的防线。

"魏刚防线"试图利用自然地形和人造地形,采用静态

---

① Boot, *War Made New*, p. 227.

的"刺猬"防御策略,① 创建固定且相对坚固的抵抗点。但是,法军兵力少而分散,没有动用战略预备队的可行构想,没有明确的作战概念,而且对他们的国家和战友已遭受的一切还有些茫然。② 到了6月中旬,德军不仅突破了这一防线,装甲部队通常直接绕过"刺猬"要塞,③ 而且抵达了巴黎。这导致法国政府于6月25日迅速投降,并随之建立了维希政权,从此半自治地统治法国南部和法国殖民地,而德国则直接统治法国北部。在5月10日至6月25日的6周战役中,法军阵亡约9万人,德国阵亡约2.5万人。④

1940年春天法国的战况,与1914—1918年鲜血淋漓、创伤累累、毁灭严重的一战截然不同。1940年,德国只有10个装甲师,每个师大约有250辆坦克,其坦克总保有量既不明显多于法国,也不比法国的更优越——其坦克总数并不比法国多。实际上,德国大约150个师的总体力量(包括10个装甲师和4个机械化师)与对抗它的军队的总和相当——荷兰8个师、比利时18个师、英国10个师和

---

① 一种军事防御策略,源于动物刺猬的自然防御机制,即当面对威胁时,刺猬会卷曲成球状并展示其外围的尖刺。在军事术语中,这种策略指的是在关键战略位置建立坚固而独立的防御工事,这些工事能够在较宽广的区域内相互支持,形成一个难以突破的防御网络。——译者注
② Liddell Hart, *Strategy*, pp. 234-235.
③ 即"刺猬"防御策略中的防御工事。——译者注
④ Keegan, *The Second World War*, pp. 83-87.

第三章　第二次世界大战

法国 100 个师。不同之处在于，德国军队的组织结构是为了迅速利用一切战果，并与国家的空中力量紧密相连。①

这些战斗还展示了出其不意的优势。德国的战略布局让人难以预测其下一步动作，国防军得到了空军的有力支持。② 对波兰来说，德军何时以及在哪里会将其南北钳形攻势向国内转折，始终是个谜。这种策略形成了一个巨大的包围圈，类似于历史上著名的坎尼会战，③ 将波兰军队一网打尽。至于法国，巴黎更多地期待着第一次世界大战的重演——当时德国是沿着比利时前进的。然而，德国从北方发动的佯攻诱使英法军队向比利时进发，这样暴露了英法军队的补给和通信线，给德国装甲部队从东南方向攻击他们创造了条件。这一出人意料战术的成功令希特勒及其将领们感到意外。④ 实际上，这种出其不意的战术让希特勒及其将领们感到措手不及，从而在整个法国北部战役的中段产生了犹豫和延迟，为敦刻尔克的大撤退留下了机会。⑤

---

① Fuller, *Decisive Battles of the Western World*, p. 390.
② Liddell Hart, *Strategy*, pp. 207-221.
③ 坎尼战役（Battle of Cannae）发生于公元前 216 年 8 月 2 日，是第二次布匿战争中的一场关键战役，由迦太基将领汉尼拔指挥。在这场战役中，汉尼拔以明显较小的军力对抗罗马共和国的主力军。通过巧妙的战术安排，他利用中央部队诱使罗马军队深入进攻，随后利用骑兵力量在两翼进行包抄，最终实现对罗马军队的完全包围。——译者注
④ Ropp, *War in the Modern World*, p. 318.
⑤ Fritz, *The First Soldier*, pp. 100-122.

现代战略家必读军事史：1861 年以来美国的主要战争

历史学家约翰·莫西尔（John Mosier）挑战了关于法国战败的传统叙述，提出一个不同的视角，他从战术和战役的角度提出了不同的观点。莫西尔认为，在坦克对坦克的交战中，德军不仅没有获胜，反而在初期损失惨重（包括在战役初期对荷兰的短暂战争中，德军损失了近 300 架运输机和其他资产）。然而，德军的防空系统和德国空军在一定程度上拯救了他们。前者对盟军飞机造成了巨大的损耗，后者除了拥有良好的近距离空中支援战术概念外，还拥有前沿机场，这使每架飞机每天能够出动多架次。最重要的是，最初的入侵让英法两国的高级领导层感到惊讶，并使他们陷入失败主义心态后，法国和英国不愿投入后备力量，这对德军有所助益。事实上，从这个角度来看，敦刻尔克大撤退①实际上也是一个错误，因为它在并非不可避免的情况下就承认了失败，还迫使比利时军队在其侧翼无人保护的情况下投降。法国随后又奋战了一个月，但由于得不到盟军的帮助，最终未能从 5 月的失误中挽回颓势。②

----

① 敦刻尔克大撤退（Evacuation form Dunkirk）是第二次世界大战初期盟军的一次战略撤却。1940 年 5 月至 6 月，当纳粹德国军队迅速推进占领法国北部时，约 338 000 名盟军士兵被围困在法国的敦刻尔克。在极其不利的情况下，英国发动了大规模的海上撤退行动，代号"发电机"撤退计划（Operation Dynamo）。这一行动不仅挽救了大量盟军的生命，也为英国继续抵抗纳粹德国保存有生实力。此次撤离，标志着英国势力撤出欧洲大陆，西欧除英国、瑞士和西班牙以外的主要地区被纳粹德国占领。——译者注

② John Mosier, *The Blitzkrieg Myth: How Hitler and the Allies Misread the Strategic Realities of World War II* (New York: Perennial, 2004), pp. 116-153.

第三章　第二次世界大战

不过，在讲述 1941 年这一命运攸关的年份之前，我们还有更多关于 1940 年下半年的故事需要补充，尤其是不列颠之战的部分。在那时，闪电战的光辉时刻暂时告一段落；战争的关键元素主要转移到了空中，一定程度上也涉及海战。

四、1940 年夏季，不列颠之战及大西洋战役的早期阶段

如果说 1939 年秋和 1940 年春是德国闪电战辉煌的时刻，那么 1940 年的夏天则标志着德国战略轰炸的失败，也是德国军事机器首遭重挫的时节。尽管如此，在其他战事进展上，比如激烈的大西洋战役，在这一阶段，英国依赖美国的物资援助，而德国 U 形潜艇则努力截断这些补给线，整体形势仍对德国有利。

到了 1940 年中，希特勒已经直接占领了法国的一半地区，而通过与维希政府的合作，他也间接控制了另一半地区。除此之外，他还征服了东部和南部的土地，并且对于次年进一步向东扩张抱有巨大野心。但此时，真正的战斗已经转移到了包括伦敦在内的英格兰东南部的天空。

希特勒原本希望英国在法国被击败后会同意和解条款。但当伦敦坚决拒绝投降时，希特勒便威胁要进行入侵，并计划在此之前进行轰炸。这一策略导致了一场漫长的空战，

现代战略家必读军事史：1861年以来美国的主要战争

英国的飓风战机和喷火战机与德国的梅塞施米特式战机（Messerschmitts）展开了激烈的对抗。

这次的入侵计划被命名为"海狮行动"（Sea Lion）。但不同于他先前在欧洲大陆的闪电战策略，关于征服英国的这一系列计划显得草率、欠缺成熟，在后勤及其他方面也显得不现实。随着初秋的到来，"海狮行动"被无限期搁置，最终未曾付诸实践。

空袭行动同样执行得相当马虎。德国在接连不断地轻易胜利后变得自信满满，坚信能够迫使英国屈服。至于对英国的进攻计划，它仅预计需要4天便能在英格兰南部击溃皇家空军，接着用4周的时间实现对英国全境的全面胜利，包括摧毁其航空工业。① 实际的行动包含了几个阶段，这些阶段大多是即兴而来，从针对军事目标的战术性攻击开始，逐渐升级到对城市的直接轰炸。因此，这场行动并不能真正视为对意大利军事战略家朱里奥·杜黑理论的实践测试。杜黑在其1921年的著作《制空权》② 中主张，通过对敌国的家园、民众和政府进行持续轰炸，未来的战争

---

① Murray, *The Luftwaffe, 1933–45*, p. 47.
② 《制空权》（*Command of the Air*）是由意大利空军将军朱利奥·杜黑在1921年发表的开创性著作，该书深刻影响了现代空中战略思想。杜黑在书中首次全面系统地阐述了空中力量在未来战争中的决定性作用，强调制空权的获取是实现战争胜利的关键。他提出通过战略轰炸直接攻击敌人的军事基础设施、工业中心和民众士气，可以有效破坏敌方战争潜力，从而缩短战争持续时间并减少地面部队的损失。杜黑的这些理论在第二次世界大战中被广泛应用，并持续影响着后续军事空战理论的发展。——译者注

第三章 第二次世界大战

便能够赢得胜利。

在这场战役中，德国人始终高估了自己相对于英国的优势，尤其是在飞机生产这个关键环节上，这对于补充战争当前阶段的损失极为关键——这一点上，英国人对德国的相对实力的估计也同样过高。① 德国还忽视了可能更为成功的战术，如使用突击队对英国沿海的雷达塔进行突袭，这些雷达塔是英国整体防御网络的重要组成部分。②

进攻英国的初步行动从 7 月 10 日启动，这一阶段的攻击范围广泛但缺少焦点，目标包括英国船只、沿海军事设施和飞机。然而，英国的防御体系和英格兰人的坚忍不拔超出了柏林方面的预期，这些攻击并未达成其政治目标。

战役接下来的阶段名为"鹰行动"（Eagle），于 8 月 12—13 日拉开序幕。德国意识到削弱英国空中防御的重要性，随即将攻击目标对准了英国东南部的雷达站、机场和其他军事要点。这一阶段中，英国虽损失了不少飞机，但损失数量还是低于新飞机的生产数量；举例来说，从 8 月 8—23 日，英国损失了 204 架飞机，而新制造了约 476 架。相反，德国在同期内飞机的损失量却超过了生产量，损失了 397 架但只造出了 313 架。其间，英国损失了 104 名宝

---

① Richard Overy, *The Battle of Britain: The Myth and the Reality* (New York: W. W. Norton and Company, 2002), pp. 113-135.

② Stephen Bungay, *The Most Dangerous Enemy: A History of the Battle of Britain* (London: Aurum Press, 2000), pp. 377-378.

249

贵的飞行员,而德国的损失更是超过 600 人,包括阵亡和被俘。被击落的英国飞行员通常有机会安全降落至本国领土,但德国飞行员则无此侥幸。①

幸运的是,英国在这场战斗中拥有许多优势。虽然英国政治领导层在波兰遭侵略前大大误判了希特勒,但其科学家和军事规划者并未坐以待毙。无论是雷达的基本理念与技术,还是围绕英国海岸线的"本土链"雷达站系统,都是过去几年里经过坚持不懈地开发、制造和部署的。同样,英国也不断研发和部署了卓越的防空战机,尤其是飓风战机和喷火战机。②

尽管如此,不列颠之战依旧是一场充满竞争的较量。英国在雷达技术、飞机制造技术和喷火式战斗机(Spitfire interceptor aircraft)技术上的优势,与德国强大的空军力量形成了对峙,其中包括其威胁巨大(虽然未被充分利用)的轰炸机力量。③ 虽然,德国的飞行员人数多于英国,但英国的飞机生产速度是德国的三倍,这在一定程度上颠覆了当时人们对德国作为当代主要军工强国的固有印象。④

地理因素具有双重影响。对英国而言,在战术上是一大优势,因为空中战斗发生在其基地附近,这意味着飞机

---

① Bungay, *The Most Dangerous Enemy*, pp. 186-202, 368-388.
② Feiveson, *Scientists against Time*, pp. 43-55.
③ Ibid., pp. 57-65.
④ Keegan, *The Second World War*, p. 92.

第三章 第二次世界大战

不需要花费额外的时间和燃料前往战场。然而,在战略层面,这一事实也意味着任何地面上的损害都直接影响到了英国自身的领土、经济和民众。尽管轰炸机在穿越英国领空时确实遭受了损失,但它们始终能够成功到达目的地。①

随着英国每坚持下来一周,其战局前景便随之明朗——这不仅得益于其在飞机生产能力上的优势,还有即将变化的天气因素。当秋季逐渐过渡到冬季,任何德国对英国的入侵计划都将面临更多的困难。② 如果德国能更多地集中攻击英国的关键军事设施,如沿海的雷达站和飞机生产工业,可能会取得更佳战绩。③ 然而,不论空中战役如何展开,德国在那一年能否构成一个真实的入侵威胁,仍然是个未解之谜。

随着时间的推移,伦敦坚守不摇,希特勒的挫败感逐渐增强。当8月下旬柏林遭到英国空袭时,他的愤怒更是达到了顶点。随后,他改变策略,从(1940年)9月7日开始对伦敦实施恐怖式空中轰炸。这些白昼的轰炸虽造成了巨大的破坏和人员伤亡,但对削弱英国的防空力量、其他军事资产和对国防至关重要的军工设施的影响却相对有限。英国人的坚忍不拔未曾消失。在经过十天的密集战斗,双方每天都有数百次出击后,希特勒认识到局势对他不利,

---

① Overy, *The Battle of Britain*, pp. 113-114.
② Keegan, *The Second World War*, p. 96.
③ Feiveson, *Scientists against Time*, p. 62.

决定推迟"海狮行动",而这一行动最终实际上被取消了。

不列颠之战的最终阶段一直贯穿秋冬季,德国飞机持续进行攻击,不过主要转为夜间进行,以避免与英国战斗机直接对抗。尽管德国飞机借助安装在邻近欧洲大陆上的雷达信标进行导航,但在夜间寻找目标仍然困难重重。因此,在英国被称为"大轰炸"的这一系列攻击逐渐减弱。虽然在随后的冬天这种攻击在一定程度上仍有持续,但战斗的最终结果已经变得明朗无疑。

在不列颠之战期间,大约有 43 000 名英国平民牺牲。但得益于英国的飞行员及其地面支援团队,英国并未被空中打击击败,不列颠群岛也未面临入侵的风险。德国共损失了近 2 000 架飞机,而英国损失略超 1 500 架。更重要的是趋势浮现,随着时间的推移,英国的飞行员和飞机数量在增加,而德国则在损失中。比如,从 7 月到 11 月初,英国可用的飞行员数量增加了大约 40%,而德国的则减少了近 25%。[1] 这正是丘吉尔那句著名的话的灵感来源:"从未有这么多的人欠下这么少的人这么大的债。"[2] 实际上,参与的人数并不少。虽然飞行员的数量是有限的,但整个空军系统,包括观测、支援、维修、基础设施修理等职能,

---

[1] Bungay, *The Most Dangerous Enemy*, pp. 368–369; and Overy, *The Battle of Britain*, pp. 159–163.

[2] Hastings, *All Hell Let Loose*, p. 93.

第三章 第二次世界大战

涉及近 50 万人。①

然而，将这一时期仅视为空战的时期是一种误解。丘吉尔曾有一句话，当时并未公之于众："在战争期间，唯一让我感到恐惧的是 U 形潜艇的威胁。"英国依赖从美国和非洲发送的物资来支撑战争努力；向苏联提供的租借物资同样需要海上运输线；而且，向英国输送美军及装备，为 D 日及随后的德国入侵做准备，同样需要安全的海上通道。但在战争的很长一段时间里，大西洋航线的安全是令人担忧的。

随着法国陷落，德国潜艇的活动范围便不再仅限于北海，其有限的航程以及英吉利海峡的雷区曾使它们难以威胁大西洋航线。但通过使用法国的大西洋港口，它们显著提高了盟军船只的损失率——大约是 1939 年的两倍，也大约是盟军造船速度的 3 倍。德国 U 形潜艇还从"狼群"战术中受益，通过小组行动，能够监视广阔的海域，然后根据岸基无线电的指示去拦截盟军船只。这意味着一旦探测到任何一支运输船队，就会有数艘潜艇准备好在适当的时机击沉运输船。

尽管德国领导层对潜艇战役的战略效益抱有疑虑，②

---

① Bungay, *The Most Dangerous Enemy*, p. 379.

② Evan Wilson and Ruth Schapiro, "German Perspectives on the U-Boat War, 1939-1941," *Journal of Military History* 85（April 2021）: 369-398.

但是，大西洋之战的初期阶段对盟军而言却极为不利。① U形潜艇效能的两次显著提升分别发生在1940年下半年法国沦陷后和1942年美国参战后。那时，德国毫不犹豫地攻击任何地方的美国船只，尽管在此之前已针对美国宣称的西大西洋中立区的船只进行了攻击。② 然而，到了1942年初，美国在本国近海或其他地区尚未优先考虑实施护航队概念，这主要是因为海军作战部长金上将更倾向于太平洋战区，这与官方的整体战略不符。③ 为了继续向英国和苏联输送物资，并为美军跨海直接攻击德国做准备，改变大西洋战役的局势显得至关重要。

五、决定性的1941年

到1940年底，德国和日本都占据了强势地位。尽管德国经过数月的努力未能使英国投降，但在军事上仍取得了巨大进展。同时，受西方封锁的加强——特别是对其在中国行动的制裁——日本正面临经济短缺，迫切需要采取措施缓解这一困境。至于轴心国另一成员意大利，也开始在军事上捞取自己的好处。

---

① Keegan, *The Second World War*, pp. 105-119.
② Ibid., p. 107.
③ Phillips Payson O'Brien, *How the War Was Won* (Cambridge: Cambridge University Press, 2018), pp. 230-242.

第三章 第二次世界大战

1941年，20世纪战争史上最为重大的两个错误接连发生，分别由德国和日本所犯。6月22日，德国出人意料地进攻了苏联，背叛了他们曾经的盟友，这一行动甚至让最大的怀疑主义者约瑟夫·斯大林都难以置信。而到了12月7日，日本不仅偷袭了珍珠港，同时还对菲律宾、关岛、威克岛、中国香港、马来半岛和中途岛①发动了几乎同步的攻击。

对于攻击者而言，事态初期似乎进展顺利——德国入侵苏联后的几周内，日本则可能是几个月。但局势终将发生转变。在这两种情况下，德国和日本的失败并非一开始就注定，但随着时间推移，这种可能性逐渐增大。通过这些攻击行动，德国和日本实际上确保了全球制造业输出近一半的两个国家——美国和苏联（根据耶鲁大学历史学家保罗·肯尼迪的估算，1938年这两国占全球总量的46%）成为它们的敌人。加上大英帝国，世界上3个GDP最高的国家现在都将与它们对抗，这场战斗实际上是一场日益升级的生存之战。②

1941年春，墨索里尼企图模仿希特勒，吞并周边领

---

① 1941年12月7日，日本对珍珠港的突袭标志着太平洋战争的爆发。当天日本军队还几乎同步对菲律宾、关岛、威克岛、中国香港和马来半岛发动了攻击，意图迅速削弱盟军在亚太地区的军事力量，并确立战略优势。然而，作者将中途岛放在此处似乎不妥。中途岛战役发生于1942年6月4日至7日，是美国海军对日本扩张的一次重要反击，标志着太平洋战争转折点的到来。——译者注

② Kennedy, *The Rise and Fall of the Great Powers*, pp. 330-332.

现代战略家必读军事史：1861年以来美国的主要战争

土。在已经控制了北非的利比亚和埃塞俄比亚之后，他将目标转向希腊，希望为以往战争的失利赢回一些荣誉。但由于军事准备不足，墨索里尼在希腊的行动基本上是失败的。与此同时，希特勒也面临困境，他感到自己的南翼存在潜在的脆弱性。从心理和政治上讲，任何法西斯国家的挫败都将对他试图引领的地缘政治变革产生不利影响。从军事上讲，希腊可能与英国结成更紧密的联盟，甚至可能为英国提供空军基地，威胁到德国在罗马尼亚的石油和南斯拉夫的矿产资源。因此，希特勒决定亲自解决希腊的问题，并在意大利军队在北非面对英军可能失败时给予支援。3月末，当塞尔维亚民族主义者对其亲德的南斯拉夫政府发动政变时，希特勒也决定占领南斯拉夫。德军与南斯拉夫庞大但陈旧、分散且领导不力的部队对抗的结果比一年半前的波兰入侵更为悬殊。德国同时进攻希腊，虽然遇到了更多抵抗，但很快也取得胜利。[①]

历史学家兼战略家——曾一度对纳粹表示同情的 J. F. C. 富勒谈及这一系列胜利时写道：

> 随着克里特岛被占领，希特勒的一连串征服堪称史无前例，没有任何一位将军能在如此短的时间内完成。他用27天攻克波兰，1天征服丹麦，

[①] Hastings, *All Hell Let Loose*, pp. 120-124; and Keegan, *The Second World War*, pp. 127-158.

第三章 第二次世界大战

23天占领挪威,5天攻陷荷兰,18天内征服比利时,39天击败法国,12天征服南斯拉夫,21天攻占希腊,以及11天占领克里特岛。①

1941年6月22日,德国在一条广阔的战线上向苏联发动了进攻,这一打击震惊了克里姆林宫,甚至导致其陷入瘫痪。目前尚不清楚巴尔干战役是否真的延缓了这一行动;潮湿的地形可能同样是一个重要原因。② 约有300万德军以及来自德国盟国的50多万士兵参与了此次进攻,他们分别沿着3个方向发起了进攻:波罗的海、波兰东部通往莫斯科的道路以及乌克兰。他们面对着大约250万苏联士兵,占其总军事规模的近一半,以及1万辆坦克和8 000架飞机(相较之下,德国仅动用了大约3 000辆坦克)。③

德军进攻的基本作战概念相对简单——利用在温暖干燥的俄罗斯夏季进行越野作战的能力,对苏联前线部队的各个单位进行闪电战式的快速部署和包围。一旦装甲师和机械化师将苏军阻隔开,德军步兵就可以紧随其后,逐一打击孤立无援的苏军各师。但是,正如在法国的战役中一样,步兵和工兵在炮兵和空中力量的支援下,往往能在初

---

① Fuller, *Decisive Battles of the Western World*, p. 420.
② Fritz, *The First Soldier*, p. 122.
③ Robert Forczyk, *Tank Warfare on the Eastern Front, 1941–1942* (Barnsley: Pen and Sword Military, 2021), pp. 4, 22–37; and Hastings, *All Hell Let Loose*, pp. 141–144.

期突破有准备的防御工事。①

在最初的时日里,苏军毫无准备,而斯大林对德国的背叛感到难以置信,其结果是毁灭性的。大量苏联飞机被摧毁,数十万苏联士兵被杀或被俘。到了7月中旬,希特勒深受鼓舞,他指示德国军工集中精力建造打击英国及其补给线所需的舰船和飞机,因为他相信击败苏联所需的装甲部队和短程飞机已经不需要额外援助。他预计在8月份取得胜利。② 希特勒并不是唯一一个作出这种评估的人;就像年轻的康多莉扎·赖斯(Condoleezza Rice)在20世纪80年代早期所写的:"在早期阶段,苏联军队表现得非常糟糕,以至于西方情报机构估计莫斯科将在4周内陷落。"③ 希特勒邪恶的计划是瓜分和摧毁苏联,占领其领土一直到乌拉尔山脉,杀死苏联的一部分人口,并让剩余的人挨饿,这些计划几乎成功完成。④ 即使到了夏末,情况稍微有所缓解,但德国仍然保持着优势。从大约8月25日持续到9月26日的基辅战役仍然是德国取得的一次巨大胜利。到了夏末,除了伤亡士兵外,苏联军队还有150万士兵被德国俘虏,这一数字令人震惊。⑤

---

① House, *Combined Arms Warfare in the Twentieth Century*, pp. 129–130.
② Ullrich, *Hitler*, p. 195.
③ Condoleezza Rice, "The Making of Soviet Strategy," in *Makers of Modern Strategy*, p. 671.
④ Weinberg, *A World at Arms*, pp. 264–270.
⑤ Fuller, *Decisive Battles of the Western World*, pp. 432–434.

第三章 第二次世界大战

但是，希特勒和他的将军们经常表现出优柔寡断，试图一口吃个胖子——既要列宁格勒和波罗的海国家，又要基辅和乌克兰及其农田，还要高加索及其油田，再加上明斯克，最终还有莫斯科，计划中还有对苏联政府的致命打击。他们过度拉伸了自己的力量。然后，他们时间不够了，天气也不再适宜。斯大林最终找到了一些幸存的出色将领，首当其冲的是格奥尔吉·康斯坦丁诺维奇·朱可夫（Marshall G. K. Zhukov）元帅，他在列宁格勒和莫斯科周围组织了大规模的防御。尽管面临着极大的困难，但这些城市的平民仍然为修筑战壕作出了贡献，幸存的苏联士兵也被召集起来坚守阵地。与德军部队相比，苏联部队的装备和服装更胜一筹。德军部队远离他们的家乡和补给基地，先是被雨淋湿，然后是被冻伤，这让他们行动受阻。苏联部队则坚守阵地。到了10月和11月，德军既没有足够的时间、物资或兵力，也没有足够的过冬装备（包括冬衣、靴子、手套、温暖的帐篷，以及能让他们停放和修理坦克等设备的温暖地方——用来确保士兵的皮肤不会与金属冻在一起，发动机油和液压油不会凝固，电池中的水不会结冰，车辆内的橡胶管不会破裂……）。最终，苏联部队不仅能够坚守阵地，甚至还能在莫斯科周围发起反击。[1]

截至年底，德国的伤亡人数达到100万左右。苏联的

---

[1] Forczyk, *Tank Warfare on the Eastern Front*, pp. 169–170; Fritz, *The First Soldier*, pp. 200–234.

现代战略家必读军事史：1861年以来美国的主要战争

损失要高得多——包括被俘虏的、死伤的士兵，总数可能接近惊人的300万。① 但是，苏联在1941年成功地避免了彻底崩溃，他们得以动用庞大的资源——包括地理纵深、人力、工业，以及通过《租借法案》获得的盟国援助。与俄罗斯熊争斗，如果不能及时制服对手，就可能适得其反。而希特勒未能达到这个标准。

希特勒攻击苏联并期望在几个月内获胜的豪赌差一点就赌赢了。换句话说，德国几乎在冬季来临前夺取了首都（然而，在军事方面，希特勒常因将军队分成三条线而非只集中于一条线而受到批评，但即使成功占领任何一个地区或城市，甚至是莫斯科，是否会确保苏联的投降，目前尚不清楚）。第二次世界大战的结局并非必然的，尤其是在这个时刻。然而，苏联在1941年挺过来了，现在可以看作希特勒末日的开端。②

在世界的另一端，日本即将于1941年12月7日进攻美国，这是20世纪战术上最成功，但也许是战略上最愚蠢的行动之一。

太平洋战争在这个时候已经全面展开。事实上，太平洋战争可以追溯到1937年，当时日本军队利用北京附近卢沟桥（又称马可·波罗桥）的一次小事件入侵中国北部和

---

① Fuller, *Decisive Battles of the Western World*, p. 446.
② Keegan, *The Second World War*, pp. 173–208; Hastings, *All Hell Let Loose*, pp. 165–182.

第三章 第二次世界大战

沿海地区（他们并不满足于占领长城以北的中国东北地区，日本在那里已经占领6年之久）。1937—1938年，在上海和南京发生了极其残酷和血腥的战斗（其中包括日军对中国平民的大屠杀）。①

在20世纪30年代末期，美国虽然力图将其在远东的参与度降至最低，但对中国仍表现出强烈的同情，对日本的不满情绪也与日俱增。② 随着日本的侵略行为不断加剧，西方国家也加大了对其制裁的力度。1941年7月，日本占领法属印度支那后，美国、英国和荷兰联合禁止向日本出口石油和铁矿石，这一决定产生了重大影响。③ 这些制裁威胁到了日本作为现代工业经济体的基本运转。然而，日本并没有反思其侵略行为，也没有放弃任何已经占领的领土，而是选择了孤注一掷。

日本领导人选择袭击珍珠港，以及美国在西太平洋和东南亚的许多其他领土和关键地区，他们赌的是他们能够让美国暂时退出太平洋，然后巩固对更广泛地区的关键岛链的控制。他们认为，当美国重建海军时，日本将已经建立了一个几乎无懈可击的防御工事系统，使美国很难进行报复。在这种情况下，华盛顿可能会将战术上失败后的克

---

① Richard B. Frank, *Tower of Skulls: A History of the Asia-Pacific War, July 1937–May 1942* (New York: W. W. Norton and Company, 2020), pp. 1–127.

② Nolan, *The Allure of Battle*, pp. 530–532; and Tuchman, *Stilwell and the American Experience in China*, pp. 176–244.

③ Kennedy, *The Rise and Fall of the Great Powers*, p. 303.

制视为更明智的选择，并将更广泛的地区让给日本。无论美国及其盟友随后是否解除制裁，日本都将在其设想的"大东亚共荣圈"中获得所需的石油和其他关键资源，同时保持对足够的土地的控制，以便将来能够将人口扩展到中国的部分地区。① 一些日本领导人更倾向于采取更谨慎的策略，认为袭击美国领土会使日本和美国两者之间无法达成战争的任何妥协结果。但日本海军司令山本五十六上将及其更具侵略性的同胞们最终占了上风。②

这一宏伟的战略构想得益于引人瞩目的军事技术革新。在两次世界大战之间，日本在航空母舰和飞机的发展方面取得了巨大进步。幸运的是，美国也取得了同样的进步。与英国不同，美国海军在追求这种能力方面并没有受到美国空军（当时尚未成立）的限制。关键人物，如威廉·阿杰·莫菲特（William Adger Moffett）上将③的领导，推动了弹射器和拦阻系统等技术的试验、改进和发展，这些技术的进步为在1941年之前建造大量航空母舰和飞机奠定了基

---

① Weinberg, *A World at Arms*, pp. 166-170.
② Ibid., pp. 258-260.
③ 威廉·阿杰·莫菲特（William Adger Moffett, 1869-1933）美国海军上将，被认为是美国海军航空兵的缔造者。莫菲特在美国海军的职业生涯中，特别强调了航空技术在海军战略中的重要性。20世纪20年代至30年代，他在初担任海军航空局局长期间，推动了航空母舰的发展，并对海军航空兵的组织结构和训练体系作出了重要贡献。——译者注

第三章 第二次世界大战

础。最终，这可能引发了一场军事革命。① 但在这场革命发生时，日本将率先发声。

德国并未得知其轴心国伙伴的袭击计划（由东条英机政府在上台不到两个月后执行）。具有讽刺意味的是，美国通过魔术计划②及其解密设备解码了日本的通信信息，因此反而了解得更多。虽然认知失调（或者说，半个世纪后9·11委员会③所说的"缺乏想象力"）使其无法相信袭击会针对美国本土，但希特勒确实推断出即将发生重大事件。希特勒虽未必会建议这次袭击，但他也认为这么做有利于将美国的注意力从大西洋分散到太平洋战场，同时还更能让德国在大西洋进行无限制的反潜作战，以打击盟军

---

① Geoffrey Till, "Adopting the Aircraft Carrier: The British, American, and Japanese Case Studies," in *Military Innovation in the Interwar Period*, pp. 210-226.

② 魔术计划（"Magic" program）即第二次世界大战期间美国实施的一项高度机密的密码破解计划。美国密码专家成功破解了日本使用的几种主要加密系统，其中包括日本外交的"紫色"密码机所使用的加密方法，对美国和盟军在太平洋战区的战争起到了关键的支持作用。——译者注

③ 9·11委员会，即美国"9·11"独立调查委员会（9/11 Commission, 全称为 National Commission on Terrorist Attacks Upon the United States）成立于2002年，目的是彻底调查2001年9月11日对美国的恐怖袭击事件。2004年7月22日，该委员会发布了《9/11委员会报告》，该报告详细描述了恐怖袭击的背景、策划和执行过程，以及美国的反应和情报失误。"缺乏想象力"在该报告中指美国对恐怖主义威胁认识不足和反应迟缓，以及情报和安全机构之间的信息共享不畅。详见 https://www.9-11commission.gov/report/911Report.pdf。——译者注

的护航运输队。①

根据1940年9月签署的《德意日三国同盟条约》，希特勒进一步加强了对日本和意大利的安全保证，认为如果日本卷入与美国的战争，德国有义务参战。他的情绪化一面强化了这种想法，此时他已经对美国及其总统产生了相当大的蔑视。有趣的是，日本从来没有因为苏联与德国交战就觉得有义务攻打苏联。②

除了在航母作战方面取得突破，日本还探索了远程海上伏击作战的其他方面。当时的侦察系统仍然主要依赖于中程飞机进行目视侦察。这意味着，远离陆地的公海水域中，隐藏在云层中的舰队可以长时间不被发现，尤其是如果它们远离主要航道的话。而日本已经掌握了一种能让舰队藏匿在风暴中的技艺，这些风暴以与舰队相近的速度横跨太平洋向东移动，非常便利。此外，日本还在海上加油作业方面下了很大功夫。

在这样的方法和战术下，山本五十六海军上将可以派遣一支无线电静默的特遣部队——其中包括6艘航空母舰，悄然穿越半个太平洋而不被发现（日本总共拥有10艘航空母舰，其中最现代化的航空母舰约重3万吨，几乎相当于

---

① Fritz, *The First Soldier*, pp. 218–219; and Evan Mawdsley, *The War for the Seas: A Maritime History of World War II* (New Haven: Yale University Press, 2020), pp. 154–169.

② Shirer, *The Rise and Fall of the Third Reich*, pp. 871–887.

第三章　第二次世界大战

现代美国航母的 1/3，航程达 11 000 英里，最高时速近 40 英里）。这支舰队拥有 360 架飞机，包括著名的零式战斗机以及"瓦尔"（九七舰攻）和"凯特"（九六舰攻）轰炸机。①

　　山本的舰队从日本北部的千岛群岛附近出发，经由向北的航线接近夏威夷。它靠近了离夏威夷只有几百英里的地方，却没有引起怀疑。12 月 7 日上午，夏威夷的岸基雷达探测到了日本飞机，但这些飞机被误认为是同一天从美国本土抵达的 B-17 轰炸机，因此被忽略了。通过所谓的魔术计划和其他形式的情报，美国在密码学方面拥有足够的优势，因此怀疑其中必有蹊跷，但预计袭击地点是亚洲，而不是夏威夷。瓦胡岛上的整个基地系统毫无准备，因为那天是周日上午，离岸休假和晚起是常态。此外，日本潜艇也参与了进来。日本的武器包括设计用于浅水作战的新型鱼雷，以及设计用于穿透坚固装甲的新型弹药。②

　　幸运的是，事态并未演变至最糟糕的情形。在那一天，3 艘美国太平洋航空母舰均未在瓦胡岛港口停泊（其中 2 艘平时驻扎在珍珠港；当时美国全球共有 7 艘）。③ 港内的 8 艘战列舰中，仅亚利桑那号与俄克拉荷马号在袭击中遭到不可挽回的破坏。虽然总体上损失巨大，18 艘舰艇受

---

① Frank, *Tower of Skulls*, pp. 275-291.
② Boot, *War Made New*, pp. 241-267; and Evan Mawdsley, *The War for the Seas: A Maritime History of World War II* (New Haven: Yale University Press, 2020), pp. 170-185.
③ Boot, *War Made New*, p. 254.

损,大约350架美军飞机遭到严重破坏或毁灭,逾2 400名美国人牺牲,但岸上基础设施基本未受影响,大部分主要舰艇及所有潜艇得以幸存,大西洋舰队也完好无损,更不用说美国本土的强大工业能力依旧未受影响。①

山本五十六虽取得初步成功,内心却难言满意。他深知美国国力,始终忧虑一旦美国全力投入战争,到了第二、第三年,必将成为日本的强大敌手。②尽管如此,他和日本军事力量还是在战区内取得了一些成果:他们出其不意地在菲律宾击败了道格拉斯·麦克阿瑟将军,在珍珠港袭击次日(确切来说是当地时间10小时后),摧毁了驻菲美军基地跑道上的大部分飞机,共计150架;接着攻占了关岛、威克岛和香港;并且在新加坡外海,利用远程陆基航空兵力击沉了两艘英国战舰——威尔士亲王号和反击号。③

珍珠港事件虽令罗斯福总统和广大美国民众愤慨,但该事件及其后续发展简化了他的领导使命。罗斯福及其国务卿科德尔·赫尔(Cordell Hull)(美国历史上任职最久的国务卿,从1933年3月至1944年11月)在事件前就越发坚信,美国不可避免地将与日本和德国开战;正如威廉·

---

① Walter R. Borneman, *The Admirals: Nimitz, Halsey, Leahy, and King—the Five-Star Admirals Who Won the War at Sea* (Boston: Little, Brown and Company, 2012), p. 222; and Boot, *War Made New*, pp. 241–246.

② Mawdsley, *The War for the Seas*, p. 179.

③ 1941年12月10日,日本海军航空兵利用陆基航空器对这2艘战舰进行了攻击。英国战舰没有航空掩护,而且对空防御不足,成为容易袭击的目标。——译者注

第三章　第二次世界大战

夏伊勒所述："珍珠港的轰炸使他们摆脱了第一个难题,而他们手中的确切情报让他们相信,那位冲动的纳粹领袖将使他们摆脱另一个。"希特勒在12月11日对罗斯福和美国进行了猛烈抨击,并在国会大厦的演讲中作出了对美宣战的命运决定。夏伊勒进一步指出,希特勒对美国及其民众的憎恨日益加深,更糟的是,他长期严重低估美国的潜力。① 日本领导层同样如此。当月,德国、意大利和日本签署了额外协议,承诺不单独与美英寻求和平。夏伊勒还观察到:"仅仅半年前,阿道夫·希特勒只面对一个四面楚歌的英国,自认为胜券在握,如今却刻意选择与世界上三个最大的工业强国为敌,参与一场最终依赖于经济力量的军事斗争。"②

到了1941年12月,欧洲战场的战斗逐渐减缓。到了1941年底,战线基本稳定。被形象称为"一月将军"和"二月将军"的恶劣天气,帮助受困的苏联军队抵抗德军的侵袭。

然而,当1941年过渡到1942年初的太平洋战区时,局势依然动荡不安。日军展现出了顽强和创新,在茂密的丛林中依然能有效行动,于1月和2月迅速占领了马来半

---

① Shirer, *The Rise and Fall of the Third Reich*, pp. 894-895; Richard Overy, *Blood and Ruins: The Last Imperial War, 1931-1945* (New York: Viking, 2022), pp. 168-169.

② Ibid., p. 900.

267

岛和新加坡。这是英国历史上最为震惊的一次失败，超过10万来自英国、印度、马来亚①和澳大利亚的士兵被俘虏。英军此前一直将东南亚战区视作一处"经济用兵"的地方，他们的这种策略在1941年末到1942年初遭到了惨痛的打击。② 荷兰人在保持其荷属东印度群岛（现代印度尼西亚）的控制上更是力不从心，到了3月，日军也成功地占领了该群岛的关键岛屿。在1942年初发生的巴丹死亡行军中，③ 原本驻扎在菲律宾的美国军队被一支规模不大但极为有效的日本侵略军所孤立、智取，并最终因饥饿而被迫投降。

在进攻锡兰（斯里兰卡）和澳大利亚的行动中，日本的征服达到了极限，这两个地区都未对日本构成实质性威胁。总体而言，到1942年3月和4月，整个西太平洋及东南亚地区基本成为日本势力范围。④

---

① 马来亚（Malayan）是指位于东南亚的一个地区，包括现今的马来西亚西部以及新加坡。这一地区因其丰富的天然资源和战略位置，历史上曾是多个殖民势力的竞争焦点。——译者注

② Richard B. Frank, *Tower of Skulls: A History of the Asia-Pacific War, July 1937–May 1942* (New York: W. W. Norton and Company, 2020), pp. 348–384; Mawdsley, *The War for the Seas*, pp. 170–197; and Keegan, *The Second World War*, pp. 256–267.

③ 发生于1942年4月。在菲律宾半岛的巴丹，美国和菲律宾的军队在长时间的围困后向日本军队投降。这些战俘被迫进行了长达65英里（约104公里）的行军，从巴丹转移到位于圣费尔南多的集中营。在行军过程中，士兵们遭受了极端的虐待、饥饿和疾病，许多人因体力透支而死亡或被杀。——译者注

④ Mawdsley, *The War for the Seas*, pp. 170–197.

第三章　第二次世界大战

在回顾 1941 年的战争时，北非战区不容忽视。这一年，"沙漠之狐"德国将军埃尔温·隆美尔抵达北非，指挥德国及轴心国军队。在此之前，意大利军队在该地区取得了初步胜利，直到英军取得优势。对英国而言，这片广阔的战场是其试图保留在埃及、伊拉克和索马里的殖民地，并通过苏伊士运河保持与印度通信联系的关键地区。英国有时会混淆击败希特勒的重要性和维护其自身骄傲及帝国统治的重要性。对法国而言，无论是维希政府还是自由法国力量，这里是其殖民统治的核心地带，包括摩洛哥、阿尔及利亚和突尼斯，也是直接连接法国南岸的关键区域。对于尚未参战的美国，北非将成为向南进攻欧洲、击败希特勒的潜在跳板，尽管美国对这一选择的关注度可能不如英国或苏联。对意大利而言，这里是其殖民野心的舞台，特别是在利比亚和埃塞俄比亚。而对德国来说，这里的直接利益相对较小。但当意大利遭遇困境时，德国就会关注其动态，因为希特勒在乎的是观感和声势。

在 1940 年初期取得一些成功之后，意大利确实给自己及其主要盟友制造了不少麻烦。1940 年 11 月，英国飞机对停泊在塔兰托的三艘意大利战列舰进行了轰炸，其中一艘

现代战略家必读军事史：1861年以来美国的主要战争

遭受了无法修复的重创。① 此后，英国增强了广泛的地面力量，成功地挫败了意大利在非洲之角及北非的军事部署。② 1941年初，英国和自由法国军队还成功扭转了伊拉克的政变，并将维希法国军队驱逐出黎凡特地区。③

1941年2月，隆美尔及德军的到来使北非战场的势头转向对轴心国有利的方向。但到了1941年末，局势再次变化，英国指挥官克劳德·奥金莱克将军④的成功反攻迫使隆美尔从托布鲁克和昔兰尼加（东利比亚）地区撤退。1942—1943年，北非战区的局势又经历了几次波动。⑤

这些反复并不意外。主要参战国视北非为重要战场，但并非决定性战场，因此未全力投入。加之地形特点允许快速机动，战场形势变化迅速。各军队尝试跃进至不同港口补给，并利用雷区、佯攻、伏击等战术截断及困扰敌军。

---

① 塔兰托战役（Battle of Taranto），发生于1940年11月11日，英国皇家海军袭击了意大利海军基地塔兰托。此次夜间突袭中，英国航空母舰"光荣"号（HMS Illustrious）派出了剑鱼式鱼雷轰炸机对塔兰托港内的意大利皇家海军战列舰进行了轰炸，击沉、击伤意大利海军战列舰3艘、巡洋舰2艘、驱逐舰2艘。此役不仅展示了航空力量在现代海战中的巨大威力，同时还削弱了意大利海军的战斗力，对盟军在地中海战区的战略布局产生了深远影响。——译者注

② Weinberg, *A World at Arms*, pp. 205-215.

③ Keegan, *The Second World War*, pp. 320-336.

④ 克劳德·约翰·艾尔·奥金莱克（Claude John Eyre Auchinleck, 1884-1981），英国军队将领，陆军元帅。其军旅生涯跨越了两次世界大战，在第一次世界大战中，曾在埃及美索不达米亚服役。第二次世界大战中，曾担任英国中东指挥部的指挥官，指挥了北非战役中的几场关键战斗。——译者注

⑤ Keegan, *The Second World War*, pp. 338-339.

第三章　第二次世界大战

直至 1942 年，美国与英国将北非定为重点战区，国家实力（capacity and power）的根本要素才开始持续且决定性地推动北非战区的战斗态势朝着单一方向发展。

在 1941 年 12 月 8 日以及之后的日子里，美国人眼中的世界格局值得我们仔细思考。直至那时，许多美国人仍然抱有避免直接参与世界大战的希望。1941 年夏，罗斯福总统请求国会延长 1940 年实施的为期一年的征兵法案，这一请求仅以一票之差在众议院通过。① 珍珠港事件之后，与日本乃至德国的战争变成了不可避免的事实。美国民众既感到愤怒又感到恐惧，有些人甚至担忧美国本土可能面临威胁，虽然远程飞机、装备核弹头的导弹和入侵的军队在当时要么是未来事物，要么是地理上的不可能，但无法完全排除潜艇或者航空母舰编队绕开侦测、横跨太平洋发动攻击的可能。因此，全国，尤其是沿海人口密集地区处于高度紧张状态，人们对加利福尼亚的航空工业等潜在的日军攻击目标格外关注。军队被部署至关键的基础设施和工业地点，考虑到日军可能对本土发动突袭，弹药库存被细致评估，甚至有虚假的日本舰队接近的报告被美军指挥部发布后又被证实为错误。② 人们忧心忡忡。

随着 1941 年过渡到 1942 年，丘吉尔访问了华盛顿的罗斯福。他们参加了后来被称为"阿卡迪亚"的会议。但

---

① Fullilove, *Rendezvous with Destiny*, p. 325.
② Tuchman, *Stilwell and the American Experience in China*, pp. 279-280.

现代战略家必读军事史：1861年以来美国的主要战争

在会议前的私人访问中，罗斯福不经意间看到了在浴室的丘吉尔，丘吉尔裸体出现在罗斯福面前。丘吉尔告诉罗斯福，他没有什么要对美国总统隐藏的。在更深层次和战略层面上，阿卡迪亚会议①重申了"先德后日"的策略，这一策略一年前在美英 ABC 计划会议②上就已提出，即便在珍珠港事件后，美国仍支持这一点。德国对欧洲的威胁被视为比日本对任何主要盟国的威胁更为严重和具有战略性，这合乎逻辑。

此外，在阿卡迪亚会议上，还设立了参谋长联席会议制度，为未来几年强有力的英美合作奠定了基础。这一体系也为包括何时何地入侵欧洲大陆在内的众多战略辩论提供了平台。美国倾向于当时被称为"波莱罗行动"

---

① 阿卡迪亚会议（Arcadia Conference），是第二次世界大战中的第一次重要的盟军战略会议，于1941年12月至1942年1月在华盛顿特区举行。这次会议是美国总统富兰克林·罗斯福和英国首相温斯顿·丘吉尔首次战时会晤，标志着美国与英国在战略层面的紧密合作的开始。会议的主要成果包括确立了"欧洲优先"（Europe First）战略，即集中主要力量先击败纳粹德国，同时维持对日本的防御态势。——译者注

② 即 ABC Plans 又称"'ABC-1号'计划"、《ABC-1参谋协定》。面对德国法西斯在欧洲侵略扩张得手，并威逼英吉利海峡的紧急局势，自1941年1月29日至3月27日，英美两国军队总参谋部的代表在美国首都华盛顿经过反复讨论协商后，签订了《ABC-1参谋协定》。协定中规定，一旦美国参加对德国和日本的战争，英美两国将采用封锁、轰炸和颠覆等办法首先击败法西斯德国，然后再来共同对付日本。由于当时美国名义上还是中立国，故此次会议和签订协定都是在秘密状态下进行的。——译者注

的计划，① 即在英国准备一个重要的集结基地，随后在 1943 年进行围捕行动，届时美英军队将在北欧登陆。② 这一思路最终演变为 1944 年的霸王行动。③ 但在早期，英国更倾向于聚焦地中海乃至巴尔干半岛，并在争论中占据上风。因此，1942 年末在北非展开了火炬行动（Operation Torch）。④

六、1942 年至 1943 年初的重大转折点

到 1942 年末，第二次世界大战还有两年半才会结束，战局远未明朗。但到那年年底，尤其是随着 1943 年初苏联战场的进展，整体战势显著转变。胜利尚未尘埃落定，但德国赢得对苏联的决定性胜利的可能性，特别是在斯大林

---

① "波莱罗行动"（Operation Bolero）是第二次世界大战期间美国在英国建立的大规模军事集结和补给行动，目的是为美军向欧洲大陆部署兵力和物资提供支持。该计划涉及大量兵力和装备的转移、基础设施建设，以及为未来的欧洲大陆登陆行动做准备，尽管最初计划于 1943 年在北欧登陆，实际上转变为 1944 年的诺曼底登陆。——译者注

② Atkinson, *An Army at Dawn*, p. 12.

③ "霸王行动"（Operation Overlord）实际上就是诺曼底登陆的官方军事代号。这次行动指的是 1944 年 6 月 6 日盟军在法国诺曼底地区的广泛登陆作战，这一天也被广泛称为"D 日"。霸王行动是对德国占领的欧洲西部地区发起全面反攻的开始，目标是建立一个强大的海上桥头堡，为进一步解放法国及其他西欧国家铺路。这场行动是第二次世界大战中最关键的转折点之一，是盟军最终战胜纳粹德国的决定性步骤。——译者注

④ Maurice Matloff, "Allied Strategy in Europe, 1939–1945," in *Makers of Modern Strategy: From Machiavelli to the Nuclear Age*, pp. 677–692.

现代战略家必读军事史：1861 年以来美国的主要战争

格勒战役①和高加索战役②之后，似乎已经烟消云散。日本在中途岛、珊瑚海战役及随后在瓜达尔卡纳尔岛和所罗门群岛的连胜势头也戛然而止。在中东和地中海/北非地区，"沙漠之狐"隆美尔的连串胜利最终化为败绩，1942 年末，大批美英军队已在这一地区成功登陆。虽然该战区仍充满变数，但轴心国构建从北非经中东至高加索连续控制区的梦想已成泡影。

1941 年 8 月，尚未参战的美国和其盟国通过《大西洋宪章》，决心要求战后德国解除武装。到了 1943 年 1 月，在摩洛哥的卡萨布兰卡，盟国们更进一步，提出了无条件投降的要求。③ 这无疑提高了战争的赌注。考虑到工业实力、人力和地理广度，苏联、英国及其帝国和美国这三大战争机器的联合，形成了一个力量巨大的联盟，德国和日本在任何合理的预测下都难以匹敌。而且，美国正在加速发展的原子弹——战争中的"银弹"，为同盟国增添了决定性的优势。

---

① 斯大林格勒战役（Battle of Stalingrad，1942 年 7 月 17 日至 1943 年 2 月 2 日），又称斯大林格勒保卫战，是第二次世界大战中，苏军为保卫斯大林格勒（今伏尔加格勒）和粉碎斯大林格勒方向的德军重兵集团，于 1942 年 7 月 17 日至 1943 年 2 月 2 日实施的一系列战略性攻防战役。——译者注

② 高加索战役（1942 年夏季至 1943 年冬季）是第二次世界大战东线的一场重要战役，纳粹德国企图通过此战役夺取苏联的石油资源，以支持其战争机器。德军计划从斯大林格勒南侧向高加索地区进军，目标是占领位于巴库的油田，这对德国战略具有至关重要的意义。——译者注

③ Shirer, *The Rise and Fall of the Third Reich*, p. 904.

第三章 第二次世界大战

然而，1942年的战争充满了变数，直到年底战局才开始变得明朗，但在那年的大多数时间里，德国和日本的战争计划似乎仍充满希望。

到1942年底，东欧和苏联战区仍是全球战斗最为激烈的主战场。一条从波罗的海延伸到黑海的南北长战线基本保持稳定。此时，苏联的重工业已大多迁移到乌拉尔山以东，大规模生产战争装备，大批俄罗斯青年受动员入伍，形成了高达400个战斗师。德国方面，1942年初春其军队比作战序列所需少了约60万人。[1] 德国一年前试图全面击败苏联的计划不得不大幅压缩。

尽管如此，德国还是占据了巨大的优势。自1941年的攻势以来，德国控制了苏联西部大片领土，这里居住着近半数的苏联人口，生产着近一半的食品，还有50%—65%的煤炭和金属资源。希特勒的1942年目标是利用这些优势，征服苏联位于黑海与里海之间的主要油田。他的宏伟计划是让占领这些地区的德军与隆美尔等从埃及、黎凡特、土耳其、伊朗东进的部队会师，形成一个巨大的包围圈，将世界上大部分石油控制在德国手中。他还打算通过攻占或至少接近斯大林格勒来切断该地区及其油田与俄罗斯中东部和军工地带的联系，在削弱苏联的军事产能同时确保

---

[1] Keegan, *The Second World War*, pp. 220–221.

德国获取石油资源。①

到1942年夏天,德国在一定程度上实现了这些目标。德军接近了格罗兹尼和里海的许多油田,并进入了斯大林格勒地区。他们几乎有望在那一年实现一些战略目标。

大西洋战役(Battle of the Atlantic)也对德国有利,U形潜艇每月能击沉总吨位达70万吨的盟军船只。隆美尔在北非取得重大胜利,扭转了之前的失利,在1942年5月和6月将英军推至埃及的阿拉曼,距亚历山大和尼罗河仅65英里。在成功空中打击马耳他和英国地中海舰队后,隆美尔能够更加便利且可靠地从跨地中海补给线获益。②

然而,德国取得的这些成功也带来了自身的问题。尤其在苏联,德国的补给线漫长且暴露,这个西欧小国正在其东部1 000多英里外的地区维持着庞大的作战行动,而这里是其主要对手拥有巨大地域和人口优势的地方。苏联已经成功地将军工产业迁移到乌拉尔以东,大量生产T-34坦克和改进的战斗机,并得到了美国租借法案的支持。③ 在整个战争期间,美国向盟国提供了3.7万辆坦克、80万辆卡车、4.3万架飞机和近200万支步枪,到了1942年,这

---

① Shirer, *The Rise and Fall of the Third Reich*, p. 909; Keegan, *The Second World War*, p. 222.
② Shirer, *The Rise and Fall of the Third Reich*, pp. 911–914.
③ Overy, *Why the Allies Won*, pp. 1–5.

第三章　第二次世界大战

些武器开始直接输送给苏联。① 为了补偿资源和后勤的限制,德国军事策划者不得不依赖装备参差不齐的罗马尼亚、匈牙利和意大利军队来保护补给线和漫长的侧翼。希特勒日益脱离现实、过于自信和贪婪,企图同时占领东部的斯大林格勒和南部的高加索地区,即使高级将领们反对,他也不为所动。这导致德军的侧翼防御更加薄弱。

随着时间的推移,苏联军队对德军阵地的侧翼发动成功的钳形攻势,包围了第六集团军。但希特勒坚持要在斯大林格勒附近的阵地上坚守到1942—1943年的冬季,尽管长时间的激烈城市战斗未能取得决定性结果。这导致了1943年初至少20万德军在该战区的死亡或投降。

与此同时,非洲战局同样开始逆转。1942年8月,伯纳德·劳·蒙哥马利将军(Bernard Law Montgomery)和哈罗德·亚历山大将军(Harold Alexander)② 抵达埃及,随着增援部队和物资的到来,英军有能力在10月和11月扭

---

① Rick Atkinson, *An Army at Dawn: The War in North Africa, 1942–1943* (New York: Henry Holt and Company, 2002), p. 7; and Keegan, *The Second World War*, pp. 215–216, 311, 539.

② 哈罗德·亚历山大(Harold Alexander,1891年12月10日至1969年6月16日),英国军事元帅,第二次世界大战期间先后担任过师长、军长、中东战区总司令、北非战区盟军最高副司令等职务,最后升任地中海战区盟军最高司令,因在突尼斯战役中的卓越指挥荣获"突尼斯的亚历山大勋爵"称号。他在第二次世界大战中扮演了重要角色。在1940年敦刻尔克撤退中,亚历山大负责协调并成功撤离了数十万名盟军士兵,避免了潜在的重大军事灾难。——译者注

转战局。希特勒的固执和不肯面对不利现实的态度导致他要求德军在形势严峻时仍顽强抵抗，这也造成了重大的不必要损失。①

此外，大批美军首次向东进发。通过"火炬行动"，美国及其盟友对德、意在非洲的势力造成了冲击。11月，超过10万盟军部队在摩洛哥和阿尔及利亚登陆，总兵力最终超过20个师。选择摩洛哥作为目的地之一，是为了防止德国在地中海对入侵军造成干扰。盟军最初遭遇了维希法国军队的抵抗，但最终成功登陆。

1943年2月，盟军在突尼斯及其周边的阿特拉斯山脉地区与德意联军展开了决定性的较量。在凯塞林山口的战斗②中，尽管德军初期占据了优势，但随着战斗的展开，美军的有效火炮使用阻碍了德军进一步扩大胜果的努力。③

此时，这一战区对双方而言都显得尤为重要。尽管斯

---

① Shirer, *The Rise and Fall of the Third Reich*, pp. 915-921, 925-933.

② 凯塞林山口战役（Battle of Kasserine Pass），是第二次世界大战中的一次重要战役，发生于1943年2月突尼斯的凯塞林山口。这是美军在北非战场上的首次重大行动，同时也是盟军与德国及其轴心国盟友之间的关键对抗。在这场战役中，德国军队在名将隆美尔的领导下，利用盟军尚未熟悉战场和协同作战的劣势，对美军发起了突击。美军由于经验不足和防线薄弱，在战斗中遭受重创，暴露了其在战术和指挥上的明显缺陷。尽管初战不利，但凯塞林山口战役对美军来说成了宝贵的教训，促使其在后续的北非战役中大幅改进战术和指挥结构。——译者注

③ House, *Combined Arms Warfare in the Twentieth Century*, pp. 156, 165; Atkinson, *An Army at Dawn*, pp. 1-31, 339-392; and Keegan, *The Second World War*, pp. 336-343.

第三章 第二次世界大战

大林更倾向于在欧洲开辟第二战场，但他接受了这一现状，因为这意味着苏联军队不再是唯一直接对抗德国国防军的盟军力量。这场战斗为美英的新兵积累了宝贵经验，并成为检验高层军事领导力的一种机制。对于罗斯福来说，这场战斗也起到了政治缓压作用，因为他感受到美国公众对于美军迟迟未能全面投入欧洲战场的不满。

希特勒对胜利的执着导致在战略上不能将某些战区降为次要地区，或在必要时进行战略撤退，致使他在资源不足的情况下仍然加倍投入（尤其是斯大林格勒战役，最终导致德军被包围）。德国在战役初期能够向非洲的阵地增援，并在地中海进行相对顺利的补给。但最终，盟军的兵力优势和限制轴心国从欧洲至突尼斯的后勤通道的能力占了上风。在北非战役中，1942 年末至 1943 年中，双方各有 5 万至 7.5 万人伤亡，关键是盟军俘获了约 25 万轴心国战俘。[1]

北非的胜利也为盟军后续在 1943 年进军西西里岛及意大利本土创造了有利条件。轴心国在地中海及西西里岛的兵力已不足以阻挡盟军的进攻。[2] 非洲战役还推动了德怀特·D. 艾森豪威尔将军的成长，从一位几乎缺乏实战经

---

[1] Atkinson, *An Army at Dawn*, pp. 159, 536-537.

[2] Weigley, *The American Way of War*, pp. 312-325; and Weinberg, *A World at Arms*, pp. 431-447.

验的将领成长为一位经历重重考验后更加成熟和自信的指挥官。①

里克·阿特金森（Rick Atkinson）在总结北非战役时指出：

> "火炬行动"避免了美英两国过早在北欧登陆造成的灾难性后果。鉴于大西洋防线后德军众多师的部署，法国并不是一个适合登陆的地点。虽然"火炬行动"风险巨大——"这是美英两国军队在战争中进行的最大的冒险之一"，然而，它推迟了更为危险的跨海峡登陆，直到胜算增大。②

1942 年，太平洋战场的形势也逐渐发生了变化。4 月份的杜立特空袭成为一个标志性事件，这次行动中，16 架 B-25 轰炸机秘密从距离日本东部数百英里的航空母舰上起飞，轰炸了东京。罗斯福总统戏称，这些飞机是从小说中的虚构地点"香格里拉"起飞的。大多数飞行员最终在中国境内跳伞，因为日本巡逻船发现了航空母舰，导致他们不得不提前发起攻击。这次行动中，有 9 名飞行员和机组人员牺牲（其中 3 人被日本处决，还有几人后来在日本战

---

① Atkinson, *An Army at Dawn*, p. 533.
② Ibid., p. 540.

第三章 第二次世界大战

俘营中去世)。①

5月的珊瑚海战役中,美澳在新几内亚附近两支舰队通过各自的航母舰载机进行了远距离的交战。日本企图通过此战加强其在该地区的影响力,特别是试图夺取控制新几内亚东南端的莫尔斯比港,可能作为未来进攻澳大利亚或至少切断其与美国之间海上航道的前奏。尽管双方各失一艘航空母舰,战斗结果大体上是平局,但日本军队的南进野心受挫。随着时间推移,任何类似平局的结果都不利于实力较弱的日本。②

1942年在太平洋战区的另一个关键事件发生在离夏威夷相对近的中途岛。这场战斗虽然持续时间短暂,发生在6月4—7日,却异常关键。正如在珊瑚海一样,美国通过信号侦听和密码破译掌握了大量日本的意图。在山本五十六的一项不利决策下,他将舰队分散,并仅以4艘航空母舰接近中途岛,认为这足以应对预期中的美国反应,并准备以航母伏击前来保护领土的美军。

反过来,由于大致掌握了山本的位置和计划,美军率先发现了他的舰队(虽然日军飞机确实对中途岛发起了攻击,这是整个战斗的第一击)。这使美军能够在另一个方向上发起惊喜攻击,由企业号、大黄蜂号和约克城号航空母

---

① Robert Dallek, *Franklin D. Roosevelt: A Political Life* (New York: Penguin Books, 2018), p. 462; and Borneman, *The Admirals*, pp. 243-245.

② Weinberg, *A World at Arms*, pp. 333-335.

舰发射飞机，对日本舰队进行伏击。尽管美军的初始鱼雷轰炸机遭受了巨大损失且造成的伤害有限，但它们达成了一个理想的效果：使日本的防空集中于低空威胁。随后，当美军的高空俯冲轰炸机在第二波打击中接近时，只遭到了轻微的抵抗。结果，他们摧毁了3艘日本航空母舰——赤城号、加贺号和苍龙号；而第四艘飞龙号，在随后的攻击中被击沉。在这过程中，美军也失去了一艘自己的航空母舰——约克城号，在6月4日受损，6月7日被日本潜艇击沉。① 但总的来说，美军明显占据了上风———举消灭了日本航空母舰舰队40%的实力，以及2/3的大型航母，这是作为一个较小的工业强国的日本难以承受的损失。② 可能正是由于中途岛战役的成功，几乎在珍珠港事件半年后，太平洋舰队的总司令切斯特·尼米兹（Chester Nimitz）③ 上将才开始稍微松了一口气。当被问及战争中最

---

① National World War Ⅱ Museum, "The Battle of Midway," New Orleans, Louisiana, 2022, nationalww2museum.org/war/articles/battle-midway.

② Weigley, *The American Way of War*, pp. 272-280.

③ 切斯特·威廉·尼米兹（Chester William Nimitz, 1885-1966），德裔血统的杰出美国海军五星上将。1905年尼米兹从美国海军学院毕业，第一次世界大战期间担任大西洋舰队潜艇部队参谋长，并在新港海军军事学院深造，早期即认识到航空母舰的重要战略地位。1944年获授海军五星上将衔，1945年9月在"密苏里号"上代表美国签署了日本投降书。战后担任海军作战部长至1947年退役。美国为纪念尼米兹，将第一艘尼米兹级核动力航空母舰以他的名字命名。尼米兹与人合著有《海上力量：海军史》和《太平洋的胜利：海军的抗日战争》。——译者注

第三章 第二次世界大战

令他恐惧的时刻时,他曾回答说:"整整前6个月。"①

回到南太平洋战场。珍珠港袭击仅几周后,日军便轰炸并占领了新不列颠岛、图拉吉岛以及最终于5月占领的瓜达尔卡纳尔岛上的英国和澳大利亚阵地。到7月,日本人开始在瓜达尔卡纳尔岛上建设飞机跑道。一旦建成,日本就能进一步向南和向东施加影响,比起海军力量,这将更有效、持续地威胁到通往澳大利亚的关键盟军航线。②

这些动作促使美国从8月开始发起重大军事行动,试图夺回这些岛屿。这些战役在很多方面成为随后太平洋战争的一个缩影,包括两栖登陆、陆基和海基空中力量、水面战斗、丛林战以及补给和增援的努力。③ 美国海军陆战队在20世纪二三十年代为两栖突击行动开发的一些概念和改进装备在这里得到了实战检验,包括使用烟幕、昼夜登陆、不同密度部队的集结与分散以及不同程度的预备轰炸。④

8月7日,大约1万美军在瓜达尔卡纳尔岛和附近的图拉吉岛上无人阻拦地登陆。尽管登陆顺利,但随后在岛内

---

① Borneman, *The Admirals*, p. 304.
② Ian W. Toll, *The Conquering Tide: War in the Pacific Islands, 1942-1944* (New York: W. W. Norton and Company, 2015), pp. xxi -54.
③ Borneman, *The Admirals*, pp. 279-305.
④ Allan R. Millett, "Assault from the Sea: The Development of Amphibious Warfare between the Wars—the American, British, and Japanese Experiences," in *Military Innovation in the Interwar Period*, pp. 77-80.

现代战略家必读军事史：1861 年以来美国的主要战争

遭遇了日军的强烈反击。8 月 9 日的萨沃岛海战①期间，美国为了阻止日本军队破坏其初步建立的阵地，损失了数艘舰只。这场夜间的日军攻击行动非常成功，仅依靠水面战舰的鱼雷和炮火，击沉了 4 艘盟军巡洋舰，其中包括 1 艘澳大利亚巡洋舰。海军作战部长欧内斯特·金上将视这一天为战争中最黑暗的时刻。但幸运的是，由于日本舰队急于在天亮前撤离以避免可能的美军空中报复，没有继续对美军的运输船和补给船进行攻击，使得这些船只得以幸存。②

在接下来的几天、几周乃至几个月里，南太平洋地区的战斗持续激烈。有时战斗几乎是不间断的。例如，日军基地在新不列颠岛的拉包尔频繁发动空中袭击。这些袭击有时会被位于布干维尔岛③内部的澳大利亚"海岸观察员"杰克·里德和保罗·梅森发现，他们得到友好土著居民的帮助，并配备了无线电。美日双方都在不断地努力补给和

---

① 萨沃岛海战（Battle of Savo Island），也称为第一次萨沃岛海战或日方称之为"第一次所罗门海战"，发生在 1942 年 8 月 8 日午夜至 8 月 9 日凌晨。这场战斗是第二次世界大战太平洋战争中的重要海战，也是瓜岛战役中六次大规模海战的第一场。在短短 30 分钟内，日本海军利用夜战优势，对美国海军造成重大打击，以极小的代价击沉了 4 艘巡洋舰。——译者注

② Toll, *The Conquering Tide*, pp. 42–55.

③ 布干维尔岛（Bougainville Island）位于所罗门群岛的北部，岛上丰富的资源及其控制所罗门群岛地区的关键地位，使其在太平洋战场中扮演了重要角色。1943 年 11 月，美国海军陆战队和陆军部队在布干维尔岛的西部和中部登陆，开展了长达数月的地面战斗和空中轰炸行动，成功地建立了几个重要的空军基地。——译者注

加强在瓜达尔卡纳尔岛及其他地区的阵地。①

美国海军"海蜂"工程建设部队迅速完成了瓜达尔卡纳尔岛上的一个关键机场——亨德森机场的建设。二战不仅成为新战术的试验场,也是后勤、供应和动员等领域突破的试验场。②

双方都试图打破僵局并取得军事上的优势。其间,由于情报误判,日本军队低估了美军在岛上的力量,并在8月20日试图对美军主要阵地发起未遂的"万岁"冲锋。③④几天后,东所罗门群岛海战于8月24日爆发,日军试图用航空母舰和运兵船接近瓜达尔卡纳尔岛。虽然日本在战术上一度占优,美军航空母舰企业号受到严重打击,但得益于有效的灭火技巧和瓜达尔卡纳尔岛上的陆基空中力量,

---

① Toll, *The Conquering Tide*, pp. 23-40.

② E. J. Spaulding, "Seabees," *Proceedings*, December 1942, usni.org/magazines/proceedings/1942/December/seabees; and David A. Anderson, *Review of James G. Lacey, Keep from All Thoughtful Men: How U.S. Economists Won World War II* (Annapolis: Naval Institute Press, 2011), in *Proceedings* 66, no. 3 (2012): 94, ndupress.ndu.edu/Portals/68/Documents/jfq/jfq-66/jfq-66_94_Anderson.pdf?ver=2017-12-06-115734-790.

③ "万岁"冲锋("banzai" charge)是第二次世界大战中日军特有的战术,以其自杀式的攻击方式著称。这种冲锋通常在日军面临绝境时执行,士兵们高呼"天皇陛下万岁"冲向敌人,往往不顾一切地展开攻击。这种战术最初在中国战场上出现,后在太平洋战争中广泛使用,特别是在塞班岛、硫磺岛和冲绳等关键战役中。日军认为这种冲锋能展现其忠诚和武士道精神,但通常导致极高的伤亡率。对盟军而言,这种攻击的猛烈和自杀性的冲锋不仅是一种战术挑战,也是心理压力的来源。——译者注

④ Toll, *The Conquering Tide*, pp. 68-75.

最终得以保全。9月13—14日,日军又一次从亨德森机场附近的丛林发起进攻,但未能驱逐美军。① 美军在这个过程中失去了黄蜂号航空母舰,被严重摧毁。此前企业号和萨拉托加号航空母舰也因日本飞机空袭、潜艇攻击而暂时失去战斗能力,② 但这2艘航空母舰后来经过修复并返回战场。

1942年10月中旬,日军对亨德森机场的美军海军陆战队营地实施了大规模夜间轰炸,目的是中断空中行动,以便将大量兵力转移至岛上其他地区,准备发起大规模地面进攻。③ 但这一企图未能成功,随后的补给尝试也失败了。日军在瓜达尔卡纳尔岛的数量虽增,却未能得到充分补给,导致许多士兵挨饿。④

在被称为圣克鲁斯群岛海战(10月25—26日)和瓜达尔卡纳尔岛海战(11月13—15日)的海上战斗中,美军也遭受了重大损失,包括大黄蜂号航空母舰的损失。

日本尽其所能试图增援瓜达尔卡纳尔岛上的军队,但遭到了附近美军陆基及舰载航空力量的阻碍。美国努力加强并补给驻扎在瓜达尔卡纳尔岛的海军陆战队,随着时间的推移,这些努力日益取得成功,确保他们得到安全保障,

---

① Toll, *The Conquering Tide*, pp. 55-84.
② Ibid., pp. 85-112.
③ Ibid., pp. 137-144.
④ Ibid., pp. 145-189.

第三章　第二次世界大战

并能为后续通过所罗门群岛向北部进军作出贡献。①

通过多次胜败的磨炼，美国开始建立起一种态势，利用其压倒性的资源优势，最终有利于对抗日本。资源相对匮乏且过度扩张的日本无法承受长期不确定结果的消耗战，除非美国的意志出现动摇。② 此外，在瓜达尔卡纳尔岛/所罗门群岛 6 个月的战斗中，虽然双方的舰船和飞机损失大体相当，但日本在人员损失上要多得多，无论是挨饿或发起"万岁"冲锋的日本士兵，还是远离基地跳伞的飞行员。③ 通过建立和巩固阵地，美军开始实现海军最高领导人、舰队司令兼海军作战部长金上将的愿景，即"总体作战概念不仅是为了保护与澳大利亚的通信线路，同时也是为了建立强点，为未来逐步向西北方向推进做准备"。④ 在尼米兹上将和从 10 月起担任战区指挥的"蛮牛"比尔·哈尔西上将（Command of Admiral Bill "Bull" Halsey）的指挥下，美国针对日本舰船和其他资产的打击迫使日本实际上在 11 月底放弃了瓜达尔卡纳尔岛。⑤

到 1942 年底，包括珊瑚海和所罗门群岛的损失，日本总共失去了 6 艘航空母舰。盟军的形势显著改善。美国航空母舰的损失虽然不小，但相对较少——列克星敦号、约

---

① Toll, *The Conquering Tide*, pp. 122–133.
② Mawdsley, *The War for the Seas*, pp. 224–241.
③ Toll, *The Conquering Tide*, pp. 186–187.
④ Borneman, *The Admirals*, p. 258.
⑤ Ibid., pp. 298–301.

克城号、黄蜂号和大黄蜂号。① 值得注意的是，后来美国建造了新的埃塞克斯级航空母舰，并赋予它们与这四艘舰相同的舰名。美国的首艘航空母舰兰利号也在1942年沉没，但此时它已经是一艘运输舰而非作战航母。② 日本无法承受这样的损失比例。1942年底，金上将明确声明，"我们将赢得这场战争"。③ 战争结束时，美国部署了12艘大型埃塞克斯级航空母舰，8艘轻型但高速的独立级航空母舰，以及18艘速度较慢但仍然高效的卡萨布兰卡级护卫航空母舰，而日本的航空母舰总数从1944年6月的13艘降至仅剩1艘。④

当他发表这一评论时，这可能是金上将少数几次以积极的态度被引用的话语。像麦克阿瑟将军一样，他是一个特别难相处的人。金上将的女儿甚至形容他是"世界上最平和的人，然而他总是充满怒气"。麦克阿瑟和金代表了太平洋上更广泛的陆军、海军军种间的竞争，两人相处得并不融洽。这在资源分配和战时决策中造成了问题。例如，

---

① Cid Standifer, "Sunk, Scrapped, or Saved: The Fate of America's Aircraft Carriers," *Proceedings*, U.S. Naval Institute, August 18, 2014, usni.org/2014/08/18/sunk-sold-scraped-saved-fate-americas-aircraft-carriers.

② Naval History and Heritage Command, National Museum of the U.S. Navy, "U.S.S. Langley," U.S. Navy, Washington, DC, 2022, history.navy.mil/content/history/museums/nmusn/explore/photography/ships-us/ships-usn-l/uss-langley-cv1-av-3.html.

③ B. orneman, *The Admirals*, p. 304.

④ Mawdsley, *The War for the Seas*, pp. 74–75.

第三章　第二次世界大战

领导层必须决定是优先支持尼米兹和海军（通过马里亚纳群岛接近日本），还是麦克阿瑟和陆军（通过菲律宾接近日本）。值得庆幸的是，美国陆军参谋长乔治·马歇尔（George Marshall）、战争部长亨利·史汀生（Henry Stimson）、海军部长弗兰克·诺克斯（Frank Knox）和美国参谋长联席会议主席威廉·莱希（William Leahy）[1]等头脑较为冷静的领导人确保了决策过程没有发生瓦解——尽管直至1944年的莱特湾海战，一些未解决的问题仍对战争产生了重大影响。[2]

如果说在1942年底，金的态度变得积极起来，但并非所有美国和盟军方面的人士都持有相同情绪。即便太平洋和中欧的战局已转向有利，战斗仍在两地激烈进行。美军抵达北非并与英军及自由法国军队取得成功，但并不意味着他们最终能在欧洲登陆。在中东欧这一战争最激烈的战场，苏联对德军的胜利也远未确保。

此外，大西洋战役到了1943年依然未见分晓，对盟军

---

[1] 威廉·丹尼尔·利亚伊（William Daniel Leahy, 1875-1959）美国海军五星上将，曾担任富兰克林·德拉诺·罗斯福和哈里·S. 杜鲁门总统的首席军事顾问。利亚伊在美国海军学院接受教育后，参与了多项重要任务，包括在第一次世界大战中的海上行动。第二次世界大战中，他不仅是罗斯福总统的顶级军事顾问，还担任参谋长联席会议（the Joint Chiefs of Staff）的首任主席，协调盟军的全球战略，在确保盟国在全球范围内的军事行动，特别是在协调大西洋和太平洋战区的行动中，发挥了关键作用。——译者注

[2] Debi Unger and Irwin Unger with Stanley Hirshson, *George Marshall: A Biography* (New York: Harper Collins, 2014), pp. 244-250.

而言形势仍旧严峻。如果战局不利，不仅苏联军队的作战能力会受到影响，1944年6月计划通过法国入侵欧洲的霸王行动的准备也将面临困境。

此时期德国U形潜艇的生产量大幅上升。每艘部署的潜艇在盟军的平庸战术和有限技术面前，通常能生存一整年。虽然这对于大量牺牲的U形潜艇船员来说并非巨大安慰，但从战略层面来看，这对德国极为有利。因此，德国潜艇舰队的整体规模在这一年中不断增长。每月沉没的美国、英国、其他盟国及中立国的船只总吨位达到了约60万吨。在这一时期，美国的表现不尽如人意。最初，它反对把运输船编入护航队，也未能投入足够的护卫舰船进行护航。美国还未能优先考虑生产或使用远程飞机来对抗潜艇，其搜寻潜艇的方法和对潜艇的武器配置也较为落后，部分原因是美国海军在20世纪二三十年代未能充分认识到潜艇的威胁。① 正如前文所述，尽管美国的船只产量在增加，因为战时生产委员会（War Production Board）② 将美国工业从商业产品转向军事物资，但新的船体数量还不足以弥补损失。即使在密码学领域，情况也不理想；德国在那一

---

① Meigs, *Slide Rules and Submarines*, pp. 3–96.
② 战时生产委员会（War Production Board）又称军工生产委员会，战争生产局，成立于1942年，目的是规范二战期间在美国生产的原料和燃料。战时生产委员会转换和扩大战前的平时产业，以满足战争的需求，分配战时生产所需的稀缺的重要材料，在材料和服务的分布上确定事项，并禁止不必要的生产。1945年，日本战败后不久，该委员会随即解散。——译者注

年改变了其恩尼格玛加密机,使得盟军的"超级解码"计划无法掌握"狼群"的位置。①

是的,虽然1942年(及1943年初几周)是战争的转折点,但这并不适用于所有战线,现在看来容易,但当时的情况远非如此明朗。盟军真正的信心恢复要等到1943年春夏之交。

七、缓慢却稳定的胜利之路:1943—1945年

在1943年春季到来之时,战争的主要格局已定,绝大多数关键的战略决策已经形成。相比之前的岁月,盟军取胜的希望已大为增加,尽管如理查德·奥弗里(Richard Overy)等历史学者所强调的,胜利并非必然。② 从1943年起,战斗仍然异常激烈,战役频发。③ 但是,战争的主要走向和预期的高潮已日益明朗。这一点在单独关注整个时期中的具体战区时尤为显著,这与本书聚焦于战役行动的方式是一致的。在下文中,我将按照这种方法,逐一审视1943—1945年各个战区的情况。

---

① Cohen and Gooch, *Military Misfortunes*, pp. 59-73; Feiveson, *Scientists against Time*, pp. 87-90; Keegan, *The Second World War*, pp. 118-119.

② Overy, *Why the Allies Won*, pp. 1-5.

③ Hastings, *All Hell Let Loose*, p. 597.

现代战略家必读军事史：1861年以来美国的主要战争

　　1943年初的首个关键转折点就是大西洋战役局势出现重大变化。盟军从此占据了上风，并一直保持这一优势。他们的船队得到了前所未有的飞机保护，这些飞机或从小型航母起飞，或从陆基机场升空。退役陆军将军蒙蒂·梅格斯（Monty Meigs）对于那些洞察空中力量在反潜作战中重要性的科学家和系统分析师给予了高度赞扬——而不是那些反应迟缓的海军将领。① 盟军在此时已经拥有了先进的雷达技术，能够探测并攻击需要浮出水面进行通信或提高巡航速度的U形潜艇。他们还能通过信号截获和密码学解读德国的许多通信。正如普林斯顿大学的哈罗德·费维森（Harold Feiveson）教授所言："到了1943年春，明确的领导、更多的护航船只、长程轰炸机和护航航母提供的空中支援、Ultra密码破译技术、高频测向（HF/DF）寻找技术、厘米波雷达等新装备一切都已到位。"其中，Ultra是一种在德国成功瞒过盟军密码学家一段时间后恢复的密码破译能力；高频测向是一种雷达接收器，盟军因此可以探测到U形潜艇的无线电发射；厘米波雷达是一种波长较短的雷达，更容易部署到飞机或舰船上而且不会被U形潜艇发现。② 与这些战术创新同等重要的是，盟军的造船速度有了大幅提高。1942年，基本可以抵消损失速度。到1943

---

① Meigs, *Slide Rules and Submarines*, pp. 211-220.
② Feiveson, *Scientists against Time*, p. 101.

第三章 第二次世界大战

年,由于损失速度降低了一半左右,造船速度翻了一番。①

这场变革实在是惊天动地。1943年3月,盟军船只的损失量高达60万吨,到了4月降至32.7万吨,5月更是减少到了26.4万吨。到了1944年,全年的总损失量仅为17万吨。同时,德国U形潜艇的沉没次数也在大幅增加——1939年和1940年每月仅3艘,1941年增至约5艘,1942年再增至约8艘,而在战争最后两年半的时间里,即使德国将潜艇撤回到较近的水域,每月的沉没次数仍激增至20艘或更多。②

概括来说,战争初期,盟军及中立国的船只总吨位约为4 000万吨。到了1942年底至1943年初最为危险的时刻,这个数字下降到了约3 000万吨。而到了战争结束时,这一数字却反弹至超过4 500万吨。③

战争结束时,德国建造的1 162艘U形潜艇中有785艘被击沉。相比之下,盟军在大西洋共损失了近2 500艘商船,总重量近1 300万吨,以及175艘战舰,其中绝大多数为英国战舰。④

---

① Keegan, *The Second World War*, pp. 118-120.
② Charles M. Sternhell and Alan M. Thorndike, Office of the Chief of Naval Operations, "OEG Report No. 51: ASW in World War Ⅱ," Washington, DC, 1946, p. 59, ibiblio. org/hyperwar/USN/rep/ASW-51/ASW-8. html; and Keegan, *The Second World War*, pp. 118-121.
③ Sternhell and Thorndike, Office of the Chief of Naval Operations, "OEG Report No. 51."
④ Keegan, *The Second World War*, p. 121.

现代战略家必读军事史：1861年以来美国的主要战争

1944年，潜艇通气管的出现使得U形潜艇可以在水下运行其柴油发动机，从而在完全潜入水下时实现快速移动。但在同年，U形潜艇失去了它们在法国的港口，总体上这对德国并不利。① 海军的其他发展同样朝着对盟军有利的方向前进。例如，一次由英国发起的特种部队利用微型潜艇在挪威北部卡夫约德港（port of Kaafjord），对德国的巨型战列舰提尔皮茨号进行了精彩的攻击，这艘对挪威海（及盟军前往苏联的航线）构成巨大威胁的战舰因此被永久性地击瘫。②

1943年伊始，在东线战场上，双方均在为可能的进攻做准备，调集了成千上万的坦克和超过百万的士兵。他们的目标是在基辅和莫斯科之间那条主要呈南北走向的前线上争夺地盘。这条战线从北端的列宁格勒/圣彼得堡延伸至南端，达到靠近克里米亚的亚速海东北尖的罗斯托夫。这些目标与前几年相比，显得不那么宏伟。尽管苏联势力逐渐增强，但距离能够直接进军柏林还有很长一段路要走。而希特勒，则希望更多地破坏逐渐增长的苏联军事力量，而不是直接给予致命一击——尽管他可能幻想，如果初期战斗对德国有利，最终能向东然后向北推进，并有朝一日

---

① Keegan, *The Second World War*, p. 120.
② McRaven, *Spec Ops*, pp. 201-243.

第三章 第二次世界大战

从下方攻占莫斯科。①

但这一切并未发生。预料到将受到攻击的苏联也小心准备了坚固的防御，在所谓的"库尔斯克凸出部"（Kursk salient）② 布置了重重防线——这是一块向西伸入纳粹控制区的苏联占领土。希特勒对于是否对这一凸出部发动主要攻击犹豫不决。最终在1943年7月5日，他不情愿地启动了"堡垒"行动。战斗虽然使用了二战的武器，比如德国的新型豹式坦克（Panther tanks）和虎式坦克（Tiger tanks）以及苏联的IS坦克（"Joseph Stalin" tank），但在许多方面更像是一战中的大型围攻战，以残酷且持续的炮击在一个相对局部的地理空间内展开。德军希望切断并摧毁凸出部内的百万苏联军队。但苏联军队准备了坚固的防御工事，布置了成千上万的地雷，在攻击到来时已经做好了准备。③几周之内，德军的努力彻底失败了。随后苏联迅速展开了自己的进攻——对此德军几乎没有做好准备——苏联的进

---

① Shirer, *The Rise and Fall of the Third Reich*, p. 1006; Keegan, *The Second World War*, p. 467.

② 第二次世界大战东线战场上的一个重要地理战略点，位于苏联的库尔斯克地区，形成于1943年初的苏德战争中。当时苏联红军在该地区对纳粹德国的进攻中取得了胜利后形成了这一凸出部。其战略价值在于它位于苏德双方控制线的前沿，使得任何一方的突破都可能导致对方防线的重大崩溃。——译者注

③ Martijn Lak, "The Death Ride of the Panzers? Recent Historiography on the Battle of Kursk," *Journal of Military History* 82 (July 2018) : 914, https: //www.smh-hq. org/jmh/jmhvols/823. html.

攻取得了相当大的成功。①

战争进行到这个时候，德国已无力再对苏联腹地构成实质性威胁。然而，希特勒固执己见，过分重视进攻，不愿以退为进缩短防线，更不采取灵活防御的战略。反而，他要求他的将领们——埃里希·冯·曼施泰因、瓦尔特·莫德尔和京特·冯·克鲁格等——在尝试进攻的同时，尽最大努力守住他们掌握的所有阵地。到了7月，苏军规模已达到650万，是德军在战区能部署兵力的2倍。1944年1月初，苏军已解放了基辅及其周边地区，开始进入战前波兰境内，并且解放了列宁格勒，同时在克里米亚地区取得进展。②

尽管德军在这一时期偶尔取得战术胜利，但随着时间的推移，战争的结果越发明朗。在战役层面上，苏联军队在广阔战区内展示出强大的攻势，并不断增强后勤支持，以持续和扩大战果。到了这个战争阶段，苏联的武器、卡车和弹药生产，再加上美国的租借援助，都明显有利于盟军。1943年，苏联的军事生产能力已与德国持平，而美国的军事生产能力几乎是纳粹的3倍，其中相当一部分致力于支援苏联。③ 到了1944年，这种比例仍在维持（当时美

---

① Keegan, *The Second World War*, pp. 458–473.
② Ibid., pp. 467–474.
③ Kennedy, *The Rise and Fall of the Great Powers*, p. 355.

第三章　第二次世界大战

国的武器和弹药产量约占全球总产量的 2/5)。①

在战争进入尾声的那一年多时间里,德国被迫将防线不断后撤,逐渐退向本土。苏联的主要进攻方向是通过波兰中部,但同时也在波罗的海-东普鲁士地区和罗马尼亚附近展开了攻势。这一时期,苏联空军在战区的数量优势达到了德国空军的6倍左右。② 随着苏联攻势的成功,德国失去了其此前唯一主要石油来源——对罗马尼亚的普洛耶什蒂油田的控制权。苏联稳步前进的态势以及缺乏阻止苏军的手段,最终导致巴尔干国家纷纷获得解放或改变阵营。③

1944年秋季,苏联军队暂停行动,巩固阵地,补充物资,并等待冬季坚实的地面。至1945年初,苏军重新发起进攻。德国在一些地方展开顽强的抵抗,虽然有所阻碍,但无法长时间阻止苏联的前进。燃料短缺导致德军许多飞机被迫停飞,加剧了形势的恶化。④ 到了4月中旬,苏联军队已经跨过奥得河。⑤ 在4月21日前后,苏联军队抵达柏林,战场附近约有300万苏军集结,最终有50万参与了内城围攻的最后阶段,在柏林的宽阔大道和狭窄小巷,以及

---

① Raymond W. Goldsmith, "The Power of Victory: Munitions Output in World War II," *Military Affairs* 10, no. 1 (March 1, 1946): 69–80.

② Murray, *The Luftwaffe, 1933–45*, p. 285.

③ Shirer, *The Rise and Fall of the Third Reich*, p. 1085; Keegan, *The Second World War*, pp. 503–515.

④ Weinberg, *A World at Arms*, pp. 780–802.

⑤ Hitchcock, *The Struggle for Europe*, p. 15.

所有其他地方，都进行了残酷的巷战。最终，红军在柏林战役中损失了 30 多万士兵，但他们还有几百万后备兵力。

1945 年 4 月 30 日，希特勒意识到战局已不可挽回，与他的长期情人（也是结婚仅一天的妻子）爱娃·布劳恩（Eva Braun）一同自杀。① 同月早些时候，罗斯福去世，墨索里尼在同一周被意大利人击毙，第二次世界大战中的三位主要战时领导人在短短 30 天内相继离世（值得注意的是，与其他领导人不同，罗斯福从未亲临或接近战场。他在战争期间的海外旅行虽然很多，包括 1943 年 1 月到卡萨布兰卡，1943 年 8 月和 1944 年 9 月到魁北克，1944 年底到开罗和德黑兰，1945 年 2 月到克里米亚的雅尔塔，但从未到过前线②）。

德国的一些地区在几天内持续抵抗，但正式投降随后不到一周就发生了。欧洲胜利日（V-E Day）被定为 5 月 8 日或 9 日，③ 具体取决于你是美国/英国/加拿大军队还是苏联军队。④

当然，战争并不是完全在东线决定胜负。但可以肯定的是，直到 1944 年 6 月，绝大多数地面战斗都发生在那

---

① Keegan, *The Second World War*, pp. 516-529.
② Ibid., p. 541.
③ 1945 年 5 月 8 日午夜，纳粹德国宣布无条件投降宣告二战欧洲战场战事结束。此时苏联时间已经是 5 月 9 日，因而第二次世界大战欧洲胜利日，英、法、美是 5 月 8 日，苏联是 5 月 9 日。——译者注
④ Hastings, *All Hell Let Loose*, p. 630.

里。甚至在那之后,东部的战斗规模仍然超过了西欧或太平洋地区。苏联的牺牲值得特别尊敬。

至于另一个战区的战况,在北非取得胜利后,盟军于1943年中期开始北上。美国计划者主张尽快在北欧集中兵力摧毁德军,但由于英国更倾向于全球视角而非仅限欧洲大陆,加上1943年发起北欧入侵的不切实际,最终说服了艾森豪威尔、马歇尔和罗斯福在当年先进攻西西里岛,随后在适当的时机进攻意大利。①

1943年7月9日,乔治·巴顿将军(George Patton)和伯纳德·"蒙蒂"·蒙哥马利将军(Bernard "Monty" Montgomery)率领的约50万美英联军在接下来的38天里执行了对西西里岛的"赫斯基行动"。由于地形和德军的顽强抵抗以及盟军领导层的时而犹豫不决,入侵行动虽显得缓慢,但最终目标仍然实现。美军伤亡近1万人,英军伤亡略超1万人,轴心国伤亡接近3万人,另有大约14万(主要是意大利士兵)被俘。②

随着战局发展,墨索里尼被废黜并监禁,尽管后来他被德军解救,但未能重掌权力,并于1945年4月被意大利游击队俘获并杀害。德国成功部署了足够的军队到意大利,使得盟军征服罗马及其他地区变得异常艰难。尽管德军在

---

① Weigley, *The American Way of War*, pp. 312-335.
② Rick Atkinson, *The Day of Battle: The War in Sicily and Italy, 1943-1944* (New York: Henry Holt and Company, 2007), pp. 172-173.

数量上处于劣势，但利用地形地势，将战斗变为消耗战而非机动战，直到 1944 年 6 月 4 日罗马才沦陷。① 英美的失误助长了德军的相对成功。由于盟军希望在有空中掩护的地方登陆，所以盟军的进攻点可被预测。按照利德尔·哈特所言，"盟军此后只能从意大利半岛一路推进，就像一个黏滞的活塞杆顶着越来越大的压力，在一个更为黏滞的气缸里艰难前行"。② 尽管意大利直到 1945 年 4 月才完全沦陷，但总体战果并未受到严重影响。这场战役使得德国总地面部队的约 10%从苏联战线上被分流。

意大利战役锻炼和磨砺了美国的军队和指挥官。③ 这种锻炼和经验积累使他们在后续更重要的行动——1944 年 6 月 6 日开始的霸王行动中表现更出色。这是一场涉及美英加三国的巨大登陆，目标是通过诺曼底进入北欧。

霸王行动的准备工作在战争的大部分时间里都在进行。特别是自 1943 年 5 月在华盛顿的美英三叉戟会议上正式决定进行这样的攻击后，准备工作进入了加速阶段。计划是利用至少 10 万盟军部队（相当于约 8 个师）在 1.2 万架飞机等大规模空中力量的支持下，夺取从西到东分别命名为犹他、奥马哈、黄金、朱诺和宝剑的 5 个滩头。美国负责前两个滩头，加拿大负责朱诺，而英国负责最后两个。盟

---

① Weigley, *The American Way of War*, p. 327.
② Liddell Hart, *Strategy*, p. 291.
③ Atkinson, *The Day of Battle*, pp. 577–588.

第三章　第二次世界大战

军随后将夺取港口，以便为最终的德国入侵运送超过 100 万部队上岸。

为了让德国人相信主要登陆会在更东边的英吉利海峡最狭窄处，也就是加莱海峡①附近发生，盟军实施了一场大规模的欺骗行动。这包括使用船只假目标和虚构的无线电命令，假装盟军作战单位正在准备。不幸的是，德国的空中侦察揭露了实际的准备情况。因此，在 D 日到来之前的几周内，即使德国领导层仍在猜测盟军主攻点，诺曼底的德军部队得到了大幅加强。②

在这场行动中，超过 100 艘军舰保护部队船只穿越了英吉利海峡，攻击德军的沿海阵地。数千艘船只共运载了大约 15 万士兵（具体数字有所不同），还携带了 2 000 辆坦克和 1.2 万辆其他车辆。超过 1 万架次的飞机参与了此次行动。③ 空降部队也被派往特定地点执行任务，并在两栖作战的侧翼建立阵地。为了解决补给问题，盟军建造并拖过海峡的两个移动港口被称为"桑葚"（Mulberries）。基

---

① 位于英格兰东南部和法国北部之间，是英吉利海峡最窄的部分（约 21 英里）。1940 年 5 月，第二次世界大战初期，纳粹德国的快速进攻迫使英国和盟军部队在法国北部的敦刻尔克（Dunkirk）地区遭遇围困。在此紧急情况下，加莱海峡成了敦刻尔克大撤退的关键，盟军士兵通过这一狭窄的海峡被成功撤回英国。——译者注

② R. J. Lahey, "Hitler's 'Intuition,' Luftwaffe Photoreconnaissance and the Reinforcement of Normandy," *The Journal of Military History* 86, no. 1 (January 2022): 77–109.

③ Alex Kershaw, *The First Wave: The D-Day Warriors Who Led the Way to Victory in World War II* (New York: Penguin, 2019), p. 5.

301

于谢尔曼坦克（Sherman tank）改造的特种车辆，即"霍巴特的滑稽坦克"（Hobart's funnies），以及其他装置被用来跨越或填平防坦克壕沟和雷区和其他障碍物。① 美国保持空中优势，6月6日，美国出动了近9 000架次的飞机，而德国只有250架次。②

空中力量还被用于摧毁桥梁、铁路，阻碍德军增援部队的移动。③ 运输能力大幅下降，通常比以往低50%以上，对需要基本补给、燃油和弹药的部队产生了影响。④ 此外，轰炸也导致许多法国平民伤亡——整个战争期间超过5万人，其中1944年就有约3.7万人。⑤ 法国、荷兰、东欧等地的抵抗组织成员也参与了破坏交通的活动。虽然这些抵抗行为并非决定性因素，但有时能够延缓德军行动，或至少迫使德军分散兵力应对破坏活动，消耗本可用于其他常规作战的资源。⑥

盟军沿五个海滩进攻后建立突围区，成功完成诺曼底

---

① Kennedy, *Engineers of Victory*, pp. 250-270; and Keegan, *The Second World War*, pp. 373-387.

② Boot, *War Made New*, p. 277.

③ James Holland, *Normandy'44: D-Day and the Epic 77-Day Battle for France* (New York: Atlantic Monthly Press, 2019), pp. 18-19, 220.

④ Murray, *The Luftwaffe, 1933-45*, pp. 267-276.

⑤ Richard Overy, *The Bombers and the Bombed: Allied Air War over Europe, 1940-1945* (New York: Penguin Books, 2013), p. 400.

⑥ J. R. Seeger, "Review Essay: Evaluating Resistance Operations in Western Europe during World War Ⅱ," *Studies in Intelligence* 65, no. 1 (March 2021): 27-31.

第三章　第二次世界大战

登陆。但战况异常激烈，成功来之不易。根据亚历克斯·克肖（Alex Kershaw）对6月6日上午登陆部队设法突破奥马哈海滩之前情况的记录：

> 整个奥马哈海滩上，士兵们被困在悬崖之下，德军狙击手和机枪手有条不紊地射击，士兵们的身体被子弹和弹片击中，不停颤抖。只有德军单方面的屠杀。盟军看不见敌人，基本无法还击，不知道该打哪儿，也不想暴露自己……德军一直无情杀戮，始终贯彻隆美尔的命令——不惜一切代价打败上岸的入侵者，阻止盟军向内陆推进。①

盟军所取得的成就令人震惊，不仅仅是6月初，整个夏天以及之后也是如此。6月份，大约有22个盟军师抵达法国，其中10个是美国师，其余为英国或加拿大师。接着，夏季又有31个师抵达，大多是美军师。秋天又有17个师到达，1945年前3个月还将有14个师抵达。② 美军的空中优势极大地助力了这一成就。例如，6月6—30日，盟军在战区的出动次数是德国的10倍。即使德国空军规模缩小，燃料短缺（与之前相比减少了约2/3），飞机的损失仍

---

① Kershaw, *The First Wave: The D-Day Warriors Who Led the Way to Victory in World War* II, pp. 198-199.

② Mawdsley, *The War for the Seas*, p. 430.

然非常惨重。①

尽管盟军部署了强大的作战能力,但战斗依旧艰苦。特别是夏季,盟军在法国北部的"灌木篱笆"地带推进时遭遇挑战,这些由凯尔特人在2 000年前种植的灌木丛和藤蔓构成了极佳的防御屏障。因此,尽管战斗在继续,但进展有时很缓慢。幸运的是,美军在战争这个阶段已经形成了学习、反思和创新的习惯。美军分析了在北非"火炬行动"和其他行动中的得失,包括1944年6月在法国初期的行动。历史学家罗素·哈特指出:"美国陆军从过去的错误中学习,撤换了不胜任的指挥官,加强了军种间的合作,完善了战术和技巧,创新了更好的武器。"② 除了开发新的武器装备,如各式装甲推土机和切割障碍物的坦克(hedge-cutting tanks),美军还在广阔的战线上进行了持续稳定的攻势,并在夏季晚些时候的"眼镜蛇"行动(Operation Cobra)中,通过密集的空中轰炸后对敌军防线的特定部分发起了更为集中的攻击。③

8月底巴黎解放了。来自法国南部的较小规模的盟军入侵行动"铁砧行动"与从诺曼底出发的主力部队会合,共同实现了这一令人激动的里程碑,法军有幸在这一里程

---

① Murray, *The Luftwaffe, 1933–45*, pp. 280–283.

② Russell A. Hart, *Clash of Arms: How the Allies Won in Normandy* (Boulder: Lynne Rienner Publishers, 2001), p. 409.

③ Hart, *Clash of Arms*, pp. 271–293, 417–419.

碑事件中发挥带头作用。在整个过程中，除了空中压倒性优势，盟军还有许多特别的技术优势，比如性能优越的谢尔曼坦克。①

但困难总是层出不穷。秋季之后出现了燃料短缺，进军德国的速度因为秋季时有放缓，而且虽然有些地区已经被盟军占领，但德军还是设法守住了附近的部分法国港口。由于战线范围太大，要将德军赶出法国，盟军的兵力必须庞大且分散，同时还需要大量的补给。雪上加霜的是，早期因为担心德军利用铁路运输，盟军空袭破坏了许多铁路和公路，而现如今却给盟军的后勤工作造成了巨大困难。②而在夏季和秋季，德国先后向英国发射了 V-1 和 V-2 导弹（分别是早期的巡航导弹和弹道导弹）。盟军因为攻势缓慢、后勤和资源有限、人力短缺，再加上德国对英国这种新形式的恐怖打击产生了极大的焦虑。③ 按照历史学家塔米·戴维斯·比德尔（Tami Davis Biddle）对 1944 年末盟军领导人的描述："从 8 月解放巴黎到阿登地区寒冷冬季战役之间的动荡数月（The tumultuous months）严重打击了盟军的信心。"④

---

① Holland, *Normandy'44*, pp. 411-427.

② Liddell Hart, *Strategy*, pp. 302-308.

③ Tami Davis Biddle, "On the Crest of Fear: V-Weapons, the Battle of the Bulge, and the Last Stages of World War II in Europe," *Journal of Military History* 83, no. 1 (January 2019): 157-194, https://www.smh-hq.org/jmh/jmhvols/831.html.

④ Biddle, "On the Crest of Fear," p. 158.

现代战略家必读军事史：1861年以来美国的主要战争

到了9月，盟军向东进发的行动遇到了众多挫折，因此他们尝试发起了"市场花园行动"：这是一次依靠空降兵力，旨在同时夺取德军控制的，且预期在撤退过程中会被破坏的荷兰境内若干桥梁的行动。但是，4座桥梁的同时攻占目标过于艰巨，盟军的进攻失败了，其中1个空降师在行动中被困并损失惨重。尽管战斗的总体趋势依然对盟军有利，但盟军进入德国的道路并非毫无阻碍。

其间，盟军指挥部围绕是否通过狭窄前线或广阔前线进入德国进行了激烈的辩论。后勤的限制加大了行动的风险；当时尚不确定是否能够同时支持多条主要作战线。在北部战区指挥的刻薄的英国将军"蒙蒂"（蒙哥马利）希望发起一次狭窄前线的攻击；而艾森豪威尔更倾向于一个更加耐心和保守的策略，即使用多条攻击线，包括通过德国法兰克福附近。最终，艾森豪威尔的看法占了上风。①

1944年12月16日，希特勒在阿登森林发动了阿登战役（Battle of the Bulge），企图在冬季进行最后一搏。② 他无视军事顾问的建议，希望这一绝望的尝试能够足以削弱盟军的斗志，促使他们重新考虑其根本的入侵计划。借助于天然的掩护、不利于盟军空中力量发挥的恶劣天气，以及攻击的出其不意，德军将军莫德尔设想了一个分割盟军力量的计划，这可能会使大量盟军部队被切断和孤立。考

---

① Weinberg, *A World at Arms*, pp. 696-702.

② Atkinson, *The Guns at Last Light*, p. 420.

虑到德军当时的重重困难、处于劣势且物资匮乏,他们能够发起这样的尝试实属不易。但是,经过一个月的激战,面对盟军卓越的火力,德军这一劣势进攻终究还是宣告失败。①

里克·阿特金森在回顾阿登战役对西欧盟军远征军最高指挥官艾森豪威尔将军影响时写道:

……他的时间表被推迟了大约6周,但他结束战争的基本方案未发生变化:盟军将继续消灭莱茵河以西的敌人,3月冰雪融化后,他们将夺取河上的桥头堡,随后进军德国腹地。②

莱茵河是一道重大挑战。正如阿特金森所描述的,莱茵河从瑞士开始,源自150个冰川,流向北海,形成了欧洲的重要水系,宛如一条防御护城河,阻挡了从西方的入侵。因此,盟军必须动用阿特金森所称的"内陆海军",利用各式各样的定制小船和迅速搭建的桥梁过河,并尽可能抢救在德军炸毁前尚存的桥梁。在盟军进攻前,德国在莱茵河上共有31座桥梁,大多数被德国工兵队炸毁;战争结束时,美军共建造了57座新桥。③

---

① Liddell Hart, *Strategy*, pp. 309–311.
② Atkinson, *The Guns at Last Light*, p. 491.
③ Atkinson, *The Guns at Last Light*, pp. 542–551, 568.

现代战略家必读军事史：1861年以来美国的主要战争

由于华盛顿、伦敦和莫斯科坚持无条件投降的策略，这降低了希特勒将从投降中看到任何好处而不再继续战斗的可能性。然而，随着世界上3个最强大的国家从不同方向向德国进军，加上盟军在空中的统治地位和地面上的力量优势，希特勒和他的将军们面临的不利因素太多。① 德国的兵力损失也极为迅速，无法补充或恢复。在莱茵河及其周围的战斗中，有35万德军伤亡或被俘，4月初，随着美国、英国和加拿大部队向东推进，损失数字也相当惊人。如前所述，盟军将解放柏林的任务留给了斯大林和他的军队，盟军在该市南部与苏联部队会合。

同时，1943—1945年的太平洋战争主要分为两大战线——一条线从澳大利亚出发，那里驻扎了大量美国军力；另一条战线则从夏威夷开始横跨太平洋。战役目标是建立陆基空中力量的要塞，尽可能实现射程的重叠，剥夺日本的能力，无论是通过直接攻击还是通过孤立和切断岛屿上的空军和地面部队的补给（包括燃料、弹药和食物）。这一任务艰巨，主要由美国承担。尽管官方采取了"欧洲优先"战略，但实际上到1943年底，太平洋战区吸收的美国军事人员数量与大西洋/欧洲战区相当，并且此后继续获得了大量资源。②

至此，大家越来越清楚地认识到，中国和盟军在中国

---

① Overy, *Why the Allies Won*, pp. 134–179.

② Weigley, *The American Way of War*, p. 271.

第三章　第二次世界大战

的机场和其他阵地并不是击败日本的关键。① 这并非因为缺乏努力。在美国将军约瑟夫·斯迪威（Joseph Stilwell）等人的军事领导下，盟军曾尝试加强从英属印度通过缅甸到中国中南部（国民政府军事力量的中心地区）的补给线。理论上，这些补给能帮助国民政府控制领土，更成功地抵御日本的攻击，同时也为美军在中国或对日本本土的攻击提供支持。但到了1942年春，日本已切断滇缅公路，只剩下从印度到中国中南部的空中补给线。

不幸的是，后续在缅甸北部开辟新道路连接印度与中国的尝试直到战争末期都未能取得成功，② 而且到那时，在中国设立重要的战略或作战基地已变得非必要。这种情况部分是因为在日本军队的坚强抵抗下，任务难度极大，部分原因是与国民政府领导人蒋介石合作中遭遇的困难，蒋介石除了合作抗日外还有其他国内事务需要优先考虑。③ 尽管如此，这一结论的形成还是经过了一段时间。事实上，1943年11月，蒋介石曾受邀与罗斯福和丘吉尔在开罗会晤，似乎盟军还在重申对缅甸和中国战区的承诺。但随后

---

① Vogel, *China and Japan: Facing History*, pp. 248-285.

② 本书的这个观点似有失偏颇。例如，在盟军战略反攻阶段，1944年5月，中国远征军第二次入缅作战，收复缅北许多城镇，给日军以有力打击，并最终配合盟军光复缅甸。实际上，由于中国战场牵制了日本陆军主力，使日军腹背受敌，首尾难顾，兵力分散，被动挨打。这是日本在太平洋战争中最后战败的重要原因。——译者注

③ Tuchman, *Stilwell and the American Experience in China*, pp. 368-384, 428-481, 617-622; and Weinberg, *A World at Arms*, pp. 631-633.

现代战略家必读军事史：1861 年以来美国的主要战争

罗斯福和丘吉尔与斯大林在德黑兰的会面改变了局面，蒋介石得知盟军不打算在缅甸或中国战区进行大规模的新投入，① 因为他们认为有其他更有前景的战略选择。

随着战争的进展，美国海军及其他军事资源的迅猛增长使得美军能够在太平洋采取跳岛战术，而不必依赖从日本西侧通过中国的路线。从 1943 年初只有 2 艘大型航母，到 1945 年春美军的大型航母数量增加到了 12 艘。如果将小型航母也计算在内，这个数字则从 5 艘增加到 38 艘。每艘埃塞克斯级大型航母可以搭载大约 100 架飞机，而较小但速度快的独立级航母每艘可搭载 35 架飞机。随着战争的推进，美国的海军和其他资源大幅扩张，具备了从太平洋实施跳岛战术的能力，无须再从日本以西通过中国海。1943 年初，美国在太平洋上只有 2 艘大甲板航空母舰，到 1945 年春，增加到了 12 艘（如果算上小型航母，则同期从 5 艘增加到了 38 艘）。埃塞克斯级大甲板航母每艘可搭载约 100 架飞机；独立级航母较小，但速度仍然很快，每艘可搭载约 35 架飞机。此外，还有众多护航航母，虽速度较慢，但在空中支持登陆作战等任务中仍然非常有用。②并且，还有许多其他舰船亦是如此。

---

① John Pomfret, *The Beautiful Country and the Middle Kingdom: America and China, 1776 to the Present* (New York: Henry Holt and Company, 2016), pp. 300-305.

② Mawdsley, *The War for the Seas*, pp. 374-375.

第三章 第二次世界大战

至于夺岛战役的具体目标,直到1945年人们才开始考虑是否需要直接入侵日本本土。不管是实行绞杀战略、空中轰炸还是直接入侵,大家一致认为靠近日本本土至关重要。尽管围绕是否将台湾或冲绳作为最终目标、资源应优先支持麦克阿瑟的陆军策略,还是尼米兹的海军及海军陆战队策略存在争议,美国对这些问题从未作出明确决定。[1]

技术创新在夺岛过程中发挥了关键作用。新型的两栖登陆艇让麦克阿瑟得以绕过新几内亚上日本部署的坚固阵地,沿着海岸线连续进行登陆作战,起点是瓜达尔卡纳尔及其周边地区。两栖牵引车能够让部队即使在退潮时也能跨越珊瑚礁。此外,随着对各种武器,包括战列舰的储备和使用经验的积累,它们被越来越娴熟地运用在战场上。值得一提的是,随着时间的推移,部队登陆前的准备性轰炸时间变得更长。还搭建了许多移动修理和补给基地船,这些基地船能够让舰队在海上维持数月的作战能力。[2] 这是一项非凡的创新。

美国军队在太平洋中部的进攻序列如下:1943年11月攻占吉尔伯特群岛的塔拉瓦(现在的基里巴斯),1944年1月和2月攻占马绍尔群岛的夸贾林和埃尼威托克,1944年6月攻占马里亚纳群岛的塞班岛,1944年7月攻占马里亚纳群岛的关岛和提尼安岛,1945年2月攻占硫磺岛,最后

---

[1] Ibid., p.456; and Weigley, *The American Way of War*, pp.280-292.
[2] Weigley, *The American Way of War*, pp.284-287.

现代战略家必读军事史：1861年以来美国的主要战争

在1945年4月攻占冲绳岛。①

南方的进攻路线始于珊瑚海和所罗门群岛，接着是新几内亚大岛，再到拥有日军大基地的中型岛屿新不列颠，然后是菲律宾（1944年10月的莱特湾海战及进攻莱特岛，1945年1月进攻菲律宾的主要岛屿吕宋），最终到达冲绳。

在菲律宾的行动主要是美国陆军的地面战斗。塔拉瓦岛和硫磺岛的战斗则是海军陆战队的责任。而冲绳岛以及马里亚纳群岛和所罗门群岛的战役则是由陆军和海军联合进行的。当然，海军参与了所有的战役。这些战役中大部分都有1—3个美军师参与，但莱特岛、吕宋岛和冲绳岛的行动涉及的美军师数量则在7—11个。②

能否占领马里亚纳群岛具有决定性作用，该群岛主要包括塞班岛、关岛和提尼安岛。1945年8月携带原子弹的飞机正是从提尼安岛起飞，轰炸了广岛和长崎。这些岛屿的控制使得东京落入了美国轰炸机的攻击范围内。天皇裕仁深知其重要性，因此发出了命令，要求首相东条英机和军方不惜一切代价阻止岛屿落入美军之手。然而，这个目标已超出了当时日本的能力范围。③

在军事上，这些岛屿的攻占行动各有不同。相较于之前占领的环礁岛屿，这些岛屿拥有一定的战略纵深，通常

---

① Toll, *The Conquering Tide*, p. 241.
② Ibid., p. 385.
③ Toll, *The Conquering Tide*, pp. 530–531.

第三章　第二次世界大战

大小在 10 英里左右。美军在攻占塞班岛时损失了 3 000 人，在攻占关岛时损失了大约 1 500 人，这些损失超过了之前在塔拉瓦岛约 1 000 人的损失，以及在整个长达 6 个月的瓜达尔卡纳尔岛战役中的 500 人损失，但远少于随后在硫磺岛和尤其是冲绳岛的损失。马里亚纳群岛的战役贯穿了春末和整个夏季，每个岛屿的战斗都持续了几周。年末在帕劳群岛的贝里琉岛发生了一次较为失败且不那么必要的攻击，因为已有其他立足点，这次攻击造成约 1 500 名美军牺牲，战役持续至 11 月。

在这些战斗中，日军的损失远高于美军。初始阶段，日军常发起自杀式冲锋，指挥官经常会进行仪式性自杀，边冲锋边高喊"万岁"。后来，他们采纳了更为有效，但同样具有自杀性的战术，通常宁死不屈。① 正如海军陆战队的官方战史所述，"到 1944 年 9 月中旬开始的贝里琉岛行动（Peleliu Operation），日军已将他们的战术从在海滩防御和一旦败局显现就发动最后的自杀式冲锋，转变为更复杂的防御战术，这种战术是从坚固的地道和洞穴阵地进行的延迟战，进攻方必须付出巨大代价才能取得进展"。②

---

①　Mawdsley, *The War for the Seas*, pp. 384-392.

②　George W. Garand and Truman R. Strobridge, Historical Division, Headquarters, U. S. Marine Corps, *History of U. S. Marine Corps Operations in World War II, Vol. 4: Western Pacific Operations* (Washington, DC: U. S. Government Printing Office, 1971), p. V, marines. mil/Portals/1/Publications/History%20of%20the%20U. S. %20Marine%20Corps%20in%20WWII%20Vol%20IV%20-%20Western%20Pacific%20Operations%20%20PCN%2019000262700_1. pdf.

313

现代战略家必读军事史：1861年以来美国的主要战争

在这段时期，随着美军舰队逐渐占据优势，他们还对日军的舰船、机场和其他资产进行了海上突袭。其中一次是针对加罗林群岛特鲁克的日本港口，另一次是在1944年2月发生在马里亚纳群岛，发生在两栖攻击之前的几个月。在每次行动中，日军的损失都很惨重，而美军的损失相对较轻。在1943年末到1944年这段时间内，还发生了一系列小规模的海上交战，双方均有损失，但这些日军的行动并未能显著阻碍美军的海上或两栖作战行动。①

此外，还发生了两场重要的海军对决。1944年6月，在美军进攻马里亚纳群岛的背景下发生了第一场，即著名的菲律宾海海战。第二场在10月举行，由于战斗几乎都在莱特湾或其附近，因此被称为"莱特湾海战"（Battle of Leyte Gulf），这自然与盟军计划的莱特岛进攻行动紧密相关。算上莱特湾的各个分战，这场战役成为历史上最大的海战。

在菲律宾海海战中，美军的兵力是日军的两倍，还拥有更好的雷达和其他优势。美军在战斗中严重削弱了日本的飞机力量，这场战斗因此被昵称为"马里亚纳火鸡射击"。美国的潜艇和飞机还击沉了几艘日本船只。然而，由于当时的首要任务是保护登陆部队而不是寻求一场大规模的海上对决，所以船只的损失相对较小。但战后，海军上

---

① Mawdsley, *The War for the Seas*, pp. 392–398.

第三章　第二次世界大战

将雷蒙德·斯普鲁恩斯（Raymond Spruance）① 因被认为缺乏进攻性而受到批评。②

哈尔西上将对这场战役耿耿于怀，他表示如果有机会一定要更加积极。③ 这样的机会在 10 月来临，那就是在菲律宾内部水域莱特湾。哈尔西指挥着第 38 特混舰队，其中包括 8 艘埃塞克斯级大型航空母舰、8 艘小型航母以及许多其他舰船。④ 他们的主要任务是为一支庞大的登陆部队提供掩护——700 艘船、超过 17 万名士兵正向菲律宾群岛中心的莱特岛进发。美军计划从 10 月 20 日开始在此登陆，并建立地面阵地，这是他们向日本北进的关键一步。⑤

但哈尔西也被授权在情况允许时寻找并尝试摧毁日本舰队。遗憾的是，这一授权差点导致哈尔西的失败，甚至可能给两栖作战带来灾难。

哈尔西试图跟随美国伟大的海军历史学家和战略家阿尔弗雷德·赛耶·马汉（Alfred Thayer Mahan）的宏伟思

---

① 雷蒙德·斯普鲁恩斯（Raymond Spruance, 1886-1969），美国海军上将，毕业于美国海军学院。在太平洋战争中，他参加了几场关键的战役，尤其是在中途岛战役和菲律宾海战役中表现卓越。斯普鲁恩斯还曾担任美国太平洋舰队司令，并在战后继续他的军事职业生涯，包括担任海军作战部长、海军战争学院院长。2001 年被追授为海军五星上将。——译者注

② Mawdsley, *The War for the Seas*, pp. 398-406.

③ Ibid., p. 444.

④ Ian W. Toll, *Twilight of the Gods: War in the Western Pacific, 1944-1945* (New York: W. W. Norton and Co., 2020), pp. 246-309; and Mawdsley, *The War for the Seas*, p. 439.

⑤ Toll, *Twilight of the Gods*, pp. 204-205.

想，以及英国特拉法尔加海战① 中英雄海军上将霍雷肖·纳尔逊的先例（尽管纳尔逊本人在1805年的战斗中牺牲），力图在海上赢得决定性的胜利。日本人巧妙地利用几乎没有飞机的航空母舰作为诱饵，吸引哈尔西的注意力，把他的主要部队从保护美国两栖舰队中转移开，使后者在通过苏里高海峡接近莱特岛的关键时刻，暴露在由日本海军上将栗田健男领导的另一支日本海军小组的攻击下。对此，历史学家伊恩·托尔（Ian Toll）曾写道：

> 哈尔西并没有令人信服的理由将他全部的65艘舰船集中对抗北方的19艘航母，但他却有紧迫的理由守卫海峡。更重要的是，哈尔西实际上并不需要在两者之间作出选择，因为他拥有的力量足以同时应对栗田和小泽的舰队。②

托尔还曾用生动的比喻调侃哈尔西的绰号：

---

① 特拉法尔加海战（Battle of Trafalgar）发生于1805年10月21日，是拿破仑战争期间最著名的海战之一。英国海军霍雷肖·纳尔逊（Horatio Nelson）上将指挥对抗由法国和西班牙联合舰队组成的敌军。纳尔逊在战斗中采用了革命性的战术，成功地打败了敌方舰队的阵形。这场胜利阻止了拿破仑的海上扩张计划，确保英国本土不受法国的直接入侵威胁。然而，纳尔逊上将在战斗中被狙击手射中胸部，不久后英勇地阵亡。纳尔逊的牺牲和他在战斗中的英勇表现，使他成为英国最受尊敬的国家英雄之一。——译者注

② Toll, *Twilight of the Gods*, p. 303.

第三章　第二次世界大战

　　公牛一心只追逐斗牛士的斗篷，却没注意到他的剑。一见红色，公牛就低下头角冲锋，满怀信心地要击倒弱小的敌人。然而，最终几乎总是公牛血淋淋的尸体被拖出斗牛场，斗牛士却依然站立离开。①

　　但万幸哈尔西这次是一头幸运的"公牛"。由于哈尔西的错误，一些小型护航航母和运气救了美军。栗田指挥的日本舰队虽然原则上有能力轻易击败防护不足的美国登陆部队，但因受到骚扰、混乱和疲劳困扰，促使其决定撤回，尽管面对的美国海军力量明显依然强大。②

　　如前所述，1944年10月下旬的这些海战总和构成了历史上最大的海战，涉及近300艘各类舰船。③ 日本在这场海战中让美国大吃一惊，给美军带来了包括普林斯顿号航空母舰在内的几艘舰船损失。但最终，日本损失了4艘航空母舰和超过20艘其他舰船，总共损失了28.5万吨船只，相比之下，美国的损失为2.9万吨。④ 显然，这样的结果是日本在太平洋战争的任何阶段都无法接受的。⑤ 在1944年的2场大型海战以及10月份在台湾周边空域发生的航空战

---

① Toll, *Twilight of the Gods*, p. 309.
② Weigley, *The American Way of War*, pp. 301-305.
③ Toll, *Twilight of the Gods*, p. 292.
④ Keegan, *The Second World War*, pp. 558-559.
⑤ Hastings, *All Hell Let Loose*, p. 564.

现代战略家必读军事史：1861年以来美国的主要战争

中，日军遭受巨大打击，共损失数百架飞机、3艘战列舰、6艘重巡洋舰、3艘轻巡洋舰和7艘航空母舰。①

这一系列事件的直接结果不仅使美军能够直接威胁日本本土，更重要的是掌控了海洋和航线。到战争结束时，日本的进口量已降至战前水平的一半左右。②

尽管哈尔西在莱特湾海战中遭遇战术挑战，在接下来的冬季又差点因天气遭遇挫败。1944年底和1945年6月，他在评估和应对台风预报方面表现不佳，导致其指挥的特混舰队遭受重创。如果不是他的战争英雄身份，他可能会面临严重后果。尽管如此，他的声誉还是基本保持完好，与尼米兹、莱希和金并列为美国二战期间的四位海军五星上将。这个五星级别主要是为了在与英国或苏联的五星级军官交往时保持平等。在陆军中，五星"陆军上将"荣誉被授予了马歇尔、麦克阿瑟、艾森豪威尔、阿诺德（后成为美国空军中唯一的五星上将），以及1950年的布拉德利。③ 二战后，美军再未使用过这一军衔。

美国军事规划者当时尚未确定是否需要入侵日本本土。据当时的估计，这样做可能导致美军伤亡超过100万人。例如，在硫磺岛战役中，美国为了剥夺日本利用该岛的能力，同时将其作为轰炸机从马里亚纳群岛攻击日本的中继

---

① Mawdsley, *The War for the Seas*, p. 456.
② Hastings, *All Hell Let Loose*, p. 558.
③ Borneman, *The Admirals*, pp. 404–422.

第三章　第二次世界大战

站，牺牲了近7 000名海军陆战队员，而日本方面有大约1.8万人丧生。① 在冲绳战役中，美军伤亡人数达到8万，而日方阵亡达到11万，加上1万人被俘。显然，如果真的入侵日本本土，预计的伤亡将会更加惨重。②

事实证明，进攻日本本土并没有必要。主要是因为，当时美国的原子武器方面取得巨大进展。1943年3月，罗伯特·奥本海默（Robert Oppenheimer）和团队搬到新墨西哥州洛斯阿拉莫斯全面开展原子弹项目，而在此之前一个月发生了史上最精彩的一次特种部队行动。当时有6名来自挪威的英国突击队员，乘坐英国军用飞机到达挪威南部偏远地区韦莫克（Vemork）附近，与4名挪威抗德组织成员一起滑雪徒步接近、突破并摧毁了纳粹在该地运行的重水设施（此设施是德国核弹计划的重要组成部分），并成功全身而退。随后又发动了多起空袭和破坏行动，成功阻止德国通过该设施生产足够的重水用于制造原子弹。这2项事态发展共同促成了美国1945年原子弹的最终走向，同时成功阻止了纳粹的核计划。③

然而，在第二次世界大战见证核轰炸之前，天空中的

---

① National World War Ⅱ Museum, "The Battle of Iwo Jima," New Orleans, 2020, nationalww2museum. org/sites/default/files/2020-02/iwo-jima-fact-sheet . pdf.

② Walzer, *Just and Unjust Wars*, p. 266.

③ Richard Reeves, *The Making of the Atomic Bomb* (New York: Simon and Schuster, 1986), pp. 443 – 485; and Neal Bascomb, *The Winter Fortress: The Epic Mission to Sabotage Hitler's Atomic Bomb* (Boston: Mariner Books, 2016).

319

常规轰炸已经造成了恐怖景象。空军理论家朱利奥·杜黑（Giulio Douhet）和美国的比利·米切尔将军（Billy Mitchell）等人认为，空中力量根本上改变了战争的本质。他们认为，按照克劳塞维茨的经典战争理论，打败敌人已不再必要，消耗型战争也不再是必需的。历史学家和战略家拉塞尔·韦格利（Russell Weigley）提到的"格兰特战略传统"在主要战争中不再是取胜的关键。空军理论家们认为，通过空中打击可以使现代社会屈服，无论是针对经济和战争机器的精确打击，还是对城市和人口的无差别轰炸。[1]

当然，战争早期也进行过战略轰炸尝试。1940年下半年，德国对英国实施了闪电战。随后盟军也尝试进行空中打击，比如1940年8月的英国对柏林空袭，以及1942年初对东京的杜立特突袭。但直到1944年和1945年，配备长程战斗机护航的远程轰炸机才真正让战略轰炸达到高潮（在此之前，轰炸机的损失率在单次出击中可能达到或超过10%—15%）。[2]

不幸的是，正如历史学家塔米·比德尔（Tami Biddle）在其著作中提出的权威观点，复杂战略轰炸理论设想通过早期"精确"或"要点"轰炸来打击滚珠轴承厂、炼油厂、战斗机厂等重要工厂总体而言过于乐观。空军理论也

---

[1] Weigley, *The American Way of War*, pp. 333-335.
[2] Boot, *War Made New*, pp. 282-283.

第三章 第二次世界大战

有这种问题,认为民众会很快被空袭吓倒,会迫使自己的政府立即投降。但恶劣天气、炸弹无制导、因为德国有防空高射炮必须高空投放炸弹、敌方民众的抗压性强于预期等各种因素,都使得战略轰炸面临困境。①

然而最终,战略轰炸在战争中发挥了重要作用,部分是通过简单的摧毁城市。从汉堡到德累斯顿,再到东京、名古屋、大阪和神户,大规模空袭引发了巨大的火灾和火风暴。到1945年,美国在塞班岛拥有基地,使得B-29轰炸机能够直接对日本实施重击。在柯蒂斯·勒梅(Curtis LeMay)将军的指导下,美国还发现了如何使用凝固汽油弹在日本的城市(大部分由木结构建筑组成)故意引发大规模火灾。

历史学家凯瑟尔·诺兰描述了东京在遭受导致火风暴的袭击那天的情景,"1945年3月9—10日,B-29轰炸机飞抵东京上空,进行了历史上单次最致命、最具破坏性的行动,其威力甚至超过了原子弹"。② 成千上万的德国人和日本人在这种袭击里丧生,数百万人流离失所。③

在二战期间,空中力量对军事生产、燃料和铁路运输

---

① Tami Davis Biddle, *Rhetoric and Reality in Air Warfare: The Evolution of British and American Ideas about Strategic Bombing, 1914-1945* (Princeton: Princeton University Press, 2002); Overy, *Blood and Ruins*, pp. 751-758.

② Nolan, *The Allure of Battle*, p. 563.

③ Biddle, *Rhetoric and Reality in Air Warfare*, pp. 188, 217, 224, 227, 237, 239, 243, 246, 255, 269, 274, 276, 287, 291-292; Boot, *War Made New*, pp. 268-294.

现代战略家必读军事史：1861年以来美国的主要战争

及战场机动性的影响并未达到预期。① 德国的工业生产在整个战争期间持续攀升——只是战略轰炸速度大不如前。根据近期最详细的估计，战略轰炸导致德国1943年和1944年的军备产量分别减少了3%—5%和11%，但生产基线仍不断上升。例如，德国战斗机的月产量从1943年起至1944年9月增长了2倍。但到了1944年底，产量降低了大约20%。轰炸机产量相较1943年减少了一半以上；全年的燃料月产量下降了超过一半。德国不得不调动大量防空资源至国家西部，以减少轰炸造成的损害。从1943年初到1944年末，德国增加了在西部的战斗机比例，从大约60%提高到80%。然而，鉴于轰炸的规模和造成的巨大破坏，以及盟军投入轰炸战的巨大努力和己方人员的损失，这些战略效果总体上是令人失望的。②

　　二战的一个被低估的事实是，除了苏联之外，所有主要国家都将飞机及相关军械生产作为军工产业的优先任务。罗斯福对飞机生产的重视，在某些军事领导的反对下，对战争的结果起到了关键作用。盟军，尤其是美国，能够提高产量而不受工业基础或成品武器运输到战区的重大约束。到1944年，盟军已拥有足够的空中力量（在太平洋战区还拥有良好的基地），对敌人造成巨大损失。轴心国大约有

---

① Overy, *The Bombers and the Bombed*, pp. 276–300.
② Richard Overy, *The Bombing War, Europe 1939–1945* (New York: Penguin Books, 2014), pp. 386, 406–409, 616.

第三章　第二次世界大战

1/4 到一半的飞机在抵达战场前就被摧毁。由于燃料短缺，飞行员的训练时间大幅度减少，战斗表现和生存率也必然下降。日本和德国的增援部队只能在夜间尝试部署到前线，无法对诸如 1944 年晚春和夏天的诺曼底战役等挑战作出快速或有效的反应。①

1945 年 8 月 6 日和 9 日，广岛和长崎受到原子弹轰炸。美国的远程空中力量与核武器结合到一起，产生了恐怖的轰炸效果。第一枚原子弹"小男孩"是一种"枪爆式"铀弹，可以迅速将两块浓缩铀-235 结合在一起从而引发核爆炸。在使用之前从未经过测试。而"胖子"原子弹则依赖"钚-239"从而产生核爆炸，此前在夏天的新墨西哥沙漠已经进行了测试。

燃烧弹轰炸、核轰炸，加上苏联在战争最后几周对日本的介入，共同构成了强大的力量。再加上对"无条件投降"条款的轻微修改，允许日本保留其天皇，这些促使了日本政府决定投降。这并未阻止包括前首相东条英机在内的一些日本政府成员，在战后审判中被判处绞刑。

虽然在中国东北地区的战斗一直持续到 8 月 21 日（最后一批日军部队直到 10 月 24 日才解除武装），但 8 月 15 日主要战斗就已经停止。9 月 2 日，日本在停靠在东京湾的美国密苏里号战舰上正式向美国投降。②

---

① O'Brien, *How the War Was Won*, pp. 17-66, 479-488.
② Weinberg, *A World at Arms*, p. 892.

323

八、所犯的错误和吸取的教训

第二次世界大战最重要的教训无疑是提醒我们人类具有作恶的能力,这并不是遥远的记忆。[1] 6 000 万人的死亡——其中至少2/3是非战斗人员,许多人被蓄意用毒气杀死、饿死或烧死——无论按哪种衡量标准,这场战争都是历史上最为惨烈的冲突,其杀戮程度几乎达到了工业化规模。[2]

哈佛大学教授史蒂芬·平克(Steven Pinker)指出,随着时间推移,大多数人的生活确实有所改善,而且如果我们继续培养和提升林肯所说的"我们天性中更好的天使",未来是充满希望的。[3] 但第二次世界大战明确地表明,任何进步都是脆弱的,我们天性中的恶魔依然存在。在现代工业民主国家中,即使是被战争和经济困难蹂躏过的国家,希特勒也能够上台,这在一些读者的有生之年发生,是所有历史事实中最让人深思和沮丧的事件之一。这并不是久远的历史。事实上,许多经历过那个时期的人今天仍然

---

[1] Reinhold Niebuhr, *The Irony of American History*, reprint ed. (Chicago: University of Chicago Press, 2008).

[2] Victor David Hanson, *The Second World Wars* (New York: Basic Books, 2017), pp. 3, 38.

[3] Steven Pinker, *The Better Angels of Our Nature: Why Violence Has Declined* (New York: Penguin, 2015).

第三章　第二次世界大战

在世。

　　同样还是在哲学层面停留片刻,对于我而言的另一个重要启示是二战结果并非不可改变。如果希特勒在1940年的不列颠之战中取胜,英国政府觉得有必要向德国投降,或者至少达成协议阻止英国进一步参战,情况会大不相同。虽然英国在不列颠之战中取得了关键胜利——正如丘吉尔的经典名言所说,从来没有这么少的人为这么多的人作出这么大的贡献——但盟军并不是必胜的。① 直到1941年底,随着德国对苏联的进攻、日本对美国的袭击以及德国对美国的宣战,盟军的胜利才几乎成为定局。诚然,根据希特勒的世界观,他攻打苏联的可能性极大。但是,他也可能在西线和巴尔干半岛取得成功后重新评估形势。盟军策划者们不能仅因为希特勒的"生存空间"(lebensraum)理念就假定他会攻击苏联。他们也不能假设希特勒的将军们会在他追求这一计划时继续支持他;在战争期间,希特勒被内部推翻的可能性始终存在,事实上,也确实有过这样的尝试。

　　此外,战争的转折点直到1942年和1943年初才出现——苏联抵抗德军入侵、美国在珊瑚海和中途岛的胜利、跨大西洋运送军队和物资的能力。这些成就不仅需要巨大的努力、卓越的勇气、坚强的政治领导、技术与军事创新,

① Bungay, *The Most Dangerous Enemy*, p. 393.

还需要相当长的时间。尽管如此，德国获取原子弹的可能性依然存在。希特勒梦想建立的千年帝国，以及日本军国主义者希望长期统治中国和朝鲜，并建立广泛的"大东亚共荣圈"，都是极其雄心勃勃的构想。历史若稍有变故，这些设想部分实现也非不可能。

如果日本没有发动对美国的攻击，美国可能不会立即参战。如果德国没有侵袭苏联，希特勒和斯大林可能会瓜分中东欧（留给意大利一些小利益），虽然这可能不符合希特勒极端野心和个性。如果希特勒对侵入苏联的准备更加充分，或者1941年的入侵有更多的好天气，他可能就会成功。如果那样，10年后德国可能已经拥有原子弹，有能力保护其成果甚至进一步扩张。这些思考无疑令人深省。

然而，这些并未成为现实。到1943年初，尽管战争还将持续两年多，尽管还将有数千万人的生命损失，但盟军获胜的可能性已显著增加。1943年1月罗斯福和丘吉尔在卡萨布兰卡会议上提出无条件投降的要求可能略微增加了战争的复杂性。但考虑到当时对希特勒和东条英机政府的罪行了解还只是片面的，很难想象会有其他不同的结局。

除此之外，还有一方面经验教训主要涉及军事创新和战前准备的重要性，这些方面经常被提及。德国的闪电战、日本在航母战术以及作战概念方面的创新、小部队作战娴熟（包括丛林战）都让人印象深刻。美国在航母开发以及两栖攻击策略和方法方面也非常厉害。相比之下，在反潜

第三章 第二次世界大战

作战技术和战术等方面的发展略逊一筹,这一方面类似战略轰炸,大部分创新都发生在战争期间。[1]

在第二次世界大战中,情报扮演了极为重要的角色。尽管有关谁将攻击谁、何时何地发起攻击等问题不断出现战略上的变数,情报在战术层面上仍取得了非凡成就。在中途岛战役、反潜战役以及1943年4月在布干维尔岛附近击落山本五十六的行动中,利用密码学解读截获的敌方通信具有极其重要的战术意义,这一点在许多其他情况中同样适用。

总体而言,如果对战局过于乐观,抱有快速取胜、轻松取胜的态度,那么第二次世界大战最终可能不会胜利。在这方面,它与本书根据其他大多数战争得出的一个一般观点有部分截然相反。

除了上述观察,二战中有一些更具体的关键决策也值得深入讨论和评估:

·希特勒在1941年决定进攻苏联及其随后的入侵作战计划,以及他在1941年12月对美国宣战的决定;

·日本决定对珍珠港发动袭击,以及对菲律宾和其他太平洋岛屿的攻击;

·美国及其盟友采取"欧洲优先"战略的决定,以及选择首先在非洲而非欧洲开始执行该战略,接着是先于法

---

[1] Williamson Murray and Allan R. Millett (eds.), *Military Innovation in the Interwar Period* (Cambridge: Cambridge University Press, 1996).

国在意大利开始进一步实施；

·美国决定在太平洋战役中优先推进两大主攻方向，一是经由澳大利亚，另一个是经由马里亚纳群岛；

·对德国和日本采用战略轰炸的策略。

历史学家马克斯·黑斯廷斯（Max Hastings）写道："希特勒入侵苏联是战争的决定性事件，就像大屠杀是纳粹主义的决定性行为一样。"①

希特勒和他的将领们从一年前就开始策划攻打苏联，而且在此很久之前就有了大致的想法，威廉·夏伊勒根据《我的奋斗》（Mein Kampf）中的关键文字敏锐地发现并强调过这一点。希特勒认为他要为未来帝国寻求大量的"生存空间"。按照历史学家斯蒂芬·弗里茨（Stephen Fritz）的说法，"这实际上是一个宏大的战略问题：希特勒的目标不只是修改凡尔赛体系，而是彻底重新塑造欧洲乃至世界的秩序，而占领东部'生存空间'就是实现这一目标所必需的第一步"。② 但希特勒同时对苏联的人民和政治持有恐惧和轻蔑的态度，包括对布尔什维克主义、苏联的犹太人以及主要的斯拉夫族群的态度。此外，希特勒认为，如果他打败苏联，英国就不能再不切实际地独自反对纳粹主义，然后就会求和。劳伦斯·弗里德曼（Lawrence Freedman）曾敏锐地指出，希特勒可能还认为，在美国是否参战还不

---

① Hastings, *All Hell Let Loose*, p. 139.
② Fritz, *The First Soldier*, p. 369.

第三章　第二次世界大战

明朗之前,先将苏联踢出战局、使其从世上消失会比较有利。①

斯大林接连吞并波罗的海国家及罗马尼亚部分地区后,希特勒进一步坚定了决心。虽然《莫洛托夫—里宾特洛甫条约》授予了苏联这些领土的权利,但这些行动预示着两位独裁者的领土野心开始出现交集。对希特勒而言,罗马尼亚是其获取石油和粮食的关键,而紧邻德国北面的波罗的海诸国则是他想要纳入版图的土地。希特勒的过度自信可能是其决策中的关键因素。另外,斯大林在 1937—1938 年对军队高层进行了大清洗后,似乎并没有展现出相似的自信,他更倾向于与德国共享欧洲的大部分土地,而不是独自占有。希特勒坚信苏联可以在不超过 5 个月内被击败,这从他对 120 个师的冬季作战毫无准备可见一斑。

事实上,德国有可能迅速全面击败苏联。但这是最好的情况,任何其他情况对柏林来说都将更加棘手。即使成功占领了圣彼得堡(列宁格勒)和莫斯科,这些胜利也不一定能确保希特勒的最终成功。鉴于此举涉及的巨大代价和其背后的残忍意图,入侵的决定显得过于轻率。虽然这场赌博有一定的成功机会,但不论成败,代价都将以数百万人的生命为衡量。从军事角度看,这是希特勒最大的错

---

① Freedman, *Strategy*, pp. 142-144.

误,实际上也给他带来致命一击。① 科林·格雷(Colin Gray)认为,"德国在二战中战略上的主要问题是元首的政治野心"。② 而这种野心是没有界限的。

日本决定袭击珍珠港的决策也值得进一步审视。有观点认为,尽管此举风险极高,但并非完全没有逻辑基础。其目的是将本质上较为孤立主义的美国排除在战争之外,争取时间在西太平洋地区建立军事要塞,并希望美国会选择忍受打击而非全面动员来无条件地击败日本,这种想法似乎有其合理之处。同时,他们希望军事技术的发展趋势,特别是远程陆基飞机的发展,能够支持以群岛为基础的防御体系,抵御任何试图接近该地区的航空母舰和战列舰,这种想法也并非完全错误。

然而,从总体上来看,这一概念是军国主义、种族主义和残暴政权的产物,它虽然遵循了一定的逻辑,但对现实的认识严重扭曲。之前的每一种论断都可以反过来用来反对这次攻击。日本很难确保美国会在战争中屈服,或者当时技术条件不会允许联合两栖舰队、舰载和陆基航空力量以及传统海军力量逐步向日本推进,又或者世界上大多数最大经济体的联合力量在战争中成为盟友后不会集中力量压垮轴心国。而且,第一次世界大战就已经证明,美国

---

① Hanson, *The Second World Wars*, pp. 256–260, 506; and Shirer, *The Rise and Fall of the Third Reich*, pp. 793–800.

② Colin S. Gray, *The Future of Strategy* (Malden: Polity Press, 2015), p. 72.

第三章　第二次世界大战

绝非一个和平主义国家。

接下来我们讨论美国和英国的"先欧后亚"战略。首先要明确的是,尽管名为"欧洲优先",美国的努力——包括造船和地面部队的部署——实际上是同时针对大西洋和太平洋战区的。尽管这一战略在实际执行中有所偏差,但其背后的逻辑是有道理的。考虑到盟军在1940年希特勒攻击英国和1941年夏天德军接近莫斯科时差点输掉战争,德国无疑是更大的直接威胁。① 因此,辩论的重点不应为是否应该优先考虑欧洲,而是实际上是否给予了欧洲足够的优先权。幸运的是,美国利用当时可用的资源在欧洲提供了足够的支持,同时也在太平洋为对抗日本加强了战斗力度。如果大西洋战役在1942年和1943年初的情况持续恶化,可能会有更充分的理由将海军力量从太平洋撤回以保护船队。幸好,随着造船速度的提升以及反潜战技术和战术的改进,大西洋战役的局势得以及时扭转。理论上,如果整个战争期间更加绝对地优先考虑欧洲战区的话,霸王行动可以提前进行,但等到盟军在非洲等地积累了更多地面作战经验之后再行动也是合理的。因此,美国和盟友实行的这种细致入微的"欧洲优先"战略可能是最佳选择。

在更广义的延伸至地中海和北非的欧洲战区范围内,1942年末发动对北非的进攻行动也许是明智之举。当时还

---

① Hastings, *All Hell Let Loose*, pp. 199, 432-433; and Keegan, *The Second World War*, pp. 310-319.

不可能立即对北欧进行正式入侵。因为这必然需要更多的物资，还有更丰富的战斗经验和领导经验，而当时的美军还很稚嫩。① 但在希特勒还未在斯大林格勒犯下致命错误之前，还需要努力设法减轻德国对苏联的压力，确保苏联能够成功保卫祖国。

接着，美国选择如何攻击日本也是一个重要问题。战争初期，规划者必须决定是通过中太平洋进攻，还是选择澳大利亚—所罗门群岛—菲律宾路线。是让尼米兹海军上将主导，还是让麦克阿瑟将军领军？尽管麦克阿瑟带着强烈的个人情感和自尊，急于想要解放菲律宾以兑现他对该国人民的承诺，但并不明确除了这种双管齐下的策略，包括他偏好的路径，是否还有更好的选择。这种双线作战最终在冲绳岛的夺取中达到高潮，实现了巨型钳形战术。② 到了1943—1944年，美国的战争机器已全速运转，不需要在两种策略间作出选择。保持两个主攻方向不仅让敌人难以猜测，还因为这两种不同的进攻路线在技术和作战力量上有不同的侧重，进而让整个战略设计更加灵活。考虑到当时运用了众多新技术和发展了许多新的作战及战术概念，保持战略设计的灵活性以适应不同的情况是非常有必要的，以免某一种方式的效果远胜另一种。

---

① Edward M. Coffman, *The Regulars: The American Army, 1898－1941* (Cambridge: Harvard University Press, 2004), pp. 373-374.

② Weigley, *The American Way of War*, pp. 282-283.

第三章 第二次世界大战

　　打败日本有没有更为简单的方法——比如集结一支庞大的舰队，再配备庞大的海上浮动后勤资源作为后盾，然后经过北方海运航线直达日本第二大岛北海道。从理论上讲，就我们现在所知，这可能行得通，但可能会因为单一关键因素（如暴风雨恶劣天气、日本部署空军力量全力有效防御本土岛屿）而受挫。通过逐步推进，美国积累了作战经验和专业知识，而不是孤注一掷，[①] 而且这种经验知识在1944年6月诺曼底登陆时还派上了用场。此外，如果在未控制周边大部分地区的情况下就直接让大部队登陆日本主要岛屿，就错过了通过经济压力和空中轰炸、最终避免采取陆地进攻的机会。

　　最后，我们要讨论的是关于使用常规和核手段进行战略轰炸的问题。这是一个让人进退两难的问题，尤其关于日本的问题。冲绳等地的战斗经验表明，如果从陆地进攻，双方都会损失惨重。根据美国参谋长联席会议估计，在对日本主要岛屿的进攻作战中，美方每次伤亡都超过100万，其中有25万人丧生，因此，美国从二战开始到那时的总死亡人数增加超过50%。日本的损失可能更大。[②] 应慎重对待这些估计数字。这种看法过于乐观，根据我自己的经验，

[①] David Barno and Nora Bensahel, *Adaptation Under Fire: How Militaries Change in Wartime* (Oxford: Oxford University Press, 2020), pp. 1–6, 31–53; and Rosen, *Winning the Next War*, pp. 107–182.

[②] Unger, Unger, and Hirshson, *George Marshall: A Biography*, pp. 352–353.

现代战略家必读军事史：1861年以来美国的主要战争

在最理想的情况下，我认为伤亡数字应是上述估计数字的2—3倍。所以采用美国伤亡人数可能在50万到200万这种表述可能更好。[1] 无论如何，在某些情况下，一些美国军事领导人（特别是海军上将尼米兹）会因为损失预计过高而对地面进攻是否明智感到越来越担忧和怀疑，导致宁愿继续采取经济封锁和空中轰炸策略。[2]

战争会带来严重的后果，决策者也不得不作出血淋淋的选择。对任何人来说，故意摧毁城市的想法都令人恐惧，但其主要原因还是归结于挑起并扩大战争的一方。然而，就正义战争理论而言，战略轰炸违背了禁止蓄意攻击平民的原则，而且还是大规模攻击。[3] 轰炸造成的死伤惨重。至少，本可以重点打击德国和日本经济中的能源、钢铁、电力等工业部门。[4] 在战争后期，人们对大屠杀的性质和集中营的设置有了更多了解时，本应更加努力设法阻止利用铁路将犹太人送往集中营处死。[5]

总的来说，考虑到这场冲突中的利害关系、敌人穷凶极恶以及尽快结束这些致命冲突的重要性，对在大多数其

---

[1] Michael E. O'Hanlon, *Defense 101: Understanding the Military of Todayand Tomorrow* (New York: Cornell University Press, 2021), pp. 85–133; and Enthoven and Smith, *How Much Is Enough?* pp. 1–72.

[2] Richard B. Frank, *Downfall: The End of the Imperial Japanese Empire* (New York: Penguin Books, 1999), pp. 186–187, 190–193, 194–196, 338–341, 356–358.

[3] Walzer, *Just and Unjust Wars*, pp. 263–268.

[4] Hastings, *All Hell Let Loose*, p. 484.

[5] Beschloss, *Presidents of War*, pp. 420–422.

第三章 第二次世界大战

他战争中可能被视为犯罪的策略和方法,我发现自己很难强烈反对,① 但也很难为之辩护。

然而,第二次世界大战结束后,人类历史上确实产生了最具有广泛影响力的和平协议。② 平心而论,在二战后的几年里,日本和德国的高级战犯因所犯罪行受到了严惩,且多数处以绞刑。但美国及同盟国也努力帮助德国和日本重建本国经济和政治制度,并恢复两国在国际社会中的地位。在二战后和平协议的影响下,德国和日本两国社会发生了彻底转变,同时它们也成为美国最可靠的盟友。这也是为何到本书撰写时,在 20 世纪两次世界大战之后没有发生第三次世界大战的主要原因。

---

① 沃尔泽对此并不同意,他认为应该尝试与日本进行某种形式的和平谈判(即使不与纳粹德国谈判);参见 *Just and Unjust Wars*, pp. 263-268。作者认为这种观点高估了谈判前景,尤其低估了日本占领中国的罪恶意图。
② 如《波茨坦公告》(1945)、《巴黎和约》(1947)等,这些和平协议在结束战争、重建战后秩序以及重新定义国家间关系方面起到了关键作用。——译者注

第四章

朝鲜战争和越南战争

第四章　朝鲜战争和越南战争

在冷战结束之前，继东西方对峙铁幕（Iron Curtain）横亘在欧洲大陆和中国共产党建立新中国之后，东亚地区发生了两场非常惨烈的战争：一场是朝鲜战争，另一场是越南战争。美国和许多其他国家的军队也都卷入这两场战争。

朝鲜战争和越南战争虽然都非常惨烈，但从历史的角度来看，这两场战争也对当今世界影响深远。在朝鲜战争爆发前几年，美国虽然就已经建造并使用了地球历史上最强大的战争机器，但却未能在朝鲜战争和越南战争中战胜在经济和技术上都远远落后的对手。朝鲜战争期间，美国的对手之一是中国。当时中国基本上是一个农业社会，派出的中国军队（亦称中国人民志愿军①）通常缺乏尖端军事技术，也没有核武器。无论是因在第二次世界大战中所取得的成就感到狂妄自大，对不得不这么快就再次开战感到疲惫不堪，对苏联等国家感到日益恐惧和绝望，还是在这两次与一战和二战截然不同的战争中谋略欠佳，总体上来说，美国在朝鲜战争、越南战争这两场战争中的表现远远不如以前。"最伟大的一代"（great generations）指的是，

---

① 朝鲜战争爆发后，为了援助朝鲜人民解放战争，反对美帝国主义及其走狗们的进攻，借以保卫朝鲜人民、中国人民及东方各国人民的利益，1950年10月5日，毛泽东和党中央作出了抗美援朝、保家卫国的战略决策。10月8日，毛泽东签署了组成中国人民志愿军的命令："着将东北边防军改为中国人民志愿军，迅即向朝鲜境内出动，协同朝鲜同志向侵略者作战并争取光荣的胜利。"参见《抗美援朝战争史》上卷，军事科学出版社，2011，第171—172页。——译者注

现代战略家必读军事史：1861年以来美国的主要战争

为赢得第二次世界大战作出巨大贡献，然后从朝鲜战争和越南战争归国后为美国经济繁荣作出贡献的一代美国人，可惜他们却未能在多山之国朝鲜半岛或气候潮热、地形平坦的中南半岛继续大获成功。

如前文所述，这两场战争都是一片血雨腥风。虽然朝鲜、中国和越南军队均伤亡惨重，但是美国自身也损失了近10万人，这是二战中美国死亡人数的20%以上，是1975年以来美国参与的所有战争中死亡人数的10倍。①

在技术方面，美国在1950—1975年对武器装备进行许多创新创造，包括喷气式飞机和直升机。在越南战争中，美国也拥有了卫星通信系统和一些精确制导弹药。大多数情况下，对于不太适合在某类型战斗中大量使用的二战武器，美国都会对其进行升级改造。在这两次战争中，非正规部队（美国的对手）也使用了大量小型武器（包括自动武器和用途广泛的炸药），并在战斗中获利。

聚焦本书论述的中心主题，美国和其他国家一样，对朝鲜战争和越南战争都过于乐观，所以最终会对这两场战

---

① 根据相关史料，朝鲜战争期间，美国将其陆军的1/3、空军的1/5、海军的近半数的兵力投入到朝鲜战场，使用了除了原子弹以外的所有的现代化武器，然而却遭到失败。据朝中方面1953年8月14日公布的战绩，自1950年6月25日至1953年7月27日，朝鲜人民军和中国人民志愿军共毙伤俘敌军109.3万余人，其中美军39.7万余人，南朝鲜军66.7万人，英、法等其他国家军队2.9万余人。参见《中国军事百科全书：中国人民志愿军战史分册》，军事科学出版社，1990，第10页；《抗美援朝战争史》下卷，军事科学出版社，2011，第504页。——译者注

第四章　朝鲜战争和越南战争

争的艰难程度和持续时间感到非常惊讶。朝鲜战争和越南战争，也再次证明了澳大利亚历史学家杰弗里·布莱内（Geoffrey Blainey）等学者和军事家卡尔·冯·克劳塞维茨的观点是正确的，即战争无情，通常不仅不可预测，而且还具有很大的破坏性。无论是在战斗前还是在战斗中，过度自信都是战略家和政策制定者的大忌，都会带来难以避免的损失。美国错误地认为，以某种方式为下一场大战做准备，并依仗上一场战争的军事影响力，足以为更小规模或不同类型的战争做好准备。

但在宏大的战略层面上，对美国及其盟友而言，这两场战争情况并没有到了不可收拾的地步。1953年，朝鲜战争陷入僵局，进行军事停战谈判，最终朝鲜战争结束，在当时感觉好像是美国惨遭失败后的妥协，或者至少说是疲惫不堪。70年后，美国对朝鲜和越南仍然具有强大影响力。这一结果虽然不可思议，但在一定程度上反映了美国在当今世界的整体实力。

从道德上来说，引发朝鲜战争、越南战争的原因都很复杂。本书的目的并不是详细审查战争的道德性，而只是提供一些观察战争结果和明确战争背景的历史思考。当时，对于朝鲜和越南来说，两国此前都经历了长时间的殖民统治和领土分裂，战争都是为了实现民族解放和统一。即便这些叙述重在维护自我利益，但从某种程度上来说大概也是诚心的。

现代战略家必读军事史：1861 年以来美国的主要战争

从道德上来说，两场战争中主要参战方发挥的作用也都很复杂。近代中国遭受了数十年（实际上是一个世纪）的外敌渗透、腐败统治的沉痛历史，对外国势力在中国边境附近驻留十分警惕。因此，在美国领导的"联合国军"越过三八线向北行进后，中国对朝鲜战争不会置之不理、不会不管的，这也是有一定道理的。美国远离本土，为了努力保护其远东利益，美军没有对武器装备进行妥善合适运用，这对当地居民生命财产造成了毁灭性影响。最终结果证明，美国在朝鲜战争、越南战争中采取的大规模轰炸，很难提供充分的道德合理性。

一、朝鲜战争

1950 年 6 月 25 日，也是美国内战中卡斯特的最后一战（Custer Stand）① 的 74 周年纪念日，朝鲜和韩国三八线上长期小规模的武装冲突和摩擦，终于发生了质变，朝鲜大规模内战全面爆发。

同年 11 月，作为主要参战方，中国军队就同朝鲜军队

---

① 卡斯特的最后一战，是指美国内战期间，1876 年 6 月 25 日，年少成名却轻狂自信的中校乔治·卡斯特，率领美国陆军精锐第 1 骑兵师第 7 骑兵团 211 人在蒙大拿州的小大角河附近对印第安人苏族军队发起一场突发战役，然后战斗很快结束，卡斯特却遭到全军覆灭，苏族军队仅仅战亡 68 人。这场战斗被誉为"卡斯特的最后一战"，它也一直影响着美国的历史，人们一直在反思战争失败的原因，过于轻敌？战术失败？等等。——译者注

342

第四章 朝鲜战争和越南战争

开展合作并提供了优势军事力量,一起对抗一个由美国、韩国和其他大约15个国家组成的"联合国军"。

整个战争几乎完全发生在朝鲜半岛(长约600英里,宽约150英里)。当时朝鲜半岛约有3 000万人口,其中2/3位于韩国(与今天的比例大致相同)。战争期间,中国飞机从国内基地起飞,美国领导的"联合国军"海军飞机也从黄海和日本海起飞执行任务,因此战区并不完全局限于朝鲜半岛。事实上,在中朝边境上还发生一些空战。

此外,第二次世界大战的结束也为朝鲜战争的爆发营造了国际战略环境。随着苏联军队击败在中国东北地区的日本关东军,美国准备在1945年夏末接受日本投降,朝鲜成为美苏这两个昔日盟友的会面场所,但美苏这两个盟友很快又变成了敌对关系。尽管如此,哪怕苏联和美国之间的竞争也刚刚开始,斯大林还是同意了把朝鲜半岛沿着三八线(大致与今天的分界线相同)一分为二,使朝韩两国都能够实现单独治理,直至重新统一。朝韩两国于1948年作为民族国家正式成立;苏美两国都在1949年中期撤走驻守在该地区的军队。[1]

但是,朝鲜半岛统一可能永远不会实现。1949年,以毛泽东为代表的中国共产党人赢得解放战争胜利时,朝鲜领导人金日成(Kim Ⅱ-Sung)就多了一个潜在的求助对

---

[1] Max Hastings, *The Korean War* (New York: Simon and Schuster, 1987), pp. 27-45.

象。时任美国国务卿迪安·艾奇逊（Dean Acheson）在1950年初的一次演讲中宣称，朝鲜处于美国核心战略利益之外时，金日成嗅到了朝鲜半岛统一的一丝机会。[1] 由于朝鲜向苏联寻求理论指示以及更切实的帮助，这时斯大林认可了金日成的战争想法，这对金日成的计划很重要。

朝鲜战争初期，朝鲜军队大胜韩国军队。由于美国最初在韩国没有驻留战斗部队，只有几百名军事顾问，而且韩国军队实力较弱，所以朝鲜军队迅速向南推进，在几天内就占领了汉城。尽管后来美军（包括美国派去帮助保卫汉城附近乌山市的史密斯特遣队）陆续抵达，朝鲜军队还是在几周内就占领了朝鲜半岛的大部分地区。到7月下旬，只有东南部港口城市釜山及其周围的一个地区仍在韩国军队手中。

1950年6—7月，是朝鲜战争的第一阶段。随着美军数量的增加和釜山环形防御圈的加强，战争的第二阶段开始了。进入8月，美军被完全赶出朝鲜半岛的担忧开始有所减少。美军陆军第25步兵师第24步兵团是坚守在朝鲜半岛的一大关键力量。尽管哈里·杜鲁门总统在1948年就下令要求整合美国武装部队，但美军陆军第25步兵师的主要成员仍是非裔美国人。[2]

---

[1] Max Hastings, *The Korean War* (New York: Simon and Schuster, 1987), pp. 57-58.

[2] Mitchell Lerner, "Is It for This We Fought and Bled?: The Korean War and the Struggle for Civil Rights," *Journal of Military History* 82, no. 2 (April 2018): 515-545.

第四章　朝鲜战争和越南战争

在9月中旬，战争的第三阶段开始了，美国在战争中取得了巨大成功。美国两栖部队在汉城西部仁川海岸的泥泞滩涂上进行了一次大胆的行动，即仁川登陆。令人大为惊讶的是，美军攻破了朝鲜军队的防线，切断了大部分朝鲜部队的后勤支援，进而彻底改变了战争发展的势头。在当月底，美军便攻占汉城，随后开始向北移动。因而中国和朝鲜交汇处的鸭绿江成为美军下一步的目标。

在战争的第四阶段，中国政府决定派遣志愿军向朝鲜境内出动，中国军队协助朝鲜军队抵抗美国领导的"联合国军"。由于"联合国军"对中国军队隐蔽作战准备不足且自己部队分布分散无法集中力量，中国军队在战场上将美军不断向南驱赶，因而，一些人将此称为美国军事史上最大的撤退。中国军队曾一度占领汉城。[1] 尽管如此，"联合国军"对中国军队的攻势进行抵抗斗争，其中最引人注目的是位于朝鲜中部靠近长津湖（Chosin Reservoir）地区的美国海军陆战队第1师。

战争的第五阶段占据了整个朝鲜战争的大部分时间。该阶段始于马修·李奇微（Matthew Ridgway）将军的到来以及随之而来的美军不断增长的军事影响力。作为朝鲜战争中的关键重要人物，李奇微帮助"联合国军"稳住了阵

---

[1] 抗美援朝战争期间，1951年1月5日，中国人民志愿军和朝鲜人民军占领汉城，受到汉城市民的一致拥护。参见《抗美援朝战争史》上卷，军事科学出版社，2011，第424页。

地和战争局面，并逐渐向北移动。1951年初，"联合国军"第二次占领汉城及其周边地区，并在那年春天抵挡住了中国军队和朝鲜军队的联合进攻，朝鲜半岛开始陷入类似僵局的局面。僵局持续了两年，其间，各方基于对战争态势的谨慎考虑和相关承诺，开始了停火谈判。到1953年夏天，美国艾森豪威尔总统威胁进行核攻击（麦克阿瑟将军曾提出核威胁，但随后在1951年初因其不服从命令而被解除美国和"联合国军"指挥权；相比之下，此时提出核威胁的方式更加冷静和更微妙）。1953年7月27日，中国、朝鲜和美国最终在板门店签订了停战协定，朝鲜战争结束。

二、战争武器和主要参战方的战略

朝鲜战争非常激烈，代价惨重。据普遍估计，中国军队伤亡人数为90万（中国统计数据与此不一致），[①] 朝鲜

[①] 关于志愿军伤亡情况，自身作战减员36.6万余人。这一数据主要根据1953年8月15日志愿军作战处关于志愿军作战减员统计：阵亡115 786人，战伤221 264人，失踪、被俘和投降29 095人，共计366 145人。另，抗美援朝卫生工作资料1950年10月25日至1953年7月27日（无统计时间）统计：阵亡114 084人，负伤383 218人，失踪及被俘等25 621人，共计522 923人。（这个统计与1953年8月15日志愿军作战处关于志愿军作战减员主要在负伤的数字上相差较大，判断这个统计的负伤数字计算的是人次）。参见《抗美援朝战争史》下卷，军事科学出版社，2011，第505页。

第四章 朝鲜战争和越南战争

军队损失约为52万。联合国军伤亡40万人,① 大约2/3是韩国军队,其余大部分是美军。美军总死亡人数近3.4万。②

毋庸置疑,美国在朝鲜战争中使用了大量坦克和大口径火炮,因而造成大量人口伤亡,但这场战争并没有像在第二次世界大战中许多重大战役那样大量使用重型武器。此外,这场战争还使用了机枪和其他自动武器、手榴弹、迫击炮、便携式炸药包和地雷等标志性现代武器。从很大程度上说,由于朝鲜地形崎岖、树木繁茂、稻田密布,重型车辆的越野机动面临重重困难,所以许多战斗都采用了轻武器。中国军队和朝鲜军队发现,美国的空中力量和炮兵的战斗力在夜间会比较弱,所以往往选择在夜间进行战斗。中国军队和朝鲜军队也经常同"联合国军"进行短兵相接,其目的是制约"联合国军"对强大火力的运用能力(美军也是为了避免误伤友军)。另外,朝鲜半岛冬季冰冷,而许多关键战役都爆发于寒冬时期,所以寒冷本身也是人员大量伤亡原因之一。

喷气式飞机在朝鲜战争中首次投入战斗。朝鲜战争期间空战中,还展现出一些其他军事创新。例如,美国研制出了改进型导航雷达,有利于美军飞机进行夜间轰炸。中

---

① 自1950年10月25日至1953年7月27日,中国人民志愿军在2年9个月的抗美援朝战争中,共毙伤俘敌71万余人。参见《抗美援朝战争史》下卷,军事科学出版社,2011,第504页。

② Don Oberdorfer, *The Two Koreas*, pp. 9–10; and Beschloss, *Presidents of War*, p. 488.

国空军力量也取得了巨大进步,中国空军部署了多达3 000架飞机(考虑到了美国对朝鲜境内机场的摧毁能力)。中国空军当时虽然羽翼未丰,但是至少出动了24次轰炸甚至更多,对美国军队/韩国军队/"联合国军"发起了多次轰炸袭击。①

在某种程度上,朝鲜战争期间空中力量的运用类似于第二次世界大战中的空军战术(也预示了越南战争中的美国空军战术)。随着美国及其盟友设法利用在军事技术和火力方面的强大优势,并以此来弥补部队在地理方面的劣势,朝鲜战争变得更加残酷起来。美军经常投掷凝固汽油弹攻击城市,由此给朝鲜人民造成了巨大的痛苦。② 根据炸弹损伤评估确定,朝鲜22个主要城市中有18个城市的大部分建筑设施在战争过程中遭受破坏,③ 发电厂和灌溉堤坝也遭到了袭击。美国经常为了追击中国空军战斗机而多次侵入中国领空。正如历史学家肯尼斯·韦雷尔(Kenneth Werrell)所言,尽管美军没有瞄准中国境内的机场,但对于中国空军飞行员来说,朝鲜边境附近的中国领空也是不

---

① Xiaoming Zhang, "China and the Air War in Korea, 1950-1953," *Journal of Military History* 62, no. 2 (April 1998): 335-370.

② Bruce Cumings, *The Korean War: A History* (New York: Modern Library, 2011), pp. 149-161.

③ Conrad C. Crane, "Raiding the Beggar's Pantry: The Search for Air Power Strategy in the Korean War," *Journal of Military History* 63, no. 4 (October 1999): 885-920.

第四章　朝鲜战争和越南战争

安全地带。①

朝鲜战场上，美军大量运用空中力量进行袭击轰炸，试图削弱中国军队的铁路和公路补给能力。美国相关公开数据显示，战争期间，美国战斗机大约3/4的行动用在轰炸中国军队的后勤保障上，有超过5 000次袭击桥梁，超过20 000次袭击铁路线，超过2 000次袭击火车，大约40 000次袭击铁路火车，超过100 000次袭击军队车辆。根据空军战斗力的历来估算情况，这些数字很可能有所夸大。无论如何，中国军队擅长修路，尤其擅长灵活运用人力搬运进行后勤保障，甚至能够在美国飞机飞过头顶时停下来隐蔽踪迹，避免轰炸伤亡。从某种意义上讲，中国军队对补给的需求也不多：中国军队1个师通常每天只需要40吨补给，而整个中国军队大约部署有60个师，每天大约需要2 400吨②。因此，只有当中国军队在朝鲜半岛南移距离太远时才会面临严重的后勤补给限制，美国空中力量对中国

---

①　Kenneth P. Werrell, "Across the Yalu: Rules of Engagement and the Communist Air Sanctuary during the Korean War," *Journal of Military History* 72, no. 2 (April 2008): 470.

②　抗美援朝期间，至1951年底，志愿军后勤部队共建库区98处，其中山洞200个，掘开式仓库2601个，露天仓库5482个，土洞库672个，各种库房可容纳5475车皮物资。1952年8月，毛泽东谈到抗美援朝情况时说道，"吃的问题，也就是保证给养问题，很久不能解决。当时就不晓得挖洞子，把粮食放在洞子里，现在晓得了。每个师都有三个月粮食"。参见《抗美援朝战争史》下卷，军事科学出版社，2011，第181页。

349

军队的前进也确实会有一定制约。① 此外，美国空军出动大约100 000架次的飞机作为近距离空中支援，通常也是为抵御中国军队和朝鲜军队的步兵。②

朝鲜战争主要参战方的关键战略虽然看似简单——至少对除美国以外的所有当事方来说是这样，但美国就很难弄清楚这场战争的目标到底是什么。

对朝鲜来说，目标主要是在金日成领导下重新统一朝鲜半岛。就在朝鲜几近成功之际，却没有想到美国和"联合国军"会突然武力干预，这很大程度上也许是因为美国曾经非常明确地表示过，美国可能不会介入任何朝鲜战争。

对韩国来说，初始目标和关键目标都是能够存活下来。1950年9月仁川战局一发生逆转，韩国目标却变得更加雄心勃勃了，特别是美国当时似乎也支持以牺牲朝鲜为代价，实现朝鲜半岛的武力统一，但却不是为了韩国的利益。

对美国以及其15个左右盟国中的一些国家来说，最初的目标是不卷入遥远朝鲜半岛上爆发的任何战争，但在朝鲜战争发生后，这一立场几乎立即发生了变化。目标因而变成了确保韩国不会被朝鲜以及苏联接管。9月，仁川登陆胜利后，韩国变得更加雄心勃勃：通过夺取朝鲜的大部分或全部领土来惩罚朝鲜。在中国军队入朝作战之后，韩

---

① Robert A. Pape, *Bombing to Win: Air Power and Coercion in War* (Ithaca: Cornell University Press, 1996), pp. 148-150.

② Ibid., pp. 159-165.

第四章　朝鲜战争和越南战争

国作了相应妥协，在不分散美国对更广泛全球问题的注意力情况下，以可接受方式认可朝鲜半岛的分裂局面。

三、朝鲜南下与史密斯特遣队

1950年6月25日，当地时间凌晨4点，朝鲜战争爆发。① 朝鲜战争爆发后，除了前期参战部队，朝鲜军队后续部队由大约10个师组成，包括约230辆坦克、200门大口径火炮，以及约200架飞机组成的空中力量，其中包括雅克-9战斗机和伊尔-10攻击机。②

美国当时并没有在朝鲜半岛驻扎军队，只有几百名美国军事顾问和军事教官。③ 所以，美国对朝鲜战争全面爆发感到震惊不已。当时美国关注的是全球其他地区的战争情况，并且认为，如果在朝鲜爆发战争，则很可能是一场世界性的全面战争，而不是朝鲜半岛上的局部战争。此外，1949年1月至1950年6月，朝韩双方在三八线附近频繁发

---

① T. R. Fehrenbach, *This Kind of War* (Dulles: Potomac Books, 2008), pp. 4-9; Hastings, *The Korean War*, p. 53.

② Allan R. Millett, *The War for Korea, 1950-1951: They Came from the North* (Lawrence: University of Kansas Press, 2010), pp. 29, 85; and Roy E. Appleman, *South to the Naktong, North to the Yalu* (Washington, DC: United States Army Center of Military History, 1998), pp. 7-9, 381, 545.

③ James F. Schnabel, *Policy and Direction the First Year* (Washington, DC: U.S. Army Center of Military History, 1992), pp. 30-35, 70-82, history. army. mil / html/books/020/20-1/CMH_Pub_20-1.pdf.

现代战略家必读军事史：1861 年以来美国的主要战争

生冲突，甚至有些大规模冲突，以至于许多旁观者对紧张局势早已习以为常。而许多政策制定者在朝鲜战争全面爆发数小时之后才意识到这场战争是怎么回事。①

当时韩国政府腐败严重，对军队也指挥不力，导致战争爆发后节节失败。而且美国担心李承晚（而不是金日成）可能是战争爆发的始作俑者，所以为韩国北进提供军队或资源支持持谨慎态度，这也导致韩国军队的装备也很差。韩国没有任何坦克、战斗机、有效的反坦克武器或大口径火炮，② 韩国军队的弹药储备最多也只能应付 6 天的战斗。所以，这次震惊全世界的突发战争无疑会让韩国军队感到措手不及。③

纽约时间 6 月 25 日下午 6 点，就在战争开始的后一天，联合国安理会以 9∶0 的投票结果④通过了一项谴责朝鲜战争爆发的决议，并要求朝鲜从韩国撤军。⑤ 鉴于新中

---

① Richard K. Betts, *Surprise Attack: Lessons for Defense Planning* (Washington, DC: Brookings Institution, 1982), pp. 51–56.

② Fehrenback, *This Kind of War*, p. 7.

③ Hastings, *The Korean War*, p. 53.

④ 该投票结果是非法的。1950 年 6 月 25 日下午 2 时，联合国安理会举行会议，讨论朝鲜问题。按照联合国宪章规定，只有 5 个常任理事国代表同意，安理会关于程序问题的决定方可通过。当时，中华人民共和国在联合国的合法席位尚未恢复，苏联代表也缺席会议。然而在美国的操控下，"会议随即讨论美国的提案，最后以 9 票赞成、0 票反对、1 票弃权（南斯拉夫）的结果予以非法通过"。参见《抗美援朝战争史》上卷，军事科学出版社，2011，第 43—44 页。

⑤ Hastings, *The Korean War*, p. 55.

第四章 朝鲜战争和越南战争

国刚刚成立不久,中国政府一直未获批在联合国或安理会担任中国席位,苏联自1月以来一直在抵制联合国。而美军、韩军、"联合国军"从那时起就获得了所谓的联合国正式批准,并且一直持续到现在。所以,其他十几个国家很快地自愿派遣部队,但通常只有营级或旅级的兵力,每个派遣国有数百或最多几千名士兵。英国也派出了远东舰队,包括1艘轻型航母和总共8艘船舰。① 即使加上英国,所有其他国家［包括加拿大、土耳其、澳大利亚、泰国、菲律宾、法国、希腊、新西兰、荷兰、哥伦比亚、比利时、埃塞俄比亚、南非、卢森堡(在军队医疗服务领域,要加上意大利和斯堪的纳维亚国家)］的总派遣兵力也只有美国的十分之一。②

美国国会之前未曾向朝鲜或中国宣战,但杜鲁门总统这次在没有申请宣战或获得其他立法部门授权的情况下就采取了战争行动,还声称"警察行动"(police action)已经得到联合国的授权,所以不需要申请。尽管毫无疑问杜鲁门本可以很快获得国会的批准,但他却选择了这样一种宪法外的方法。令人遗憾的是,这个事件就开了一个先例:美国在未经国会授权的情况下发动战争,而且这一先例将在以后的岁月里被多次效仿。③ 此外,国会确实也通过其

---

① Hastings, *The Korean War*, p. 70.
② T. R. Fehrenbach, *This Kind of War*, pp. 305-306.
③ Beschloss, *Presidents of War*, pp. 444-491.

353

他几种方式（特别是延长了即将到期的草案，以及在6月剩余的几天里批准了对韩国军事援助计划）表示了支持。①

朝鲜战争爆发后，韩国在第一周就沦陷了，韩国军队几乎一半土崩瓦解，另一半则向南逃亡。韩国一些部队在与朝鲜军队交战时就一溃即散，战斗力很差。美国在战争开始时虽然可以使用空中力量，但却因为没有前方空中管制员寻找和指定目标，所发挥的战斗力也相当有限。美国"友军误伤"悲剧也经常发生，韩国军队也因美国炸弹的误炸而遭受意外损失。②

1950年7月1日，美军的第一支特遣队从附近的日本飞往朝鲜战场。当时道格拉斯·麦克阿瑟实际上是美国驻日占领军的总督，他也担任朝鲜战争的第一任最高指挥官。在查尔斯·"布拉德"·史密斯（Charles "Brad" Smith）中校的战术指挥下，大约有400名士兵，分别来自美国陆军第24步兵师第21团1营B连和C连。他们只装备了小型武器、机枪、75毫米无后坐力步枪、一组105毫米榴弹炮和2.36英寸巴祖卡火箭筒，但是该部队缺少坦克、重炮和能够穿透朝鲜军队T-34坦克的新型3.5英寸火箭筒（不同于早期的小型火箭筒）。

自从在日本执行占领任务后，组成史密斯特遣队的第24师部队虽然没有受过良好的战斗训练，但是他们仍向北

---

① Hastings, The Korean War, pp. 60-61.
② Ibid., pp. 72-73.

第四章　朝鲜战争和越南战争

进军，挖掘战壕谨慎作战，并在乌山以北和汉城以南约 20 英里的水原（Suwon）周围与朝鲜军队交战。不幸的是，他们不仅缺少火力和兵力，而且还缺少弹药。第 24 步兵师的其他分队也都没成功，开局明显不利。① 鉴于韩国地理环境的战略纵深（从汉城到釜山约 200 英里）不足，美军预计可能并不会取得成功，所以幸存部队都撤退到了一个后来被称为釜山环形防御圈（Pusan perimeter）的地区。

在 7 月，美军也并没有取得太大的进展。朝鲜军队继续前进，很快就到了朝鲜半岛最南端。正如历史学家马克斯·黑斯廷斯（Max Hastings）描述的，在 7 月的头几周，地形、后勤、通信不畅和难民等问题严重拖延了朝鲜军队向前挺进的时间，这比美国步兵抵达朝鲜战场的拖延时间更长。② 7 月 13 日，美国陆军第八集团军正式成立，然而沃尔顿·沃克（Walton Walker）将军只能负责指挥第 24 师。在接下来的几周里，其他驻日占领军（特别是第 25 师和第 2 师）虽然人手不足、装备不足、训练不足，但随着这些部队的逐步抵达朝鲜战场，沃克将军开始掌握战争优势。

① Hastings, *The Korean War*, pp. 15–22.
② Ibid., p. 79.

四、釜山环形防御圈

1950 年 7 月以后，尽管一开始都没有察觉到，但战争形势已经开始发生逆转。除了美军和"联合国军"增援部队的逐步抵达，朝鲜军队在向南推进的过程中也遭受重创。截至 8 月初，朝鲜军队伤亡人数达到 50 000 或更多，这一损失已远远超过一支总规模不到 150 000 人的军队的承受范围。① 考虑到后勤补给线的远距离问题，朝鲜向远离本土的部队提供补给会更困难。美国的空中力量虽然没有针对朝鲜战争进行优化调整，但一旦前线阵地开始有所稳定，就能够有机会发挥更大的作用。

上述动态因素都为"联合国军"在韩国东南部港口城市釜山周围成功建设防御创造了条件，该区域大致为一个矩形区域，大约为 75×40 英里，后来被称为釜山环形防御圈。釜山环形防御圈的西北角位于大邱（Taegu）市的正对面，大邱市距离釜山西北 50 英里。② 在这一关键地区的战斗，从 7 月 31 日前后开始，一直持续到 9 月 15 日美军在仁川登陆，共持续了 6 周。

朝鲜战争将是美国和"联合国军"的最后一战。正如沃克将军对他的部队所说，"不会再有撤军、撤退、战线重

---

① Hastings, *The Korean War*, p. 82.
② Ibid., p. 71.

第四章 朝鲜战争和越南战争

新调整等情况，我们没有退路可退"。① 对他来说幸运的是，此时他指挥着近 10 万军队（一半是美国士兵，一半是韩国士兵），海军陆战队和英国士兵很快就会抵达，总兵力现在已经超过了朝鲜军队。②

在接下来的战斗中，大部分都沿着洛东江（Naktong River）进行，通常都是在险峻的丘陵地带进行，而朝鲜军队有时也会突破美国军队/韩国军队/"联合国军"的防线。而且，美军还会有越来越多的预备队来填补兵力缺口，以及足够有效的空中力量来减缓朝鲜军队的行动。马克斯·黑斯廷斯将这场战斗描述为"一系列无休止的短暂而又激烈的遭遇战"。③

随着时间的推移，朝鲜军队认识到零敲碎打的攻击并不会带来突破或包围机会，所以他们对作战进行了重新评估并重新部署。在 8 月 31 日晚上，朝鲜军队在前线的大部分地区发动了大规模进攻。几天时间，他们就取得了很大进展，一度迫使沃克将军把第八集团军司令部从大邱迁往了釜山，但凭借空中力量和内部情报渠道，美军都足以挫败朝鲜的企图，但事实上却退到了釜山。④

---

① Hastings, *The Korean War*, p. 84.
② Ibid., p. 85.
③ Ibid., p. 93.
④ Ibid., pp. 97–99.

五、仁川及其他地区

美军仁川（汉城以西）登陆，要是在1950年夏天早些时候似乎会以失败告终，但在9月中旬却发生了彻底逆转，这是20世纪最具有标志性的机动行动之一。通过这次行动，美军和"联合国军"不仅彻底改变了战争势头，而且还切断了朝鲜军队的补给线，为反击汉城做好了准备。到9月底，汉城被美军占领。

是什么让这次行动如此顺利和勇敢？是什么让除了麦克阿瑟之外的大多数其他美国高级军事领导人对这个想法如此警惕？是仁川登陆海上行动的性质。仁川登陆地带主要为海潮泥滩，这意味着只有在满潮的某些时刻才有可能登陆。由于仁川港航道是世界上潮汐变化最剧烈的航道之一，低潮和高潮之间的潮汐差高度有32英尺（约9.6米），所以风暴、机械故障等突发情况都会很轻易地挫败所有的登陆努力，并给舰载部队带来巨大的危险。从9月15日开始的一个月里，只有3个日期是合适的；幸运的是，在15日这一天，情况非常有利。①

为了准备仁川登陆，美军集结了大约260艘船舰，而且大部分船舰都是二战时期的（这场战争中使用的大多数

---

① Hastings, *The Korean War*, p. 100.

第四章　朝鲜战争和越南战争

其他武器和战车也是如此）。在这为期2天的航行中，从日本经由黄海，将70 000人的美国和韩国军队运送到了韩国西海岸的仁川。经过几天的轰炸准备，美国主导下的"联合国军"于9月15日占领了仁川附近的一个关键岛屿，然后在当天晚些时候的下一次涨潮时越过海堤（使用船用梯）上岸。登陆过程中，美军只遇到了轻微的抵抗，便取得了登陆的巨大成功，且伤亡不大。① 此外，海军陆战队第1师（包括海军陆战队第1团、第5团和第7团）以及陆军第7步兵师共同组建了美军第10军，并开展后人皆知的烙铁行动（Operation Chromite）。第10军由爱德华·"内德"·阿尔蒙德（Edward "Ned" Almond）将军负责指挥，并向麦克阿瑟直接报告。②

虽然美军第10军在途中遇到了一些阻力，不得不使用临时木筏和搭建临时桥梁让坦克渡过汉江（Han River），但是部队还是很快就抵达汉城。9月25日，美军从多个方向同时进攻，并逐步逐渐地占领汉城。其间，第10军不得不与朝鲜军队设置的诸多障碍进行战斗，并以适当方式作出有效抵抗。在大约3天时间内，这座城市又回到了美韩手中。③

---

① Oscar E. Gilbert, *Marine Corps Tank Battles in Korea* (Philadelphia: Casemate Publishers, 2007), pp. 60-64.

② U. S. Army History, *Korea* (Washington, DC: 2021), pp. 500-505, https://history.army.mil/books/korea/20-2-1/sn25.htm.

③ Gilbert, *Marine Corps Tank Battles in Korea*, pp. 81-99.

到9月22日，第八集团军已经突破釜山环形防御圈，许多朝鲜军队随后撤退或解散。9月27日，第10军和第八集团军在汉城以南的乌山附近会合。

战争期间，类似美军著名的第22条军规（catch-22）[①]的悖论矛盾产生了。在朝鲜军队如此肆无忌惮地攻击韩国军队之后，韩国军队仅仅恢复战前状态似乎还远远不够。此外，在1945年后，美国关于朝韩的诸多讨论中，都假定朝鲜半岛最终会重新实现统一。所以反攻回到三八线并停战似乎并不是一个好主意，但"联合国军"进入朝鲜也是非常危险的。这样就会产生一些问题："联合国军"可能会停在哪里？无论停在何处，中国军队是否会出于防御或进攻动机（或两者兼而有之）参战？[②] 然而，随着仁川登陆战取得成功，麦克阿瑟发现作出这个决定很容易，而且美国也并没有阻止他。[③]

美军第八集团军于10月9日越过三八线，朝鲜平壤于10月19日沦陷。10月24日，麦克阿瑟发布军令，美军可以进入并占领朝鲜境内的任何地方和所有地区，直到中国边境的鸭绿江。此时，"联合国军"的数量与朝鲜军队是

[①] 第22条军规核心要义是："只有脑子出问题的战斗人员才能申请停止执行战斗任务，而一旦提出停止执行任务的申请，就证明该申请人脑子没有问题。"实际上，第22条军规是一个相互矛盾的规则，意指陷入无法摆脱的困境。——译者注

[②] Jervis, *Perception and Misperception in International Politics*, pp. 70–71.

[③] Cohen and Gooch, *Military Misfortunes*, pp. 169–175.

第四章　朝鲜战争和越南战争

2∶1,这样来看似乎并不会让美国感到棘手。

事实上,"联合国军"在西线具有相当大的优势,以至于麦克阿瑟将许多美军通过船只派往朝鲜东海岸的元山(Wonsan)。经预计,"联合国军"部队在另一次仁川式登陆行动中会遭遇抵抗,但在10月25日抵达时竟然发现如同喜剧演员鲍勃·霍普(Bob Hope)一样,朝鲜军队喜剧般地击败了他们。① 这是因为朝鲜军队在东海岸布置了很多水雷和防御工事。

无论如何,在西线一切进展得非常顺利,以至于麦克阿瑟本人断然拒绝了英国提出的在鸭绿江以南建立一个中国和"联合国军"可以巡逻的缓冲区的想法,并宣称这一想法类似于绥靖政策。② 不知为何麦克阿瑟作出了"拒绝英国的想法"的决定和声明,但不是因为国防部长乔治·马歇尔(从1950年9月到1951年9月担任这一职务),也不是因为哈里·杜鲁门总统都不同意这一政策。尽管如此,他们也并没有否决麦克阿瑟的决定。

中国曾在10月2日通过印度有关方面间接转告美国,一旦美国和韩国军队越过三八线,中国不会不管。③ 事实

---

① Hastings, *The Korean War*, pp. 123-127.
② Ibid., p. 126.
③ Bruce Riedel, *Catastrophe on the Yalu: America's Intelligence Failure in Korea* (Washington, DC: Brookings Institution, September 13, 2017), https://www.brookings.edu/blog/order-from-chaos/2017/09/13/catastrophe-on-the-yalu-americas-intelligence-failure-in-korea.

现代战略家必读军事史：1861年以来美国的主要战争

上，10月14日，中国派遣的部队就秘密进入了朝鲜；10月25日，中国军队袭击了"联合国军"的一个团（韩国军队）。在11月，越来越明显的是，中国已经派遣数万军队越过鸭绿江进入朝鲜。美军与中国军队的冲突变得越来越普遍，甚至在战斗时面对面遭遇中国军队的战士。①

然而，在整个朝鲜战争过程中，麦克阿瑟一直坚持他的进攻心态，从未撤销他在10月24日的授权：授权"联合国军"尽快向鸭绿江突进。② 正如马克斯·黑斯廷斯在描述这位将军及其核心圈子时所写的那样，虽然麦克阿瑟的行动具有毁灭性，却很有说服力：

> 他们坚信他们的军队可以恣意挺进鸭绿江，并仍然认为，中国不是不愿意，就是没有能力进行有效干预……他们为自己创造了一个幻想世界；在这个世界里，事情都会按照远在（东京）第一大厦的麦克阿瑟的设想进行。向鸭绿江进军的行为反映了麦克阿瑟对情报、对军事谨慎之基本原则的蔑视，这在20世纪的战争中是极其罕见的情况。③

---

① Betts, *Surprise Attack*, pp. 56–62; and Millet, *The War for Korea*, p. 293.
② Gilbert, *Marine Corps Tank Battles in Korea*, p. 102.
③ Hastings, *The Korean War*, p. 130.

第四章　朝鲜战争和越南战争

随着美国的军事机器开始拂去第二次世界大战的灰尘并再次投入到朝鲜战争，随着空中力量迅速发展到1950年底"联合国军"每天出动约1 000架次飞机，这在某种程度上可以理解为何麦克阿瑟对赢得战争自信满满。① 同样值得铭记于心的是，麦克阿瑟大力支持美军越过三八线。很可能是因为他进入朝鲜的决定（而不是他快速到达鸭绿江的野心），引发了中国决定派遣部队出兵朝鲜。② 当时很少有像外交家、历史学家乔治·凯南（George Kennan）③那样主张将三八线简单地恢复到战前状态。④ 也就是说，正是在麦克阿瑟的推动下，形成了对鸭绿江毫无节制地争夺以及无条件胜利才是"联合国军"正确目标的偏执信念。

六、长津湖战役的灾难不断重演

1950年11月，美军同中国军队之间发生的小规模冲突并没有导致大规模的持续战斗。戴维·哈伯斯塔姆（David Halberstam）将11月初的此类事件视为对云山（Unsan）战役的警告，云山是朝鲜西北部的一个城镇（位于清川江畔

---

① Hastings, *The Korean War*, pp. 256, 266.
② Cohen and Gooch, *Military Misfortunes*, pp. 169–175.
③ 乔治·凯南（1904—2005），美国外交家、历史学家，他将二战后美国外交政策命名"遏制"战略，这一思想对美国影响深远。——译者注
④ Green, *By More than Providence*, p. 275.

的军隅里北部），中国军队在这里发动袭击，给美军造成了重创。① 然而，这可能不是中国军队小股部队的战斗警告，而是遭遇障碍后开始的一系列攻击。因此，中国军队几周后再次尝试进攻，并采取了更大的后续行动。

事实上，到10月19日②，中国已经开始向朝鲜派遣约12万人的部队。③ 中国军队一般在夜间行动，避免使用无线电，减少对车辆的依赖，最大限度地降低供应需求，从而达到秘密部署部队的目的。一名中国战士通常每天只需要8—10磅的补给品，而一名"联合国军"战士则通常需要60磅。④

11月中旬，汉城恢复正常生活。感恩节那天，美军（甚至是第八集团军）还享用了一顿美餐。美军第八集团军虽然身处朝鲜境内的前沿阵地，却仍然没有意识到迫在眉睫的威胁。麦克阿瑟仍然在执行军队在圣诞节前归国的承诺。第八集团军将继续向朝鲜半岛西海岸推进，第10军将沿着自己的路线在东线向前推进，第八集团军和第10军双方都奉命尽快到达鸭绿江，并可能在途中会合，完成对朝

---

① David Halberstam, *The Coldest Winter: America and the Korean War* (New York: Hyperion, 2007), pp. 9-44.
② 1950年10月19日，中国人民志愿军按预定计划向朝鲜境内开进。根据中央军委为志愿军确定的第一期作战设想，主要部署的部队有第39军、第40军、第42军和第38军。参见《抗美援朝战争史》上卷，军事科学出版社，2011，第221—222页。
③ Millett, *The War for Korea*, p. 297.
④ Hastings, *The Korean War*, pp. 137-138.

第四章 朝鲜战争和越南战争

鲜军队残余部队的包围。①

然而,从11月25日开始,灾难降临到美军头上。很快,这场战争的势头将再次发生戏剧性转变,"联合国军"将被完全赶出朝鲜,实际上是被中国军队追击到汉江下游。同时,美军也再次失去汉城,这一次主要是败于中国军队。

朝鲜战争期间,两个主要参战方实力相当,当时中国在朝鲜部署了近40万军队。②③ 中国军队大概有3/5在朝鲜半岛西线,靠近第八集团军;2/5在东线,靠近第10军。朝鲜军队当时大约有10万人。美国派出了17.5万军队,美国的外国盟友另外派出了2万军队,韩国派出了20多万军队。因此,这场战争真的本不应该如此有利于中国军队和朝鲜军队,但是令人意外的是,"联合国军"毫无准备,中国军队的战略战术在朝鲜险峻的地形中非常有效,大多数美国军队/韩国军队/"联合国军"都面临着恶劣条件,

---

① Halberstam, *The Coldest Winter*, p.437; and Hastings, *The Korean War*, pp.139–140.

② Millett, *The War for Korea*, p.335.

③ 抗美援朝战争期间,先后参战的有:步兵27个军又1个师,直接参加过第一线作战的为25个军又1个师;地面炮兵10个师又18个团;高射炮兵5个师又10余个团和60余个独立营;装甲兵坦克3个师;空军歼击机航空兵10个师又1个团,轰炸机航空兵3个大队;还有雷达、探照灯部队为空军和高炮部队作战服务。另有铁道兵10个师和1个援朝铁路总队,工兵15个团担负铁路、公路的抢修、新建和各种工程保障任务,有2个公安师担负后方警卫和公路线上的防空哨任务。在这场战争中先后参加志愿军经受锻炼的部队累计共达290万人。参见《抗美援朝战争史》下卷,军事科学出版社,2011,第610页。

365

这都预示着"联合国军"处于不利地位。①

中国军队的战术包括伏击困在朝鲜狭窄曲折道路上的美军车辆。同时,中国军队主要采用轻武器进行攻击,并且通常在夜间进行作战。中国军队虽然拥有大口径122毫米的迫击炮,但大多是小口径迫击炮。② 在近距离攻击中,中国军队战士通常只使用机枪、手榴弹和炸药包并设法从薄弱点打开突破口,或者迂回攻击美军正面部队的侧翼,或者不惧牺牲地向战壕投掷手榴弹或炸药包。③ 此外,在战斗过程中,中国军队还通过信号弹、号角声或喇叭声的指示开始猛烈进攻,就像敌人一边在看着我们,一边为我们唱小曲,还一边在嘲笑我们。④

中国军队在前进过程中通常设法找到并包围敌人的侧翼,并迅速利用后续穿插部队取得初步成功。⑤ 同时,中国军队还会设法穿插到美国军队/韩国军队/"联合国军"的防线后方,攻击任何试图回撤的部队。直到几周后李奇微将军的到来,美军和"联合国军"才减少了他们在这些作战方面的薄弱环节。例如,当美军受到攻击时,他们不再撤退,而是设法建立更具防御能力且能够环视360度的

---

① Cohen and Gooch, *Military Misfortunes*, pp. 174, 182.
② Gilbert, *Marine Corps Tank Battles in Korea*, p. 112.
③ Cohen and Gooch, *Military Misfortunes*, pp. 175-180.
④ Halberstam, *The Coldest Winter*, p. 400.
⑤ Fehrenbach, *This Kind of War*, pp. 200-223.

第四章 朝鲜战争和越南战争

防线，并请求空中力量支援和补给。①

中国军队和朝鲜军队的攻击发生在两个主要地区。在西线，中国军队对第八集团军发动了攻击，造成了美军巨大伤亡，并基本上消灭了韩国军队的第 2 军团。在朝鲜内陆城镇军隅里（大概位于鸭绿江和平壤中间）及其周边的战斗中，美军发现已无力维持阵地，并于 11 月 30 日开始向南撤退。12 月 5 日，美军被迫放弃平壤。② 当时鸭绿江已经结冰，即使"联合国军"飞机破坏或摧毁了鸭绿江上的一些桥梁，中国军队也有可能穿越鸭绿江不断增援朝鲜战场，鸭绿江结冰这一事实也为中国军队带来进一步利好条件。此外，此时后勤补给对中国军队和朝鲜军队来说还不是主要问题。③

在朝鲜半岛的中心地带，美军的战争情况也很艰难，主要因为中国军队于 11 月 27 日袭击了这一地区。④ 第 10 军（包括陆军第 7 师和海军陆战队第 1 师的 2 个营）在更广阔的战场上突然遭遇了多达 10 万的中国军队进攻，寡不敌众，美军以失败告终。⑤

---

① Halberstam, *The Coldest Winter*, p. 501.
② Hastings, *The Korean War*, pp. 140-146.
③ Weigley, *The American Way of War*, pp. 389-390.
④ U. S. Army Center for Military History, *The Korean War: The Chinese Intervention* (Carlisle: War College Series, 2003), p. 16, https://history.army.mil/brochures/kw-chinter/chinter.htm.
⑤ Halberstam, *The Coldest Winter*, p. 469.

现代战略家必读军事史：1861年以来美国的主要战争

最初驻扎在长津湖东侧的美军由于当时部署过于分散，寡不敌众，无法有效抵抗攻击，因而在随后的战斗中伤亡惨重。由于阵地被中国军队占领后，唐·费斯中校（Lieutenant Colonel Donald Faith）和另一名营长艾伦·麦克莱恩上校（Colonel Allan MacLean）都在下属部队疯狂失控的撤退中丧生，其中费斯的部队战斗减员约90%。①

在长津湖的西侧，美军海军陆战队第1师完成了美国军事史上最令人印象深刻和最富惊险色彩的撤退行动之一。第1师也像第7师一样，在前几天一直向北进攻，尽管没有像附近美国陆军那样过于分散，但第1师的军事实力也到了强弩之末。截至11月27日，海军陆战队第1师占据了三个主要阵地：北部的柳潭里（Yudam-ni）、南部的下碣隅里（Hagaru，位于长津湖基地）和古土里（Koto-ri，位于下碣隅里下方10英里处）。然后，中国军队和朝鲜军队发动了突然袭击。海军陆战队第1师设法使用坦克和空中力量来弥补兵力不足的劣势，但鉴于地理环境以山地为主，效果有限。② 该地区多山，道路少而狭窄，当个别车辆因被袭击或寒冷等因素而无法使用时，整个纵队都可能会被困住，补给和撤退也会很困难。③

---

① Thomas E. Ricks, *The Generals: American Military Command from World War II to Today* (New York: Penguin Press, 2012), pp. 135-149.
② Gilbert, *Marine Corps Tank Battles in Korea*, p. 116.
③ Ricks, *The Generals*, pp. 135-149.

第四章 朝鲜战争和越南战争

然而，即使第10军指挥官阿尔蒙德将军在攻击开始后的几天里拒绝给海军陆战队第1师指挥官奥利弗·普雷因斯·史密斯（O. P. Smith）下达撤退的命令，但很快就认为必须撤退。一个北部阵地补给部队即德赖斯代尔特遣队，由一位名叫德赖斯代尔的英国海军陆战队指挥官指挥，在地狱火峡谷（Hellfire Valley）大部分被摧毁。① 经决定，该师在柳潭里中段的部队必须返回下碣隅里基地。美国陆军费斯特遣队（Task Force Faith）的残余部队在下碣隅里基地加入了海军陆战队。然后，该部队整体继续向南移动到古土里的一个基地。从那里，美军集结力量穿过了芬奇林通道（Funchilin Pass，当地称黄草岭通道）。在当时，水门桥通道也曾被中国军队的突击部队炸毁，美军必须使用飞机空投下的桥梁进行组装铺路才能通过。然后，海军陆战队第1师继续前进，经过水洞（Sudong）郡，向兴南（Hungnam）港进发。②

据传说，当一名记者问他的部队是否正在撤退时，史密斯将军回答说："撤退？凯尔！我们只是换个方向进攻！"考虑到美国士兵的战斗勇气和坚强，以及战斗中成千上万的敌我伤亡，这个评论有一定的道理。③ 海军陆战队第1师

---

① Gilbert, *Marine Corps Tank Battles in Korea*, pp. 115-134.
② Ibid., pp. 135-165.
③ Hampton Sides, *On Desperate Ground: The Marines at the Reservoir, The Korean War's Greatest Battle* (New York: Doubleday, 2018), p. 261.

现代战略家必读军事史：1861年以来美国的主要战争

表现出了极大的坚韧和战斗精神，而且还运用许多合理的战术方法（例如：经常在山顶部署步兵来掩护在谷底道路上行驶的车辆纵队），同时使用空中力量对地面部队进行行动掩护。①

长津湖战役期间，美军海军陆战队第1师就在战斗中遭受了4 000多人的伤亡，另有7 000多人死于冻伤和其他相关疾病，②但是他们也对进攻的中国军队和朝鲜军队造成了巨大伤亡。在海军陆战队第1师到达兴南港口之后，他们就有条不紊地乘船向南重新部署到釜山。与占领日本的美国陆军不同，海军陆战队第1师在战争开始时接近满员，作战部队不需要依赖韩国军队的替补，虽然没有像许多美国陆军部队那样经历过持续的艰苦战斗，但是拥有直接随叫随到的空中力量，这些因素有力增强了该部队的战斗力。此外，海军陆战队第1师指挥部队实力强大且能更好地掌握和利用相关情报，这也让其极大提升了作战能力。③

尽管美军海上行动再顺利，也不能掩盖这样一个事实，即从地理位置和战术上来说，这是一次撤退。回到朝鲜半岛的西侧，在失去平壤后，美军、韩国军队以及盟军不断被击溃，最终在中国军队和朝鲜军队的攻击下撤退到达三八线以南。

---

① Sides, *On Desperate Ground*, pp. 228-280.
② Hastings, *The Korean War*, pp. 147-164.
③ Cohen and Gooch, *Military Misfortunes*, pp. 186-189.

第四章 朝鲜战争和越南战争

七、李奇微上任、麦克阿瑟退场与陷入僵局

1950年12月23日,第八集团军指挥官沃尔顿·沃克将军,由于在清川江战役中失利而打算在三八线重整时,不幸发生车祸身亡。麦克阿瑟任命马修·李奇微将军作为沃克的继任者。实践证明,这一选择令人感到很庆幸,这也许是麦克阿瑟在仁川登陆后的几个月里做过的最好的事情。李奇微不仅带来了坚韧和自信,而且把对细节的重视关注带到了工作中,包括为部队采购冬季装备等基本事宜。在战术上,他高度重视步兵的基本技能和战备工事防御,例如,部队远离道路,占领高地,并在适当的时候开挖坑道,等等。① 他还对不愿做这些事情的指挥官和没有对各自战区进行彻底侦察或做好各自战术功课的指挥官进行了撤职处理。李奇微虽然并不惩罚在一线战斗的士兵,但他可能会对其他高级军官毫不留情。在最初的3个月里,第八集团军先后有1名军指挥官、5名师长(第八集团军共计有6名师长)和14名团长(第八集团军共记有19名团长)被他撤职。②

著名历史学家艾略特·科恩(Eliot Cohen)和约翰·

---

① Hastings, The Korean War, pp. 188-191.
② Ricks, The Generals, p. 185.

现代战略家必读军事史：1861年以来美国的主要战争

古奇（John Gooch）都特意强调了李奇微本人对当时战争形势的看法，并在这段话中引用了他的话：

> 我其实告诉战地指挥官的是，如果被步兵的祖先看到美国这支军队这样依赖公路，不重视占领沿途高地，未能与前线保持联系，对地形了解很少而且还很少利用地形，不愿意抛开使部队伤亡惨重的汽车而代之以步行，更不愿意进入山区和灌木丛到敌人的驻地去作战，他们的祖先很可能会气得在坟墓里打滚。至于通信，我告诉他们：如果有必要，就回到祖父时代；如果收音机和电话坏了，就使用传令兵；如果想不出更好的方法，就使用烟雾信号。①

而麦克阿瑟自己越来越深陷困境，他对战争进程越来越听天由命，公开提出战争一旦失败的替代方案，特别是叫嚣轰炸中国境内目标和考虑使用核武器。

12月6日，考虑到麦克阿瑟的狂妄言论，杜鲁门总统向远东战区指挥官发出指令，要求他们在公开场合谨慎发表言论，且公开发言之前要同国防部和国务院进行沟通。为此，麦克阿瑟虽然简单公开了他对战争评估、预测、抱

---

① Cohen and Gooch, *Military Misfortunes*, p. 189.

第四章　朝鲜战争和越南战争

怨和政策建议，但还是继续保持攻势。① 无论是国防部长马歇尔（在当时尽管年事已高，但依然是未来10年的一个老资历大人物），还是其他任何人都不知道如何让麦克阿瑟停止进攻。②

因此，如何对待战争，这将取决于李奇微如何挑战麦克阿瑟——战争要么放弃，要么急剧升级。③ 尽管中国军队和朝鲜军队加起来可能有近50万军队，但"联合国军"总数也接近40万人。尽管麦克阿瑟因在鸭绿江以北行动时不被允许攻击中国空军飞机而感到沮丧，但美军在空中力量方面仍有很大优势。

在作战方面，朝鲜半岛更靠南的地形有利于"联合国军"。中国军队的补给线虽然过长，距离中国边境数百英里，仍设法在三八线以南保持军事力量存在。正在进行的"联合国军"空袭加大了中国军队的后勤补给挑战，飞机空袭可能会导致朝鲜半岛上的火车运力减少90%。即使是装备简陋的中国军队和朝鲜军队也需要一些基本补给，哪怕人力搬运能力再强大，也得需要公路和铁路运输的辅助。④

由于后勤补给能力欠缺，中国军队和朝鲜军队很难长时间掌控朝鲜半岛更靠南的城镇和地盘。同时，在李奇微

---

① Hastings, *The Korean War*, pp. 192-193.
② Halberstam, *The Coldest Winter*, p. 482.
③ Ricks, *The Generals*, pp. 190-191.
④ Weigley, *The American Way of War*, p. 392; and Fehrenbach, *This Kind of War*, pp. 260-261.

373

的领导下,美军和"联合国军"开始重新占领仁川等小城镇并加强防线,兵力到达汉江,然后在3月跨过汉江夺回汉城。在战术上,美军和"联合国军"不仅提高了总体战备状态,重视高地和防御工事,还建立了环形防守阵地,以此防止中国军队和朝鲜军队从侧翼进行突击。良好的防守阵地为美军和"联合国军"提供了更好的机会,他们在中国军队被攻击之前可以等待空中力量支援(如果他们暂时被包围,还可以得到空中补给)。到3月下旬,美军和"联合国军"部队又抵达三八线。①

与此同时,麦克阿瑟与杜鲁门的冲突进一步加剧。麦克阿瑟将朝鲜战争视为抵制社会主义阵营的主要焦点,并倾向于让战争升级,不仅是为了赢得朝鲜战争,也是为了能够更系统地削弱社会主义国家。杜鲁门及其高级顾问(包括国防部长马歇尔和国务卿艾奇逊)则赞成要限制美国在朝鲜的军事承诺和责任义务,并设法恢复朝韩战前边界的和平进程。同时,他们还希望避免为朝鲜战争增加稀缺军事资源支出或增加战争升级风险,应更关注欧洲和苏联的威胁,而不是关注朝鲜和中国。美军参谋长联席会议主席奥马尔·布拉德利(Omar Bradley)将军说了一句有名的话:延长或扩大朝鲜战争将是"在错误时间和错误地点与错误敌人爆发的错误战争"(the wrong war, at the wrong

---

① Hastings, *The Korean War*, pp. 196–198.

第四章　朝鲜战争和越南战争

place, at the wrong time, and with the wrong enemy）。对朝鲜战争的认识分歧在美国国内政治环境（麦卡锡主义强势，杜鲁门相对弱势）中引发了广泛争议。4月11日，"联合国军"总司令麦克阿瑟被解职，由他在东京以前的下属马修·李奇微接替。李奇微所在第八集团军的位置由詹姆斯·范·弗里特（James Van Fleet）将军接替。[1]

此时朝鲜战争正走向僵局。但是，在三八线附近军事对峙明显固化之前，中国军队又进行了一次激烈战役。中国军队和朝鲜军队被"联合国军"推回到三八线以北之后，他们设法挽回损失又制订了一个计划，争取夺回汉城。这场战役于1951年4月22日在堪萨斯线（Kansas Line）[2] 附近开始。海军陆战队第1师和更西边的英军第29旅（包括1个比利时营），都投入了大量战斗。英军第29旅沿着汉城以北约30英里的临津江（Imjin River）也进行了战斗。

5月中旬，中国军队和朝鲜军队又发动了一次大规模进攻，再次对韩国军队取得了一些成功，但并没有全面突破。到6月，范·弗里特指挥"联合国军"获得一些战术

---

[1] Weigely, *The American Way of War*, pp.390-391.
[2] "堪萨斯线"，是李奇微在1951年3月为了越过三八线发动"狂暴行动"而确定的一条军事线，该线西起临津江口南岸，沿江而上，经积城、道城岘、华川湖南岸、杨口至东海岸襄阳一线。参见《抗美援朝战争史》上卷，军事科学出版社，2011，第512页；马修·李奇微：《朝鲜战争》，军事科学院外国军事研究部译，军事科学出版社，1983，第132页；日本陆战史研究普及会编《朝鲜战争》中卷，高殿芳、乔廉豪、柯田邦、柳少蕊译校对，国防大学出版社，1990，第679页。——译者注

上的胜利,并以此缩短防线和加强阵地防御。此时,在李奇微的指挥下,"联合国军"已经形成了消耗战理念,设法最大限度增加中国军队和朝鲜军队的伤亡,降低"联合国军"损失,并不太担心地盘是否能够夺取占领。①

1951年7月,朝鲜战争和平谈判开始,战斗逐渐减少。然而,到了8月底,和平谈判显然没有很快达成定论。战斗再次加剧,例如,在为汉城提供水电的华川水库(Hwachon Reservoir)附近。在接下来的几周里,沿着伤心岭(Heartbreak Ridge)和血染岭(Bloody Ridge)的战斗接踵而至,直到该地区和华川水库在10月中旬被美国第2师占领,战斗才停止。

此时,再次恢复和平谈判。谈判期间,中国军队和朝鲜军队开始挖掘坑道固守防线。到1951年底,一条牢固的防线横跨整个朝鲜半岛,这条新的分界线在战争的剩余时间里并没有明显的变化。②

在朝鲜战争的最后两年里爆发了多场战斗,但主要是双方战术性的局部交战,且机动范围有限,都在设法获得有限的地盘利益。中国军队坑道和防御工事与第一次世界大战的西线非常类似,发挥重要防御作用。其间,也发生了一些艰苦战斗,如石岘洞北山战斗(美军称猪排山战斗,

---

① Carter Malkasian, "Toward a Better Understanding of Attrition: The Korean and Vietnam Wars," *Journal of Military History* 68, no. 3 (July 2004): 911-942.

② Fehrenbach, *This Kind of War*, pp. 344-363.

第四章　朝鲜战争和越南战争

battle for Pork Chop），或坪村南山战斗（battle for "the Hook"，美军称"钩子山"战斗），争夺卡森（Carson）、马踏里西山（Vegas）和梅靓里东山（Reno）的战斗。①

李奇微又调往欧洲，接替艾森豪威尔担任北大西洋公约组织（简称"北约"）武装部队总司令，马克·克拉克（Mark Clark）将军在东京接替李奇微担任"联合国军"总司令。美军在朝鲜的指挥权也发生了变化，但并不令人十分满意。1953年2月，范·弗里特将军将第八集团军的指挥权交给马克斯韦尔·泰勒（Maxwell Taylor）将军后，他对自己在指挥期间受到的束缚和目标限制表示沮丧。② 像其他指挥官一样，范·弗里特一直在努力提高第八集团军的战斗精神和战术战法，但这支军队在许多方面都存在欠缺，尤其是需要依赖美军的韩国军队（KATUSA）来充实队伍。范·弗里特还被禁止对三八线以北发动大规模进攻行动，否则就是美国在遥远次要战区的"被遗忘的战争"的受害者。③ 不过至少他保住了基本防御战线，而且汉城

---

① 马踏里西山和梅靓里东山，在志愿军的地图上分别被标为058和057号阵地。这两个阵地，分别被美军称为Vegas和Reno阵地，加上Reno高地西南方向的卡森（Carson）阵地，这三个阵地被合称为Nevada目标群。熟悉美国地理的人应该知道这三个高地是以美国内华达州（Nevada）的三个城市命名的。美军之所以用以赌博业出名的内华达（Nevada）来命名这个目标群，意在表示"能否守住这些阵地，将是一场赌博"。——译者注

② Hastings, *The Korean War*, pp. 270–283.

③ William M. Donnelly, "A Damn Hard Job: James A. Van Fleet and the Combat Effectiveness of U. S. Army Infantry, July 1951–February 1953," *Journal of Military History* 82, no. 1 (January 2018): 147–179.

377

也没有第三次被中国军队和朝鲜军队夺回。

艾森豪威尔最终于1952年11月当选美国总统,但在就职前,他曾秘密前往朝鲜,亲临考察战场,研判战争局势。上台后,艾森豪威尔政府采用了一系列威胁手段(包括声称愿意使用核武器)来确保停火谈判(在3年的战斗中,美国的核武库从300枚炸弹增加到1 000枚,当时还包括更容易投送的战术核武器)。① 斯大林于(1953年)3月5日去世,但尚不清楚他的去世对朝鲜战争的结果有多大影响,这主要因为中国在朝鲜战争中发挥着更为重要的作用。

因此,在艾森豪威尔总统的支持下,麦克阿瑟提出的战争升级政策最终获得了比许多人想象中更多的支持。像艾森豪威尔一样,美军参谋长联席会议也支持这一观点,即如果不能达成停战协议就使用核武器的观点。②

关于战俘问题,美国跟中国、朝鲜进行了深入谈判,最终达成了协议。朝鲜战争停火线主要是沿着三八线划设。相对于朝韩的战前分界线,韩国军队/美国军队/"联合国军"获得的净利益很少。1953年7月27日,中朝代表与美国代表正式签署了朝鲜停战协议并生效。③ 协议中严重声

---

① Pape, *Bombing to Win*, pp. 167–168.

② Rosemary Foot, *The Wrong War: American Policy and the Dimensions of the Korean Conflict, 1950–1953* (Ithaca: Cornell University Press, 1985), pp. 204–246.

③ Stephen Sestanovich, *Maximalist: America in the World from Truman to Obama* (New York: Vintage Books, 2014), pp. 68–70.

第四章　朝鲜战争和越南战争

明，将于 27 日晚上 10 点整正式停火。朝鲜战争停战 70 年来，尽管三八线附近发生了若干起残酷事件和重大恐慌，但朝鲜和韩国双方仍然在执行停火协议，甚至在难以实现正式和平的时候亦是如此。

八、越南战争

朝鲜战争，对美国的信心是一记重大打击。这也清楚表明，世界已经陷入了危险的冷战时期，但是美国在东亚地区（East Asia）却一点也不"冷"。

相比而言，越南战争比朝鲜战争更糟糕，美国在越南战争中遭遇彻底失败。如果朝鲜战争是对美国信心的打击，那么越南则是对美国国家凝聚力及其军事力量在精神上和认知上的正面打击。① 20 世纪 60 年代，美国国内动荡不安，陷入一片骚乱，这主要因为越南战争在较长时期内深刻改变了这个国家的社会结构和思想认识，甚至比约瑟夫·麦卡锡（Joseph McCarthy）在 20 世纪 50 年代初提出的"红色恐慌"政治迫害还要严重。此后几十年，这一经

---

① Robert Mason, *Chickenhawk* (New York: Penguin Books, 1983).

现代战略家必读军事史：1861年以来美国的主要战争

历一直困扰着美国外交政策精英和领导人。① 同时，也一直没有像艾森豪威尔一样的凝聚国家力量的人物出现来结束越南战争和恢复国家的自我意识（the nation's sense of self）。事实上，在越南战争问题上，艾森豪威尔本人也是问题的一部分，他建议约翰·F. 肯尼迪和林登·约翰逊总统加倍努力赢得战争，以免"多米诺骨牌"在东南亚和其他地区被社会主义阵营控制。

越南战争非常惨烈，伤亡惨重，大约有5.8万名美国人死亡，大约30万受伤。越南南北双方遭受的损失堪称天文数字，可能超过300万人。② 战争期间，成千上万的韩国人、数百名澳大利亚人、新西兰人和泰国人以及成千上万的老挝人和柬埔寨人也在战争中丧生。③ 越南战争导致越南这个国家命运多舛，还引发邻国发生政变。与此同时，红色高棉（Khmer Rouge）在柬埔寨取得政权。作为战斗激烈程度的另一个重要指标，整个越南战争，美国损失了大

---

① Marvin Kalb and Deborah Kalb, *Haunting Legacy: Vietnam and the American Presidency from Ford to Obama* (Brookings Institution, 2011); and David H. Petraeus, "The American Military and the Lessons of Vietnam: A Study of Military Influence and the Use of Force in the Post-Vietnam Era" (unpublished Ph. D. diss., Princeton University, October 1987), pp. 259-279.

② Boot, *Invisible Armies*, p. 425.

③ James William Gibson, *The Perfect War: The War We Couldn't Lose and How We Did* (New York: Vintage Books, 1986), p. 9.

第四章　朝鲜战争和越南战争

约 9 000 架飞机和直升机。①

越南战争后期,在克赖顿·艾布拉姆斯(Creighton Abrams)将军的指挥下,美军的军事能力在战场上有所提高,但从 1968 年开始,也没有像李奇微这样引人注目的军事领导人来拯救陷入战争泥潭的美国。从更广泛的大战略角度来看,随着越南政府实施渐进式改革并将美国视为潜在朋友和合作伙伴,美越之间灾难性的恶劣关系最终在随后的几十年里得到了缓解。美苏对峙的冷战以一种"如愿以偿"非战争方式结束(The Cold War itself was ultimately concluded in a successful manner),同时,国际上也没有更多的"多米诺骨牌"倒下,没有发生更大的战争。但从军事角度来看,美国发动的越南战争以失败告终,而且美国及美国支持的越南伙伴和支持美国的盟军伙伴在这次战争中也遭到失败。

说到李奇微,当他从朝鲜回来并担任美国陆军参谋长时,曾警告不要在 1954 年干预越南来帮助挽救法国在那里的地位,而且如果要干涉的话,美国会需要 7 个师——或者如果像中国在朝鲜那样直接派遣志愿军出兵越南的话,就会需要 12 个师。李奇微和其他军兵种参谋长当时表示,美国在中南半岛地区缺乏决定性意义的军事目标。② 针对

---

① Stanley Karnow, *Vietnam: A History* (New York: Penguin Books, 1997), p. 669.
② Karnow, *Vietnam: A History*, p. 213.

381

越南战争，美国当时很少有人说出更真实的话，但10年后，这些话也会被军队和国家领导人所遗忘。

罗伯特·梅森（Robert Mason），一名越南战争期间的美军直升机飞行员，在他的回忆录中写下了以下令人心酸的话语，讲述了他和许多其他美国大兵对被迫发动战争的看法：

> 我对越南及其历史一无所知。我没想到法国人在经过20年的努力后，才在1887年占领了越南。我没想到我们国家曾经在二战期间支持过胡志明对抗日本。我没想到战后，这个自以为终于摆脱了殖民主义的国家，竟然在美国人的同意下，又被英国占领军移交给了法国占领。我没想到胡志明随后会开展军事斗争，再次武装驱逐法国人，并一直从1946年持续到1954年法国殖民政权在奠边府（Dien Bien Phu）被推翻。我没想到日内瓦会议定于1956年举行的自由选举竟然会因为人们知道胡志明会获胜而被阻止。我没想到我们政府竟然曾支持过暴虐和腐败的越南南方领导人吴庭艳（后来于1963年垮台并身亡）。①

---

① Mason, *Chickenhawk*, p. 17.

第四章 朝鲜战争和越南战争

越南战争的性质与本书中所述的几乎所有战争都不同,这场战争并不以大规模军队的战争行动为鲜明特征,战争期间的重要事件和重要转折点也通常不涉及领土征服问题。从战术上讲,越南战争是游击战,虽然许多游击队实际上是越共军队,而不是南越军队,但游击队作战在时间和空间上仍然比较分散。的确,曾有一些重要军事行动和重要事件很重视地理环境的影响,具体如下:1968年"春节攻势"(Tet offensive)重点关注南越的大城市;美国试图沿着南北越分界线"17度线"建立某种屏障;美国在北越很多地区作战,并且还在柬埔寨进行了轰炸行动;北越在1972年3月越过非军事区(DMZ)对南越军队和美军开始重大进攻行动;南越军队曾突袭邻国柬埔寨和老挝。然而,这些事件在很大程度上都与北越的游击战无关。

胡志明、武元甲将军、黎笋、黎德寿以及最终成为北越或全越南领导人的抗争者,都对他们各自的奋斗事业具有极端的献身精神。北越和南越他们这个群体的斗争手段坚决又聪明,他们通常也受过良好的教育,有些人还非常崇拜法国文化(但不是法国殖民主义)。他们认为,法国和美国倡导的自由和民主价值观也应该适用于越南人民。① 胡志明对这一事业的承诺可以追溯到第一次世界大战结束时的凡尔赛会议,当时他试图(但未成功)与伍德罗·威

---

① Karnow, *Vietnam: A History*, pp. 109–138.

尔逊总统举行听证会,来拥护越南的民族自决主张。① 在如此强大的信念推动下,胡志明同日本占领军、法国殖民主义、美国武装部队以及南越军队进行了30多年的斗争,领导越南政府朝着实现独立、统一的愿望不断前进。②

胡志明、武元甲及其同僚们对待战争的看法与本书的整体看法并不一致,即大多数大规模战争爆发时,发起方都对快速取得决定性成功的前景过于自信,但这种情况却恰恰相反,在实践中,战争往往很难取得胜利。越盟③(Vietminh)准备在必要时不惜一切代价(包括动乱等需要耐力的战争手段)来避免与更强大的对手交战,实际上是在拖延时间,④ 首先是在北越地区反抗法国,然后是整个中南半岛地区,造成了超过10万名法国军人的伤亡,最终把法国殖民势力驱逐出去。从某种意义上讲,尽管这是一次社会大动荡,但越共也有集结军队主动发动战争,当然不仅在1975年越共取得国家政权的时候,而且这已经不是第一次

---

① Fredrik Logevall, *Embers of War: The Fall of an Empire and the Making of America's Vietnam* (New York: Random House, 2012), pp. 3-19, 87-91.

② John Shy and Thomas W. Collier, "Revolutionary War," in *Makers of Modern Strategy*, pp. 846-847.

③ 越盟,即越南独立同盟,成立于1941年5月19日,是胡志明领导下的反法西斯民族统一战线。越南独立同盟的宗旨是:反对日本和法国帝国主义,争取完全独立,建立新民主主义的越南民主共和国。1945年8月,日本投降,胡志明领导的越盟控制整个越南,向法国宣布独立,同年9月2日成立了越南民主共和国。——译者注

④ Ang Cheng Guan, *The Vietnam War from the Other Side* (Abingdon: Routledge Curzon, 2002), pp. 1-71.

第四章 朝鲜战争和越南战争

发动战争。1954年春天，他们对在越南北部山区的驻奠边府法军发动了一场准备充分且有火炮支援的围攻，取得了决定性胜利。实际上，在这场围攻中，法军前后持续了近2个月。同年，国际社会达成《日内瓦协议》(Geneva Accords)，其中明确规定，越南北方和南方在规定时间内举行自由选举，实现和平统一。实际上，当时越南以"17度线"为界，一分为二，不是一个统一的国家。

然而，由于越南南方在美国的支持下已经作出了决定，不会举行统一国家的选举。越南南方政府（包括前皇帝保大和他任命的首相吴庭艳）甚至否决了《日内瓦协议》的相关条款。然后，在吴庭艳的兄弟吴庭儒（Ngo Dinh Nhu，于1963年与吴庭艳一起被暗杀）组织的欺诈性选举中，吴庭艳巩固了自己的权力，却将保大皇帝推到了一边，置之不理。[1] 注意到这一事态发展后，越盟从1957年开始恢复武装斗争，不过针对的是南越方面。在他们看来，吴庭艳政权在与新的外敌合作的同时，将越南国家一分为二，是美国的"傀儡"。1958年，胡志明及其组织已经为南部的湄公河三角洲（Mekong Delta）的军队建立了新的指挥结构。1959年，他们成立了"559运输大队"（Group 559），通过胡志明小道将武器和战斗人员渗透运输到南越地区。1960年，他们成立了越南南方民族解放阵线（National

---

[1] Max Boot, *Invisible Armies: An Epic History of Guerrilla Warfare from Ancient Times to the Present* (New York: W. W. Norton and Co., 2013), p. 412.

Front for the Liberation of Southern Vietnam），该组织后来很快被南越西贡政府称为"越共"。① 大约就在这个时候，美国开始意识到自己面临着一个重大难题。

九、越南战争中的武器和主要参战方的战略

从装备上讲，越南战争中的步兵武器大都属于高射速的自动武器。苏联等国家支持的越共和北越，提供的装备似乎有大量轻武器、迫击炮和其他枪支。越共还运用美国的哑弹制造了诱杀陷阱和简易爆炸装置，并逐渐在北越和胡志明小道沿线形成了有模有样的防空系统。他们鼓动劝说南越士兵逃离战场，并从战败的南越士兵那里获得了大量武器。

在军事方面，美国在跨洲际远距离实时通信方面能力更强，但这对于越南战争而言好坏参半。越南战争实际上是一场美国白宫远距离指挥发动的战争，尤其是约翰逊总统发布关于正确选择轰炸目标的法令。另外，美国也首次将战争画面播放在国内电视屏幕上，但没有像1991年沙漠风暴行动期间美国有线电视新闻网（CNN）和其他电视台那样提供高分辨率画面的实时报道。

---

① Karnow, *Vietnam: A History*, pp. 202–256, 688–693.

第四章 朝鲜战争和越南战争

美国的空中力量以及防空技术、战术和作战水平在这场战争中得到发展。美军远程轰炸机和直升机发挥了巨大作用。越南战争期间还发生了相当多的空战,特别是使用导弹和火炮进行精确打击,产生了深远影响。美军还使用了性能更好的干扰发射器、铝箔条和诱饵弹防护飞机作战,同时,越共军队也使用雷达制导高射炮、类似 SA-2 雷达制导导弹发射装备等。战斗双方还都使用新型战斗机参战,作战飞机性能参数和战术也在不断发展。美国还成功研发早期版本的精确制导武器,可以从飞机上精确投掷炸弹,包括"白星眼"(Walleye)滑翔炸弹。

尽管北越的空中力量处于劣势,但它也给美国带来了沉重的打击,造成了巨大的损失。即使北越在空战中处于劣势,但也不是绝对劣势。在战争的不同阶段,北越每击落 1 架美军飞机,己方都会有 2 架或 3 架飞机被击落。

美国在越南战争中出动了数十万架次飞机,投下数十万吨炸弹,特别是在 1965—1968 年持续的滚雷行动(Operation Rolling Thunder)和 1972 年对北越的"后卫行动"(Linebacker Campaigns)的战役期间,前者轰炸主要发生在 1967 年 5 月 10 日至 10 月 23 日,后者轰炸主要发生在 12 月 18—29 日。[1]

美国研发出夜视技术,并将这种技术逐步运用到战争

---

[1] Lon O. Nordeen, *Air Warfare in the Missile Age*, second edition (Washington, DC: Smithsonian Institution Press, 2010), pp. 1-60; and Pape, *Bombing to Win*, pp. 175-176.

中，但是这些早期设备的缺点限制了军队的整体作战效果。因此，很难说美国在越南"赢得夜战胜利"，就像1989年入侵巴拿马（Invasion of Panama）或1991年沙漠风暴行动（Operation Desert Storm）那样，美军总是拥有夜战优势。[①]但是越南战争期间，更准确的说法是越共赢得了夜战胜利。

当然，在越南战争中，美国拥有大量核武器，就像在朝鲜战争中（至少在后期）一样进行核威胁。跟在朝鲜战争一样，尽管美国会偶尔拿核武器进行威胁，但从未真正使用。事实上，理查德·尼克松总统在越南战争期间发出的含蓄威胁，可能不如艾森豪威尔1953年在朝鲜问题上发出的威胁可信，也没有意义。[②]

关于越南战争中各个主参战方的目标，美国在战争中的主要目标是支持南越政府，以抵抗北越游击队渗透和攻击。在美国看来，南越军队逐渐被视为全球反共产主义的主要力量，胡志明被美国政府视为共产主义者而非民族主义者。美国的次要关键目标是加强南越政府能力，使其能够承担更多战争重任。美国一开始认为南越政府可以凭借自己的军队赢得这场战争。

越盟、越共和北越的主要目标是削弱南越政府，将越

[①] Richard A. Ruth, "The Secret of Seeing Charlie in the Dark," *Vulcan*, no. 5 (2017): 64-88.

[②] McGeorge Bundy, *Danger and Survival: Choices about the Bomb in the First Fifty Years* (New York: Vintage Books, 1988), pp. 238-245, 538-539, 588.

第四章　朝鲜战争和越南战争

南人民统一在共产主义的政体下。尽管1954年日内瓦会议就指出，越南分裂的之前几十年和几个世纪内，南北之间就长期存在一些紧张和对峙局面，但这种分裂从一开始就被认为是暂时的。越南民族主义的整体意识很强烈，许多人（不仅仅是越南人）确实相信统一是正确的目标。因此，从1954年到1963年，南越政府在吴庭艳（担任总统前曾短期担任过总理）管辖下，南越军队虽然装备精良却很腐败。吴庭艳还拒绝接受1954年联合国关于越南统一的计划，所以许多人（当然也包括北越）将南越政府视为非法政权。①

越南战争期间，中国、苏联和美国都对彼此军事行动保持警惕，不敢轻易发生冲突。各方都保持了克制，以避免产生直接对抗这一最坏的情况。

十、20 世纪 60 年代初的"顾问年"

美国早在1955年就开始为南越西贡政府提供援助和军事训练。在随后的6年里，美国提供了超过10亿美元的军事援助。②

20 世纪 50 年代末以来，越盟/越共在南越的活动愈加

---

① Karnow, *Vietnam: A History*, pp. 229–256.
② George C. Herring, *America's Longest War: The United States and Vietnam, 1950–1975*, 2nd ed. (New York: Alfred A. Knopf, 1986), p. 57.

现代战略家必读军事史：1861年以来美国的主要战争

频繁。数千名训练有素的武装斗争人员从北越转移到南方的各个据点。在河内政府的指导下，越共在越南南方地区建立了他们的指挥机构、补给线和组织理念。①

然而，具有讽刺意味的是，1961年初美国总统德怀特·艾森豪威尔离任时，他更担心的是老挝而不是越南，他告诉年纪轻轻就当选总统的肯尼迪将主要精力放在老挝。肯尼迪总统上任后，他还考虑到其他一些国家安全问题，尤其是古巴的"猪湾事件"和1961年的柏林危机。正如美国司法部长罗伯特·肯尼迪在接受记者兼历史学家斯坦利·卡诺（Stanley Karnow）采访时透露："我们每天需要处理20个越南问题。"基于这样的态度，而且肯尼迪总统自己认为拉丁美洲和欧洲在战略上更重要，建议对中南半岛越演越烈的动乱尽可能少干预。苏维埃政权和共产主义对越南产生了越来越大的影响。肯尼迪总统也不例外，他早些时候在参议院警告称，越南不仅是"民主的试验场，也是对美国责任感和决心的考验"。②

美国肯尼迪政府正寻求一种更有效的方式来支持摇摇欲坠的吴庭艳政权，采取何种方式应对这种矛盾问题呢？

应对上述矛盾问题的答案是渐进主义。1961年，退役将军马克斯韦尔·泰勒（Maxwell Taylor）应肯尼迪总统的要求考察越南后，提议向越南派遣8 000名美军地面作战部

---

① Green, *By More than Providence*, p. 306.
② Karnow, *Vietnam: A History*, p. 264.

第四章 朝鲜战争和越南战争

队。美国国防部长罗伯特·麦克纳马拉（Robert McNamara）和联合参谋部建议派遣20万美军！肯尼迪总统扩大了驻越军事顾问团人员数量，1961年初约有3 000名美国人，到1963年肯尼迪总统去世时，顾问团人数增加到1.6万人。事实上，肯尼迪总统任期内没有派出地面作战部队——但其中一些"顾问"实际上就是美国飞行员负责进行轰炸袭击。

到1962年，美国对南越的援助资金每年达到5亿美元，还有直升机等更先进的设备。从1962年起，正式成立了美国越战军事援助司令部（Military Assistance Command for Vietnam, MACV），该部门负责组织和指挥军事顾问的行动。

同时，美国"战略村"（Strategic Hamlet）计划正在酝酿之中。该计划试图将南越农民重新安置在受美国保护社区内，免受越共武装斗争的影响。但是该计划的实施很突然，南越平民更多的是不满而不是欣慰。随着时间的推移，武装斗争的天平继续倾向于越盟。由于初期在"安抚"战略中受挫，在美国眼中，军队的主要力量是保护飞地而不是追击敌人的想法又进一步失信于美国人民，所以美军已经倾向于用密集火力展开进攻。[1]

尼尔·希恩在其杰出的著作《天大的谎言》（*A Bright Shining Lie*）中记录了1963年1月2日发生在南越的北村

---

[1] Krepinevich, *The Army and Vietnam*, pp. 140–142, 153; and Karnow, *Vietnam: A History*, pp. 270–280, 694.

战役（battle at Ap Bac），进一步凸显了美军的战略困境。数百名越共的据点被南越军队车辆和直升机包围，南越以兵力4倍于北越兵力的1个师准备发动进攻。但是，越共军队组织纪律严明，沉稳耐心，很好地利用了地形来发挥他们的战术。相比之下，南越士兵则希望依靠美国的火力和军事顾问取胜，但他们被越共军队打得一塌糊涂，不仅被击败，而且几架直升机也被击落，许多车辆被毁，近200人伤亡。其中，包括3名美国人死亡，8人受伤。[①]

除了北村战役之外，斯坦利·卡诺解释了美国向南越军队提供大量直升机，导致战斗不断升级，下面是他的经典著作《越南战争史》中的一段话：

> 直升机的部署最初对越共造成沉重打击，可以长驱直入位于偏远地区的越共驻地，但越共游击队逐渐适应了新的挑战。他们挖掘战壕和隧道以抵御直升机袭击，并有条不紊地练习攻击。他们在丛林空地上等比例建造直升机模型，以此训练增加作战能力。他们还通过北越部队援助或伏击南越部队获得了更先进的攻击武器。很快，他们就能够用迫击炮攻击地面直升机，或者用自动

[①] Neil Sheehan, *A Bright Shining Lie: John Paul Vann and America in Vietnam* (New York: Vintage Books, 1988), pp. 201–265.

第四章　朝鲜战争和越南战争

火力射向高空攻击直升机。①

因此，肯尼迪政府时期，美军在越南战争的局势不断恶化。美国关于如何提高战斗力的理念在战场上不起作用。根据五角大楼进行的一场兵棋推演，即使有超过50万的美军投入战斗，并对后勤补给线进行空中打击，最终越共照样可以向南运输足够的兵员和物资，在数年内不断占据地盘。但是，尽管美国这款"Sigma Ⅰ"兵棋推演具有预测性，但它的参数仍有待讨论（所有兵棋推演具有的共性），大多数人选择不理会它的警告。一年后，"Sigma Ⅱ"兵棋推演改变了假设，参数更加不严谨，结果虽更令人放心，但并不那么准确。②

与此同时，美国对越南高度重视，并坚信自身在东亚地区的重要性和全球影响力。这使得在美国一些"最优秀和最聪明的人"心目中，根本不会想象战争失败的后果，但现实情况却是获胜甚至保持相持状态似乎也越来越难。③南越政府腐败无能日益严重，其领导人既担心北越攻击，也担心自己的利益受损和组织内耗。

---

① Karnow, *Vietnam: A History*, p. 276.

② Andrew F. Krepinevich, Jr., *The Army and Vietnam* (Baltimore: Johns Hopkins University Press, 1986), p. 133.

③ 这是大卫·哈伯斯塔姆关于这一主题的著名著作的标题，该书于1969年首次出版；David Halberstam, *The Best and the Brightest* (New York: Ballantine Books, 1992)。

现代战略家必读军事史：1861年以来美国的主要战争

1963年之后，所有上述因素共同导致战争的明显转折：美国在南越发动了一场政变，但是其结果几乎可以肯定弊大于利。吴庭艳当局逐渐强硬起来，严厉镇压本地反抗武装，在政治上更加疏远了民众，且在指派和部署军事领导人时任人唯亲，最终未能建立一支能够牵制越共的军队，在西贡和华盛顿的美国领导人开始另做打算。也许吴庭艳应该下台，但不是在下一次选举中下台，因为时间太远，无法扭转局面。吴庭艳肯定会操纵选举，所以要通过政变推翻吴庭艳。理想情况下，政变将实现不流血政权更替和政权无缝衔接，这是因为在自封的改革派将军组成军政府领导下，为提高国家统治的效果和合法性而发动政变。在政变之前人们希望如此。但是，同其他许多情况一样，在越南问题上，这将被证明是一个错误的希望。斯坦利·卡诺曾对政变结果进行了精辟描述，"尽管吴庭艳效率低下，但他的继任者更糟糕"。[①] 美国推翻了南越领导人政权，并最终可能无意导致南越政府死亡，同时也致使美国在未来几年声誉受损。

1963年初，美国策动的政变开始，当时虔诚的天主教吴庭艳政府拒绝公平对待佛教徒。顺化市的一名官员阻止当地佛教徒在5月庆祝佛陀诞生。警察开火后，群众示威活动演变成暴力冲突，造成多名平民死亡。当局政府应对

---

① Karnow, *Vietnam: A History*, p. 294.

第四章 朝鲜战争和越南战争

不力,拒绝对事件进行独立调查或作出补偿。6月南越又发生多次自焚抗议,其中,一名佛教僧侣开启了首次自焚抗议,从而引发广泛抗议。此时,不仅是越共,南越大部分人也表露出他们反对吴庭艳政府的愤怒。①

南越政权崩溃后,美国驻越南大使亨利·卡伯特·洛奇(Henry Cabot Lodge)开始在西贡通过代理人谋划政变,并争取到了华盛顿的支持。美国人显然没有参与任何具体行动,当然也没有鼓励在11月2日政变开始后的第二天杀害吴庭艳总统和他的兄弟吴庭儒。但是几乎所有人认为,如果没有美国的煽动,政变不会发生。肯尼迪总统显然负有一定责任,他事先知道这个想法,但没有采取任何措施制止。②

三周后,1963年11月12日肯尼迪总统遇刺身亡。肯尼迪去世后,一些人认为,在损失变得太大之前,将美国从失败的泥潭中解脱出来的最后的希望也随即消失:肯尼迪总统在古巴导弹危机问题上已显示的远见胜过了参谋长联席会议的军方领导人,事实证明他作出了正确的决定,也许在1964年底再次当选后,他可能会决定接受美国在越南的失败,而不是继续升级战争。

---

① Karnow, *Vietnam: A History*, pp. 295–297.
② Neil Sheehan, Hedrick Smith, E. W. Kenworthy, and Fox Butterfield, *The Pentagon Papers* (New York: Bantam Books, 1971), pp. 160–163; and Gordon M. Goldstein, *Lessons in Disaster: McGeorge Bundy and the Path to War in Vietnam* (New York: Henry Holt and Company, 2008), pp. 44, 189, 219, 231.

现代战略家必读军事史：1861年以来美国的主要战争

但也说不准，正如莱斯利 H. 盖尔布（Leslie H. Gelb）和理查德 K. 贝茨（Richard K. Betts）在相关方面的著作中所指出的：越南的"制度奏效了"，它不断产生新的但没有希望的方式来追求中南半岛地区反对社会主义阵营的议程，几乎所有决策者都强烈支持这一目标。肯尼迪总统可能也有这种想法；人们也很难得出确切的判断。约翰逊总统不想输掉越南战争，但也不想浪费资源和注意力在美国国内议程上，所以他选择了一系列折中方案来满足军方、共和党和其他评论家。盖尔布和贝茨的论点可能有所夸大，但抓住了一个重要的现实，即美国对越的外交政策没有变化。虽然美国对越外交政策是失败的，但决策方式反映了当时的基本共识。① 1965年，艾森豪威尔在退休后，甚至还建议约翰逊总统"我们必须赢"。② 在一次会议上，艾尔豪威尔甚至表示愿意在必要时派遣5个师的美国军队，如果苏联和中国像中国在朝鲜战争中表现出援助倾向，则对中国和苏联进行核威胁。③ 4年前，艾克④还利用多米诺骨牌效应来劝告肯尼迪总统在越南问题上采取坚决态度。⑤

---

① Leslie H. Gelb with Richard K. Betts, *The Irony of Vietnam: The System Worked* (Washington, DC: Brookings Institution, 1979).

② Goldstein, *Lessons in Disaster*, p. 189.

③ Robert S. McNamara, *In Retrospect: The Tragedy and Lessons of Vietnam* (New York: Vintage Books, 1996), p. 173.

④ 艾克（Ike），美国总统艾森豪威尔的别称。——译者注

⑤ Douglas Frantz and David McKean, *Friends in High Places: The Rise and Fall of Clark Clifford* (Boston: Little Brown and Company, 1995), pp. 162–163.

第四章　朝鲜战争和越南战争

尽管如此，在约翰逊担任美国总统和南越军政府统治期间，越南战争局势继续恶化。1964年初，美国国防部长罗伯特·麦克纳马拉和美驻越大使和军事顾问马克斯韦尔·泰勒对越南进行了一次实地调查，发现战争总体都朝着错误的方向发展，至少40%的农村地区处于越共控制之下。我们现在知道，1964年，大约1万名北越正规军携带武器通过修缮后的胡志明小道，穿过老挝和柬埔寨边境后进入南越地区。后来人数可能达到每年15万，虽然不及后来的人数，但数量仍然是相当可观的。1964年，西贡军政府进行了7次洗牌和改组，但是政府机构的许多名字相同，只是职位不同。起初南越军政府由杨文明掌控，后被阮庆赶下台。南越政府给人总的印象是政权频繁更替、优柔寡断和管理无能。①

1964年，约翰逊总统更换了美国驻越大使和高级军事顾问，由退役将军马克斯韦尔·泰勒代替洛奇，威廉·"维斯蒂"·威斯特摩兰（William "Westy" Westmoreland）将军代替保罗·哈尔金斯（Paul Harkins）将军。更重要的是，约翰逊总统批准了制订直接打击北越的方案计划，包括动用南越地面部队、美军空中力量及其他力量。

北越预见到战争升级后，开始利用苏联提供的设备加强空中和海岸防御，美国和南越军队努力跟踪态势发展并

---

① Karnow, *Vietnam: A History*, pp. 335–363, 469.

获得战场情报。正是这种局势导致了1964年8月初"东京湾事件"①爆发。在北越12英里领海范围内航行的美国军舰最终与北越军舰发生了冲突。美国人没有伤亡,北越人确实遭受了一些损失。尽管如此,为了迫使这一问题得到解决,美国第二天派军舰回到了同一水域,试图控制局面。接下来发生了什么仍然是个谜。由于气象条件、海上交通复杂,加上美国海军水兵的紧张,造成了所谓的"战争迷雾",美国误认为其军舰遭到了枪击——而事实上他们可能没有。这都没关系。这一系列事件导致国会在8月7日通过了《东京湾决议案》,②但事实仍然不清不楚地持续数年。该决议案授权美军在这种情况下采取果断的自卫措施。可悲的是,这是国会在漫长的军事冲突中考虑的唯一一项针对越南的授权措施。③

---

① "东京湾事件",又称"北部湾事件",1964年8月2日,美国"马多克斯"号驱逐舰悍然侵犯越南清化的湄岛至勒场之间的海域。越人民海军打退了美军驱逐舰的进攻。随后,美舰继续对越海军进行挑衅和攻击,导致"北部湾事件"爆发。参见解力夫《越南战争:1955—1975》,蓝天出版社,2015,第421页。——译者注

② 《东京湾决议案》,是美国国会在1964年8月7日通过的决议案。该决议案授权时任美国总统约翰逊总统可采取"一切必要措施"击退对美国武装力量的任何武力进攻。据称这是对北越鱼雷舰在东京湾对美国两艘驱逐舰进行攻击的反应。后来许多国会议员逐渐看清该决议案等于授权总统随意开战的权力,遂于1970年将议案撤销。——译者注

③ Karnow, *Vietnam: A History*, pp. 372–402.

第四章　朝鲜战争和越南战争

十一、约翰逊、威斯特摩兰和越南战争（1965—1968年）

尽管在1964年的越南战争中，美军陆军、海军军舰和空军飞机进行了有限的攻击，但这不能称为重大作战行动。事实上，即使在"东京湾事件"之后，约翰逊总统也严格限制美军空中力量的使用。

但是1965年发生了转折。1965年2月7日，越共军队袭击了美军在南越中部高地波来古（Pleiku）的军事设施。约翰逊总统随即授权对越共军队进行短暂的轰炸报复，该报复行动被称为"火焰飞镖"（Flaming Dart）。此后，美国对北越的持续轰炸行动被称为滚雷行动，于2月24日开始，持续了长达3年时间。

2月18日，潘辉括掌控下的南越新政府成立，将阮庆赶出了南越地区。新政权持续到6月，又被阮高祺掌控的军政府取代。

3月8日，两个营兵力的美国海军陆战队，人数总共几千人，终于登陆越南。他们的当务之急是帮助岘港机场免受越共军队袭击。就美国地面作战部队而言，这才刚开始，此后情况会迅速发展。正如国防部长麦克纳马拉后来在谈到那年6月前后的情况时所说："越来越多的人意识到轰炸是无效的，这加剧了扩大地面战争的压力。"①

到 12 月，美国在南越的驻军总数达到 20 万。一年后，达到 40 万。又一年后，达到 50 万。到 1968 年底，越南共和国境内有大约 54 万美军。② 如果按威斯特摩兰的想法，数量可能达到 60 万或更多，但那时美国政府领导人担心，越来越多的美军加入战争，只会加剧失败。③ 同时，美国估计 1967—1968 年在南越的越共军队总规模在 28 万—50 万。④ 南越政府派出了数十万军队，但大多数部队作战素质平平，战士没有献身精神。南越军队领导人的战场指挥能力也很差。

虽然越南战争和朝鲜战争一样，主要是地面步兵进行作战，但战争的性质却大不相同。朝鲜战争是一场为了夺取领土而在明确的时间和地点上进行的一系列战斗的重大战役。但越南战争不同，除了北纬 17 度线，前线的战争通常让人捉摸不透。

威斯特摩兰要求美国逐渐增加军队数量并不是寻求大规模演习或入侵，而是为了击败南越本土看似无所不在的敌人。也就是说，这些庞大的兵力有一系列特定目的，那就是保卫居住在南越沿海地区的大多数人口，然后在农村

---

① McNamara, *In Retrospect*, p. 186.
② Karnow, *Vietnam: A History*, pp. 695–697.
③ Weigley, *The American Way of War*, p. 467.
④ Boot, *Invisible Armies*, p. 420.

第四章 朝鲜战争和越南战争

地区部署军队封锁北越补给线，同时努力达到所需的兵力比例和数量，从而确保摧毁越共军队。

随着越共军队向南越渗透的加剧，美军规模也随之不断变化，所以美国兵力"需求"持续增长。一些经典算法都是假设每一名叛乱分子至少需要 10 名反叛乱人员镇压，因此即使预估敌军规模有所增加，无论预估量多么不精确，都能证明美国/南越联合部队增加至 10 倍兵力的合理性。① 这就是决定部队规模的令人费解的计算问题。但是，现代美国反叛乱理论，主要根据需要保护的平民人口的规模来确定必要的反叛乱部队的规模。②

美国军方和南越军政府掌控人没有重新评估兵力，而是大大改变了他们的假设，或者采取了渐进主义的政策，即不断增加兵力，并希望取得最好的结果。南越军政府内部的沟通渠道通常很差，或者是高层有意为之，因为他们不喜欢对越南战争的目的、方式和手段这些话题进行无聊的辩论。美国副国务卿乔治·鲍尔［George Ball，实际上是国务卿迪安·腊斯克（Dean Rusk）的助手］、助理国务卿威廉·邦迪（William Bundy）和副总统休伯特·汉弗莱

---

① Krepinevich, *The Army and Vietnam*, p. 143.
② James T. Quinlivan, "Force Requirements in Stability Operations," *Parameters*, Winter 1995, pp. 56–69; and Lt. Gen. David H. Petraeus and Lt. Gen. James F. Amos, *Field Manual 3 – 24: Counterinsurgency* (Washington, DC: U.S. Army, December 2006); Jeffrey A. Friedman, "Manpower and Counterinsurgency: Empirical Foundations for Theory and Doctrine," *Security Studies* 20, no. 4 (2011): 556–591.

（Hubert Humphrey）等反对美国卷入战争的人在约翰逊政府内部的辩论中越来越被边缘化。参议院多数党领袖迈克·曼斯菲尔德（Mike Mansfield）、参议院外交关系委员会主席威廉·富布赖特（William Fulbright）、明尼苏达州参议员乔治·麦戈文（George McGovern）和爱达荷州参议员弗兰克·丘奇（Frank Church）等国会中对越南战争胜利持怀疑态度的人员并没有改变约翰逊的想法。① 约翰逊总统政府人员始终考虑着党派政治和选举，他们担心战争失败、对增加军队人数的迫切需求，或提高税收，可能会严重伤害约翰逊政权。②

美国领导人声称，越共军队将进入持久战的"第三阶段"，这一阶段更像传统的实兵对抗的战略反攻，而不是打了就跑的游击战，并声称美国的南越友军与越共军队的兵力比例达到3∶1可能就已足够。但是，无论采取何种计算方式，无论美军先进的技术赢得了多少额外的优势，也很难实现这一比例。就算达到了这一比例，也无法弥补糟糕的战术策略。毕竟，这是经验法则，而不是物理定律。③

与此同时，基于消耗战略所依赖的另一个基础假设——

---

① Zelizer, *Arsenal of Democracy*, pp. 178–202.

② See Halberstam, *The Best and the Brightest*, pp. 361–429; H. R. McMaster, *Dereliction of Duty: Lyndon Johnson, Robert McNamara, the Joint Chiefs of Staff, and the Lies that Led to Vietnam* (New York: Harper Collins, 1997); and Zoellick, *America in the World*, p. 360.

③ Krepinevich, *The Army and Vietnam*, pp. 157–163. 第一阶段包括政党组建和组织机构。

第四章　朝鲜战争和越南战争

即越共军队储备数量不足以弥补每年 6 万人的伤亡——但经证明这一假设并不正确。拥有炮兵军官经历的韦斯特摩兰固执地认为,消耗战略必然存在一个"交叉点",即敌方的损失会超过潜在的补充兵力。但这样的"交叉点"始终难以找到。①

同样有纰漏的是,限制胡志明小道的物资流动可能会扼杀在南越的越共军队。事实上,越共军队每天仅需要从北越运送大约 15 吨物资而已,因为他们在南越当地就能获得食物甚至武器弹药。② 1966 年,美军提出了一个想法,即沿越南边界建造一条所谓新版"麦克纳马拉线",构筑起比较先进的电子围栏、传感器、地雷和其他障碍,这条线穿过老挝一直延续到泰国,1967 年初约翰逊总统批准了该想法,但因工作量太大,最终搁浅。③

虽然越南战争中发生过几十场甚至几百场战斗,不过大部分都不重要,但是有几个单独事件是值得注意的。在约翰逊执政期间,有两大事件较为突出:1965 年 10 月的德

---

① Ricks, *The Generals*, p. 232.
② Karnow, *Vietnam: A History*, pp. 450–469.
③ Edward J. Drea, *McNamara, Clifford, and the Burdens of Vietnam* (Washington, DC: Historical Office of the Secretary of Defense, 2011), pp. 127–130; and Hastings, *Vietnam: An Epic Tragedy, 1945–1975*, p. 322.

浪河谷战役（Battle of Ia Drang）①和1968年1月31日开始的"春节攻势"。

南越中部内陆地区德浪河谷战役具有警示性，该战役展示了越共军队如何巧妙利用地形和伪装以及徒步抵近和撤离战场的优势。尽管从伤亡人数来看，美国显然取得了胜利，但它同时也说明越共军队坚韧的战斗精神。②

畅销书《我们曾经是战士……而且年轻：德浪河谷战役，改变越南战争的战役》（We Were Soldiers Once... and Young: Ia Drang, The Battle That Changed the War in Vietnam）即以德浪河谷战役为主题。但是，从战例上讲，德浪河谷战役在数量和规模上都不是典型战役。大多数时候，跟人们期望的一样，因为越共军队采取游击战，从而控制了战斗的性质和强度，正如"人民战争"概念所暗示的那样，战争依靠人民，兵民是胜利之本。他们通常以较小的单位班组作战，伏击单个美国士兵、班或排，但不与美军主力交战。他们甚至还与美军士兵近身肉搏，让美国人更难使

---

① 德浪河谷战役时间有误，该战役发生在1965年11月14—17日，是越南战争期间美越第一次正面交战。由于双方在火力上存在巨大差距，这场战役促使越共军队避免同美军进行正面冲突，改而采取游击战的战术。——译者注

② Harold G. Moore and Joseph L. Galloway, We Were Soldiers Once... and Young: Ia Drang, The Battle That Changed the War in Vietnam (New York: Presidio Press, 2004).

第四章 朝鲜战争和越南战争

用间接火力支援。①

越共军队这种难以捉摸的作战特点，导致许多美军开始肆意运用大量火炮和空中轰炸来弥补自身劣势。美军"预防性火力"这个委婉而残酷的术语，有时被用来解释对可能存在或不存在的敌军以及可能与平民共处或不共处的部队过度使用重型武器。安德鲁·克雷佩尼维奇（Andrew Krepinevich）指出，除了"春节攻势"期间，美军炮弹的70%是在与敌人发生小型战斗或没有与敌人接触/战斗时期发射的。②

对美国而言，"春节攻势"是典型的战术失败但是战略成功的案例。1968年1月31日，越共军队对整个南方地区发起总攻，并持续到2月，7万—8.5万名越共士兵对100多个南越城市发动了攻击。"春节攻势"并非完全毫无征兆。1967年秋天，越共军队对美国位于南越中部高地军事基地以及与老挝和柬埔寨边境的独立阵地发动了多次大规模袭击，并在春节前不久围困了溪山（Khe Sanh）（越共军队这些攻击可能只是声东击西，转移美军对城市的注意力，而城市才是"春节攻势"真正的目标③）。但对于那些被引导相信战争进展顺利，甚至可能获胜的美国公众来说，这

---

① John A. Nagl, *Learning to Eat Soup with a Knife: Counterinsurgency Lessons from Malaya and Vietnam* (Chicago: University of Chicago Press, 2005), p. 155.

② Quoted Krepinevich, *The Army and Vietnam*, pp. 190, 197-201.

③ Gelb and Betts, *The Irony of Vietnam*, p. 171.

405

是一个巨大的打击，也是一个政治转折点。

"春节攻势"期间，越共军队损失也巨大。越共武装人员阵亡过半，美国和南越死亡人数分别约为1 000名和2 000名。然而，越共展现了他们对控制地盘的强大影响力，主要表现为在包括南越城市在内的整个中心地带集结军队的能力，以及他们视死如归的勇气。他们甚至曾威胁了美国驻西贡大使馆。尽管遭遇挫折，越共还有能力证明经由胡志明小道进入南部的武装人员能弥补在战场上的部队损失。

越共发起的"春节攻势"是约翰逊总统决定不连任的主要因素。第二年夏天，克赖顿·艾布拉姆斯将军（General Creighton Abrams）接替威斯特摩兰担任驻越美军司令，这说明美国在越南的战略战术方面发生了改变［1968年3月1日，克拉克·克利福德（Clark Clifford）接替五角大楼麦克纳马拉担任美国防部长］。1968年，美军驻越部队总数持续增长，但约翰逊总统此时已经开始另做打算了。① "春节攻势"过后不久，北越和美国在巴黎开始了和平谈判，但在未来几年里这些谈判并不乐观。

谈判进展不顺利，美军对越南的空战因此大爆发，包括两大部分。一部分轰炸是针对越共在南方的阵地、补给

---

① Boot, *Invisible Armies*, pp. 422-423; and Karnow, *Vietnam: A History*, pp. 536-581.

第四章 朝鲜战争和越南战争

线和后勤资产,以及为越共提供物资的田地、村庄和稻田;① 另一部分轰炸是抵制越共军队进攻的战役。后者既是为了传递对北越开战的信息,也是为了达到直接作战效果。美军对越南城市的大规模空袭与第二次世界大战甚至朝鲜战争不同。美军采取的是渐进的空袭方式,所以称之为滚雷行动。1965—1968 年空袭的次数②增加了大约 3 倍,从 1965 年的大约 2.5 万次攻击增加到 1967 年的 10.8 万次,每年投掷的炸弹吨位从 6.3 万吨增加到 22.6 万吨。同时,越共的兵力和武装活动也同样在增加。③

在空战初期,美军对北越的大多数轰炸目标是运输线或军事资产。随后,北越的工业设施也成为袭击目标。美国希望通过对北越进行一定程度的惩罚(仅此而已)来诱使越共进行谈判,并从南越撤军并接受国家分治。理论上讲,不论是从遭受袭击后的痛苦和破坏,还是从避免未来袭击的愿望来看,越共胡志明都会接受谈判。美军提出"环形"轰炸理念,即飞机绕过城市尤其是首都河内和海防港,而轰炸特定目标,从而保留城市"人质"以便于谈判。④ 包括空军总司令柯蒂斯·勒梅在内的一些美国人倾向于更加密集的轰炸行动。但是他们没有赢得政府辩论——

---

① Krepinevich, *The Army and Vietnam*, pp. 200-201, 210-213.
② McNamara, *In Retrospect*, p. 244.
③ Alain C. Enthoven and K. Wayne Smith, *How Much Is Enough? Shaping the Defense Program, 1961-1969* (Santa Monica: RAND, 2005), p. 304.
④ Pape, *Bombing to Win*, pp. 183-195.

至少一开始没有。①

然而，美军这些空战策略均未奏效。尽管空袭目标范围逐渐升级扩大，从运输线和石油资产到工业设施和发电厂，再到防空阵地和特定军事设施，又到生活燃料和电力基础设施，虽然偶尔会暂停轰炸，以增加谈判氛围，但是在河内的越共不会同意放弃将越南统一在共产党政权下的目标。

空袭期间，南越政府也在加紧对北越的武装斗争。1967年9月阮文绍当选总统，阮高祺当选副总统，抵制北越的斗争日趋激烈。阮文绍执政多年，但他统治的连续性并不代表他带领的军队实力的增强。南越政府腐败仍然猖獗，民众的不满情绪日益高涨。

现代反叛乱理论强调优先保护本地人，再把相对稳定和安全的本地人聚集地逐渐扩大，从而使城市所有人群逐渐融合为一体。这说明人口稠密的沿海地区的安全将是美军的主要关注点。这项任务，在一定程度上交给了南越军队。但南越军队不能胜任这项工作。反叛乱理论还认为，民众的不满情绪必须通过获得经济收入的机会、民众及其各个小群体的政治发声和权力分享才能得到缓解。南越政府在这方面也失败了。

在南越北部的一些地区，美国海军陆战队组建了联合

---

① Herring, *America's Longest War*, pp. 146–148.

第四章 朝鲜战争和越南战争

行动组,大约有 15 名海军陆战队员,试图为南越军队提供帮助。该联合行动组的作战行动,主要是基于海军陆战队记录在著名的《小型战争手册》(*Small Wars Manual*,1940年出版)中的战时经验。① 这些联合行动组大大提高了南越军队维护当地的安全能力,伤亡率约为其他部队的一半。② 如果全面推广,这种方法既可以保护大多数越南村庄,又可以少部署 20 万美军。即使加上快速反应部队等其他军事力量,这一想法所需部署的美军数量也可能少于最终的 54 万人。③ 但是对这个想法能否达到效果,我们也不能确定。联合行动组的概念在实战中可能要进行足够多的系统尝试,并且无法保证其在整个南越地区是否有运用潜力。④ 威斯特摩兰将军不愿意让美军进行这样的任务,他坚持认为,即美军更适合开展"搜索并歼灭"(search-and-destroy)行动。他得到了美军参谋长联席会议主席和陆军参谋长的支持(然而,海军陆战队司令、空军参谋长和 1964—1965 年担任美国驻越南大使的退役将军马克斯韦尔·泰勒不同意)。⑤

---

① Boot, *Invisible Armies*, pp. 199-200.
② Bing West, *The Village* (New York: Pocket Books, 2003).
③ Krepinevich, *The Army and Vietnam*, pp. 172-180.
④ 参见 Cavender S. Sutton, Review of Ted N. Easterling, *War in the Villages: The U.S. Marine Corps Combined Action Platoons in the Vietnam War* (Denton: University of North Texas Press, 2021) in *Journal of Military History* 85, no. 4 (October 2021)。
⑤ Nagl, *Learning to Eat Soup with a Knife*, pp. 152-157.

在越南的美军基于过去的作战经验，将精力集中在蛮力战术、消耗战和火力战（brute-strength tactics, attrition warfare, and firepower）中，但越南战争与以往战争完全不同。在约翰逊执政期间，没有系统地或认真地尝试安抚政策。相反，美国使用了一个具有严重缺陷的以火力为主的"搜索并歼灭"作战理念。

美国也未能找到合适的驻越部队轮换模式。美国的征兵制度阻碍了美国士兵在服役期间积累足够的军事专业知识或经验，特别是美国老兵，一般在服役 12 个月后会被新兵替换。著名的美国军事顾问约翰·保罗·范恩（John Paul Vann，死于 1972 年）回顾这场冲突时说道："美国不是在越南待了 9 年，而是待了 9 个 1 年。"①

考虑到所有这些因素，美国国防部长麦克纳马拉后来就对越南战争存在错误的假设和失败的战略说过一段话：

> 我们没有强迫越共及其军队按照我们的条件作战。我们没有对他们进行有效的反游击战。轰炸并没有减少北越武装人员和物资向南方的渗透，也没有削弱越共继续冲突的意愿。②

---

① See Krepinevich, *The Army and Vietnam*, p. 206; and Sheehan, *A Bright Shining Lie*.

② McNamara, *In Retrospect*, p. 211.

第四章　朝鲜战争和越南战争

到 1968 年，约翰逊总统在越南战争问题上失去了国家安全顾问麦乔治·邦迪（McGeorge Bundy）和著名的国防部长麦克纳马拉的支持，也失去了他自己的连任前景。美国公众对越南战争的支持率在 1965 年开始时约为 65%，后来开始逐渐下降，在越共发动"春节攻势"后下降到不到 40%，且永远不再恢复了。① 约翰逊总统的新任国防部长克拉克·克利福德也对越南战争失去了信心。② 理查德·尼克松之所以赢得选举，是因为他可以结束战争。

十二、尼克松、艾布拉姆斯、区域升级、撤离西贡——越南战争以失败告终

事实证明，理查德·尼克松上台担任美国总统时，美国在越南战争中表现出主力参战角色。大约 3 万名美国士兵在越南阵亡。即使尼克松在地面上实施越南战争"越南化"战略（Strategy of "Vietnamization"），将地面战斗逐步移交给南越军队，然而，美国死亡士兵几乎一样多。但美国有时会升级空中作战，扩大空袭范围，包括在邻国柬埔寨。③ 这些升级作战的目的是，逼迫促进北越和平谈判的前景。理想情况下，从美国角度来看，这些作战会让美军

---

① Gelb and Betts, *The Irony of Vietnam*, p. 161.
② Frantz and McKean, *Friends in High Places*, pp. 208, 252.
③ Karnow, *Vietnam: A History*, p. 616.

和北越（包括越共盟友）从南越地区撤军。

和谈是不可能的。最终，北越和美国双方达成了战俘遣返的协议，但没有达成相互撤军的协议。美国希望自己撤军和南越西贡政府可能垮台之间至少有一个"适当的时间间隔"。最终，就像近半个世纪后2021年美国从阿富汗仓皇撤军的情况一样，撤军和当局政府垮台的间隔时间一点也不"适当"。

尽管尼克松政府对越南实施战略转移，但是战斗的残酷性并没有立即改变。例如，1969年5月，美军在一场残酷血腥的战斗中占领了南越北部靠近老挝边境的蹲伏山（Ap Bia Mountain），正因为这场战斗有了这块地方，才有了"汉堡山"（Hamburger Hill）的绰号。[①] 可悲的是，美军的成就只持续了一个月，这座山又被夺走了。

此后，美国确实开始撤离越南。这一撤军过程是渐进式开展，但在一线的战斗却是持久的。越南战争期间，美军人数峰值达到54万，到1969年底略有下降，降至48万，然后加速下降。1970年底，美国在越南的驻军人数为28万，1971年底达到14万。美国和越南河内政府在巴黎进行了一年的和平谈判后，1973年双方达成了一项和平协议（a peace deal），最终美军在当年3月底完全撤离。南越掌控人阮文绍实际上是被迫接受该协议，南越将面临失去

---

① Karnow, *Vietnam: A History*, pp. 616, 159.

第四章 朝鲜战争和越南战争

美国所有的财政和物资支持。①

这一阶段因为美国实施"越南化"战略、美军人数锐减和指挥权的变化导致地面战斗的处理方式有所不同。克赖顿·艾布拉姆斯将军对形势的看法与威斯特摩兰大相径庭。他拒绝了早期战术中的"搜索并歼灭"行动、统计死亡人数和追求一个难以捉摸的"交叉点",以确定敌人新生力量何时无法弥补战场上的损耗。由美方领导的内陆进攻任务和由南越领导的飞地保护工作,两场截然不同的地面战争最终合并在一起了。

美国对越南的安抚工作发生了转变。美国民事行动与革命发展支持部(Civil Operations and Revolutionary Development Support, CORDS)对越南安抚的计划始于1967年,该计划由罗伯特·科默(Robert Komer)领导,1968年底由另一位情报官员(后来成为中央情报局局长)威廉·科尔比(William Colby)接管。艾布拉姆斯和美国驻越南大使埃尔斯沃思·邦克(Ellsworth Bunker)对此表示支持,并促进了不同机构之间的团结协作。南越当局政府能力的提高也发挥了一定作用。艾布拉姆斯、科尔比和邦克与南越阮文绍建立了联系,这使他们能够说服南越领导人在适当的时候更换表现不佳的军队领导人。② 在某种程度上,人们相

---

① Karnow, *Vietnam: A History*, pp. 698–699.

② Mark Moyar, *A Question of Command: Counterinsurgency from the Civil War to Iraq* (New Haven: Yale University Press, 2009), pp. 161–167.

信某些主观的统计数据，从1968年到1970年，被评为"相对安全"的村庄的比例从75%上升到90%以上。①

对柬埔寨的大规模进攻，主要表现为美国空中力量、美国陆军和南越地面部队。尼克松总统最初从1969年开始秘密袭击柬埔寨，在接下来的4年里，空袭行动经历了不同的阶段。② 1970年，尼克松总统派遣美国地面部队进入柬埔寨。美国和南越双方的共同努力取得了一些令人印象深刻的成果，比如北越物资被缴获、后勤补给线被中断，尽管这些成果稍纵即逝。但可悲的是，越南战争的溢出效应也对柬埔寨造成了破坏性影响，导致柬埔寨内战大范围爆发，1975年红色高棉开始掌权期间也发生了惨案。③

1970年底，国会对美军在另一个主权国家的秘密军事行动感到愤怒，立法禁止美国在南越边界以外进行任何地面作战。因此，1971年2月和3月，试图切断越共在老挝补给线的"蓝山719行动"（Lam Son 719）只能由南越地面部队完成（大量美国空中力量，包括直升机运输参战）。除了步兵，美国和南越双方还有大量重型武器也加入了作战。最终，南越军队也失败，遭受巨大损失，包括100多

---

① Petraeus and Amos, *Field Manual 3-24: Counterinsurgency*, pp. 2.12-2.13.
② Herring, *America's Longest War*, p. 225.
③ Lewis Sorley, *A Better War: The Unexamined Victories and Final Tragedy of America's Last Years in Vietnam* (New York: Harcourt Books, 1999), pp. 204-210.

第四章　朝鲜战争和越南战争

架直升机被摧毁，500多架直升机受损。①

战争期间，美国和南越军队制订了所谓的"凤凰计划"（Phoenix Program），以更有效的办法铲除南越地区的越共组织领导者等人员。从某种程度上说，这是一场暗杀运动，且备受争议。但这种方式比传统的重火力地面战斗方法更加精确，俘虏了数千名越共军人，且没有大量滥杀无辜。②

当时美国还不清楚越南战争是否能够获胜。但总的来说，这一时期的情况确实有所好转。历史学家刘易斯·索利在他那本令人印象深刻的关于越南的书中，把其中一章命名为《胜利》（Victory）。他将1970年末描述为美国在越南战争中最有希望的时刻，当时安抚战略和柬埔寨突袭的效果已经凸显，但是美国驻越军队总人数仍然很大。③ 1972年，即使在美国大规模缩减军事规模之后，南越政府据称"控制"（至少大概在白天）了越南约75%的领土，并控制了全国85%的人口。④

1972年春，北越发动了"复活节攻势"。然而，美国的空中力量配合南越的地面作战击退了北越的进攻。如果美国此后在越南保留同样的作战能力，还可能再次发生类似的事情。

---

① Sorley, *A Better War*, pp. 243–260; and Max Hastings, *Vietnam: An Epic Tragedy, 1945–1975* (New York: Harper Perennials, 2018), pp. 572–584.

② Karnow, *Vietnam: A History*, pp. 616–617.

③ Sorley, *A Better War*, p. 217.

④ Karnow, *Vietnam: A History*, p. 672.

现代战略家必读军事史：1861年以来美国的主要战争

尼克松总统在任期的头几年未批准对北越地区进行大规模轰炸。1972年，尼克松总统希望大规模集中轰炸越共军队，从而能为在巴黎谈判创造筹码，于是态度开始变得强硬。打击北越目标的后卫行动非常激烈。同时"复活节攻势"期间，美军对渗透进南越地区的北越武装人员和越共组织进行的战术空袭也同样激烈。① 但面对久经沙场的北越政府（North Vietnamese government），美军强制手段的效果仍然非常有限。

1969年，越共胡志明去世。但他的战友（特别是黎笋和黎德寿）延续了他们已经坚持长达1/4个世纪的战争毅力。毫无疑问，越共也犯了错误，比如在发动"复活节攻势"时，面对美国庞大的空中力量，却仍然进行重大作战。但越共军队舔了舔伤口，再次整装待发，依旧发起攻势。②

尽管尼克松总统努力塑造"战争狂人"的形象，希望河内政府（Hanoi）在美国总统真正做出不理智的事情（比如命令进行核打击）之前因为害怕而作出让步和妥协，但美国近10年来用军事力量都未能做到的事情，尼克松在谈判桌上也无法完成。1973年初签订协议中的有关和平协议的条款对越共非常有利。这完全符合当时的国务卿亨利·基辛格在加入尼克松政府之前在哈佛大学担任教授时所倡

---

① Pape, *Bombing to Win*, pp. 197–205.
② Lien-Hang T. Nguyen, *Hanoi's War: An International History of the War for Peace in Vietnam* (Raleigh: University of North Carolina Press, 2012), pp. 231–256.

第四章　朝鲜战争和越南战争

导的逻辑：将注意力放在战俘、停火和美国撤军等军事问题上，将越南人自己的政治事务留给他们自己处理。① 对于美国来说，这可能是一种撤离越南有效的方式，因为美国最终开始意识到自身有更大的地缘战略要做——向中国开放，同苏联缓和关系，谈判军备控制等事宜。但是，即使是在"复活节攻势"中（与南越地面部队一起）美国空中力量击退了越共军队，美国最终也让南越失去了希望。

当时南越对赢得战争的希望越来越渺茫。1974年，国会把美国政府援助南越的资金减半，并禁止美军进一步介入战争，情势急转直下。② 到1975年4月，西贡沦陷，美军直升机从美国驻西贡大使馆屋顶接走最后一批美国人员。

十三、所犯的错误和吸取的教训

自朝鲜战争起，围绕美国冷战时期在亚洲的困境问题，美国学者的一些观点比较正确：

·正如1945—1950年美国武装力量所发生的状况，朝鲜战争比美国历史上任何一次经历都更生动地展示出一支强大军队的退化如此之快。

---

① Peter W. Rodman, *Presidential Command: Power, Leadership, and the Making of Foreign Policy from Richard Nixon to George W. Bush* (New York: Alfred A. Knopf, 2009), pp. 44-85.

② Gelb and Betts, *The Irony of Vietnam*, pp. 350-351.

现代战略家必读军事史：1861年以来美国的主要战争

・朝鲜战争也说明了一种情况：军事信誉不佳可能导致威慑失败。更准确地说，朝鲜战争的爆发甚至都不能算是威慑失败的实例。事实上，美国连威慑都未曾尝试，相反，美国领导人特意宣布朝鲜半岛超出美国的安全边界，没有必要再用武力保卫。具体声明，特别是国务卿迪安・艾奇逊声明朝鲜对美国无关紧要，导致了朝鲜战争爆发。事实证明，美国领导人并不太了解自己的想法，因为在朝鲜战争爆发的那一刻，他们重新评估了朝鲜对美国大战略的重要性，并决定要捍卫美国利益。

・朝鲜战争表明，一种军事优势在另一种地理环境和另一种战斗中起到的作用可能会小很多。

・更具体而言，朝鲜战争揭示了空中力量在对付山区和森林地带作战的轻装步兵军队时具有局限性。其中一些局限性甚至在今天依然存在。

・在朝鲜战争中，坦克等重型车辆在山区地形中作战时表现不佳，敌军可接近车辆并攻击车辆的装甲、履带及其他弱点。

・道格拉斯・麦克阿瑟将军（也许是美国历史上最有争议的军事领导人）为仁川登陆进行了有力而明智的辩护。但除此之外，他过去在朝鲜的战绩并无可圈可点之处。

・然而，并非一切都是麦克阿瑟的错。麦克阿瑟越过三八线的决定可能是中国出兵朝鲜的直接原因——且1950年初秋美国政府广泛赞同越过三八线。这更多的是美国政

第四章　朝鲜战争和越南战争

府（包括杜鲁门总统、国防部长马歇尔和国务卿艾奇逊）而非麦克阿瑟的责任。

·此外，麦克阿瑟主张轰炸中国目标并威胁对中国使用核武器，两年后艾森豪威尔重蹈覆辙。这是否意味着艾森豪威尔也很鲁莽？当然尚存争议。但在那时，这种方法可能有助于促进停火。

·而麦克阿瑟的错误主要在于公开违抗美国武装力量总司令，在1950年底和1951年初推行了轰炸中国的政策（杜鲁门不希望如此），且未能在1950年11月前理解前方明确情报，即中国军队在朝鲜半岛上有大量兵力。结果，他让美军和"联合国军"严重受挫，因为美军和"联合国军"贸然试图继续向北进军，而其本应停止进军，巩固阵地。

·至于越南战争，美军和盟军已从这一巨大失败中吸取许多教训，并就此展开辩论。最根本的是，美国及其盟友在越南面临的不仅是社会主义阵营力量，还有强大的民族主义力量，以及史上最敬业、最有能力的游击战之一。因此，美国很难实现战争胜利，尤其是考虑到美国盟友南越的表现平平。

·越南战争的另一大关键教训是：陷入危机或战争、受到国内政治问题压力、受到群体思维影响的决策者很容易夸大越南此类地方的战略重要性。诚然，鉴于冷战时期明显担忧全球共产主义运动的发展趋势，后见之明也更易

现代战略家必读军事史：1861年以来美国的主要战争

明白这一点。但中南半岛不能也不应被视为具有地缘政治意义的重要中心。正如战略家兼历史学家迈克尔·格林（Michael Green）令人信服地指出，美国在亚洲的核心战略利益是防止苏联霸权统治该地区——但政策制定者不知何故将周边越南变成该地区核心问题。①

· 美国在越南采用非常残酷的"搜索并歼灭"行动，但是毫无充分依据，当时应该是显然找不出任何借口。但可悲的是，以火力为导向的美军（在当时拥有几位著名"鹰派"领导人）（引用戴维·彼得雷乌斯年轻时在20世纪80年代所写博士学位论文）未能得出该结论。② 在本书看来，美国政府领导人在这点上更有过错，因为他们对政策制定和大战略负有最终责任。③

· 尽管如此，有何方法能在越南获胜？许多写过越南战争的作者，包括安德鲁·克雷佩尼维奇（Andrew Krepinevich）、刘易斯·索利（Lewis Sorley）和约翰·纳格尔（John Nagl），都认为有更好的策略。正如现代反叛乱理论倾向于提倡的，要更早更多关注人口安全，可能会更快产生某种僵局，并且如此一来，美军在官兵伤亡、财富流失和军队部署方面所付出的代价会更少。④

---

① Green, *By More than Providence*, pp. 312, 322.
② Petraeus, "The American Military and the Lessons of Vietnam," p. 263.
③ Walzer, *Just and Unjust Wars*, pp. 186-196.
④ Krepinevich, *The Army and Vietnam*; Nagl, *Learning to Eat Soup with a Knife*; and Sorley, *A Better War*.

第四章 朝鲜战争和越南战争

· 总而言之,美国要打一场更常规更强大的战争,这一观点的说服力不大。例如,哈里·萨默斯(Harry Summers)主张采取强有力的持续措施,切断贯穿老挝的胡志明小道。朝鲜非军事区的长期存在表明,有可能为人员与物资流动建造一个不可渗透的屏障。但是,如果北越试图通过泰国绕过任何此类屏障,那么美国建设的屏障可能必须延伸,也许还延伸到柬埔寨,而且很可能必须像在非军事区那样驻守大量军队。①

· 鉴于越共的斗争耐心和强硬手段,美国任何此类做法(采取强有力的持续措施)还需一支庞大军队在一段时间内,对北越继续进行封锁和确保当地社会安全和稳定。在任何合理时间内,这项任务是否能完全移交给一支有能力的南越军队并得到当地合法政权的支持,还很难说。也很难知道尼克松对中国的接触,对结束越南战争产生重大影响。一个更好的战略可能需大量美军驻扎越南多年。但这点至少可能会赢得战争胜利。

美国在朝鲜战争和越南战争的战败令人难以置信。美国及其盟国在第二次世界大战中取得如此伟大的军事胜利后,竟然陷入如此残酷的战争,这仍是一个令人迷惑而悲惨的历史转折。这两场战争的最终结果,都凸显了政治层面民族主义和意识形态对峙在战场的强大作用,以及军事

---

① Summers, *On Strategy*, pp. 108–124.

层面轻武器、各类爆炸物等军事技术的扩散运用。也许最值得注意的是，尽管在这两次主要战争（特别是在越南）中均未获胜，但是美国等西方所谓的民主国家设法在冷战中获胜了。这两场战争对美国而言，其军事战略虽未成功，但大战略最终取得胜利。

第五章

1990 年以来美国在中东的主要战争

第五章 1990年以来美国在中东的主要战争

因为本书试图尽可能客观描述美国过去162年（截至本书2023年出版）的主要战争，所以没有给读者提供相关战争的评论。我也许是个不太公正的历史学家，正如同前几章叙述和讨论的战争一样，我与美国的战争历史至少也同样脱不开干系。简言之，我在美国国会预算办公室（CBO）工作时的1990年末，田纳西州参议员詹姆斯·萨瑟（James Sasser）要求国会预算办公室预测一场可能将萨达姆·侯赛因的伊拉克军队驱逐出科威特的战争成本。这场战争实际上在第二年就发生了（而且完全在我们成本估计范围内——尽管我的上司们足够聪明，并未试图作出过于精确的预测）。20世纪90年代中期，我转到位于华盛顿的布鲁金斯学会开始工作，在那里我曾警告说，伊拉克战争可能会漫长而艰难。尽管强烈批评布什政府对推翻萨达姆政权的后果毫无准备，但最终我并未予以反对。后来，我支持在伊拉克和阿富汗增兵，并支持在这两个国家长期驻扎少量军队。因此，我反对巴拉克·奥巴马总统2011年撤离伊拉克的决定和乔·拜登总统2021年撤离阿富汗的决定。在过去20年的大部分时间里，尽管我并非中东问题专家，但却是频繁深入美国中央司令部战区进行实地考察的研究员（偶尔也充当观察员），访问该战区超过20次（最常去的是阿富汗和伊拉克，以及巴基斯坦、卡塔尔、土耳其等地方）。在这段时间里，我做对了一些事，也做错了一些事，但真希望对任何动武决定的严重性和可能后果的相关认识始终如一。我也希望能最大限度不带偏见地来讲述这段战争历史。

自1990年以来，美国及其盟友国家已在大中东地区打了3次主要战争。第一次是1991年的沙漠风暴行动，这是一次规模庞大但时间相对较短且范围有限的军事行动，超过50万美军部队参与此次行动。然而，沙漠风暴行动之后，美国的军事行动变成了长期的战争：2003年开始的自由伊拉克行动（Operation Iraqi Freedom）；2014年又在伊拉克进行坚定决心行动（Operation Inherent Resolve）；2001—2021年在阿富汗，先是持久自由行动（Operation Enduring Freedom），后是坚定支持行动（Operation Resolute Support）。其中，自由伊拉克行动期间，美军部队多达20万人，而阿富汗军事行动期间美军人数最高峰值才有10万。本章试图叙述这些战争的主要特点和主要阶段，并尽可能简要概述战争情况。

美国1990以来的战争实践显示，美国发起的战争很少按预期进行。美国认为，有时情况比最初认为的要好——速战速决有时会导致敌人抵抗能力或意志的根本崩溃，然而事实上并非如此。美国在中东地区发动的伊拉克战争、阿富汗战争也证实了这一认识：战争很少按预期进行。实际上，在罗纳德·里根总统领导下，美国军队建设取得长足发展，特别是在精确打击武器以及其他军事技术方面取得重大突破，这也让美国在1991年的伊拉克、2001年的阿

第五章　1990年以来美国在中东的主要战争

富汗和2003年初的伊拉克三大战争中取得较好作战优势。但是，美国对战争过于自信的问题再次体现在这三大战争中。战争的发展趋势也是如此——可以预见——美国想赢得战争变得极其困难。

1991年，美国对伊拉克作出沙漠风暴行动这一决定，在当时并非显而易见的选择。伊拉克总统萨达姆·侯赛因于1990年入侵邻国科威特。这种行为虽令人愤慨，但无论过去抑或现在科威特皆非美国的盟友。萨达姆曾要求科威特调整与伊拉克的边界或分享石油和石油财富，并将其作为科威特保卫战的合理经济补偿，不过科威特对此予以拒绝。于是萨达姆认为自己有权以武力回应，对科威特进行战争威胁。战争爆发后，在美国对科威特无任何条约义务的情况下，乔治·赫伯特·沃克·布什①作出在伊拉克开展军事行动的决定，派兵入侵伊拉克是经过深思熟虑的（事实上，美国在1987—1988年为保护科威特石油出口而给油轮更换了美国国旗，并在必要时使用武力，但这只是一次有限海上行动）。②

2001年美国对阿富汗塔利班政权的战争，不同于2003年美国对伊拉克萨达姆政权的战争。这两场战争，都是美

---

① 乔治·赫伯特·沃克·布什（George H. W. Bush, 1924-2018），即老布什，美国政治家，1989—1993年任美国第41任总统。——译者注
② Martin S. Navias, "The First Tanker War," History Today, 2022, historytoday.com/history-matters/.

国在"9·11"恐怖袭击事件不久后发起,部分是为应对那场巨大悲剧,塔利班政权虽并未制造"9·11"恐怖袭击,但它让"基地"组织进入阿富汗领土,并为该组织提供避难所。萨达姆政权也并未参与"9·11"恐怖袭击,但被认为与大中东地区其他极端分子有密切联系、涉嫌拥有大规模杀伤性武器(WMD)。基于以上理由,小布什政府[①]认为必须作出选择:要么一劳永逸切实解除塔利班政权和萨达姆政权的武装,要么对其束手无策。自那以后,针对伊拉克和阿富汗的任何军事行动,都对美国国家安全产生了重大影响。

鉴于本章篇幅有限,我对中东的其他现代战争不予赘述——除非认为这些战争能最有效地帮助我们理解有争议的美国在大中东地区的三大战争。以色列1967年对阿拉伯国家的"六日战争"预示了,美国及其盟友在1991年沙漠风暴行动中将采用强大空中力量和闪电式机动战。1973年的"赎罪日战争"也给未来军事行动带来一些启示。以色列在20世纪80年代及之后入侵黎巴嫩时遭遇强烈抵抗,可以说是21世纪美国及其盟友在伊拉克和阿富汗所经遭遇的先兆。20世纪80年代,苏联军队在阿富汗损失惨重,败于美国和巴基斯坦共同武装的阿富汗"圣战"组织。

在中东之外,1982年英国与阿根廷之间的马尔维纳斯

[①] 乔治·沃克·布什(George Walker Bush),2001—2009年担任两届美国总统,即老布什的儿子小布什。——译者注

第五章　1990年以来美国在中东的主要战争

群岛（英国称为福克兰群岛）战争，双方争夺距离阿根廷主要海岸数百英里两个人口不多的中等岛屿，展示了精确制导弹药对舰船等的杀伤力，① 但我在此不予讨论。同样的教训是5年后，在波斯湾上发生的油轮战中，美国海军护卫舰斯塔克号（USS Stark）被2枚伊拉克飞鱼导弹击中，造成37人死亡。②

美国1983年在黎巴嫩贝鲁特、1993年在索马里摩加迪沙因非正规部队而遭受严重损失。在第一个事件中，美国海军陆战队正在贝鲁特执行一项不明确的维和任务，突然遭受到汽车炸弹爆炸的袭击，造成241人死亡，成为海军陆战队自越战结束后最大的一次伤亡事件。在第二个事件中，在摩加迪沙执行救援任务的美军在过去几个月里受到当地民兵越来越多的挑战。1993年的10月3日晚至4日，忠于穆罕默德·法拉赫·艾迪德的战士用火箭推进榴弹和轻武器击落了2架美国直升机，杀死18名美国士兵。摩加迪沙当地民兵武装十分强悍勇猛，美国再次被打了个措手不及。在接下来几个月里，美国只能再次撤军。2003年美国领导的推翻萨达姆政权的军事行动和2011年美国和北约推翻利比亚穆阿迈尔·卡扎菲政权的军事行动惊人相似。

---

① Martin Middlebrook, *The Falklands War* (Barnsley: Pen and Sword Books, 2012), pp. 153–166.

② Sam LaGrone, "Attack on U.S.S. Stark at Thirty," *USNI News*, May 17, 2017, https://news.usni.org/2017/05/17/the-attack-uss-stark-at-30.

现代战略家必读军事史：1861年以来美国的主要战争

在两位不同总统领导下，美国在两次事件中对战争的准备和谋划都不够长远。在此我虽不分析其他战争中的小事件和小冲突，但正如1996年真主党炸毁沙特阿拉伯霍巴塔（Khobar Towers）、1998年"基地"组织炸毁美国驻东非大使馆以及2000年同一组织在也门炸毁科尔号导弹驱逐舰一样，这些小事件小冲突确实构成了更深更广的美国在中东主要战争的历史背景。[1]

一、美国在中东地区战争的历史前奏

1990年以来美国在中东地区战争中的许多战术运用，早在几十年前该地区爆发的战争中都有先例和前奏。我想起有这样几场战争：1967年"六日战争"、1973年"赎罪日战争"、以色列从20世纪80年代及后入侵并占领黎巴嫩部分地区、苏联在20世纪80年代大部分时间入侵并占领阿富汗以及同一时期伊拉克和伊朗长达8年的两伊战争。

---

[1] Bruce Riedel, "Remembering the Khobar Towers Bombing," Brookings Institution, Washington, DC, June 21, 2021, brookings.edu/blog/order-from-chaos/2021/06/21/remembering-the-khobar-towers-bombing.

第五章　1990年以来美国在中东的主要战争

1967年"六日战争"与1973年"赎罪日战争"①

尽管以色列在1948年独立时打了一场卫国战争,但大约20年后发生了一场对现代战争更具启发性的战争,即"六日战争"。学者肯·波拉克(Ken Pollack)精辟地描述了1967年"六日战争"背景:

> 1967年6月,世界上大多数人都认为以色列没希望了,以色列国大部分国人也这么认为。另一场阿拉伯国家和以色列的战争正在酝酿,似乎这个犹太国家要覆灭了……威胁以色列的阿拉伯联军具备一切重大优势。总而言之,主要阿拉伯国家军队——埃及、约旦和叙利亚——将部署大约27.5万人,配备大约1 800辆坦克、2 000辆装甲运兵车(APC)和1 700门大炮来对抗以色列。而以色列这边,国防军(IDF)将派出约13万名士兵,配备约1 000辆坦克、450辆装甲运兵车和约500门火炮。在空中,以色列空军(IAF)有

---

① "六日战争",即第三次中东战争,发生在1967年6月5日至6月10日,以色列方面称"六日战争",阿拉伯国家方面称"六五战争""六天战争"。"赎罪日战争",即第四次中东战争,发生在1973年10月6日至10月26日,最终以色列在军事上获胜,埃以双方停火和谈。——译者注

207架战斗机,对抗716架埃及、约旦、叙利亚和伊拉克战机。①

波拉克认为阿拉伯国家军队装备优良,至少和以色列军队旗鼓相当。他进一步指出,以色列将不得不三线作战,即面对埃及、约旦和叙利亚三个不同方向的战争。以色列将在通常不适合机动战的地形上进行三线作战,阿拉伯国家军队为此部署了强大的防御阵地(在任何战争中,以色列肯定会寻求将阿拉伯军队从前沿阵地逼退,因为他们对以色列构成了明显的现实危险)。

然而,以色列以绝对优势战胜了三个主要阿拉伯国家以及伊拉克,并最终控制了西奈沙漠、约旦河西岸以及叙利亚附近戈兰高地,并且至今仍控制着后两个区域。在重重困难之下,这是如何发生的?正如波拉克所说,为什么"具有讽刺意味却有意为之的是,以色列国防军展示了对现代空战和机械化战争的掌握运用,在鼎盛时期与二战期间德国国防军战斗力几乎相当"?②

1967年6月5日,"六日战争"打响。当天早上,以色列发动了一次空袭,大获成功。以色列空军对18个埃及空军基地的飞机、跑道、维修设施和仓库发动了攻击(之

---

① Kenneth M. Pollack, *Armies of Sand: The Past, Present, and Future of Arab Military Effectiveness* (New York: Oxford University Press, 2019), p. 1.
② Ibid., p. 18.

第五章 1990年以来美国在中东的主要战争

前已反复演习了此次突袭计划)。以色列空军的基本技能(例如着陆能力、加油能力和在几分钟内再次升空的能力)过硬又熟练,这使其能快速反复打击敌人,这是空袭成功的因素之一。

埃及空军因此损失了近300架战斗机(共420架)。之后,相关官员试图掩盖这场灾难,不仅对外界撒谎,竟然还对自己的领导人、埃及总统贾迈勒·阿卜杜勒·纳赛尔也撒谎。在同一天晚些时候,以色列采用类似战术,虽然并非出其不意,但也摧毁了叙利亚一半的空军。约旦空军和伊拉克空军也决定参战(部分原因是埃及的误导性宣传使他们认为胜利就在眼前),以色列同样让他们遭受了一定的损失。

地面战争于同一天(即6月5日)上午8点15分打响,最终以色列占领控制了西奈沙漠、约旦河西岸和叙利亚附近的戈兰高地。以色列军队的许多做法(包括包围行动)都非常正确,但阿拉伯国家的军队大多数抵抗都很无力。阿拉伯士兵在保卫既定阵地时并不缺乏勇气,但其缺乏战术灵活性或对各兵种联合作战缺乏了解。阿拉伯国家军队基本上将武器视为单独固定装置,而非机动部队可以运用的装备。尽管基层部队及其基层指挥官的能力存在缺陷,但阿拉伯国家军队高层(尤其埃及与叙利亚)指挥部更为糟糕。在以色列取得初步胜利后,阿拉伯国家军队的高层指挥官们很快变得气馁迷失,未能很好利用后备队,

433

现代战略家必读军事史：1861年以来美国的主要战争

其中许多人最终逃离战场，未能帮助下属部队进行有序撤退。约旦军队在耶路撒冷及其周边的战斗稍好些，但即使如此，战败也只是时间问题。①

在这次战争的第四天，以色列人意外袭击了一艘美国舰船，造成惨重后果（一些人认为这次袭击是蓄意的，可能是因为担心美国出于某种原因在战斗中帮助埃及，但并没有充分证据来证实这一理论）。那天早晨，美国海军电子情报船"自由号"（USS Liberty）错过远离西奈海岸的通信，来到距离海岸线13海里的地方。一名以色列军官得知该船存在，并认出这是一艘美国海军舰船，在战术控制板上标记为中立，但在13：00离开办公室时以为该船已离开此地区就拔掉了标记针。当天早些时候，阿里什海滩发生爆炸，附近以色列人紧张不安。负责该地区的以色列指挥官派出侦察机寻找埃及潜艇，而侦察机找到了"自由号"，并根据该船速度和方向数据得出结论——这是一艘埃及驱逐舰，在炮击阿里什后向港口逃离。以色列飞机收到命令袭击了该船，之后才注意到船上标记是英语而非阿拉伯语，不久以色列收到了美国军舰遇险信息，美国军舰有34名水手死亡，171人受伤。②

---

① Kenneth M. Pollack, *Armies of Sand: The Past, Present, and Future of Arab Military Effectiveness* (New York: Oxford University Press, 2019), pp. 4–20.

② Memo from Lily Windholz to author, August 3, 2021; and Michael Oren, *Six Days of War: June 1967 and the Making of the Modern Middle East* (New York: Presidio Books, 2003).

第五章 1990年以来美国在中东的主要战争

尽管出现这场悲剧——又一次提醒人们克劳塞维茨所说的"战争迷雾可能带来的可怕后果"——但以色列的战争目标终究实现了。以色列付出的代价并不大。到战争结束时，阿拉伯国家军队约2万人战死，另有5 000人被俘；以色列军队不到1 000人战死，却斩获相当可观的国土与声誉。[1]

关于1973年10月的阿以战争或"赎罪日战争"的简要说明。这场战争在中东历史上具有重要意义：帮助阿拉伯国家恢复了一些军事自豪感，给以色列造成了比1967年更大的损失，并最终为6年后以色列与埃及之间的和平创造了条件。在军事方面，尽管一开始埃及和叙利亚对以色列成功突袭，但是很快以色列恢复了战斗元气。整体而言，这最终意味着领土所有权几乎并不变化，部分原因是时任美国国务卿亨利·基辛格通过威胁、诱惑、外交接触甚至发出美国核警报，向各方强加条件并奏效，以劝阻苏联进行军事干预。[2] 外交官兼学者马丁·英迪克（Martin Indyk）如此论述：

在这场危机期间，基辛格巧妙地在中东地区

---

[1] Kenneth M. Pollack, *Armies of Sand: The Past, Present, and Future of Arab Military Effectiveness* (New York: Oxford University Press, 2019), p. 18.

[2] Martin Indyk, *Master of the Game: Henry Kissinger and the Art of Middle East Diplomacy* (New York: Alfred A. Knopf, 2021), pp. 115-199.

现代战略家必读军事史：1861年以来美国的主要战争

同时实现了4个雄心勃勃但有些矛盾的战略目标：确保美国盟友以色列战胜苏联支持的埃及和叙利亚军队；防止埃及军队遭受惨败，以便其领导人安瓦尔·萨达特总统能保留尊严与以色列进行和平谈判；向阿拉伯人证明，只有美国才能在谈判桌上为其带来成果；并维持与莫斯科的"缓和"关系，即使他努力削弱苏联在中东的影响力。[1]

在安排停火时，以色列可能已经实现想要的和实际能实现的一切，基辛格的成功也得益于此。在此意义上，无论基辛格作出什么贡献，妥协结果在很大程度上，是以色列和阿拉伯国家之间战争胜负导致的自然结果。

这场战争的总体结果确实可能使以色列国防军威望下降一两个等级，打破了以色列军队在任何战斗中都能快速取得决定性胜利的神话。因为在最初袭击中以色列基本上毫无准备，所以还凸显了现代战争中情报失败的极度危险。[2] 弗雷德·卡根（Fred Kagan）认为，在战术和技术方面，这种结果让全世界旁观者了解到现代反装甲武器杀伤力日益增长。[3]

---

[1] Martin Indyk, *Master of the Game: Henry Kissinger and the Art of Middle East Diplomacy* (New York: Alfred A. Knopf, 2021), pp. 5-8.

[2] Cohen and Gooch, *Military Misfortunes*, pp. 96-112.

[3] Frederick W. Kagan, *Finding the Target: The Transformation of American Military Policy* (New York: Encounter Books, 2006), p. 19.

第五章　1990年以来美国在中东的主要战争

1982—2000年和2006年的黎巴嫩

在过去半个世纪里，以色列北部复杂小国黎巴嫩发生了几种不同类型的军事对抗，比如：1975—1990年黎巴嫩发生内战，1982—2000年以及2006年以色列入侵并占领黎巴嫩，1976—2005年叙利亚占领黎巴嫩。其中，以色列入侵并占领黎巴嫩的经历与本章最为相关，因为以色列的战争经历与美国及其盟友21世纪前20年在伊拉克和阿富汗的战争经历如出一辙。

为理解本章后面探讨的美国战争，我们可从这段历史获得两大主要军事要点。一方面，阿拉伯国家军队通常无法阻止以色列或美国以及西方盟友进行间接军事交战并实现特定领土目标；另一方面，以色列装备优良、士气高涨的非正规军部队，在随后的占领行动中却变得极其苦难，难以实现军事目的。总而言之，以色列在黎巴嫩的经历并不好过。①

1982年，在以色列经历了令人沮丧的10年之后，巴勒斯坦解放组织（Palestine National Liberation Movement，简称巴解组织）将黎巴嫩作为发动袭击的基地和有效避难所，以色列决定采取行动将其赶出黎巴嫩。通过同样行动，以色列将在贝鲁特建立一个更友好的政府，并将叙利亚军队

---

① Esther Pan, "Middle East: Syria and Lebanon," Council on Foreign Relations, New York, February 22, 2005, cfr.org/backgrounder/middle-east-syria-and-lebanon.

现代战略家必读军事史：1861 年以来美国的主要战争

赶出其在黎巴嫩东部贝卡谷地的阵地——即使前几年叙利亚的驻军在许多方面对以色列有利。① 以色列国防军在与叙利亚军队的空战中确实取得制空权，在一场举世瞩目的战役中，最终击落了 86 架叙利亚飞机而自己毫发未损。② 不过，一些叙利亚突击队在地面成效显著，而以色列在地面进展较慢。因此，以色列并未实现其所有目标。以色列尚未能切断大马士革至贝鲁特的公路将叙利亚部队驱逐出黎巴嫩，联合国就向其施压，要求其停止对叙利亚的行动。此外，虽然巴解组织流离失所，但以色列国防军并未获得占领意义上的成功。事实上，此后他们在黎巴嫩南部的驻军，在很大程度上促使伊朗和许多什叶派黎巴嫩人创建了真主党组织。

美国帮助塑造该国政治的努力也付诸东流，在 1983 年 10 月的海军陆战队军营爆炸案中达到惨败高潮。

不管以色列在 1982 年有何问题，真主党的成立在接下来几年里给以色列带来更大的问题。2000 年以色列对黎巴嫩南部的占领也如坐针毡。以色列国防军遭受多次袭击，真主党在袭击中有效使用了简易爆炸装置等武器，最终杀死 300 名以色列士兵。在战术上，以色列可能在大多数交火中获胜，真主党遭受的损失是以色列国防军的数倍。以

---

① Indyk, *Master of the Game*, pp. 549-550.
② Kenneth M. Pollock, *Arabs at War: Military Effectiveness, 1948 - 1991* (Lincoln: University of Nebraska Press, 2002), pp. 532-534.

第五章　1990年以来美国在中东的主要战争

色列国防军的伤亡人数虽然不多但持续不断，政治上也深感痛苦，最终以色列政府别无选择，不得不从黎巴嫩撤军。结果，至少在广泛战略层面上，真主党得以宣称对以色列的胜利。①

2006年真主党在一次跨境袭击中绑架了两名以色列士兵后，以色列进行了报复性空袭，特别针对真主党的大型导弹发射器。但是当真主党发动其他类袭击（主要是使用122毫米喀秋莎火箭炮）时，以色列更难以从空中发现和瞄准，冲突进一步扩大。以色列发动长达一个月的地面部队行动，试图在黎巴嫩南部建立一个控制区，并将真主党从其众多阵地上击退。

真主党利用精心备战的射击阵地，相当有效地反击了以色列的进攻。其阵地往往位置恰当，以便从多个地点和方向重叠开火，同时还有效设置了雷场，以引导或减缓以色列部队的速度，使后者更易受到攻击。真主党在开火和火力运用方面的纪律也经常令人印象深刻。可以肯定的是，真主党在使用反坦克武器等技术方面的能力变化多样，但真主党战士实施任何机动行动的能力还是有限的。不过就其在那类战斗的目的而言，他们并不真的需要此类能力。真主党约700人死亡，而以色列死亡人数刚超过100，但真主党只有3 000名左右的军队，却成功击退了1万名入侵的

---

① Pollack, *Armies of Sand*, pp. 256-274, 478-492.

以色列士兵。最终，根据联合国停火协议，真主党对黎巴嫩南部的控制和对整个国家的影响基本保持不变。①

从更广泛战略层面来看，结果令人喜忧参半。以色列虽遭受了重大损失，但也达到提醒真主党及其领导人以色列可能给他们带来痛苦的目的——即使并未实现对黎巴嫩部分或全部的控制，甚至未能迫使真主党改变其领导团队或其在黎巴嫩更广泛政治和军事生态系统中的角色。一些人将这一结果描述为"重建威慑"。此后，真主党重整军备，但迄今为止再未对以色列进行过大规模挑衅或袭击。

两伊战争②

1979年2月，伊朗伊斯兰革命成功，以宗教领袖霍梅尼为代表的什叶派在伊朗上台执政，同时，伊拉克企图趁霍梅尼政权立足未稳之际对伊朗进行打击，这一重要原因导致战争即将爆发。在边境的另一边，伊拉克总统萨达姆·侯赛因既垂涎伊朗的石油，又担心咄咄逼人的什叶派政权会对伊拉克国家有什么企图，所以在1980年9月率先发动袭击。

---

① Stephen Biddle, *Nonstate Warfare: The Military Methods of Guerillas, Warlords, and Militias* (Princeton: Princeton University Press, 2021), pp. 110-112, 141-144; and Pollack, *Armies of Sand*, pp. 482-485.

② 两伊战争，是指1980年至1988年伊朗和伊拉克之间的局部战争，伊朗称为伊拉克入侵战争、神圣抗战或伊朗革命战争，伊拉克称为萨达姆的卡迪西亚战争。——译者注

第五章 1990年以来美国在中东的主要战争

对伊拉克士兵来说，可悲的是，萨达姆却依靠"政见对立且能力不足"的军官团队决定对伊朗进行袭击。伊拉克军队对伊朗的正面攻击缺乏新意，速度缓慢，缺乏良好战术情报，且协调不力，不太可能夺取伊朗大片领土或击败伊朗军队。虽然伊拉克军队确实进入了伊朗领土，但进攻很快就中断，萨达姆请求休战。

而伊朗的宗教领袖霍梅尼并不想就此罢休。因此，伊朗进行了反击，将伊拉克军队赶出了伊朗领土，然后野心增长了，萨达姆先前在决定自己发动预防性战争时所担心的情况终于出现。1982年，伊朗反攻入侵伊拉克。

一旦为保卫自己国家而战，伊拉克人最终表现不凡。首先，伊拉克军队的补给线更短、物流运输更可靠，出色的军事工程师也建造了许多有效的防御阵地。伊拉克也受益于国际支持，而伊朗在从外部世界获取装备零件和弹药方面很快遇到问题。

萨达姆还让他以前解职的许多有能力的军官重回指挥岗位。至少在外部威胁变得比可能内部威胁更具威胁性之前，萨达姆不得不起用曾经反对他的人参与指挥军队（虽然这对他而言是违心的）。战争期间，虽然伊拉克军队的很多行为做法丑陋、残忍，并且违反了国际法，但伊拉克军官制定了一套标准操作程序，效果还过得去——其特点是使用常规和化学武器进行持续预备射击，然后是精心设计的部队行动，以应对有限的附近目标。虽然效率不高，但还算有效。伊拉克军队的行为，与埃及在1973年穿越苏伊士运河并占领西奈半岛大片土地的方式异曲同工。最终，伊拉克部队收复了1986年失去的阿拉伯河水道附近的法奥（Al-FAW）半岛。随着战争的持续不断，双方都筋疲力尽，准备讲和。①

苏联入侵阿富汗战争

在与两伊战争几乎完全相同的时期，尽管阿富汗国家政局混乱无序，苏联依然试图支持塔拉基政权。塔拉基在执政期间，阿富汗国内矛盾错综复杂，政府重组不断，两个派系为争夺权力明争暗斗。1979年，阿明任命为政府总理，但是他不受苏联欢迎。随着苏联支撑的塔拉基被阿明推翻，阿明又兼任阿富汗总统。新领导阿明比其前任更让苏联担忧，苏联决定出面调解，让一个更听话更好控制的人物巴布拉克·卡尔迈勒（Babrak Karmal）取代他。②

对苏联而言不幸的是，阿富汗人在20世纪不欢迎外国侵略者，正如他们在19世纪不欢迎英国人一样。苏联最初希望自己能简单扮演阿明政权的拥立者，但很快证明并不

---

① Caitlin Talmadge, *The Dictator's Army: Battlefield Effectiveness in Authoritarian Regimes* (Ithaca: Cornell University Press, 2015), pp. 139-231; and Pollack, *Armies of Sand*, pp. 144-155.

② Steve Galster, "Afghanistan: The Making of U. S. Policy, 1973-1990," in "Volume 2, Afghanistan: Lessons from the Last War," National Security Archive, Washington, DC, October 9, 2001, https://nsarchive2.gwu.edu/NSAEBB/NSAEBB 57/essay.html.

第五章 1990年以来美国在中东的主要战争

现实。苏联的下一步升级是在阿富汗派遣足够部队控制主要城市和道路,并对整个农村地区加强控制。但这也并未奏效,导致苏联再次升级,大规模集结军队,最终人数超过10万。苏联随后尝试了一种他们自己的暴力反叛乱方式,即采用空中轰炸,以武装直升机实施更有针对性的攻击,对涉嫌叛乱的村庄施以焦土战术,以及大规模布雷等战术。[1] 大量平民因这场战斗而受到无意或有意的影响——在1 500万至2 000万人口中,至少有100万人死亡,500万人沦为难民,可能还有300万人在国内流离失所。[2]

然而,正如入侵战争中经常发生的情况一样,单靠暴力不可能击败叛乱。之后美国同巴基斯坦与沙特阿拉伯合作,加强对阿富汗政府的相关抗战的援助,从1986年起总共提供近1 000枚"毒刺"(Stinger)导弹,此时这点变得尤为明显。美国对阿富汗反苏联游击队组织(包括一系列反抗苏联的组织,其中几个后来组成了所谓的北方联盟)的援助从吉米·卡特时期的每年数千万美元开始,达到了每年数亿美元。[3] 这些"毒刺"导弹对打击直升机非常有效,而直升机是苏联支援地面部队和快速应对叛乱袭击的

---

[1] Selig S. Harrison, "Afghanistan: Soviet Intervention, Afghan Resistance, and the American Role," in *Low Intensity Warfare*, edited by Michael T. Klare and Peter Kornbluh (New York: Pantheon Books, 1988), pp. 194–195.

[2] Philip H. Gordon, *Losing the Long Game: The False Promise of Regime Change in the Middle East* (New York: St. Martin's Press, 2020), p. 66.

[3] Ibid., pp. 46–70.

最有效工具。到战争结束时，这些"毒刺"导弹已击落250多架飞机和直升机。① 事实上，在1987年中，苏联每天大约有1架飞机毁于肩射武器。总而言之，苏联官方统计的死亡人数近1.5万人，实际死亡人数可能是该数字的2—3倍。因为米哈伊尔·戈尔巴乔夫领导下的苏联新领导层不仅承诺改变阿富汗战略，还承诺对苦苦挣扎的苏联自身进行更彻底改革，所以苏联的耐心最终会消失殆尽。②

1988年《日内瓦协议》为苏联撤军提供了遮羞布和"体面缓冲期"，苏联在1989年初撤军。由纳吉布拉领导的阿富汗新政府又执政了3年，直到苏联解体和苏联援助终止使其无法进行作战和治理。此后阿富汗国内各种势力动乱一直猖獗到1996年，后来塔利班运动掌控了该国大部分地区（同年塔利班武装闯入联合国驻喀布尔办事处，抓获并处决了纳吉布拉）。③

与21世纪初的美国和北约相比，苏联在使用武力方面更加猛烈粗暴，尽管如此，苏联20世纪80年代入侵占领阿富汗的军事行动轨迹，与北约21世纪前20年在阿富汗战争期间执行任务的军事行动轨迹惊人相似，都陷入了在

---

① Philip H. Gordon, *Losing the Long Game: The False Promise of Regime Change in the Middle East* (New York: St. Martin's Press, 2020), p. 56.

② Doughty, *Warfare in the Western World*, pp. 954–999; Bruce Riedel, *What We Won: America's Secret War in Afghanistan* (Washington, DC: Brookings, 2014).

③ Charles G. Cogan, "Partners in Time: The CIA and Afghanistan since 1979," *World Policy Journal* 10, no. 2 (Summer 1993): 73–82.

第五章　1990年以来美国在中东的主要战争

山区进行游击战的不利状态。

二、美国在伊拉克的沙漠风暴行动

美国决定将伊拉克军队驱逐出科威特并恢复该国主权，同时还要求伊拉克彻底消除所有大规模杀伤性武器，作为恢复其全部经济与主权权利的先决条件。这是冷战后不久的一个重大事件。老布什总统希望建立一个不容忍主要国家间侵略的规则——他称为"新世界秩序"。

从军事角度来看，这一决定也导致美国军方最喜欢打的那种战争——用的是自二战以来日益完善的技术和战术。沙漠风暴行动也受益于作战指挥和管理系统的改进。这包括，根据1986年颁布的《戈德华特—尼科尔斯国防部重组法》（Goldwater-Nichols Department of Defense Reorganization Act）在一个指挥官的领导下建立地区军事指挥部和总部。至关重要的是，沙漠风暴行动因此而指定了一名空军指挥官，该指挥官能消除行动中的冲突并裁决不同军种间的意见分歧。① 这些变化试图改变支离破碎的指挥安排，但是有时缺乏现实的联合军种训练，这导致了美国最近的失败，特别是1980年4月伊朗人质营救行动的失败，1983年10

---

① Michael R. Gordon and General Bernard E. Trainor, *The Generals' War: The Inside Story of the Conflict in the Gulf* (Boston: Little, Brown and Company, 1995), pp. 309-312.

445

现代战略家必读军事史：1861年以来美国的主要战争

月导致241名美国海军陆战队员死亡的贝鲁特爆炸悲剧（尽管同年4月早些时候对美国驻贝鲁特大使馆的袭击可以说应让指挥官们意识到汽车和卡车炸弹的危险），以及两日后美军特遣部队在格林纳达战争中的失败。① 至少在短暂荣光时刻，美军对周围世界还算满意。② 在21世纪初（甚至在20世纪90年代的大部分时间里），美军就没有如此幸运了。③

沙漠风暴行动之路

美国入侵伊拉克的战争前奏，是毁灭性的两伊战争。两伊战争夺去一百万人的生命，给两国造成严重社会、金融与经济混乱。萨达姆声称，他发动这场战争部分是为保护逊尼派占主导地位的国家利益，抵御伊朗的什叶派政权。当然，他严重高估了自己的善良和仁慈。最重要的是，萨

---

① Susan L. Marquis, *Unconventional Warfare: Rebuilding U.S. Special Operations Forces* (Washington, DC: Brookings Institution Press, 1997), pp. 69–73; Williamson Murray and Major General Robert H. Scales, Jr., *The Iraq War: A Military History* (Cambridge: Harvard University Press, 2003), pp. 51–52; and Representative Les Aspin and Representative William Dickinson, *Defense for a New Era: Lessons of the Persian Gulf War* (Washington, DC: Brassey's, 1992), pp. 4–5.

② Pat Proctor, *Lessons Unlearned: The U.S. Army's Role in Creating the Forever Wars in Afghanistan and Iraq* (Columbia: University of Missouri Press, 2020), pp. 398–400; Terrence K. Kelly, et al. *Stabilization and Reconstruction Staffing: Developing U.S. Civilian Personnel Capabilities* (Santa Monica: RAND, 2008).

③ David Fitzgerald, *Learning to Forget: U.S. Army Counterinsurgency Doctrine and Practice from Vietnam to Iraq* (Stanford: Stanford University Press, 2013).

第五章 1990年以来美国在中东的主要战争

达姆想要一些伊朗石油,并希望炫耀他庞大的、由苏联装备的陆军和空军。① 无论如何,当科威特人拒绝帮助伊拉克偿还战争债务或分享两国边境鲁迈拉油田的更多石油财富时,萨达姆选择侵略科威特。如果战争爆发前,美国驻伊拉克大使格拉斯皮(Glaspie)未告知萨达姆,美国不想干涉阿拉伯国家之间的边界争端问题,战争结果是否会有所不同仍存在争议。无论如何,萨达姆感觉到有机会可用武力夺取他一直想要的东西。② 美国在历史上还未在大中东地区进行大规模军事部署,美国以前尝试在中东地区执行维和任务,比如1983年在贝鲁特,并不都很顺利。因而,萨达姆认为即使美国作出回应,他也可以用自己的力量打败美国。

结果是1990年8月2日,大约12万伊拉克军队迅速击败了小国科威特及其微不足道的军队。③ 萨达姆威胁接管的时期持续了几天——其间,美国中央情报局的大多数分析家[尽管笔者未来的同事肯尼斯·波拉克(Kenneth Pollack)和其他几个有先见之明的观察家并不]认为萨达姆是在虚张声势,试图迫使科威特让步。随后的接管只花

---

① Kevin M. Woods, *The Mother of All Battles: Saddam Hussein's Strategic Plan for the Persian Gulf War* (Annapolis: Naval Institute Press, 2008), pp. 47-59.

② Rick Atkinson, *Crusade: The Untold Story of the Persian Gulf War* (Boston: Houghton Mifflin, 1993), p. 28; and Bruce Riedel, *Kings and Presidents: Saudi Arabia and the United States since FDR* (Washington, DC: Brookings Institution Press, 2018), pp. 99-102.

③ Riedel, *Kings and Presidents*, p. 102.

了几个小时。

萨达姆入侵科威特期间,电视广播充斥着残忍场景(包括从医院保育箱中拖出早产儿)。老布什总统和美国政府表示对伊拉克要采取行动,格拉斯皮大使在一周前向萨达姆阐明了美国要干涉其入侵行动。也许是因为与英国首相玛格丽特·撒切尔的激烈对话而振作起来,格拉斯皮在8月5日告诉世界,伊拉克的侵略"不会持续"。[1] 对石油市场的担忧也在此预测中发挥了作用。1981年以色列轰炸伊拉克奥西拉克(Osirak)核反应堆后,对伊拉克可能拥有核武器计划的担忧有所减弱;国际社会毫不怀疑伊拉克事实上正在多个隐蔽核计划上取得进展。然而,众所周知,也有人担心伊拉克的生物武器计划。[2]

美国的军事反应出于需要开始时很温和。在战争的最初几周,飞机和空降部队基本抵达沙特阿拉伯——美国决策者真正关心的是保护该国免受伊拉克任何野心进一步的影响。然而,在几个月内,大约20万美国军队的部署业已完成。美国决策者更放心,他们现在有一个强大防御阵地来保护沙特阿拉伯和其他海湾伙伴。[3] 尽管如此,萨达姆并不满足于其占领,接着宣布吞并科威特作为伊拉克的

---

[1] H. W. Brands, "Neither Munich nor Vietnam: The Gulf War of 1991," in *The Power of the Past: History and Statecraft*, edited by Hal Brands and Jeremi Suri (Washington, DC: Brookings Institution Press, 2016), pp. 77-79.

[2] Ibid.

[3] Ibid., p. 54.

第五章　1990年以来美国在中东的主要战争

"第19个省"。因此,老布什总统在11月8日宣布将美国驻军增加一倍以上。① 这一决定实际上是宣布,美国此时很可能要干涉伊拉克对科威特的侵略战争,并逆转战局形势。在沙漠中或沙漠附近维持55万名美国士兵并不可持续,因为缺乏足够大的轮换基地(rotation base),而此时美国在柏林墙倒塌后已在进行裁军。②

为了准备战争,美军部队集结规模宏大。正如美国陆军官方史所记载,沙漠风暴行动"带走相当于亚特兰大市的人口和食物,将其转到8 000多英里外的沙特阿拉伯。为完成这一壮举,需装卸500艘船只和9 000架飞机,通过沙特港口运载1 800多架军用飞机、1.24万辆履带式车辆、11.4万辆轮式车辆、3.8万个集装箱、180万吨货物和35万吨弹药"。几乎所有设备(按重量计算95%)都由海运运输;几乎所有人(99%)都是通过空运转移。这一部队集结得益于沙特阿拉伯出色的基础交通设施,包括7个主要港口和5个次要港口,以及2个大型机场和一些较小设施。由于缺乏有效应对的手段,并且仍可能希望美国不过是在虚张声势,萨达姆并未试图阻止美军部队集结。③

---

① Riedel, *Kings and Presidents*, p. 107.

② Aspin and Dickinson, *Defense for a New Era*, pp. 6-7.

③ Brig. GEN Robert H. Scales, Jr., *Certain Victory: The U. S. Army in the Gulf War* (Washington, DC: Brassey's, 1994), pp. 41, 57; and Thomas A. Keaney and Elliott A. Cohen, *Gulf War Air Power Survey Summary Report* (Washington, DC: Government Printing Office, 1993), p. 4.

449

老布什总统并未要求美国国会对伊拉克宣战。这也延续了二战后的美国传统：对于美国的任何战争或冲突都未发表此类声明。然而，老布什也确实得到联合国授予的权力：联合国于11月29日批准使用"一切必要手段"将伊拉克军队赶出科威特。然后，老布什总统冒着被弹劾的政治风险，要求国会两院授权使用一切必要手段解放科威特。美国国会于1991年1月12日批准了该法案。① 最终军事行动进行得非常顺利，不过现在很难记起，当时针对沙漠风暴行动的国会辩论有多激烈，赞成和反对双方的投票就有多接近。

最初，人们非常担心，任何驱逐壕沟中的伊拉克军队（伊拉克拥有100万军队，其中几十万驻扎在科威特战区）的战争，可能会类似于第一次世界大战。战区指挥官整日受困于堑壕战、大规模炮击，甚至可能使用毒气的画面。事实上，根据媒体报道，国防部领导层——国防部副部长迪克·切尼和参谋长联席会议主席科林·鲍威尔［以及美国中央司令部司令、人称"风暴"的诺曼·施瓦茨科普夫（Norman Schwarzkopf）将军］预计，将有多达5 000名美国人丧生。②

相比之下，独立学者，包括约书亚·爱泼斯坦、巴

---

① Atkinson, *Crusade*, p. 509.
② Congressional Budget Office, "Costs of Operation Desert Shield," January 1991, 15; and Dupuy, *Attrition*, pp. 73-74, 131.

第五章　1990年以来美国在中东的主要战争

里·波森、理查德·库格勒、特雷弗·杜普伊和约翰·米尔斯海默,将以色列对阿拉伯国家军队的军事成功和短暂机动行动作为经典战例(公平而言,政府中的一些人也如此)。因此,他们预测以美国为首的多国部队将在几周内经过惨烈作战迅速取得胜利,代价是数千名美国人员伤亡。作为一个团体,其预测虽过高但仍属正常范围。在这种情况下,决策者低估战争难度的倾向并未得到证实。这场战争比人们普遍预期的更具决定性,付出的生命和财富代价要低得多。因此,笔者承认本书避免过于自信的重要性(通常很重要)的中心主题或教训也不应受到过分解读。此外,在某些情况下并不适用,还有可能很难识别。

根据官方统计,在1990年8月开始的沙漠盾牌行动(Operation Desert Shield)和1991年1月空战开始时更名为沙漠风暴行动中,共有382名美国人死于战场。其中,148名美国士兵死于战斗,35名意外死于所谓的友军炮火。其他人死于战场上的各类事故。[1] 将盟友部队考虑在内,并用整数计算,美国盟友部队死亡240人,总伤亡人数约为1 500人。[2]

---

[1] Directorate for Information Operations and Reports, "Persian Gulf War: Desert Shield and Desert Storm," Department of Defense, December 15, 2001, web1.whs.osd.mil/mmid/casualty; Department of Defense, *Conduct of the Persian Gulf War: Final Report to Congress*, April 1992, M-1.

[2] Lawrence Freedman and Efraim Karsh, *The Gulf Conflict, 1990–1991: Diplomacy and War in the New World Order* (Princeton: Princeton University Press, 1993), p.409.

现代战略家必读军事史：1861年以来美国的主要战争

以美国为首的多国部队还损失86架固定翼飞机（48架受损，38架全毁）。略超2/3的人员损失源于伊拉克的红外制导地对空导弹或高射炮。在1月17日战争开始的那一天，17架飞机被损坏或摧毁；之后，日损耗0—7架飞机不等，最常见的损耗是每天1—2架。总损失率为每1 800架次一架飞机，非常低——例如，是越南战争关键时期的1/5—1/15。能取得这种结果，主要是因为设备现代化以及飞行员飞行出色技能，即飞行高度大多保持在10 000—15 000英尺以上——通常在红外制导导弹的射程之外。① 这种高空飞行，加上激光指示器有限可用，飞机上夜视设备数量有限，以及一系列恶劣天气，这些阻碍了军事行动一些任务。但幸运的是，在这场先是持续了40天的空战，随后又进行了4天地面战的战争中，以美国为首的多国部队掌握了战争主动权。

如前所述，经参议院预算委员会要求，国会预算办公室评估了美军在所有战争中的可能成本，预计范围为280亿—860亿美元。幸运的是，以罗伯特·赖肖尔、罗伯特·黑尔和杰克·迈尔为首的团队领导足够谨慎，并未缩小预测范围。实际结果几乎正好落在该范围内（这笔开支

---

① 另参见 Lawrence Freedman and Efraim Karsh, *The Gulf Conflict, 1990 - 1991: Diplomacy and War in the New World Order* (Princeton: Princeton University Press, 1993), p. 409.

第五章　1990年以来美国在中东的主要战争

最终由波斯湾各国政府以及日本和德国偿还)。① 如果以2023年的美元换算，该范围为500亿—1 600亿美元。

在沙漠风暴行动中，美国最重要的盟友和伙伴是英国。英法两军与美军并肩作战。沙特部队和叙利亚部队在各自与伊拉克的边界附近保持强大前沿阵地用于自卫，并暗示可能采取进攻行动，阻止伊拉克将所有部队集结在科威特。土耳其允许联军进入境内，帮助其北部的基地基础设施。以色列虽置身事外但仍有所贡献，即使开始遭受伊拉克飞毛腿（Scud）导弹对其城市的袭击。以色列在冲突中的任何角色都可能分裂阿拉伯与美国和英国军队的团结，这种团结已因约旦在政治上支持萨达姆有所削弱（尽管约旦实际上并未站在伊拉克一边作战）。

"四十日战争"（The 40-Day War）

与沙漠风暴行动相关的其他行动安排，可能包括三个主要阶段——其中两个阶段与空战相关，一个阶段与最后的地面战相关。参与该行动的军队由12个国家组成，共出动了1 800架固定翼战斗机，另有1 000架固定翼飞机提供各种支援（加油、运输、电子战、指挥与控制、侦察）；在

---

① Congressional Budget Office, "Costs of Operation Desert Shield," Washington, DC, January 1991, cbo. gov/sites/default/files/102nd-congress-1991-1992 /reports/ 199101costofoperation. pdf; and Government Accountability Office, "Cost of Operation Desert Shield and Desert Storm and Allied Contributions," Washington, DC, May 1991, gao. gov/products/t-nsiad-91-34.

波斯湾和红海出动了约 200 艘海军舰艇（其中 127 艘为美军舰艇，包括 6 艘航空母舰）；总兵力达 66 万人。①

从 1991 年 1 月 17 日开始，在冲突开始的几天里，以美国为首的多国部队飞机轰炸了伊拉克的固定基础设施，而萨达姆及其指挥官们在控制领空以及为其入侵科威特的部队提供补给方面都离不开这些基础设施。还袭击了伊拉克防空雷达系统、导弹发射台、跑道、飞机、指挥与控制站、主要后勤仓库、集结场、桥梁和其他交通咽喉要塞，以及任何疑似存在大规模杀伤性武器的地点。袭击目标包括约 723 处资产、设施或其他重要固定地点。② 在袭击过程中，使用了大量精确制导弹头，包括激光制导炸弹。攻击行动中，联军出动了巡航导弹、隐形喷气式飞机、攻击直升机和其他战机；还出动无人机吸引伊拉克防空部队的注意，而伊拉克防空系统一旦启动，就可能被联军的高速反辐射导弹（HARM）和其他军械识别和攻击。电视观众目睹了联军的激光制导炸弹在距离预定瞄准点几英尺的范围内击中目标的激烈场面，一些武器击中建筑物烟囱，还有一些则穿透了伊拉克空军简陋的加固防空掩体。③ 从那时

---

① Keaney and Cohen, *Gulf War Air Power Survey Summary Report*, p. 7; Aspin and Dickinson, *Defense for a New Era*, p. 79; and Winnefeld, Niblack, and Johnson, *A League of Airmen*, p. 290. 行动中，联军飞机最终共出动约 12 万架次。Keaney and Cohen, *Gulf War Air Power Survey Summary Report*, pp. 184–185。

② Aspin and Dickinson, *Defense for a New Era*, p. 90.

③ Atkinson, *Crusade*, pp. 13–49.

第五章 1990年以来美国在中东的主要战争

起,美国"CNN效应"① 将观众牢牢吸引在电视屏幕上,电视传播效应同时也影响着关于战时目标和行动的实时决策,尤其是当公众舆论被活生生的暴力场面所震撼时。

伊拉克尝试了多种方法来改善自身面临的未来局势。例如,伊拉克向沙特阿拉伯石油设施和以色列发射飞毛腿导弹。伊拉克对以色列的首次袭击发生在1月18日,一直持续到战争结束,最终分别向以色列发射了40枚导弹,向沙特阿拉伯/海湾(波斯湾)目标发射了46枚导弹。多国部队在伊拉克西部搜寻飞毛腿导弹发射器时遇到了很大困难,无论是使用空中力量(在战争开始的10天里,多国部队每天出动数十架次飞机用于大规模搜寻伊拉克的飞毛腿导弹发射器;之后通常每天出动10—40架次飞机执行目标搜寻任务)还是使用特种部队进行搜寻,都是困难重重。伊拉克采用"打了就跑"(shoot and scoot)战术,从不可预测的地点发射导弹,并有效使用诱饵,阻碍了多国部队的反飞毛腿导弹行动。到战争结束时,尽管早期的报告较为乐观,但美国情报部门可以证实,多国部队并未击毁伊拉克的移动导弹发射器,也没有对伊拉克用于指挥发射的通信网络造成重大破坏。尽管如此,这些集体行动还是减

---

① 1991年海湾战争爆发时,全世界的观众都领略到了"美国有线电视新闻网"(Cable News Network, CNN)推出的有关战争情况的"24小时实时新闻"(real time 24-hour news)电视节目。"CNN效应"泛指新闻媒体对政府政策造成的影响或压力。——译者注

现代战略家必读军事史：1861年以来美国的主要战争

缓了伊拉克的攻击行动并使之复杂化，且在战争开始几天后，伊拉克的攻击大幅减少。①

由于伊拉克飞毛腿导弹的袭击目标，是以色列的城市以及重要的军事和战略要地，让以色列处于参战边缘。但美国的外交政策、在以色列部署的"爱国者"导弹防御系统（但其功能并不完善）以及总体较低的伤亡率，最终足以让以色列置身此次战争之外。② 在2月25日发生的一起事件中，伊拉克的一枚飞毛腿导弹在偏离目标之后击中美国驻沙特阿拉伯的一个部队营房，造成28名美国人死亡。这是美国在沙漠风暴行动中最大的一次损失。③

与此同时，萨达姆在科威特境内和边境附近的部队严阵以待，没有明显的迹象表明空袭会对萨达姆部署的伊拉克地面部队造成重大打击。所有人都预料到地面冲突日益迫近，而且地面战争似乎仍然会相当艰难。

在空战的第二阶段（大致可以定义为在2月份发生），联军飞机将攻击重点转移到萨达姆部署的伊拉克军队，同时维持之前每天约800或更多架次的空袭。④ 多国部队飞机从该地区（包括土耳其）约23个基地执行各种军事行动，包括夺取制空权、干扰、侦察、加油等。其中11个基地位

---

① Gordon and Trainor, *The Generals' War*, pp. 227-248.
② Aspin and Dickinson, *Defense for a New Era*, p. 25.
③ Atkinson, *Crusade*, pp. 416-421.
④ Keaney and Cohen, *Gulf War Air Power Survey Summary Report*, p. 13.

第五章 1990年以来美国在中东的主要战争

于沙特阿拉伯。此外，多国部队还动用了几艘美国航空母舰。① 在这一阶段，联军发明了"坦克叮当"② 战术，利用战斗机上的红外传感器定位和瞄准隐藏在伊拉克—科威特边境和其他地区沙漠地带的伊拉克车辆。因为车辆保持白天吸收的热量（和夜间低温）的时间比沙漠的沙子要长，因此这种战术往往在傍晚（或早晨）特别有效。与冲突开始时的设想相比，这种战术能更有效地利用空中作战力量打击伊拉克非机动部队和部分伪装的装甲部队。③

多国部队的空中力量也存在一些不足和欠缺，如电子战或干扰飞机、及时进行炸弹损伤评估和发现新目标的战术情报工作、攻击机的夜视能力和红外瞄准吊舱等方面存在问题。由于全球定位系统接收器不足以装备整个部队，多国部队不得不通过商业渠道购买部分接收器!④ 但是，与伊拉克武装部队相比，多国部队仍然具备压倒性的实力。从里根政府国防建设时期开始，美国军事装备的战备状态就非常高，主要装备的性能运行效率通常在85%—90%，

---

① Keaney and Cohen, *Gulf War Air Power Survey Summary Report*, p. 174.
② "坦克叮当"（tank plinking），是指一种作战术语，沙漠风暴行动期间，以美国为首的多国部队飞行员使用制导弹药精准摧毁坦克、火炮、装甲运兵车等目标。——译者注
③ Aspin and Dickinson, *Defense for a New Era*, pp. 10-11; and Keaney and Cohen, *Gulf War Air Power Survey Summary Report*, p. 21.
④ Aspin and Dickinson, *Defense for a New Era*, pp. 21, 34-42; and Winnefeld, Niblack, and Johnson, *A League of Airmen*, p. 271.

甚至更高。①

入侵科威特战争开始时，伊拉克在科威特战区部署了51个师，可能有多达35万名军事人员——远远少于最初认定的近55万人（因为其大多数部队的兵力严重不足）。②由于伤亡和逃兵，地面战开始时，伊拉克在科威特战区的士兵人数大约为20万到22万（根据当时的官方估计，四舍五入到最接近的5 000人）。在地面战中，约有8.2万名伊拉克士兵被俘。③ 伊拉克军队总阵亡人数可能在几万人左右。④

沙漠风暴行动期间，多国部队使用了近15 000枚精确制导空对地弹药（PGMs）。这些精确制导弹药主要是各种类型的激光制导炸弹和"小牛"（Maverick）空对地导弹（采用红外制导系统或电子光学制导系统）。其中2/3用于

---

① Aspin and Dickinson, *Defense for a New Era*, p. 17; and Congressional Budget Office, "Trends in Selected Indicators of Military Readiness, 1980 through 1993," Washington, DC, March 1994, pp. 68–71, cbo. gov/sites/default/files/103rd-congress-1993-1994/reports/doc13. pdf.

② Barry D. Watts, "Friction in the Gulf War," *Naval War College Review* 48, no. 4 (Fall 1995): 94.

③ Aspin and Dickinson, *Defense for a New Era*, p. 35; and Keaney and Cohen, *Gulf War Air Power Survey Summary Report*, pp. 105–106; and General Accounting Office, *Operation Desert Storm: Evaluation of the Air Campaign*, GAO/NSIAD-97-134, June 1997, pp. 8–10, 105–107, 146–148, 157–159, gao. gov/assets/nsiad-97-134. pdf.

④ 据1991年10月31日绿色和平组织威廉·阿金（William Arkin）对《海湾战争空中力量调查》（*Gulf War Air Power Survey*）项目成员的简报得出的平民伤亡估计数字，引自 Keaney and Cohen, *Gulf War Air Power Survey Summary Report*, p. 75；其他数据参见 Keaney and Cohen, pp. 102–119。

第五章　1990年以来美国在中东的主要战争

打击战场上的敌方装备，另外1/3用于打击敌方电网、防空网络、交通咽喉要道、石油精炼或储存设施、疑似存在大规模杀伤性武器的地点和军事总部等目标。尽管这类精确武器成为这场战争中的标志性弹药，但精确制导弹药只占此次战争消耗弹药总量的不到10%。[1] 多国部队空中力量的发挥得益于开阔地形、静态和孤立目标、伊拉克有限的防空能力（在对伊拉克雷达、指挥中心和其他关键资产的攻击之后，伊拉克防空能力大大削弱），以及"坦克叮当"战术等原因（从2月8日起采用）。

关于空战中伊拉克被摧毁装备的数量，当时的估计数据差异很大——美国中央情报局的估计数据为约1 000件主要装备，而美国中央司令部（CENTCOM）的估计数据则达到数千件。这些装备损失发生在战争开始时伊拉克在战区内部署的共计10 000—11 000件武器（包括坦克、装甲运兵车和大口径火炮）。[2] 据估计，伊拉克在沙特阿拉伯边境附近的前线部队在空战中至少减员50%，而后方部队可能只减员一半。因此，根据伊拉克的实际总损失，联军针对装甲部队使用的弹药的典型杀伤概率为每枚弹药20%—

---

[1] Keaney and Cohen, *Gulf War Air Power Survey Summary Report*, pp. 65, 103-117, 203; General Accounting Office, "Operation Desert Storm," p. 178, https://www.gao.gov/products/nsiad-97-134. Anthony M. Schinella, *Bombs without Boots: The Limits of Air Power* (Brookings Institution, 2019). 关于"坦克叮当"战术，参见 Winnefeld, Niblack, and Johnson, *A League of Airmen*, p. 170。

[2] Winnefeld, Niblack, and Johnson, *A League of Airmen*, pp. 308-309; and Brig. Gen. Robert H. Scales, Jr., *Certain Victory*, p. 161.

50%或更高。① 联军的原定目标是在地面作战开始前摧毁伊拉克在整个战区内50%的装备，但这一目标最终被认为过于乐观，而且也没有必要——因为联军空中力量还可以通过许多其他方式削弱伊拉克军队。② 此外，联军的轰炸行动也对伊拉克的指挥与控制系统、道路和铁路交通、机动能力以及地面部队的心理造成了巨大的破坏。③

地面战最终于在2月24日打响，并于2月28日结束。地面战中并未出现第一次世界大战中堑壕战的影子。实际上，伊拉克军队是苏联军队的一个缩小版，训练不足，隐蔽性更差，而美国及其盟友已花了几十年的时间准备与苏联军队作战。伊拉克军队虽拥有价值数十亿美元的苏联装备，但对如何操作这些装备却知之甚少。美国和英国部队采取了两种方式开展地面行动。两国部队利用自己在空中和太空的优势，将大部分部队调往西面，绕过伊拉克在科威特边境的阵地，计划从西面迂回进攻，以摧毁伊拉克前线部队和大部分伊拉克共和国卫队。英国部队也加入了这一主要行动。其他部队，特别是美国海军陆战队，并没有按照预期计划简单地阻击伊拉克部队，而是在前往科威特城的途中直接突破伊拉克阵地。这些部队利用猛烈的预备

---

① General Accounting Office, "Operation Desert Storm," pp. 110-161.
② Winnefeld, Niblack, and Johnson, *A League of Airmen*, pp. 169-171; Gordon and Trainor, *The Generals' War*, p. 335; Keaney and Cohen, *Gulf War Air Power Survey Summary Report*, p. 106.
③ Gordon and Trainor, *The Generals' War*, pp. 465, 474.

第五章　1990年以来美国在中东的主要战争

火力、装甲推土机、爆炸线装药和其他手段，非常有效地开辟狭窄通道，使入侵部队能够通过这些通道迅速移动，穿透伊拉克部队最初的防御工事。① 在联军所有阿拉伯成员的共同努力下，科威特城很快获得解放。②

联军并未对科威特城进行任何两栖攻击。美国在浅水区的猎雷能力，包括美国海豚部队（由真正的海豚组成），被认为不足以完成两栖攻击作战任务。所以，联军仅在一次佯攻行动中使用了两栖舰。③

有8支伊拉克共和国卫队作为战略预备队驻扎在科威特北部的伊拉克领土上，但这些部队也不是联军的对手，其中有3支部队在地面战中基本被摧毁。此外，这些部队还必须与联军的联合监视目标攻击雷达系统④抗衡，该系统由飞机搭载，能够在任何天气下，在任何时间快速发现移动的金属物体。⑤ 在此次战争早期，即1月29—31日，

---

① Atkinson, *Crusade*, pp. 394–403.

② Gordon and Trainor, *The Generalsalsra*, p. 371.

③ Aspin and Dickinson, *Defense for a New Era*, pp. 13, 28.

④ 联合监视目标攻击雷达系统（JSTARS），是美国空军与陆军联合开发的一款先进空中监视与战场管理系统。该装备能够进行实时的广阔区域监视和远程目标攻击指挥能力，以便提供战况进展和目标变化的迹象和警报。机身下装有一个12米长的雷达舱，即前机身下白色长形物体。利用舱内强劲的AN/APY-3多模式侧视相控阵I波段电子扫描合成孔径雷达，可以发现机身任意一侧50 000平方千米地面上种种目标，然后引导和指挥作战飞机和地面部队发起攻击。该装备在沙漠风暴行动期间发挥了巨大作用，多次指挥美军摧毁伊拉克地面部队。——译者注

⑤ Stephen Biddle, "The Past as Prologue: Assessing Theories of Future Warfare," *Security Studies* 8, no. 1 (Autumn 1998): 1–74.

461

现代战略家必读军事史：1861年以来美国的主要战争

当伊拉克军队试图对沙特阿拉伯海夫吉镇（Al Khafji）发动一次计划并不周密的突袭时，联合监视目标攻击雷达系统就发挥了重要作用。① 不过，在地面战中，萨达姆还是设法将一些部队调往战区西部和南部的阻击阵地，以便其他部队向北逃往巴士拉（Basra）。②

总体而言，伊拉克军队在这场战争中的表现不如预期。例如，伊拉克军队没能在挖好的战壕（dug-in positions）前面部署先头部队，也没有清除阵地附近的泥土以隐蔽掘壕部队（dug-in forces）的位置。③ 伊拉克部队的机动能力普遍较差，战术随机应变能力也非常有限。萨达姆再次撤换了能干的将领，并将军事领导政治化，导致伊拉克军队在两伊战争最后阶段所取得的进步消失殆尽。正如肯·波拉克在谈到伊拉克在沙漠风暴行动中的表现时认为的那样："在战术层面上，联合部队的表现令人沮丧。"④ 伊拉克军队确实在一些方面进行了适度创新，如放火焚烧油井以掩盖战场。但总体而言，他们的胜算非常小。伊拉克军队最终没有在进攻或防御中使用化学武器。⑤

---

① Keaney and Cohen, *Gulf War Air Power Survey Summary Report*, p. 109.

② Pollack, *Armies of Sand*, p. 161; Gordon and Trainor, *The Generals' War*, pp. 375-432; and Biddle, *Military Power*, pp. 132-149.

③ Stephen Biddle, "Victory Misunderstood: What the Gulf War Tells Us about the Future of Conflict," *International Security* 21, no. 2 (Fall 1996): 139-179; and Biddle, *Military Power*, pp. 132-149.

④ Pollack, *Armies of Sand*, pp. 158-162.

⑤ Gordon and Trainor, *The Generals' War*, pp. 364-368.

第五章 1990年以来美国在中东的主要战争

由于上述有利因素,就相对损失或战损"交换比"(exchange ratios)而言,美国在伊拉克战争的胜利远比以色列在之前对叙利亚、约旦和埃及的战争中取得的胜利更加显著。在这些战争中,以色列对敌方造成的损失通常是其自身损失的3—5倍。[1] 仅举一个显而易见的例子,沙漠风暴行动中,美军艾布拉姆斯(Abrams)坦克主炮在战争中每击毁1辆敌方坦克仅需约1.2发炮弹,这与第二次世界大战中坦克主炮通常需要17发炮弹才能击毁1辆坦克形成了鲜明对比。[2]

然而,这一"灾难性胜利"是有代价的——美国同意停战的决定可能为时过早。美国的几次大获全胜的行动,如美军在死亡公路上对伊拉克军车队的打击,使得小布什总统表示愿意在地面战开始后100小时内停战。[3] 这一决定所产生的停战条款引起了争议。停战协议要求萨达姆允许以可核查的方式解除其所拥有的大规模杀伤性武器。但由于地面战提前结束,萨达姆保留的共和国卫队远超预期,且其部署在战区的装甲部队可能有1/4—1/3幸存下来。[4]

---

[1] Keaney and Cohen, *Gulf War Air Power Survey Summary Report*, pp. 21, 58-64, 155; Aspin and Dickinson, *Defense for a New Era*, pp. 1-41; 关于阿以战争的数据,参见 Posen, "Measuring the European Conventional Balance," in Miller, *Conventional Forces and American Defense Policy*, p. 113; Dupuy, *Numbers, Predictions, and War*, pp. 118-139。

[2] Scales, *Certain Victory*, p. 81.

[3] Gordon and Trainor, *The Generals' War*, p. 370.

[4] Ibid., pp. 430-431.

此外，停战协议还允许萨达姆保留直升机，并可用于对付国内反对者。① 在接下来的几个月里，萨达姆对国内反对者发起了镇压，如镇压居住在伊拉克南部巴士拉附近的"沼泽阿拉伯人"（marsh Arabs），因为萨达姆认为他们在沙漠风暴行动期间煽动了某种形式的革命。

三、推翻萨达姆政权并试图稳定伊拉克局势

美国领导的沙漠风暴行动以有限的目标和大规模的手段取得了相当不错的战果。然而，2003年美国入侵和占领伊拉克的军事行动，将成为美国历史上最困难且最终最不受欢迎的军事任务之一。沙漠风暴行动20年后，反思其后果令人五味杂陈，尤其伊拉克人、美国人和盟军为此付出了高昂的生命代价。②

到2001年9月11日恐怖袭击悲剧发生时，伊拉克已经被国际社会，特别是美国盯上10年之久。尽管萨达姆有

---

① Atkinson, *Crusade*, pp. 9, 489–490.
② 从人性角度对战争最真切的描述，参见 C. J. Chivers, *The Fighters: Americans in Combat in Afghanistan and Iraq*（New York: Simon and Schuster, 2018）; Kimberly Dozier, *Breathing the Fire: Fighting to Report—and Survive—the War in Iraq*（Des Moines: Meredith Books, 2008）; Evan Wright, *Generation Kill: Devil Dogs, Iceman, Captain America, and the New Face of American War*（New York: Berkley Publishing Group, 2004）; and Martha Raddatz, *The Long Road Home: A Story of War and Family*（New York: G. P. Putnam's Sons, 2007）。

第五章 1990年以来美国在中东的主要战争

许多缺点，但他并没有参与"9·11"恐怖袭击事件。最多只能说，伊拉克和"基地"组织之间有过一些有限的接触，但目的和后果不明。"9·11"恐怖袭击事件策划或准备工作都未发生在伊拉克境内，也没有得到任何已知的伊拉克国家援助。尽管如此，恐怖主义论点（或暗示），加上萨达姆涉嫌拥有大规模杀伤性武器，以及美国中央情报局秘密预测萨达姆可能在2007—2009年获得核武器，都被小布什政府用来为发动这场战争辩护。在"9·11"恐怖袭击事件发生后的最初几个月甚至几年里，美国政坛弥漫着恐惧气氛，当时美国人民非常害怕美国可能遭受另一场灾难性袭击。结果，美国政府各层领导人以不同的心态作出了对伊拉克的战争决定。

美国对伊拉克的担忧以及促进阿拉伯国家民主的相关愿望，也为这场战争提供了"正当理由"，尽管这些因素并非这场战争的主要动机。[1] 为了帮助理解当时的时代情绪，萨曼莎·鲍尔于2002年出版了《来自地狱的难题：美国和种族灭绝时代》，该作品广受好评，并获得了普利策奖。在这本书中，她对萨达姆统治下的伊拉克的描述，包括萨达

---

[1] Khidhir Hamza with Jeff Stein, *Saddam's Bombmaker* (New York: Simon and Schuster, 2000); Bob Woodward, *Plan of Attack* (New York: Simon and Schuster, 2004), p.199; and George Tenet with Bill Harlow, *At the Center of the Storm: My Years at the CIA* (New York: Harper Collins Publishers, 2007), pp.321-358.

姆对库尔德人使用化学武器等暴行，构成了第二大篇幅的一章。①

然而，另一个通常未被提及的因素是，在"9·11"恐怖袭击事件发生后，美国希望展示自身实力和公信力。美国希望通过采取一些重大行动，证明美国的决心，在国外赢得对美国力量的更多尊重，从而威慑其他潜在的极端分子。② 在伊拉克和萨达姆问题上，所有这些论点都对小布什政府有利。萨达姆被视为"邪恶轴心"（也包括朝鲜和伊朗，小布什总统在2002年初的《国情咨文》演讲中对这三国政权予以定性）的焦点，是美国先发制人理论（同年下半年在小布什政府的《美国国家安全战略》中提出）的典型代表。因此在小布什总统看来，在伊拉克展示美国的实力和决心是最合乎逻辑、最恰当的选择。③

尽管有人称美国领导的入侵伊拉克战争违反了国际法，且在美国的辩论中使用了虚假或至少是严重夸大的借口，称伊拉克在核弹方面取得了所谓的快速进展，以帮助证明

---

① S. Samantha Power, *"A Problem from Hell": America and the Age of Genocide* (New York: Basic Books, 2013), pp. 171-245.

② Gordon, *Losing the Long Game*, pp. 99-144; and Burns, *The Back Channel*, p. 161.

③ Hal Brands, *What Good Is Grand Strategy? Power and Purpose in American Statecraft from Harry S. Truman to George W. Bush* (Ithaca: Cornell University Press, 2014), pp. 144-165.

第五章　1990年以来美国在中东的主要战争

伊拉克战争的正当性。① 克林顿政府对萨达姆的违规行为采取了相对克制的态度，但在整个20世纪90年代一直对伊拉克实施经济制裁，同时还不时对伊拉克可疑的非法地点进行军事打击。

2002年11月，联合国再次要求萨达姆遵守停战协议，否则将面临未具体说明但可能相当严重的后果。② 由于美国第二项明确授权入侵伊拉克的决议从未在联合国获得通过，从而确实将美国2003年3月领导的入侵伊拉克战争置于不稳定的国际法律基础上。从国际法的角度来看，我认为这场战争在法律上是模棱两可的——并非明确属于非法或合法行动。

虽然美国国会没有对伊拉克宣战，但得到了美国两党的大力支持——事实上，其支持率超过了老布什总统发动沙漠风暴行动时的支持率。在2002年的投票中，参议院以77票对23票通过，众议院以296票对133票通过了授权总统必要时可以对伊拉克动武的决议。1991年，两院对于该决议的票数分别为52票对47票和250票对183票。该决议

---

① Congressional Research Service, "The United Nations Security Council— Its Role in the Iraq Crisis: A Brief Overview," Washington, DC, May 16, 2003, everycrsreport. com/reports/RS21323. html; and Congressional Research Service, "Iraq War?: Current Situation and Issues for Congress," Washington, DC, February 26, 2003, everycrsreport. com/files/20030226_ RL31715_ 58763d3e0fbee06 fdda4064 ca2891c14102fdbe5. pdf.

② William J. Burns, *The Back Channel: A Memoir of American Diplomacy and the Case for Its Renewal* (New York: Random House, 2020) , p. 172.

467

授权小布什总统在他认为核查进程未能确保伊拉克大规模杀伤性武器的销毁有据可查时,使用武力解除这一问题。①

因此,美国在2002年底开始加强其在伊拉克周围地区的阵地,将科威特基地作为美国地面部队的主要集结地,同时在巴林、卡塔尔、阿联酋、阿曼和沙特阿拉伯等国家部署空军和海军设施。最终,土耳其不允许美军从其领土进入伊拉克,甚至禁止美军战机越境。② 但是美国及其主要盟友仍然有多种途径接近和进入伊拉克领土。

震慑行动

美国及其盟友的部署一直持续到2003年初。随后,在伊拉克时间3月20日凌晨(美国时间3月19日傍晚),联军对伊拉克发动了一场声势相对较小的战争,战争爆发时间早于萨达姆的预期。多国部队首先出动了巡航导弹和F-117战斗机对伊拉克进行打击。多国部队根据情报误认为萨达姆藏匿在巴格达郊区的多拉农场(Dora Farms),希望

---

① Sara Fritz and William J. Eaton, "Congress Authorizes Gulf War," *Los Angeles Times*, January 13, 1991; and GovTrack, " H. J. Res. 114 (107th): Authorization for Use of Military Force against Iraq Resolution of 2002," govtrack.us/congress/votes/107-2002/s237.

② Michael R. Gordon and General Bernard E. Trainor, *Cobra Ⅱ: The Inside Story of the Invasion and Occupation of Iraq* (New York: Pantheon Books, 2006), pp. 337-343.

第五章 1990年以来美国在中东的主要战争

能在战争开始的突袭中击毙萨达姆,因此错估了战争时间。① 更普遍地说,联军希望通过"震慑"攻击,即在随后几天对伊拉克全境进行大规模空袭,再加上意想不到的早期地面入侵,致使伊拉克安全部队迅速崩溃。在经历沙漠风暴行动以及克林顿政府随后几年的打击行动(如1998年为期4天的沙漠之狐行动)之后,伊拉克的防空系统已经处于混乱状态,这有利于美联军展开空袭行动。此外,美国十几年来开展的"禁飞区"(no-fly zone)行动也获得了大量关于伊拉克剩余防空能力和其他军事资产位置的情报。

潜藏在一些美国人脑海中的还有1999年最终取得胜利的科索沃战争。北约决定及早针对塞尔维亚领导人斯洛博丹·米洛舍维奇领导的民兵组织采取行动,以免该组织像前些年波斯尼亚和克罗地亚的类似组织那样制造动乱事件。但不幸的是,北约一开始就误判了米洛舍维奇的意图,以为在科索沃发动为期几天的高度选择性和有限的轰炸——在某些方面与前一年的沙漠之狐行动没有什么不同——足以改变米洛舍维奇的算盘。北约开始行动时,在该地区只有不到100架战斗机,而美国在1999年3月轰炸行动开始前不久刚刚将其在地中海的唯一一艘航空母舰调回国内。因此,米洛舍维奇很可能认为北约软弱无能。毕竟,在这

---

① Michael R. Gordon and General Bernard E. Trainor, *Cobra Ⅱ: The Inside Story of the Invasion and Occupation of Iraq* (New York: Pantheon Books, 2006), pp. 164-181.

现代战略家必读军事史：1861年以来美国的主要战争

一时期，美国已经表明，不会冒着人员伤亡的风险应对前一年美国两个驻非大使馆遭遇的大规模袭击事件。

但是，正如伊沃·达尔德（Ivo Daalder）大使和我在一本类似标题的书中所指出的：尽管北约确实尽力将人员伤亡风险降到了最低，通过将飞机保持在相当安全的飞行高度（但无法对地面移动目标发起有效打击），最终在整个"盟军行动"（Operation Allied Force）中只损失了两人，但北约赢得令人不齿（win ugly）。在这场持续两个半月的战争中，北约在该地区的飞机数量增加了10倍，最终共出动了约4万架次战斗机。北约扩大了攻击目标的范围，将塞尔维亚贝尔格莱德的许多设施和资产都包括在内，并使用了比8年前沙漠风暴行动中更高比例的精确制导弹药——约30%［包括现由GPS制导且价格低廉的"联合制导攻击武器"（JDAM）］来攻击这些目标。最后，北约也开始暗示发动地面入侵的可能性。① 一些军事战略家得出结论，技术终于进步到了空战可以在很大程度上（但并非完全）决定战争胜负的水平。②

先进的军事技术，加上对沙漠风暴行动和2001年秋天轻松推翻阿富汗塔利班政府（下文将论述）的记忆，可能

---

① Ivo H. Daalder and Michael E. O'Hanlon, *Winning Ugly: NATO's War to Save Kosovo* (Washington, DC: Brookings Institution, 2000), pp. 1-5, 137-237; and Benjamin S. Lambeth, *NATO's Air War for Kosovo: A Strategic and Operational Assessment* (Santa Monica: RAND, 2001), p. 88.

② Lambeth, *NATO's Air War for Kosovo*, pp. 220-222.

第五章　1990年以来美国在中东的主要战争

共同促成了美国人的某种过度自信。任何抱有这种想法的人都有可能犯选择性记忆的错误。战争并没有真正变得安全化、精确化或无菌化。1993年的摩加迪沙战争、1993年和1994年的波斯尼亚事件、1996年的沙特阿拉伯霍巴塔（Khobar Towers）爆炸案、1998年的美国驻非洲大使馆爆炸案以及2000年的美国海军驱逐舰科尔号（USS. Cole）在也门遭遇炸弹袭击，所有这些事件都凸显了美国的脆弱性。但是，某种形式的狂妄自大可能已经渗透到小布什政府内部太多人的思想中——这种狂妄自大，再加上必须采取一些引人注目的行动来为"9·11"恐怖袭击复仇——向世界表明美国不是纸老虎，并更彻底地撼动中东——可能导致美国误入歧途。①

由于小布什总统在2003年初明确下定开战决心，总共约有25万名美军被部署到更广泛的地区，其中约2/3为地面部队。此外，美国盟友又出动了5万名士兵（在3月至4月入侵伊拉克的过程中，约有16.5万联军地面部队驻扎在伊拉克境内）。美军派遣的主力地面部队包括美国海军陆战队第1师、海军陆战队第2远征旅的部分部队，以及美国陆军第1装甲师、第3机械化步兵师（Third Mechanized Infantry Division）、第101空降师、第82空降师、第4机械化步兵师（Fourth Mechanized Infantry Division）、第2装甲

---

① 参见 Ivo H. Daalder and James M. Lindsay, *America Unbound: The Bush Revolution in Foreign Policy* (Washington, DC: Brookings Institution Press, 2005)。

471

骑兵团、第3装甲骑兵团和第173空降旅的部分或全部兵力。此外,英军第一装甲师(British First Armored Division)在此次战争中也至关重要。① 尽管美英联军部队非常强大,但如果入侵伊拉克,美军兵力仅为20世纪90年代末期"1003作战计划"中预计兵力的一半左右。②

伊拉克战争期间,美英联军约出动了800架战斗机和轰炸机参加了此次战争(相比之下,沙漠风暴行动中出动了1 800架),其中90%是美军飞机。在整个作战过程中,战斗机和轰炸机共飞行约2万架次;加油机、空运飞机和其他支援飞机共飞行约2万架次。联军共投射多达3万枚炸弹——其中2/3是制导炸弹(几乎是沙漠风暴行动中使用的精确制导弹药比例的10倍)。超过3/4的轰炸目标是伊拉克的机动陆军部队,而1991年行动中这类目标的比例接近2/3。③

在这场入侵战争中,巴格达本身就是主要攻击目标。美英联军为了集中力量迅速推翻萨达姆政权,在攻击中绕开了其他大多数城市。然而,联军攻击的其他重要目标包括鲁迈拉油田(Rumaila oilfields)、伊拉克南部城市巴士拉

---

① Walter L. Perry, et al. (eds.), *Operation Iraqi Freedom: Decisive War, Elusive Peace* (Santa Monica: RAND, 2015), pp. 53, 59, 344, https://www.rand.org/content/dam/rand/pubs/research_reports/RR1200/RR1214/RAND_RR1214.pdf; and Bob Woodward, *Plan of Attack* (New York: Simon and Schuster, 2004), p. 329.

② Woodward, *Plan of Attack*, p. 8.

③ Perry, et al., *Operation Iraqi Freedom*, pp. 151–157.

第五章　1990年以来美国在中东的主要战争

(由英军主要负责攻击)和北部城市摩苏尔(戴维·彼得雷乌斯少将率领的第101空降师在协助解放巴格达后最终抵达摩苏尔)。从4月下旬开始,因土耳其决定拒绝雷蒙德·奥迪尔诺(Raymond Odierno)少将率领的美国陆军第4步兵师借道进入伊拉克,美军不得不派遣第101空降师抵达伊拉克北部地区。因此,第4步兵师最终不得不像其他主力作战编队一样从南部进入伊拉克,从而推迟了该部队投入战斗的时间。①

行动中,大多数美国部队沿主要公路前进。尽管要应对沙尘暴等恶劣天气以及装备机枪、火箭推进榴弹和迫击炮的半正规军——"萨达姆突击队"(Saddam Fedayeen)和传统意义上的部队,美国部队依然行动迅速。联军发动突击,迅速夺取了桥头堡,否则就会在关键的交通要道遭遇阻碍。当然,美英联军的空中控制意味着伊拉克无法动用空中力量对抗联军推进中的地面编队,也无法出动飞机增援其他主要阵地。②

但是,美军也遇到了一些挫折。例如,3月24日,美军出动的约60架阿帕奇(Apache)直升机在卡尔巴拉(Karbala,离巴格达相当近)附近试图侦察和攻击伊拉克

---

① Rick Atkinson, *In the Company of Soldiers: A Chronicle of Combat* (New York: Henry Holt and Company, 2004), pp. 297–303.

② Thomas Donnelly, *Operation Iraqi Freedom: A Strategic Assessment* (Washington, DC: American Enterprise Institute, 2004), pp. 52–84; and Murray and Scales, *The Iraq War*, pp. 99–100.

473

麦地那师（Medina division）部分部队时遭到严重破坏，而在"萨达姆突击队"的协同抵抗以及恶劣天气和战术失误等因素的影响下，美军行动迟缓，并在更南面的纳西里耶附近遭受大量士兵伤亡。① 但总体而言，美军战役进展顺利。

美军部队在三周时间内抵达了巴格达郊区。尽管制订了围攻计划，但布福德·布朗特（Buford Blount）、吉姆·马蒂斯（Jim Mattis）和戴维·帕金斯（David Perkins）等激进指挥官大力主张采取更多进攻行动。4月5日，美军第3步兵师第2旅战斗队派出一个营对伊拉克首都巴格达的主要干道进行了奔雷行动（Thunder Run）侦察，测试巴格达城市的防御情况，随后于4月7日发起了一次更大规模的旅级行动，进入巴格达中心。虽然发生了相当激烈的战斗，但美军迅速占领了主要的政府大楼，萨达姆则逃之夭夭。②

到4月10日，战争似乎已接近尾声。同天，美国国防部长唐纳德·拉姆斯菲尔德（Donald Rumsfeld）的顾问肯·阿德尔曼（Ken Adelman）在《华盛顿邮报》上宣称：事实证明，美国预测能轻松赢得伊拉克战争是正确的。③ 巴

---

① Perry, et al., *Operation Iraqi Freedom*, pp. 60-81.

② Stephen Biddle, "Speed Kills: Reassessing the Role of Speed, Precision, and Situation Awareness in the Fall of Saddam," *Journal of Strategic Studies* 30, no. 1 (February 2007): 3-46; and Gordon and Trainor, *Cobra II*, pp. 374-410.

③ Kenneth Adelman, "'Cakewalk' Revisited," *Washington Post*, April 10, 2003.

第五章 1990年以来美国在中东的主要战争

格达的主要地点全部落入美军之手。随后,萨达姆位于伊拉克北部的故乡提克里特于4月14日沦陷;到此,这场战争的入侵阶段实际上已经结束。① 5月1日,小布什总统在美国的一艘航空母舰上发表了电视讲话,为庆祝这一成功,他身后舰上悬挂的横幅上写着"任务完成"。尽管如此,即使在这一时期,伊拉克社会也并不稳定。英美联军对伊拉克主要政府大楼、金库、工厂和其他存有贵重物品的场所的大规模洗劫造成了一种混乱局面,并剥夺了伊拉克未来政府(无论由谁来领导)推动国家向前发展所需的许多资源和资产。②

占领、穷途末路者、叛乱分子——未尽之事

2003年5月22日,伊拉克临时政府同意在过渡时期接受联合国的托管。根据授权,以美国为首的占领军(英国也正式成为占领国)将在美国外交官保罗·"杰里"·布雷默(Paul "Jerry" Bremer)大使的领导下,制订一项为期12个月的过渡计划,将伊拉克移交给一个临时政府——伊拉克临时管理委员会(Iraqi Governing Council)。③ 伊拉克恢复主权后,将举行选举。美国国防部某些部门最初建议,

---

① Perry, et al., *Operation Iraqi Freedom*, p. 100.

② Charles H. Ferguson, *No End in Sight: Iraq's Descent into Chaos* (New York: Public Affairs, 2008), pp. 104–138.

③ Hilary Synnott, *Bad Days in Basra: My Turbulent Time as Britain's Man in Southern Iraq* (London: I. B. Tauris, 2008), p. 250.

475

现代战略家必读军事史：1861年以来美国的主要战争

由另一位更温和的强人领袖取代萨达姆，比如什叶派持不同政见者和长期流亡者艾哈迈德·沙拉比（Ahmed Chalabi），但这一建议被小布什政府搁置——而且这是在占领伊拉克初期几个月的长期犹豫不决之后才作出的决定，耗费了宝贵的时间。正如乔治·特尼特所讽刺的那样："你会觉得，副总统办公室和（国防部）的一些代表们在笔记上一遍又一遍地写着沙拉比的名字，就像初恋的女学生一样。"① 沙拉比是一个很奇怪的人。他的名声和以往经历并不特别令人印象深刻或鼓舞人心，他帮助建设伊拉克的潜力也极为有限。②

小布什团队内部的这种分歧反映了美国在推翻邪恶政权后普遍面临的困境：战后，美国是应该继续保持驻军，帮助建立一个真正的国家和民主制度，还是应该尽快撤军归国？③ 最终，小布什政府打着在大中东地区促进民主的旗号来包装这次入侵战争。因为核查人员没有在伊拉克发现大规模杀伤性武器，而这却是美国发动战争最初的官方理由——假定伊拉克拥有大规模杀伤性武器。④

萨达姆政权被推翻后，美国的战役计划实际上已宣告

---

① Tenet, At *the Center of the Storm*, p. 440.
② King Abdullah II of Jordan, *Our Last Best Chance: The Pursuit of Peace in a Time of Peril* (New York: Penguin Books, 2011), pp. 225-228.
③ Brendan R. Gallagher, *The Day after: Why America Wins the War but Loses the Peace* (Ithaca: Cornell University Press, 2019), pp. 203-226.
④ Burns, *The Back Channel*, pp. 157-178, 196-199.

第五章　1990年以来美国在中东的主要战争

结束。一些人曾希望伊拉克人民会对萨达姆下台感到宽慰，因此当美军抵达伊拉克时，他们会"向美军献花"——并可能在此后相互合作建设一个新的伊拉克。当伊拉克社会稳定局面没有如期出现时，美国开始采取措施稳定社会秩序，在2003年夏季和秋季制订了一项临时稳定计划。该计划包括一些关于振兴经济的举措和建立新政治组织的不成熟想法，因过于仓促而效果平平。①

可以肯定的是，即使在最好的情况下，建立一个新的、稳定的伊拉克也是一项艰巨的任务。其中面临的主要问题是，伊拉克当局剥夺了逊尼派少数民族的政治权利。萨达姆政权被推翻后，逊尼派已经彻底被边缘化。随后，美国禁止萨达姆复兴党（Baathist Party）——主要由逊尼派组织的成员在新政府中担任要职。这项政策由美国大使布雷默发起，他在2003年5月至2004年6月美国正式占领伊拉克期间担任驻伊拉克总统特使。但随后，什叶派流亡者艾哈迈德·沙拉比，即使没有如一些美国人所希望的那样成为伊拉克的最高领导人，也被任命负责"去复兴党化"（de-Baathification）工作。沙拉比甚至将"去复兴党化"工作扩展到了通常由学校教师等担任的党内各级职位，清除

---

①　关于2003年伊拉克的基本情况，除已引用的一些其他书籍外，还可参见 Rajiv Chandrasekaran, *Imperial Life in the Emerald City: Inside Iraq's Green Zone* (New York: Alfred A. Knopf, 2007); and Don Eberly, *Liberate and Leave: Fatal Flaws in the Early Strategy for Postwar Iraq* (Minneapolis: Zenith Press, 2009)。

477

现代战略家必读军事史：1861 年以来美国的主要战争

掉了 60 万—70 万名复兴党党员。① 由于萨达姆严重偏袒逊尼派，美国这项政策就是大力打击逊尼派。但是美国的"去复兴党化"政策在逊尼派队伍中引起了极大的愤怒。此外，美国大使布雷默还正式解散了伊拉克军队。尽管这一政策在几个月后基本上被推翻（当时许多前伊拉克士兵确实加入了新军队），但该最初决定还是加剧了逊尼派的焦虑和愤怒。伊拉克人民的排外情绪也限制了美英联军为稳定伊拉克局势而驻军的时间，这导致美英联军采取了一项过于仓促的行动。②

美国国内政治也主张将此次行动可能产生的战争成本降至最低。因此，美国军方所谓的第四阶段任务——第一和第二阶段是集结力量和早期维稳准备，第三阶段是推翻伊拉克原有政治和军事秩序的主要行动——计划并不周密。该阶段预计会出现一些问题，如伊拉克军方放火焚烧油井、国内流离失所者大量流动，或需要确保疑似大规模杀伤性武器库存的安全等，但并未出现普遍的违法行为和不断蔓延的叛乱行动——至少国防部没有发生这些情况（美国国务院和美国中央情报局虽不能预知未来，但其对伊拉克可能抵抗外国势力和什叶派多数统治原则的认识理解却更接

---

① Thomas E. Ricks, *Fiasco: The American Military Adventure in Iraq* (New York: Penguin Press, 2006), p. 159.

② Ambassador L. Paul Bremer III, *My Year in Iraq: The Struggle to Build a Future of Hope* (New York: Simon and Schuster, 2006), pp. 161–165, 220–297; and Tenet, *At the Center of the Storm*, pp. 416–430.

第五章 1990年以来美国在中东的主要战争

近事实)。①

为了避免对美国缺乏稳定伊拉克局势的严肃计划而产生任何怀疑，可查阅第3步兵师的行动后报告，其中写道："上级指挥部没有向第3步兵师（机械化）提供第四阶段计划。因此，第3步兵师在缺乏指导的情况下过渡到了第四阶段。"美国国防部关于这场战争的一份更广泛的报告同样指出："国防部（第四阶段）各部门的组建较晚，限制了制订详细计划和进行部署前协调的时间。"② 由于缺乏保障伊拉克国家安全的计划，而且可能只需要一半的兵力就能做到这一点，美国忽略了诸多关键事宜——阻止对伊拉克政府大楼和金库的洗劫；封锁主要边境口岸，加大极端分子入境难度；看守武器储藏处，避免武器被罪犯和叛乱分子轻易获取；建立人类情报网络以及人民的信任。③ 美国部队很少在伊拉克进行徒步巡逻。乔治·帕克在他关于这一主题的杰出著作中写道："美国占领伊拉克肯定是历史上最孤立的占领行动之一。美军士兵和伊拉克人民在各自

---

① Tenet, *At the Center of the Storm*, pp. 424-426; and Burns, *The Back Channel*, pp. 162-178.

② David Rieff, "Who Botched the Occupation?" *New York Times Magazine*, November 2, 2003.

③ Larry Diamond, *Squandered Victory: The American Occupation and the Bungled Effort to Bring Democracy to Iraq* (New York: Henry Holt and Company, 2005), pp. 279-313; and George Packer, *The Assassins' Gate: America in Iraq* (New York: Farrar, Straus and Giroux, 2005), p. 245.

的工作范围之外无法实现真正的融合。"①

斯坦福大学教授拉里·戴蒙德（Larry Diamond）是民主问题专家，也是美英联军临时权力机构"联盟驻伊拉克临时管理局"②（Coalition Provisional Authority，由布雷默大使领导的占领机制的正式名称）的成员。他说："当美国对伊拉克开战时，我持反对态度。这场战争基本上是美国单方面匆忙发动的，从一开始就造成了可以预见的问题。但我现在认为，美国真正严重的问题是在对战后形势毫无准备的情况下发动战争——尽管美国政府获悉了所有详细的警告。"③

到2003年夏天，伊拉克破碎的政治体制、教派分歧、强大的民族主义、犯罪分子以及旨在稳定国家局势的拙劣规划等因素结合在一起，为一场滚雪球般的巨大灾难创造了条件。随之发生的暴力事件最初被描述为"穷途末路者"和"前政权分子"的最后挣扎。但很快，随着伊拉克政治激进分子越来越多地按照教派组织起来，一场激烈的动乱

---

① Packer, *The Assassins' Gate*, p. 236.
② "联盟驻伊拉克临时管理局"，是指伊拉克战争期间美英联军推翻伊拉克萨达姆·侯赛因政权后，由美国政府成立暂时履行管理伊拉克国家事务的临时机构。负责人由美英联军行政长官、美国资深外交官保罗·布雷默兼任。——译者注
③ Diamond, *Squandered Victory*, p. 292.

第五章　1990年以来美国在中东的主要战争

正悄然兴起，并最终演变成一场内战。① 伊拉克开始出现自杀式爆炸袭击事件，其中包括2003年8月针对联合国驻伊拉克办事处的一次爆炸袭击，巴西外交官塞尔吉奥·维埃拉·德梅洛（Sergio Vieira de Mello）在这次爆炸中丧生。同月底，什叶派宗教领袖阿亚图拉·穆罕默德·巴吉尔·哈基姆（Ayatollah Mohammed Bakir Hakim）在位于纳杰夫（Najaf）的清真寺被炸身亡，这预示着教派冲突将在未来几年急剧加剧。同年秋天，18名意大利宪兵在另一次轰炸中丧生；几起飞机击落事件以及由于躲避地面火力而造成的数十名美国人死亡。路边炸弹和汽车炸弹也造成许多人死亡。美国国防部长拉姆斯菲尔德等人声称，抵抗力量主要由"穷途末路者"和"前政权分子"组成，但他们的观点没有引起重视。② 事实上，7月中旬，美国中央司令部新任指挥官约翰·阿比扎伊德（John Abizaid）将军成为第一位将伊拉克抵抗运动描述为游击队式动乱的美国官员，在接下来的几个月里，不断有人接受阿比扎伊德将军的观点。③

在伊拉克北部，在彼得雷乌斯将军和赫伯特·雷蒙德·麦克马斯特（H. R. McMaster）上校的领导下，美国

---

① 关于多层面的动乱参见 Ahmed S. Hashim, *Insurgency and Counter-Insurgency in Iraq* (Ithaca: Cornell University Press, 2006); Omer Taspinar, *What the West Is Getting Wrong about the Middle East* (London: I. B. Tauris, 2021), pp. 109-134。

② Ricks, *Fiasco*, pp. 220-250。

③ Gordon and Trainor, *Cobra II*, p. 489。

481

现代战略家必读军事史：1861年以来美国的主要战争

根据马来亚和菲律宾的反动乱经验，尝试了一些镇压和治理策略方法。他们强调包容性治理和经济机会，并寻求尽量减少对社会大部分群体使用武力——即使在这一时期，萨达姆的两个儿子最终在摩苏尔被追捕并被击毙。12月，萨达姆本人在其故乡提克里特附近被发现并被逮捕。尔后萨达姆被监禁三年，并被判定犯有多项罪名后，于2006年底被处以绞刑。然而，美国其他指挥官没有采取明智的行动。他们逮捕了大量嫌疑人及其家属，采用粗暴的审讯方法，开展大规模搜查行动，甚至在城市地区也使用火炮应对伊拉克反抗组织的炮火袭击。除此之外，他们没有遵守关于保护民众和谨慎使用武力的核心原则。①

小布什政府希望驻伊美军在秋季前至少减少2/3，并将整个行动的成本保持在1 000亿美元或更少，但这一期望逐渐被认为是过于乐观和不现实的。② 之后，小布什政府又计划——或者至少是希望——到2004年将驻伊美军从13万人减少到10万人，到2005年减少到5万人左右，但最终也不得不放弃这些希望。③

在推翻萨达姆政权的过程中，美军仅有150名士兵丧生。但到2003年底，共有近500名美军士兵在伊拉克执行任务时丧生，此后4年每年都有800名或更多士兵丧生，

---

① Ricks, *Fiasco*, pp. 221–241.
② Gordon, *Losing the Long Game*, p. 125.
③ Ricks, *Fiasco*, pp. 221, 246–247.

第五章 1990年以来美国在中东的主要战争

从2008年开始,美军死亡人数才开始大幅下降。[1]

由于从经典的机动作战转变为镇压动乱行动——无论是从伊拉克战争计划,还是从大多数陆军和海军陆战队士兵的训练方式来看,美国最初都没有为开展这场反叛乱行动做好充分准备——战争在接下来的几年中经历了几个阶段的转变。[2] 2004年6月,联合国授权将伊拉克主权移交给伊拉克本土过渡政府。此后的一年里,人们对这项战略能否造就一个和平稳定的国家,或促使美联军大规模撤军日益悲观。值得注意的是,到2004年春天,巴格达以西的安巴尔省(al-Anbar)发生了激烈交火,这里历来是逊尼派的大本营(位于萨达姆的故乡提克里特地区以南,提克里特地区的主要居民也是逊尼派)。美国承包商被枪杀,尸体被悬挂在公共场所的显眼位置,这些可怕的电视画面使安巴尔省的中型城市费卢杰(Fallujah)和拉马迪(Ramadi)在美国家喻户晓。[3]

---

[1] Ian Livingston and Michael E. O'Hanlon, "Iraq Index: Tracking Variables of Reconstruction and Security in Post-Saddam Iraq," Brookings Institution, Washington, DC, January 31, 2011, brookings.edu/wp-content/uploads/2016/07/index20110131.pdf.

[2] Michael O'Hanlon, "Iraq Without a Plan," *Policy Review* 128, December 2004.

[3] Michael R. Gordon and General Bernard E. Trainor, *The Endgame: The Inside Story of the Struggle for Iraq, from George W. Bush to Barack Obama* (New York: Pantheon Books, 2012), pp. 56-73.

后占领阶段：选举、"训练和装备计划"、国内战争

随着伊拉克发生越来越多的悲剧事件，美国对伊战略不再寄希望于通过简单地将伊拉克政治权力移交给伊拉克人就能稳定伊拉克的国家局势。在接下来的三年里，美国提出了两个重大想法。第一个想法是，美国认为伊拉克2005年要举行一系列选举——先是伊拉克临时政府选举，然后是宪法批准选举，最后是全任期政府选举——可以通过不断增强人们的政治意识来减少伊拉克的暴力局面。遗憾的是，伊拉克大多数政党的组织和运作基本上都以教派为基础。因此，"赢家通吃"的选举加剧了伊拉克的两极分化，并在许多伊拉克人当中产生了一种被剥夺公民选举权的感觉——尤其是逊尼派，他们在萨达姆统治下曾风光无限，但由于其少数民族地位，他们不可能指望在一人一票的选举制度下继续保持优势地位。

第二个想法是，美国认为一支实力大幅增强——或至少训练有素、装备精良——的伊拉克安全部队能够承担起镇压动乱的责任。如果美国的"训练与装备计划"资源充足，实施严格，那么美国到2006年前后就有可能移交伊拉克安全责任，以补充2004年伊拉克政治控制权的移交。在马丁·邓普西（Martin Dempsey）、戴维·彼得雷乌斯、詹姆斯·杜比克（James Dubik）等美军将领的领导下，该计

第五章　1990年以来美国在中东的主要战争

划的组织和资金都得到了极大改善。但是，仅通过将伊拉克新政府的士兵和警察训练成更优秀的射手，掌握更多巡逻和战斗方面的战术技能，并不能改变伊拉克领导层腐败或无能的事实。因此，在加强伊拉克安全部队的力量的同时，也让其拥有镇压动乱的军事手段。① 对于教派冲突和逊尼派—什叶派内战日益加剧的问题，"训练与装备计划"也没有较好的解决办法。

到2006年初，伊拉克已是一片狼藉，伊拉克人和美国人对此都深有感触。② 当年6月，斯坦利·麦克里斯特尔（Stanley McChrystal）将军率领的特种部队追踪并击毙了"基地"组织恐怖分子头目阿布·穆萨布·扎卡维（Abu Musab al-Zarqawi）。③ 但此时，伊拉克国家遭到的大部分损失早已造成。在伊拉克，报复性暴力活动已形成一个自我延续的恶性循环，教派内战与叛乱和恐怖主义并存。④

在这一时期，无论是将伊拉克移交给伊拉克人治理，还是强调赢得民心，显然都没有奏效。这就解释了为什么

---

① Gordon and Trainor, *The Endgame*, pp. 351-368.

② James A. Baker III and Lee H. Hamilton, co-chairs, *The Iraq Study Group Report* (New York: Vintage Books, 2006).

③ 阿布·穆萨布·扎卡维（1966—2006），本·拉登的副手，"基地"组织三号人物；生于约旦，伊斯兰激进分子，激进的伊斯兰游击组织网络统一圣战组织领导人。扎卡维被西方国家认定为国际恐怖分子，2004年6月16日，他被美国列为与拉登同等危险的人物，美国将对其的悬赏金额从1 000万美元增加到2 500万美元。2006年6月7日，扎卡维被美军炸死。——译者注

④ General Stanley McChrystal, *My Share of the Task: A Memoir* (New York: Penguin Press, 2013), pp. 231-236.

现代战略家必读军事史：1861年以来美国的主要战争

我和阿德里亚娜·林斯·德·阿尔布开克（Adriana Lins de Albuquerque）在2003年底在布鲁金斯学会提出的伊拉克指数（Iraq Index）中包含了50多个关键指标。① 即使某些指标进展顺利，但其他指标也可能并不顺利，而且很难知道如何权衡这些指标的相对重要性。推翻萨达姆政权后，美国在伊拉克的一些事项进展顺利：更多人口可以获得消费品；媒体开始普及；政治辩论开放；短暂入侵伊拉克期间受到影响的电力等服务得以恢复；大量外国军队和工人的存在初步推动了经济的发展。所有这些积极因素都给人们带来了希望。据统计，暴力事件发生率最初也很低。

但是，在这些积极的指标之下，潜伏着一些正在酝酿的问题，而这些问题最终成为未来大麻烦的先兆。即使最初的暴力事件发生率很低，但犯罪活动却在蔓延，首先是在复兴党政权被推翻后发生了大规模抢劫。政治参与虽然表面上看似稳定，但如前所述，最终激化了教派之间的零和权力竞争。暴力事件的发生率也持续恶化。据布鲁金斯学会估计，伊拉克在2005年和2006年每月因各种暴力造成的平民死亡人数分别接近2 000人和3 000人，而2003

---

① 我衷心感谢阿德里亚娜·林斯·德·阿尔布开克（Adriana Lins de Albuquerque）、尼娜·坎普（Nina Kamp）、杰森·坎贝尔（Jason Campbell）和伊恩·利文斯顿（Ian Livingston）多年来为创建和维持本项目以及阿富汗和巴基斯坦安全指数所做的一切。

第五章 1990年以来美国在中东的主要战争

年和2004年的月平均死亡人数分别不到1 000人和1 400人。① 即使经济在短期内得到了一定的刺激，但伊拉克经济基础并未得到真正改善，因此就业机会非常稀缺。

如前所述，心怀不满的逊尼派对他们在伊拉克政治秩序中的新地位感到愤怒。许多人认为执政的什叶派缺乏经验，与伊朗关系过于密切，不擅长伊拉克的国家治理。② 此外，考虑到萨达姆对待什叶派的方式，逊尼派也担心自己的生命安全；许多人预计，现在是什叶派进行报复的时候了。这种态度引发了更强烈的敌意和暴力——而且不限于逊尼派内部。例如，一个名为"迈赫迪军"（Jaish al-Madhi，JAM）的什叶派组织越来越强大。在一位名叫穆克塔达·萨德尔（Muqtada al-Sadr）的极具影响力的传教士的领导下，"迈赫迪军"在巴格达东北部的萨德尔城（Sadr City）以及伊拉克中部和南部直至巴士拉的大部分地区的影响力最大。在巴格达，就维持领土控制的能力而言，"迈赫迪军"比任何逊尼派组织都要强大——从小型武器到迫击炮和火箭弹，再到简易爆炸装置，"迈赫迪军"使用各种武器发动袭击。③ 这些什叶派组织和其他组织在伊拉克城市中

---

① Jason Campbell, Michael O'Hanlon, and Jeremy Shapiro, "How to Measure the War," *Policy Review* 157 (November and December 2009): 21, brookings.edu/wp-content/uploads/2016/06/10_afghanistan._iraq_campbell.pdf.

② Ali A. Allawi, *The Occupation of Iraq: Winning the War, Losing the Peace* (New Haven: Yale University Press, 2007), pp. 456–460.

③ Biddle, *Non-State Warfare*, pp. 147–178.

的势力最为强大。这场内战不同于过去的许多动乱,也不同于阿富汗战争,因为在阿富汗战争中,游击队通常在森林或山区活动。①

如果暴力强度过高,或在动乱的基础上发生教派内战,或出现其他复杂情况,则美国在伊拉克的镇压活动就可能失败。伊拉克在这一时期背负了许多这样的额外负担。有时,暴力加剧的总体趋势会被一些特定事件或暗杀事件放大,如2006年2月"基地"组织对巴格达北部萨迈拉(Samarra)的什叶派圣地——金色清真寺(Golden Mosque,又称"阿里·哈迪清真寺")造成的爆炸事件。这些事件都表明——并进一步催化——伊拉克陷入狷獗内战。②

增 兵

2004—2006年,伊拉克先后在总理伊亚德·阿拉维(Ayad Allawi)、易卜拉欣·贾法里(Ibrahim al-Jaafari)和努里·马利基(Nouri al-Maliki)的领导下苦苦挣扎,国家治理特别需要新思想。到2006年9月,小布什总统要求其

---

① David Kilcullen, *Out of the Mountains: The Coming Age of the Urban Guerrilla* (Oxford: Oxford University Press, 2013); and Carter Malkasian, *War Comes to Garmser: Thirty Years of Conflict on the Afghan Frontier* (New York: Oxford University Press, 2013).

② Emma Sky, *The Unraveling: High Hopes and Missed Opportunities in Iraq* (New York: Public Affairs, 2015), p. 154.

第五章　1990年以来美国在中东的主要战争

顾问团拓展新思路。① 国家安全顾问史蒂文·哈德利（Steven Hadley）在包括梅根·奥沙利文（Meghan O'Sullivan）和威廉·卢蒂（William Luti）在内的助手，美国企业研究所（American Enterprise Institute）的弗雷德·卡根和退役将军杰克·基恩（Jack Keane）在内的外部顾问，以及戴维·彼得雷乌斯和赫伯特·雷蒙德·麦克马斯特在内的陆军将军的帮助下，共同凭借其已掌握的数据信息和历史知识为美国设计出了更好的战术和更合乎需要的兵力水平。

彼得雷乌斯随后获得委任从2007年2月接替乔治·凯西（George Casey）将军，开始领导伊拉克的军事行动。此前小布什总统于同年1月宣布了增兵伊拉克的新战略。② 反动乱行动的关键理念包括将外国军队和伊拉克军队分散到更小的"战斗前哨"和"联合安保站"，徒步巡逻，将保护平民作为首要职责，以及从平民那里获取关于危险分子的身份和下落的情报。某些组织或人员以前可能是跟美军交过火的对手，但愿意重新开始与美国建立关系。与此类组织进行和解也变得至关重要。这种情况在伊拉克安巴尔省表现得最为明显。譬如，安巴尔许多部落的忠诚支持者

---

① Peter W. Rodman, *Presidential Command: Power, Leadership, and the Making of Foreign Policy from Richard Nixon to George W. Bush* (New York: Alfred A. Knopf, 2009), pp. 266-267.

② 这是在拉姆斯菲尔德的继任者国防部长罗伯特·盖茨（Robert Gates）的领导下的决定。

事实上成了"伊拉克之子"①（Sons of Iraq）成员。他们在自己的社区巡逻，牵制"基地"组织战士。他们最终会从伊拉克政府得到一笔钱作为回报，但单纯出于生存本能，他们也有充分的理由进行这些巡逻活动。② 新战略还包括"民兵增援"，把更多的拓展专员安插在军队中，甚至部署到危险的前沿地区，尝试推动经济活动并促进长期增长。③

通过此次增兵，美国驻伊拉克的部队增加了5个旅以上，其中包括大约3万名士兵和海军陆战队士兵，还包括辅助人员。美国军队人员总数从2006年底的14万增加到2007年夏季的17万。值得注意的是，来自美国、伊拉克和其他国家数量相当的私营承包商都是直接为美国军队提供服务。美军人数相对于这些承包商支持的军警部队人数而言，1∶1的比例远远高于以往军事冲突中的人数比。④

经过大力游说，彼得雷乌斯成功地让所有可用的额外

---

① "伊拉克之子"，是指伊拉克逊尼派的一个准军事组织，在协助美军打击"基地"组织伊拉克分支以及帮助保持国家局势稳定方面发挥了重要作用，因此经常遭到"基地"组织的报复性袭击。——译者注

② Frank G. Hoffman, *Mars Adapting: Military Change during War* (Annapolis: Naval Institute Press, 2021), pp. 197–245; Mansoor, *Surge*; and Kagan, *The Surge*.

③ Special Inspector General for Iraq Reconstruction, *Hard Lessons: The Iraq Reconstruction Experience* (Washington, DC: U.S. Government Printing Office, 2009), pp. 295–319.

④ P. W. Singer, *Corporate Warriors: The Rise of the Privatized Military Industry* (Ithaca: Cornell University Press, 2003); and Congressional Budget Office, "Contractors in Iraq," U.S. Congress, Washington, DC, August 12, 2008, https://www.cbo.gov/publication/24822.

第五章　1990年以来美国在中东的主要战争

兵力近似一次性完成部署，而并没有冒着失败的风险不断对国会议员逐个进行游说。与此同时，伊拉克军队总人数继续增长——从2007年初的大约32.3万人增加到年底的大约44万人。① 美国军方领导人，包括彼得雷乌斯的副手和最终的继任者雷蒙德·奥迪尔诺将军和劳埃德·奥斯汀将军，以及美国大使瑞安·克罗克（Ryan Crocker），可以说成功地说服了伊拉克总理马利基让行动更有效的人替换掉腐败无能的宗派主义伊拉克军事和警察领导人。②

反动乱行动背后的理念除了采取更友好而温和的方式开展军事行动，彼得雷乌斯事实上还经常强调斯坦利·麦克里斯特尔将军和其他人采用快节奏、高效率的反恐方法和手段是多么重要，特别是在像伊拉克这种极端主义暴力已经无所不在且极具破坏性的地方。③

麦克里斯特尔的方法强调，美国和各情报机构在公共开放空间中开展合作，而不是像以前那样，各机构的代表经常被分隔在"各自的胶合板宫殿"内进行封闭式交流。被物理上分隔开来导致各机构更倾向于加强这种封闭式交流，保护自己机构收集的信息，从而阻碍了相互之间的情报合作。麦克里斯特尔强调要建立一个"赋能"组织

---

① Campbell and O'Hanlon, "Iraq Index," Brookings Institution, https://www.brookings.edu/iraq-index.

② Gordon and Trainor, *The Endgame*, pp. 358-365.

③ Mansoor, *Surge*, pp. 148-176.

（team of teams），优先考虑共享信息。情报界这种做法的依据是2004年《情报改革和预防恐怖主义法》（*Intelligence Reform and Terrorism Prevention Act*）以及美国国家情报总监办公室和国家反恐中心所建立的信息一体化。[1] 这种情报流通方式的改进反过来有利于更有效和更频繁的突袭行动。由此形成了一个良性循环：被捕的嫌疑人往往在返回拘押的直升机上就接受了审讯，他们提供的信息可供实时使用，以便对嫌疑人同伙迅速采取后续行动。[2]

增兵行动还包括开展更多的常规军事行动，如在已成为最恶劣极端主义团体避难所的地区进行搜查和清理。2007年，美国启动了一项分三个阶段开展的战役计划。该计划首先是加强联军在巴格达的地位。其次，从6月开始，针对设于巴格达周边地带的极端分子据点、武器库和卡车炸弹工厂发动了攻击，此次行动被称为"幻影雷霆"行动（Phantom Strike）。最后，又发动了幻影打击行动，以清理其他避难所剩余的"基地"组织人员。[3] 在这三个阶段中，重大行动都是在安巴尔省的重要城市，包括费卢杰和拉马迪，以及所谓的"死亡三角区"和巴格达内的萨德尔城等

---

[1] Peter A. Clement, "Impact of Intelligence Integration on CIA Analysis," *Studies in Intelligence* 65, no. 3（September 2021）: 25–33; Jim Clapper and Trey Brown, "Reflections on Integration in the Intelligence Community," *Studies in Intelligence* 65, no. 3（September 2021）: 1–4.

[2] Stanley McChrystal, *Team of Teams: New Rules of Engagement for a Complex World*（New York: Portfolio Books, 2015）.

[3] Kagan, *The Surge*, pp. 97–204.

第五章 1990年以来美国在中东的主要战争

开展。

正如彼得雷乌斯所说:"'清理、控制和建设'成为反动乱行动的理念——这与以往许多行动中的做法形成了鲜明对比。在以往的行动中,美军都是首先打击动乱分子,然后将维护秩序的安保工作移交给伊拉克部队就离开。事实证明伊拉克部队无法持续保持已肃清残敌的地区的安全。"[1] 于是采取了其他方法来加强安全感。无人驾驶飞行器和高空气球(aerostats)被用来改进战场情报的搜集工作。修建新泽西式护栏,防止汽车炸弹袭击者的行动,保护建筑物、市场和其他人群聚集场所。

美国对伊拉克采取所有新措施后的效果令人震惊。伤亡人数在艰难的清理行动中的几个月内居高不下,之后开始大幅下降。与2004—2006年的惊人水平相比,平民死亡人数下降了一半,之后又下降了75%,到2008年下降幅度接近90%。市场熙熙攘攘,足球场座无虚席;根据民意调查,伊拉克人不再认为前景渺茫。最终,连一些防爆墙和护栏也被拆除了,安全性得到了大幅改善。

正如我和肯尼斯·波拉克在2007年7月前往伊拉克的一次研究旅行中所观察到的情况,许多美国士兵(包括私下谈话中一直很诚恳的友人——他们对美国政府之前关于伊拉克和平维护谈话中表现出的所谓乐观前景持怀疑态度)

---

[1] General David Petraeus, "Foreword," in Mansoor, *Surge*, p. xi.

对新战术和新战略的效果表示惊讶。同样，安巴尔地区人们的支持也同样起了重要作用。其间，当地人员群体普遍转变了思想，选择与美英联军和政府军合作打击"基地"组织。① 到仲夏时节，平民伤亡人数已经平均下降了大约1/3。尽管危险不断，美英联军部队的行动中仍洋溢着乐观的气氛。②

在接下来的几个月里，安全性始终得到了保证。诚然，行动过程也跌宕起伏。2008年春天，伊拉克马利基总理在没有与彼得雷乌斯和其他美国官员协调的情况下，下令发起"骑士冲锋"行动，③ 试图从什叶派民兵手中夺回南部城市巴士拉，结果灾难几乎接踵而至，还好最终削弱了民兵势力。至少马利基已经表明，他愿意在必要时动用伊拉克军队镇压什叶派反抗组织，只是做法有些鲁莽。

在美国国内，一场政治辩论正在升温，国会和总统竞选活动中的许多民主党人对小布什政府发动的伊拉克战争持高度批评态度，这是可以理解的。此时，萨达姆很明显

---

① Stephen Biddle, Jeffrey A. Friedman, and Jacob N. Shapiro, "Esting the Surge: Why Did Violence Decline in Iraq in 2007?" *International Security* 37, no. 1 (Summer 2012): 7–40.

② Michael E. O'Hanlon and Kenneth M. Pollack, "A War We Just Might Win," *New York Times*, July 30, 2007.

③ 2008年3月25日至31日，伊拉克陆军首次独立执行作战任务，在对巴士拉地区活跃的"迈赫迪军"展开"骑士冲锋"行动（Operation Charge of the Knights），以30人阵亡400人受伤的代价取得了行动胜利。美英联军只进行了空中支援、战术指导和后勤支持。——译者注

第五章 1990年以来美国在中东的主要战争

没有研制大规模杀伤性武器,也没有参与"9·11"恐怖袭击事件(不过有些人仍对其未参与"9·11"恐怖袭击事件行动的论断仍持怀疑态度)。同样清楚的是,套用伊拉克持不同政见者马基亚的话来说,在伊拉克,尽管有些人愿意向美国士兵送上鲜花,还是有许多人倾向于在美国士兵前进的道路上放置简易爆炸装置。马基亚1998年出版的著作《恐惧之国:现代伊拉克的政治》用非常个人化和人道主义的词汇生动地描述了萨达姆政权统治下的伊拉克的严重问题。事实表明,在萨达姆政府倒台后,伊拉克人民也没看到国家能进入和平时代的希望。[1]

2007年10月1日起,美国2008新财年开始,民主党控制的国会可能会有一些削减战争资金的想法,但彼得雷乌斯将军和瑞安·克罗克大使在9月中旬发表的证词都表明伊拉克和平建设进展受阻,于是削减资金的念头被打消,然而这并不意味着相关论战已经结束。巴拉克·奥巴马在2008年春天能够获得民主党总统候选人提名,部分原因就是他长期强烈反对伊拉克战争(并坚信出兵阿富汗才是"正确的战争",而2003年美国入侵伊拉克,正如理查德·哈斯所说,是一场"选择性战争"——而且是一个不明智

---

[1] Kanan Makiya, *Republic of Fear: The Politics of Modern Iraq* (Berkeley: University of California Press, 1989). 原著中的出版时间有误,应为1998年。——译者注

的选择)。① 奥巴马随后承诺在就职后的一到一年半内将美军从伊拉克撤回。当选举日到来时,奥巴马这一承诺似乎没那么必要,也没那么重要了。伊拉克问题并不像人们一度预期的那样是这场竞选活动的决定性问题。而2008年的金融危机,以及美国对变革的强烈渴望,再加上奥巴马相当大的魅力和远见,让他一跃而成为总统。当然,奥巴马仍然对整个伊拉克计划持怀疑态度。

在伊拉克作战任务的结束和美盟军的撤离

相对于之前的承诺,奥巴马上任后,就放缓了美军从伊拉克撤军的速度。他没有在2010年让美军完全撤离,而是(在2009年正式结束美国领导的入侵伊拉克战争后)花了3年时间完成撤军。但是,尽管决策更加耐心和谨慎,事情还是出了差错。令人遗憾的是,美国最终支持了马利基总理在2010年初选举后继续掌权,尽管马利基在选举前试图以相当厚颜无耻的宗派主义行为令许多逊尼派候选人退出了选举。美国政府之所以这么做,还因为美国希望看到伊拉克混乱的选举局势迅速得到解决,特别是时任美国副总统乔·拜登希望如此。显然,美国认为,让马利基当选比让其他任何人当选都要容易。但美国押错了赌注,支

---

① Richard N. Haass, *War of Necessity, War of Choice: A Memoir of Two Iraq Wars* (New York: Simon and Schuster, 2009).

第五章　1990年以来美国在中东的主要战争

持什叶派领袖伊亚德·阿拉维可能会更好。他的政党也包括许多非什叶派。①

奥巴马总统随后选择推动伊拉克政府作出决定，决定是否真的仍然需要美国的帮助，这更有可能导致越来越大胆的马利基继续执政。随着先前关于驻伊美军地位的协议即将到期，奥巴马坚持要求伊拉克议会正式用一项保护美军免受伊拉克境内任何审判可能性的协议取代《驻伊美军地位协议》。奥巴马至少有两个其他选择——接受先前通过谅解达成的非正式延期，或者干脆让伊拉克允许美国军方在任何受法律系统指控的士兵被捕之前将其转移出境。但是奥巴马选择将这个问题提升为原则问题，并就伊拉克对其与美国整体关系的看法进行全民公决，奥巴马最终空手而归。伊拉克议会拒绝给予正式豁免。因此，到2011年底仍驻守伊拉克的数千名美国军事人员撤离。②

伊拉克的政治灾难随之而来。失去束缚的马利基试图以腐败和类似的莫须有的罪名逮捕了许多逊尼派政治家，其中包括一些以无可挑剔的资历而闻名的人士。他废黜了副总统塔里克·哈希米（Tareq al-Hashemi）。他甚至对备受认可的财政部长拉菲亚尔-伊萨维（Rafial-Issawi）提出"恐怖主义"指控，迫使后者从首都逃至安巴尔省更安全的地区。许多逊尼派教徒为此感到非常愤怒。马利基本人也

---

① Sky, *The Unraveling*, pp. 329-342, 360.
② Gordon, *Losing the Long Game*, pp. 134-144.

系统地削弱了伊拉克安全部队，解雇了有能力的指挥官，并在许多情况下，重新启用了彼得雷乌斯、奥迪耶诺、奥斯汀、克罗克和其他人在几年前增兵伊拉克期间费了好大劲才换下的人。结果，伊拉克军队训练懈怠，专业精神丧失。宗派主义再次在军队和警队中盛行。伊拉克本来独立的司法机构也丧失了独立性。①

2014年"伊斯兰国"崛起，美国重返伊拉克并驻守至今

所有这些都为"伊斯兰国"（ISIS）在2014年控制伊拉克部分地区奠定了基础。"伊斯兰国"有时被称为"伊拉克与叙利亚伊斯兰国"（Islamic State in Iraq and Syria）。由于个性和意识形态争议，"伊斯兰国"于2014年脱离了伊拉克"基地"组织。在逊尼派中寻求帮助和支持后，"伊斯兰国"要支持伊拉克短期内建立一个跨境"哈里发国"（caliphate），并在实现这一目标方面取得了很大进展。②"伊斯兰国"在叙利亚内战中获利，在叙利亚逊尼派主导的地区控制了几个城市，然后进入伊拉克。"伊斯兰国"武装人员击垮了伊拉克的安全部队。拍摄斩首录像、大规模处

---

① Sky, *The Unraveling*, p. 360; and Pollack, *Armies of Sand*, pp. 167–168.

② Daniel Byman, *Al Qaeda, the Islamic State, and the Global Jihadist Movement: What Everyone Needs to Know* (New York: Oxford University Press, 2015), pp. 166–177.

第五章　1990年以来美国在中东的主要战争

决囚犯（包括投降的士兵）和其他暴行都是其作案手法。随着"伊斯兰国"在伊拉克地盘的扩大，他们也获得了进入银行、油田和接触平民的机会，通过勒索和绑架可以从中赚取更多的资金。"伊斯兰国"还专注于社交媒体，吸引了来自全球100多个国家的追随者。"伊斯兰国"放弃了极端主义"基地"组织那种追求来世回报的简朴生活，并向其追随者承诺可享受人间极乐。"伊斯兰国"强迫什叶派、基督教或不合作的逊尼派教徒充当下手，并将经济奖励作为愿意加入该组织的主要激励。很快，"伊斯兰国"控制了叙利亚和伊拉克大约1/4—1/3的地区，包括伊拉克第三大城市摩苏尔——近1 000万人被迫生活在"伊斯兰国"的控制之下。[①]

就此，"伊斯兰国"的扩张并未结束。"伊斯兰国"威胁要占领伊拉克（和叙利亚）库尔德斯坦（Kurdistan）省的城市，还威胁到了巴格达。"伊斯兰国"从伊拉克北部和西部的新基地和避难所向伊拉克首都移动，最终逼近到距离首都郊区约30英里的地方。但在美国空中力量和地面民兵——包括伊拉克北部的库尔德人和巴格达附近的什叶派武装——的夹击下，"伊斯兰国"的进攻被击退。明智的

[①] Will McCants, *The ISIS Apocalypse: The History, Strategy, and Doomsday Vision of the Islamic State* (New York: St. Martin's Press, 2015); Jessica Stern and J. M. Berger, *ISIS: The State of Terror* (New York: Harper Collins Books, 2015); Ash Carter, *Inside the Five-Sided Box: Lessons from a Lifetime of Leadership in the Pentagon* (New York: Penguin Books, 2020), pp. 227-229.

是，奥巴马政府在迫使伊拉克政治领导层更迭之前，一直拒绝给予最起码的军事援助。很明显，马利基是导致"伊斯兰国"变大并肆虐的原因。马利基被排挤出政府，更具和解性和包容性的什叶派领袖海德尔·阿巴迪（Haider al-Abadi）获得了美国的支持。①

随着"伊斯兰国"武装对伊拉克国家生存的直接威胁逐渐缓解，美国政府和伊拉克政府现在可以制订一项联合计划，建立起能够击退并击败"伊斯兰国"的军事力量。主要的设想如下所述。第一，美国在伊拉克与一位更乐于配合的伊拉克总理合作，寻找能够在国家安全部队内部培养多教派合作精神的军事领导，并提拔体现这种态度的部队指挥官。第二，尽可能加强伊拉克和叙利亚周围的边境控制，让"伊斯兰国"武装的外部新兵更难到达所谓的"哈里发国"。第三，利用美国的空中力量限制"伊斯兰国"的进一步扩张，然后利用空中力量攻击其领导层目标、石油生产基础设施等资源。在此过程中，允许伊朗支持的民兵组织［即人民动员组织（Popular Mobilization Forces）］发挥作用。该组织提供了一些必要的地面人力补充美国的空中力量。美国的这项联合计划整个过程可能分为三个主要阶段：在2016年初削弱"伊斯兰国"，然后发起反击并

---

① Tim Arango, "Maliki Agrees to Relinquish Power in Iraq," *New York Times*, August 14, 2014.

第五章　1990 年以来美国在中东的主要战争

持续到 2017 年中,最后在 2019 年初击败"伊斯兰国"。①

在伊拉克内部,美国还强调从零开始,要在几年时间内建立一支新的军队(警察部队)。还包括建立强大的特种部队。凭借这一计划实施,美国将把在伊拉克的地面驻军限制在 5 000 人左右,在叙利亚的驻军限制在 2 000 人左右。到 2018 年,通过与伊拉克当地的伙伴合作,击败了"哈里发国"。"伊斯兰国"领导人巴格达迪(al-Baghdadi)最终在 2019 年 10 月被发现并被击毙——尽管那时"哈里发国"已经不复存在。②

或许具有讽刺意味的是,从巴拉克·奥巴马到唐纳德·特朗普总统任期,美国的这一行动计划表现出了相当大的连续性。虽然该计划很成功,但也受到了多个方面的抨击,首先是它进展速度慢。专注于向逐步重建的伊拉克安全部队提供空中支援,不尝试对"伊斯兰国"的关键武装力量采取更直接和潜在的决定性行动。这种实施方法不紧不慢地花了整整四年时间才完成。其间,伊拉克国家成千上万的人员丧生,"伊斯兰国"具有了某种光环,这促使其仍能成功招募新成员,并在欧洲和其他地区发动了多次

---

① Becca Wasser, et al., *The Air War Against the Islamic State: The Role of Air Power in Operation Inherent Resolve* (Santa Monica: RAND, 2021), p. xiv, https://www.rand.org/pubs/research_reports/RRA388-1.html.

② Michael R. Gordon, *Degrade and Destroy: The Inside Story of the War against the Islamic State, from Barack Obama to Donald Trump* (New York: Farrar, Straus, and Giroux, 2022).

受"伊斯兰国"煽动的袭击。该计划还因大量使用精确制导弹药而受到抨击。结果，美国在一场规模相对较小的战争中，以最快的速度消耗了大量精确武器。总共部署了11.5万多枚弹药，最终至少使用了7万枚。美国出动战机约为20万架次（包括加油机和侦察机）打击"伊斯兰国"武装力量。总共耗费大约200亿美元的资金。① 然而，总的来说，与本书中讨论的许多其他战役和战争相比，成本非常适中，最终的效果相当可观。

随着"伊斯兰国"的失败，美国在伊拉克传奇般长达一代人的军事参与活动几乎走到了尽头。但并没完全结束。截至2022年撰写本书时，"伊斯兰国"本身并没有消失，可能还在一定程度上有所扩张。② 伊朗支持的什叶派民兵刚刚炮击了美国在伊拉克的军事基地，有时打伤，偶尔杀害美国士兵和承包商（以及当地伊拉克人）。

事实上，后一个问题在2019年、2020年和2021年表现得很严重，以至于美国袭击了伊拉克民兵使用的仓库和部队集结基地。2020年初，美军对伊朗军队"圣城旅"（Quds force）指挥官卡西姆·苏莱曼尼进行了无人机袭击，苏莱曼尼在袭击中身亡。不仅是伊朗，还有伊拉克等组织

---

① Benjamin S. Lambeth, *Air power in the War against ISIS* (Annapolis: Naval Institute Press, 2021), pp. 146, 245−246; Wasser, et al., pp. 297, 410.

② Katherine Zimmerman, "Al Qaeda and ISIS 20 Years After 9/11," Woodrow Wilson Center, Washington, DC, September 8, 2021, wilsoncenter.org/article/al-qaeda-isis-20-years-after-911.

和机构,都发出了响亮而持久的抗议呼声。在这种紧张的气氛下,乔·拜登总统的政府决定进一步缩减美国在伊拉克的剩余驻军。美国这种规模较小、不太明显的驻军是否达到了稳定的均衡态势还有待观察。同样,仍然被宗派主义、庞杂的民兵组织以及经济腐败所分裂的伊拉克能否建立稳定政权和国家机构,也尚不明确。①

四、阿富汗战争

当喀布尔在2021年8月14日和15日(即周六和周日)再次回归到塔利班②手中时,历史又开始重演。塔利班夺取阿富汗控制权的速度,比2001年秋天被阿富汗北方联盟(美国一直支持该组织)击败的速度还要快。

阿富汗这个国家一直被称为帝国坟场。19世纪,英国军队两次入侵阿富汗,均被驱逐;20世纪,苏联军队同样被击退。人们常认为,阿富汗素来是个无法治理、有名无实的国家,因为大多数阿富汗人对种族或部落的认同感堪

---

① Vanda Felbab-Brown, "The Pitfalls of the Paramilitary Paradigm: The Iraqi State, Geopolitics, and Al-Hashd al Shaabi," Brookings Institution, Washington, DC, June 2019, brookings. edu/research/pitfalls-of-the-paramilitary-paradigm-the-iraqi-state-geopolitics-and-al-hashd-al-shaabi.

② 塔利班是阿富汗的一个伊斯兰原教旨主义政治军事组织,以"重建伊斯兰秩序"为核心目标,对阿富汗政治格局产生了深远影响。2021年美国撤军后,塔利班迅速推进,同年8月控制喀布尔,宣布成立"阿富汗伊斯兰酋长国"。——译者注

比甚至胜过国籍。人们把阿富汗描绘成一片易发冲突、注定暴力无休止的土地。2001—2021年，这些评论经常被用来预测美国和北约在阿富汗终将失败，或反对其扩大阿富汗驻军或延长驻守期限。

上述观点有些有一定道理，但只是其中一部分。正如著名学者托马斯·巴菲尔德（Thomas Barfield）所说："阿富汗是世界上最不了解自己国家的人对自身作出最明确陈述的地方之一。"① 阿富汗作为一个国家，其历史比美国略长。在苏联入侵之前，它未曾发生过全国性的动乱或内战。在苏联入侵之前，只要阿富汗的中央政府不过度干涉人们的生活方式，不向人们征收过多的税款，各民族一般都能容忍中央政府的存在。阿富汗人民确实有一种阿富汗集体认同感，但是不可否认，这种认同感并非唯一的身份认同感。所以，虽然他们驱逐了"想改变阿富汗"的英国和苏联，但美国和北约到来的时候，绝大多数阿富汗人却热烈欢迎他们——至少在一开始是这样。② 美国到来时是2001年，阿富汗进入暴力和混乱时期已经22年了，这很大程度上破坏了社会。从一个角度讲，阿富汗人民实际上帮助西方赢得了冷战。阿富汗"圣战"武装（Afghan mujahadeen）在击败苏联军队时发挥了重要作用，这也促使米哈伊尔·

---

① Thomas Barfield, *Afghanistan: A Cultural and Political History* (Princeton: Princeton University Press, 2010), p. 274.

② Ibid., pp. 272-350.

第五章　1990年以来美国在中东的主要战争

戈尔巴乔夫后来提出"新思维改革",最终推倒了柏林墙,解除了《华沙条约》,瓦解了苏联本身。① 那场战争后,阿富汗在20世纪90年代实际上也被美国抛弃了。巴基斯坦也是如此。不过,巴基斯坦曾帮助阿富汗驱逐苏联军队。②

但是,正如时任参谋长联席会议主席马克・米利（Mark Milley）将军在2021年9月对国会的陈词所述,美国和北约在阿富汗长达20年的战争是"战略失败"。在某种程度上,的确如此。不知何故,塔利班虽然在阿富汗并不广受欢迎,但作为一个真正的阿富汗组织,却获得了某种身份认同感,并最终比原阿富汗政府更能鼓舞人心、激发斗志。③ 不过,也绝不能夸大这一点。数以万计的阿富汗人,其中许多是难民——来自早期动乱时期的难民,或者是年轻而有抱负的爱国者,他们努力在几十年战争的废墟上建立一个"崭新"的国家,而这场战争基本上不是他们人民的错。战争期间,成千上万的阿富汗青年为国家献出了生命,哪怕失败的一方也有许多令人感动的人和故事。

从大战略的角度来看,美国在阿富汗的整个战争的确实现了一些关键目标。2002—2021年,美国没有遭受任何

---

① Bruce Riedel, *What We Won: America's Secret War in Afghanistan, 1979-1989* (Washington D. C.: Brookings Institution Press, 2014).
② Ahmed Rashid, *Taliban: Militant Islam, Oil and Fundamentalism in Central Asia* (New Haven: Yale University Press, 2000), pp. 207-216.
③ Carter Malkasian is convincing on this point; Malkasian, *The American War in Afghanistan: A History* (New York: Oxford University Press, 2021), pp. 1-10, 454-455.

现代战略家必读军事史：1861年以来美国的主要战争

来自阿富汗的灾难性袭击。塔利班虽然不是美国的优先选择，但现在可能已经充分意识到美国的军事实力和影响力，因此他们选择与美国达成临时协议。为了避免战争并获得外交合法地位和资金，塔利班很可能会限制同其他极端组织进一步合作。① 至少存在这种可能性。

但是，现在下定论还为时过早，无论如何，我们在此最感兴趣的是军事计分卡（military scorecard）上的得分。按照这一标准，或许应该把阿富汗战争视为快速取胜与旷日持久且逐渐恶化的僵局的结合体——以战略上灾难性的崩溃和失败告终。一胜，一平，最终以失败告终——所有这一切都发生在20年的时间里。

更详细地讲，美国在阿富汗战争大概经历了五个主要阶段。"9·11"恐怖袭击事件发生时，美国国防部没有出兵阿富汗的战争计划。正如弗雷德·卡根所言，出兵阿富汗可以说是一个重大错误，但不管怎样，这已经成为现实并持续至今。② 因此，随着10月初开始对塔利班阵地发动空袭，即兴发挥成为指导原则。很快，美国特种部队和中央情报局工作组就来到现场——只有几百名美国人员——与阿富汗北方联盟展开合作。阿富汗战士被编入美军部队

---

① Amy McGrath and Michael O'Hanlon, "Were U. S. Losses in Vain? 'Forever War' in Afghanistan Resulted in Fewer Terror Attacks," *USA Today*, August 15, 2021.

② Kagan, *Finding the Target*, p. 293.

第五章　1990年以来美国在中东的主要战争

内部，并使用美军战机对塔利班阵地进行精确打击。① 数百名美军海军陆战士兵还飞往阿富汗南部。2001年秋天，在一次特别的军事行动中，美国人帮助北方联盟共同推翻了当时的塔利班政权。从军事层面讲，这是美国军事介入的第一个阶段。

在接下来6年左右时间里，第二个阶段开始了。其间，美国和北约部队采取适度措施，帮助阿富汗组建新政府，并在"轻足迹"②战略的指导下建立阿富汗安全部队。这些年来，美国政府聚焦于伊拉克，一些北约盟国也是如此。美国盟友中没有哪个国家真正重视阿富汗问题。正如时任参谋长联席会议主席迈克·马伦（Mike Mullen）上将所说："在阿富汗，我们只能尽力而为。而在伊拉克，我们则必须完成既定目标。"③ 之后，美国及其合作伙伴确实在反恐行动中取得比较好的成功，包括用无人机打击位于巴基斯坦的"基地"组织头目。后来，2011年5月2日，美军对巴基斯坦阿伯塔巴德（Abbottabad）城市一个地方发动突袭，击毙了"基地"组织创始人奥萨马·本·拉登。

然而，在小布什总统任期结束时，美国在阿富汗的战

---

① Sean Naylor, *Not a Good Day to Die: The Untold Story of Operation Anaconda* (New York: Berkley Publishing Group, 2005), p. 14.

② "轻足迹"（light footprint）战略，是指美国一种新的军事干预方式，强调以出钱、出武器、出空中支持、出培训指导等方式介入全球敏感地区。——译者注

③ Brands, *What Good Is Grand Strategy?* p. 170.

争进入了第三个阶段。时间要回到美国对伊拉克增兵不久。美国政府受到在伊拉克打击"伊斯兰国"方法的鼓舞，同时因越来越多的迹象表明塔利班正在复苏，从而感到担忧。因此，2008年，小布什总统和国防部长罗伯特·盖茨开始在阿富汗逐步增加集结军队——甚至两位主要的美国总统候选人都主张这样做。奥巴马总统在当选之后立即推进这一措施。在他的任期内，美国在阿富汗的兵力大约增加了2倍，这意味着与之前在伊拉克的增兵水平相比，阿富汗增兵属于暴增（驻阿富汗美军规模从小布什总统任期结束时的大约3万人增加到2010—2011年的10万人；相比之下，在伊拉克，美军部队人员从大约14万人仅增加到了17万人）。

但阿富汗增兵并没有像伊拉克增兵那样从根本上改变当地的安全环境。当地也没有出现相应的组织和人员协助阿富汗安全部队的工作。塔利班依然有很强的生命力和发展壮大劲头，并且斗争意志毫不动摇。但是美国增兵阿富汗确实减弱了塔利班的发展势头，并夺回了阿富汗南部的关键地区，如坎大哈（Kandahar）。尽管北约和阿富汗政府武装力量"肩并肩"共同作战，但在斯坦利·麦克里斯特尔、戴维·彼得雷乌斯和约翰·艾伦（John Allen）三位将军的领导下，从2009年开始，再到2012年和2013年，阿富汗国内和平建设进展缓慢且零星分散。除了美国和北约短暂增兵面临的问题以及巴基斯坦避难所带来的挑战之外，

第五章　1990年以来美国在中东的主要战争

阿富汗政府武装力量本身能力始终非常有限。阿富汗政府的腐败和无能也仍然是一个巨大的问题，因为阿富汗人民开始对整个国家建设失去信心。

2013年初艾伦指挥美军的期限结束时，美国在阿富汗的战争进入了第四个阶段。北约陆续撤走了大部分地面主力作战部队。到2014年底，在阿富汗成立的"国际安全援助部队"（International Security Assistance Force）正式解散，取而代之的是参与坚定支持行动的部队——这一变化凸显出北约发挥的作用越来越有限。从2015年到2021年撤军，北约以特种部队和特别顾问小组的形式提供了空中力量、情报、训练资源、装备、指导和一些有限的地面作战能力。对阿富汗的经济开发和国家建设也在持续开展，不过现地工作人员有所减少，预期目标普遍较低。

第五个阶段见证了阿富汗政府垮台的过程，首先是阿富汗各省会逐渐局部投降，很快首都喀布尔也投降了。到2021年8月中旬，塔利班几乎控制了整个阿富汗。到9月初，塔利班声称已经攻占了潘杰希尔山谷（Panjshir Valley），即反对派力量的最后一个阵地。塔利班随后组建了一个过渡政府，其中许多关键人物的背景可以追溯到20世纪90年代。

整个阿富汗战争期间，在阿富汗服役的美国人达约80万人；其中2 488人阵亡，另有2万多人受重伤。阿富汗本地人的伤亡人员总数可能是50万，包括20万阿富汗军人和警察（其中6.5万人死亡），而塔利班伤亡人员总数与之相当或更多。据估计，阿富汗平民伤亡人数为12万人。但是，美国在20年阿富汗战争期间，阿富汗整个国家人口的预期寿命增加了近10年，平均每个儿童受教育时间延长了好几年，并获得了其他福利——美国及其主要盟友没有再遭受阿富汗国内的大规模恐怖袭击。①

2001年推翻塔利班政权

2001年，"9·11"恐怖袭击事件发生后，美国国会通过了《使用军事力量授权法》（Authorization on the Use of Military Force），该法案于9月18日生效，这为美军报复行动提供了合法性。有了这一法案支持，小布什总统随后向盘踞在喀布尔的塔利班政府发出最后通牒，要求其交出"9·11"恐怖袭击事件的"基地"组织肇事者，否则将被视为同谋。塔利班没有回应。然而，北约确实作出了回应，而且是在袭击发生后的24小时内作出的回应。北约有史以来第一次正式援引北约第五条共同防御条款，② 让其他盟友承诺帮助美国开展自卫并防止遭受任何进一步的袭击。鉴于"基地"组织在9月11日大肆宣扬其取得了巨大成

---

① Malkasian, *The American War in Afghanistan*, pp. 450-453.
② 北约第五条共同防御条款，即《北大西洋公约》第五条的规定，核心内容为"对欧洲或北美一个或数个缔约国的武装进攻，应视为对缔约国全体之攻击"。——译者注

第五章 1990年以来美国在中东的主要战争

功,声称其目标是,以各种形式把驻扎在大中东地区的美国人赶出去,进一步发动暴力行动的可能性似乎显而易见。①

10月7日,美国对塔利班发起军事行动。但并未要求北约提供相应帮助,也未与盟友密切磋商。小布什政府因这种所谓的单边主义而受到批评。但是,造成该政府悄然行动的原因也可能很简单,那就是它发起的军事行动完全是临时起意。使用首选的现代美国军用空中轰炸工具(巡航导弹,以及使用飞机远程投掷非制导或制导弹药)可能不会对一个以斯巴达式战术为荣、缺乏重要军事或经济基础设施的政府造成决定性影响。小布什政府可能向盟友寻求过帮助。然而,它根本不知道自己需要或想要什么样的帮助。

幸运的是,美国有很多优秀中层陆军校官和来自国防部和中央情报局的特工。这些人员与阿富汗的北方联盟已建立联系。这个由塔吉克人主导的抵抗组织在过去5年中从未被塔利班征服,并在阿富汗东北部的潘杰希尔山谷拥有避难所。所谓的A队(全称为阿尔法作战分遣队)均由12名来自美国陆军特种部队的绿色贝雷帽士兵组成;各中央情报局小组均为10人一组。在时任准将詹姆斯·马蒂斯(James Mattis)的领导下,美国还通过飞越巴基斯坦俾路

---

① Secretary General Jens Stoltenberg, "We Must Continue to Stand Together," NATO, Brussels, September 11, 2021, nato.int/cps/en/natohq/opinions_186490.htm.

现代战略家必读军事史：1861 年以来美国的主要战争

支省（Baluchistan），成功地将数百名驻扎在印度洋两栖舰艇上的海军陆战队士兵遣入阿富汗南部。舰载战斗机也加入了战斗。① 副国务卿理查德·阿米蒂奇（Richard Armitage）此前警告巴基斯坦领导人立即选择立场，以避免被复仇心切的美国人的怒火波及；无论是海军陆战队直升机、轰炸机还是其他飞机，飞越巴基斯坦领空时均未遭到巴基斯坦军队的阻挠。②

有了这些构建要素，战略计划几周内便已成形。美国中央情报局和特种部队顾问小组将嵌入北方联盟战士，他们寻求与塔利班作战。北方联盟的战士虽然数量有限，但他们本身都很优秀。但更重要的是，这种嵌入式战术使美国特工能够在关键时刻发动精准空袭。③ 激光测距仪、GPS 设备和可靠的无线电，能够使勇敢的美国作战人员为北方联盟提供近距空中支援——相关记录可见哥伦比亚大学教

---

① Fred H. Allison, "Thunderbolts: Strike First Marine Corps Blow Against Taliban," pp. 9–13, in *U. S. Marines in Afghanistan, 2001–2009: Anthology and Annotated Bibliography*, edited by Major David W. Kummer (Quantico: U. S. Marine Corps, 2014), pp. 9–13; and Arthur P. Brill, Jr., "Afghanistan Diary, Corps Considerations: Lessons Learned in Phase One," in *U. S. Marines in Afghanistan*, pp. 15–21.

② Jones, *In the Graveyard of Empires*, p. 88; Nathaniel C. Fick, *One Bullet Away: The Making of a Marine Officer* (Boston: Houghton Mifflin Company, 2005); and Captain Jay M. Holtermann, "The 15th MEU's Seizure of Camp Rhino," *Marine Corps Gazette* (March 2016), https://mca-marines.org/wp-content/uploads/The-15th-Marine-Expeditionary-Units-Seizure-of-Camp-Rhino.pdf.

③ Henry A. Crumpton, *The Art of Intelligence: Lessons from a Life in the CIA's Clandestine Service* (New York: Penguin Press, 2012), pp. 217–261.

第五章 1990年以来美国在中东的主要战争

授斯蒂芬·比德尔（Stephen Biddle）后来出色的实地研究报告。① 许多战斗机从15 000英尺以上的高度投掷炸弹，缓解了人们对塔利班可能仍有剩余"毒刺"型防空地对空导弹的担忧，就像几年前在科索沃一样。但在此次行动中，美国的实地作战人员能够从这么高的地方进行精确瞄准。塔利班士气低落，同时出于恐惧，越来越多的士兵藏匿起来，不仅放弃了易受攻击的偏远农村地区的阵地，甚至还放弃了城市阵地。塔利班领导人奥马尔（Mullah Omar）于12月6日逃离了南部城市坎大哈，坎大哈就此成为最后一个沦陷的城市。美国在2个月内取得了整个战争的胜利。②

本·拉登和其他"基地"组织领导人看到情况不妙，逃离了先前藏身的坎大哈附近的训练基地或阿富汗东部霍斯特（Khost）附近的山区堡垒。他们希望在巴基斯坦西部的部落地区找到避难所。于是，他们大致开始朝这个方向移动，在11月下旬到达贾拉拉巴德（Jalalabad）［以及开伯尔山口（Khyber Pass）］附近的托拉博拉（Tora Bora）地区。但是美国在该地区几乎没有派遣地面部队。遗憾的是，布什政府领导人认为没有必要在托拉博拉地区驻军——或许只需建立一个临时的直升机加油站。相反，美

---

① Stephen Biddle, "Afghanistan and the Future of Warfare: Implications for Army and Defense Policy," Army War College, November 2002, pp. 8–11, https://publications.armywarcollege.edu/pubs/1422.pdf.

② Jones, *In the Graveyard of Empires*, pp. 86–95.

国轰炸了各山口，并付钱给当地民兵指挥官监视进出口。这些指挥官很乐意在白天监视，但不愿忍受在初冬兴都库什山寒冷的夜晚进行24小时警戒，因此他们未能建立一个密闭的警戒线，导致本·拉登和大约1 000名同伙一起溜走了。① 2001年秋季的整体行动是一项杰作，但却是一项有缺陷的杰作。②

2001年12月，通过德国波恩会议成立了阿富汗临时政府。遗憾的是，鉴于塔利班具有极端主义性质，并且胜利者圈子中弥漫着某种过分自信的情绪，认为它无法卷土重来，就未曾尝试让塔利班参与到临时政府中。12月20日，联合国还成立了国际安全援助部队，为喀布尔提供安全保障，并为阿富汗安全部队提供培训。③ 一些人认为后一种措施是错误的，美国及其盟友更明智的做法应该是从阿富汗撤军，承诺如果任何与"基地"组织有关联的人再次掌

---

① Senate Foreign Relations Committee Majority Staff, "Tora Bora Revisited: How We Failed to Get bin Laden and Why It Matters Today," Government Printing Office, Washington, DC, November 2009, https://www.foreign.senate.gov/imo/media/doc/Tora_Bora_Report.pdf?; and Boot, *War Made New*, p. 379.

② Naylor, *Not a Good Day to Die*, pp. 17-21; and Michael E. O'Hanlon, "A Flawed Masterpiece," *Foreign Affairs* 81, no. 3 (May/June 2002).

③ T. X. Hammes, "Raising and Mentoring Security Forces in Afghanistan and Iraq," in *Lessons Encountered: Learning from the Long War*, edited by Richard D. Hooker, Jr. and Joseph J. Collins (Washington, DC: National Defense University Press, 2015), p. 278.

第五章　1990年以来美国在中东的主要战争

权，就重返阿富汗对其进行致命打击。① 然而，基本上美国和巴基斯坦在20世纪80年代与"圣战"组织合作击败苏联后已经使用过该战略，其记录并不太好。这个民族遭受了如此长时间苦难，并且帮助美国赢得了冷战，如此对待这样一个民族不能被视为一种特别高尚的做法。

2002—2007年"轻足迹"战略

在接下来的五年里，美国和北约对阿富汗战争采取了简化政策，不再采取类似伊拉克战争中大规模军事干预。他们对阿富汗能否被建设成为一个现代民族国家持怀疑态度，认为塔利班的威胁基本上已经彻底消除，因此采取了通常被称为"轻足迹"的国家建设方式。美国尤其主要关注阿富汗正在进行的反恐行动。

美国希望推翻萨达姆·侯赛因，建设新伊拉克，从而在大中东地区进行重大变革。对阿富汗采取的上述战略在很大程度上被这个愿望所强化。美国军队的规模不足以同时执行两项重大而持久的行动——反叛乱和维稳。事实上，无论是在伊拉克执行大规模行动，还是在阿富汗执行小规模行动，都会在未来几年给驻地美军带来沉重的压力。美军陆军部队通常会持续驻守15个月（而不是首选的12个

---

① Michael Morrell with Bill Harlow, *The Great War of Our Time: The CIA's Fight Against Terrorism from al Qa'ida to ISIS* (New York: Twelve, 2015), p. 74.

月）。在返回美国中央司令部战区之前，士兵们用在美国本土休养和再训练的时间通常只有12—15个月（而不是每个部署人员在美国本土休养2—3年的首选周期）。

从2002年到2007年，美国的盟友总共向阿富汗部署了大约5 000—25 000名士兵。开始是小规模部署，然后从2004年开始每年增加几千人（2006年和2007年增幅最大）。"国际安全援助部队"最初限于在喀布尔驻扎——这是美国国防部官员成功游说的结果，美国政府开始反对大规模驻扎部队和扩展驻地范围。① 随着时间的推移，美国政府这一限制逐渐放松。美国主导的维和人员于2005年首次部署在喀布尔以外，并于2006年抵达阿富汗关键的南部地区。② 2007年中期，大约有2 500名加拿大士兵驻扎在坎大哈，6 000名英国士兵主要驻扎在赫尔曼德（Helmand）省（到2008年底，总数分别增至2 750人和8 100人，加上在南部又另外部署了1 700名荷兰士兵和1 000名澳大利亚士兵）。2007年，美国陆军上将丹·麦克尼尔（Dan McNeill）抵达阿富汗，同时领导"国际安全援助部队"和美国军事司令部的行动，从而统一了这两个司令部。③

美国自身也在同样大的范围内部署了军队，从接近1

---

① Jones, In the Graveyard of Empires, pp. 110-115.
② Ambassador James F. Dobbins, *After the Taliban: Nation-Building in Afghanistan* (Washington, DC: Potomac Books, 2008), pp. 161-163.
③ Malkasian, *The American War in Afghanistan*, p. 200.

第五章　1990年以来美国在中东的主要战争

万人开始，到2007年逐渐增加到2.5万人。① 但正如前文所述，美国关注的重点主要是反恐，美军部队在单独的司令部指挥下行动。美国关注的主要区域是巴基斯坦附近或毗邻省份普什图人占多数的地区，因为发动塔利班运动的大部分是普什图人（尽管大多数普什图人并不是塔利班）。例如，2002年3月，普什图人在阿富汗东部山区的沙赫库特山谷（Shahikot Valley）发动了传说中的蟒蛇行动（Operation Anaconda）。② 美军其他许多行动都发生在阿富汗早期，美军伤亡人员总数相当大——虽远低于伊拉克战争，但每支部队的伤亡比例并没有显著差异。到2003年，驻阿富汗美军指挥官戴维·巴诺（David Barno）将军在阿富汗东部和南部建立了旅级总部。此后，反恐行动继续进行。随着驻军地盘的规模范围逐渐扩大，美国军队也开始执行反动乱行动。③

美国在阿富汗的国家建设主要工作，是组建小规模轻武装部队。遗憾的是，北约并没有特别认真地对待这项工作。美国对阿富汗军队的培训项目采取了简单做法；阿富

---

① Sam Gollob and Michael E. Ontanlon, "Afghanistan Index: Tracking Variables of Reconstruction and Security in post-Index: Tracking Ⅴ" Brookings Institution, Washington, DC, August 2020, brookings.edu/wp-content/uploads/2020 /08/FP_20200825_afganistan_index.pdf.

② Naylor, *Not a Good Day to Die.*

③ Jones, *In the Graveyard of Empires,* pp. 142-145.

517

现代战略家必读军事史：1861年以来美国的主要战争

汗部队的领导人也没有得到很好的指导（或选拔）。① 尽管塔利班威胁犹存，但整体社会环境已经变得比较安全稳定。北约在这一时期的军事行动成就也很有限。但对许多人来说，社会秩序恢复正常——特别是学校已经开学，照明设施已正常运行，基本医疗保健服务正在普及，阿富汗人民的生活水平正在逐步提高。在新阿富汗共和国成立的头五年里，发电量翻了一番；国内生产总值增长了一半；互联网的使用率正在快速增长。一切似乎进展顺利。②

实则不然。德国和美国指导的阿富汗安全部队建设项目、意大利领导的司法改革工作以及英国领导的打击毒品生产和贩运项目，不仅都遇到了资金和资源不足等问题，而且收效甚微。在相对平静的时期，建设阿富汗国家的机会被浪费了。

塔利班很快开始了反攻行动。随后，阿富汗社会安全环境逐渐恶化，特别是到2006年前后，从2月开始塔利班在指挥官达杜拉（Dadullah）的领导下，塔利班武装力量首先在赫尔曼德省北部，然后在赫尔曼德省南部和坎大哈省西部发动攻势。塔利班武装力量袭击了当局政府部门和

---

① James Dobbins, "Afghanistan Was Lost Long Ago: Defeat Wasn't Inevitable, But Early Mistakes Made Success Unlikely," *Foreign Affairs*, August 30, 2021, https://flipboard.com/article/afghanistan-was-lost-long-ago-defeat-wasn-t-inevitable-but-early-mistakes-made/f-55c16a4c24%2Fforeignaffairs.com.

② 参见 Michael E. O'Hanlon and Hassina Sherjan, *Toughing It Out in Afghanistan* (Washington, DC: Brookings Institution Press, 2011), pp. 19–30, 129–156。

第五章 1990年以来美国在中东的主要战争

相关机构人员。① 遗憾的是,虽然塔利班当时在阿富汗仍然普遍不受欢迎,仍然相当弱小且可击败,但阿富汗政治领导人未能联合普什图部落来打击塔利班武装力量。② 此外,美国否决了接触前塔利班成员让他们参与政治建设进程的建议,尽管这种方式可能会在一定程度上有助于平息动乱。③

战争统计数据库以量化形式记录了爆发的这些战争。从2005—2006年,自杀式爆炸袭击事件增至5倍,简易爆炸装置袭击事件增加了1倍多,武装袭击几乎增加了2倍。美国军队的死亡人数从2002—2004年平均每年约50人,到2007年超过100人;其他外国军队的损失,在2002—2004年从每年约10—20人不等,到2007年也超过了100人。④

北约和美国军队不时试图进行大规模的清理行动,如2006年9月开始在阿富汗南部省份开展的美杜莎行动(Operation Medusa)和山怒行动(Operation Mountain Fury)。⑤ 但是,在阿富汗这样一个幅员辽阔、形势复杂的国家,现

---

① Ronald E. Neumann, *The Other War: Winning and Losing in Afghanistan* (Washington, DC: Potomac Books, 2009), pp. 58, 109; and Malkasian, *The American War in Afghanistan*, pp. 129-156.

② Malkasian, *The American War in Afghanistan*, pp. 133, 456.

③ Ibid., pp. 101, 129-156.

④ Barfield, *Afghanistan*, p. 319; Gollob and O'Hanlon, "Afghanistan Index".

⑤ Jones, *In the Graveyard of Empires*, pp. 213-220.

现代战略家必读军事史：1861年以来美国的主要战争

有资源无法应对这一挑战。

跟北约一样，哈米德·卡尔扎伊（Hamid Karzai）总统（2002年任命，2004年当选，2009年连任）领导下的阿富汗政府没有太多能力或太多方案来解决这个日益严重的问题。到2007年初，北约和美国合并了它们的军事司令部，因此丹·麦克尼尔将军［随后是2008年的戴维·麦基尔南（David McKiernan）将军］有效地开展了整个军事行动。美国领导的盟友指挥系统的改进挺合时宜，但改得太少，改得也太晚。除此之外，北约对阿富汗日益增长的威胁反应太缓慢，因为美国主要精力仍然聚焦于伊拉克问题。

尽管阿富汗总统卡尔扎伊很有魅力，而且他显然有潜力成为阿富汗政界能够统一国家内部力量的重要人物，但阿富汗政治状况在很大程度上无助于其开展工作。美国指导下制定的阿富汗宪法赋予了总统任命地方领导人的巨大权力。这引起了阿富汗一些高度自治地区和地方领导人的反对。[1] 并不是所有的地区和地方领导人都是军阀，也不是都腐败，所以卡尔扎伊在调动地方人员时经常会引起怨恨。[2] 事实上，由于卡尔扎伊经常调动领导人来加强自己的政治地位，他在反腐败或改善治理方式方面几乎没有取得好的进展。尽管卡尔扎伊本人挺有能耐，但是阿富汗糟

---

[1] Barfield, *Afghanistan*, p. 305.
[2] Dipali Mukhopadhyay, *Warlords, Strongman Governors, and the State in Afghanistan* (New York: Cambridge University Press, 2015).

第五章 1990年以来美国在中东的主要战争

糕的政治领导水平为塔利班招募信徒和发展壮大提供了肥沃的土壤。①

塔利班本身并不受大多数阿富汗人的欢迎,但它获得了足够多的追随者,再次对阿富汗当局政府形成了威胁,并控制了足够多的地盘。② 反叛乱战略家戴维·基尔卡伦(David Kilcullen)估计,到2008年,塔利班的核心全时战斗人员达到了约1万人,兼职战士约3万人——诚然,这些数字很可观,但与许多其他阿富汗民兵或不断壮大的阿富汗安全部队相比,仍相当有限。③ 据估计,2006年,塔利班仅在阿富汗34个省中的5个省份进行"激烈武装活动"(heavy activity),但到2008年,塔利班的武装活动蔓延到阿富汗2/3的省份(到2009年,超过3/4的省份)。④ 尽管在2006—2007年,阿富汗人民总体上仍然对未来充满希望,但有些趋势逐渐变得不太乐观。⑤

---

① Sarah Chayes, *The Punishment of Virtue: Inside Afghanistan after the Taliban* (New York: Penguin Books, 2006).

② Antonio Giustozzi, "Conclusion," in *Decoding the New Taliban: Insights from the Afghan Field*, edited by Antonio Giustozzi (New York: Columbia University Press, 2009), p. 298.

③ David Kilcullen, *The Accidental Guerrilla: Fighting Small Wars in the Midst of a Big One* (New York: Oxford University Press, 2009), pp. 48-49.

④ "Strategic Geography" maps in Toby Dodge and Nicholas Redman, *Afghanistan to 2015 and Beyond* (London: International Institute for Strategic Studies, 2011), p. 166.

⑤ The Asia Foundation, *A Survey of the Afghan People: Afghanistan in 2009* (San Francisco: Asia Foundation, 2009), pp. 15-41.

2008—2014年美国向阿富汗增兵前后对比

正是在2008年这个关键时刻,小布什总统、参议员约翰·麦凯恩(John McCain)、参议员巴拉克·奥巴马和国防部长盖茨一致决定:必须将阿富汗列为美国乃至下一任美国总统的优先事项(奥巴马更是坚定不移地支持这一决定)。在小布什总统的领导下,美国决定在现有兵力的基础上再增加大约2个旅,总兵力将超过1万人。至此,驻阿富汗的美国军事人员将超过3万人。新增的这2个旅将部署在特定的区域,包括在阿富汗范围内实际上像同心圆一样延伸的"环路"部分地区,以确保阿富汗首都及周边地区更高的安全性。

此时,美国和北约在阿富汗的兵力已远远超过5万人,并首次置于统一的指挥结构之下。可以肯定的是,有效的联合战争仍然面临巨大的挑战。根据所属国家的国民"警告"政策(policy of national "caveats"),一些北约部队没有得到本国政府的授权,无法在阿富汗开展全面镇压行动。[1] 所有这些部队都在一定程度上依赖美国提供情报信息和后勤保障。

小布什授权对阿富汗进行适度增兵后,新就任总统巴拉克·奥巴马要求布鲁金斯学者兼中央情报局资深人士布

---

[1] Jones, *In the Graveyard of Empires*, pp. 248–253.

第五章　1990年以来美国在中东的主要战争

鲁斯·里德尔（Bruce Riedel）、国防部副部长米歇尔·弗洛诺伊（Michèle Flournoy）和大使理查德·霍尔布鲁克（Richard Holbrooke）评估是否有必要增兵。这一审查在奥巴马担任总统的头两个月进行。鉴于在审查开始和结束时需要与盟友进行大量磋商，实际制定和分析备选方案的时间只有约一个月。这场辩论在很大程度上受到了最近在伊拉克增兵取得成功的影响。此时，戴维·彼得雷乌斯将军负责中央司令部。其他经历过伊拉克增兵的退伍军人，特别是国防部长盖茨（有史以来唯一一位被两个不同政党的两位美国总统任命为国防部长的人）和参谋长联席会议主席迈克尔·马伦上将，则继续留任原职。

里德尔、弗洛诺伊和霍尔布鲁克进行审查后，又部署了大约3万名美国士兵和数千名北约国家士兵。如前所述，这次审查的时间有些紧张。在坎大哈、贾拉拉巴德（Jalalabad）、靠近巴基斯坦边境地区的霍斯特以及其他地方，预计将部署更多部队，这意味着美国和北约在关键战略要地的足迹普遍扩大。尽管如此，典型的部队密度仍远低于伊拉克战争所达到的水平，而且与伊拉克军队相比，阿富汗安全部队的规模仍然较小、装备不足。由于伊拉克和阿富汗的人口数量相当，反叛乱理论认为后者需要的部

523

队数量与前者不相上下。①

2009年5月,麦基尔南将军被解除了指挥权。他的继任者是联合特种作战司令部的斯坦利·麦克里斯特尔将军。人们希望麦克里斯特尔除了在特种作战中表现出色之外,还能与渐行渐远的卡尔扎伊总统恢复良好关系——卡尔扎伊总统开始对美国失去耐心,因为美国似乎一心想在同年夏天剥夺他连任的机会,而且还对他进行侮辱诋毁。

2009年夏天,当阿富汗的总统选举竞选活动进入白热化阶段时,麦克里斯特尔正在对阿富汗的安全状况进行全面审查,并为奥巴马总统制订备选方案。麦克里斯特尔建立了一个由美国政府、北约和其他伙伴国家以及智库、学术界组成的强大团队,试图对阿富汗的安全挑战作出准确判断。麦克里斯特尔和他的团队确定,阿富汗407个行政辖区内约有20%是关键的战略要地。在评估小组离开后,麦克里斯特尔根据《美国陆军/海军陆战队反叛乱作战手册》(*U. S. Army/Marine Corps Counterinsurgency Field Manual*)的规定(该手册规定,在当地居民中,每保护1 000名平民,就需要20—25名武装人员),估算了美国、北约和阿

---

① Vanda Felbab-Brown, *Aspiration and Ambivalence: Strategies and Realities of Counterinsurgency and State Building in Afghanistan* (Washington, DC: Brookings Institution Press, 2013), p. 25; and U. S. Army and U. S. Marine Corps, *U. S. Army and U. S. Marine Corps Counterinsurgency Field Manual* (Chicago: University of Chicago Press, 2007).

第五章 1990年以来美国在中东的主要战争

富汗部队的总体兵力需求,这样他们才有可能取得成功。① 最终制订了3个备选方案。令人遗憾的是,这些信息被泄露给了媒体,导致白宫与麦克里斯特尔指挥部的关系变得更加复杂,一些人开始怀疑麦克里斯特尔指挥部是泄密事件的幕后黑手。②

在白宫战情室(White House Situation Room)经过一个秋天的多次政策讨论后,奥巴马选择了一个折中方案并进行了修改,但是他在拟议增派4万名美军的基础上略有缩减。"折中方案缩减"意味着美国在阿富汗总兵力将增加到10万人。而盟国增加的兵力要少得多,总共增加不到1万名人员。届时,美国和北约的总兵力将接近15万人。美国还将争取尽快组建总人数约为30万(包括士兵和警察)的阿富汗安全部队。如果把数以万计的额外私人雇佣兵也计算在内,则人员总数将远远超过50万——接近所谓"反叛乱理论"建议的60万人左右的惊人范围,在一定程度上证明了这些算法的可信度。

但是阿富汗安全部队并没有那么强大,当然也还不够可靠。因此,标准的反叛乱部队规模计算方法无法在全国范围内立即应用和实施。奥巴马的决策为认真解决坎大哈

---

① McChrystal, *My Share of the Task*, p. 331; and Petraeus and Amos, *Field Manual 3-24: Counterinsurgency*, pp. 1-13; "Force Sizing for Stability Operations," Institute for Defense Analysis, Alexandria, Va., March 2010, https://apps.dtic.mil/sti/pdfs/ADA520942.pdf.

② Felbab-Brown, *Aspiration and Ambivalence*, pp. 27-28.

省和赫尔曼德省的问题提供了足够的帮助。然而，由于他选择了折中方案而不是高端方案，阿富汗东部地区将不得不等待，也许是无限期的等待。2009年12月1日，奥巴马在西点军校发表了备受期待的演讲，宣布了这一政策。但奥巴马总统认为自己也有责任为政治改革创造条件。奥巴马认为，阿富汗领导人需要作出相应的改变，认真履行自己对阿富汗人民应尽的责任，因此他在承诺增兵的同时，也承诺会很快撤兵。① 这种方案或许也是出于美国政治的考虑，试图在相互竞争的政策目标之间实现一种精致、微妙的平衡。这可能从来都不现实。② 不过，麦克里斯特尔本人当时并未因这一政策结果而气馁，他在回忆录中写道："这给我们提供了一个机会。我坚信我们能够成功，我们会全身心地投入其中。"③

美军在2010年向阿富汗增兵，随后于2011年夏季开始撤兵，届时美军兵力将恢复到先前的水平，即大约6.8万人。考虑到进出阿富汗的后勤限制，这一系列增兵措施意味着最高兵力水平只能维持很短的时间。阿富汗东部可能永远无法达到典型部队密度水平，这种密度对取得成功

---

① Felbab-Brown, *Aspiration and Ambivalence*, pp. 22–23.
② 关于对奥巴马以及整个政策过程的评论，Daniel P. Bolger, *Why We Lost: A General's Inside Account of the Iraq and Afghanistan Wars* (Boston: Houghton Mifflin Harcourt, 2014), pp. 420–434。
③ McChrystal, *My Share of the Task: A Memoir* (New York: Portfolio/Penguin, 2013), p. 361.

第五章 1990年以来美国在中东的主要战争

至关重要。

"国际安全援助部队"在阿富汗东部、南部、西南部、西部和北部以及首都设立了地区指挥部。这些指挥部将与阿富汗陆军第201军团（Afghan Army 201st Corps，驻扎在喀布尔，负责东部地区）、第203军团［203rd Corps，驻扎在加德兹（Gardez），负责东南部地区］、第205军团（驻扎在坎大哈及其周边地区）、第207军团［驻扎在赫拉特（Herat）及其周边地区］、第209军团［驻扎在马扎里沙里夫（Mazar-e-Sharif），负责北部地区］、第215军团（215th Corps）［驻扎在赫尔曼德省拉什卡尔加（Lashkar Gah）及其周边地区］，以及第111师（驻扎在首都）协同作战。① 大约一半的"国际安全援助部队"地区指挥部由美国管理。位于北部地区的指挥部由德国管理，位于西部地区的指挥部由意大利管理，位于坎大哈的指挥部一度由英国管理，位于喀布尔的指挥部由土耳其管理。②

麦克里斯特尔制订了军事计划，在赫尔曼德省开始对塔利班武装展开清理行动，随后，"国际安全援助部队"和

---

① John Pike, "Afghan National Army (ANA)—Order of Battle," Globalsecurity.org, Washington, DC, 2012, globalsecurity.org/military/world/afghanistan/ana-orbat.htm; and C. J. Radin, "Afghan Security Forces Order of Battle," *Long War Journal*, May 2011, Foundation for Defense of Democracies, Washington, DC, 2007, longwarjournal.org/oobafghanistan.

② NATO Headquarters, "International Security Assistance Force: Key Facts and Figures," Brussels, August 1, 2013, https://www.nato.int/isaf/placemats_archive/2013-08-01-ISAF-Placemat.pdf.

阿富汗部队将向坎大哈地区东进，坎大哈在很多方面都是阿富汗的中心地带，也是历史上塔利班活动的中心地带。然而，麦克里斯特尔与英国少将尼克·卡特（Nick Carter）等人认为，除了在海军上将比尔·麦克雷文（Bill McRaven）的总体指导下派遣特种部队对关键目标进行有针对性的突袭外，应尽量减少使用武力。相反，可以通过公共信息、演习以及重新部署军队来恐吓塔利班或其他动乱分子，将其驱离而不是与之战斗。在坎大哈，无论是在城市还是邻近的城镇和地区，如阿尔甘达卜（Arghandab）区，都将采取类似的方法。如果美国和北约部队的清理行动可以相对快速、轻松地实现，就可以重点进行"坚守"和"增兵"工作，而不会拖延。在某一天，也可以尝试将这些成果"移交"给阿富汗安全部队——事实上，考虑到美国和北约快速调动部署部队的能力，估计可能从2011年就得开始"移交"成果给阿富汗政府。

在清理行动开始之前，美国要求卡尔扎伊总统做好每个管辖地区的准备工作，召开各种市政厅会议，阿富汗为这项主要由外国主导的军事行动提供掩护和支持。2010年初，实际上，对美国和北约而言，可用的、训练有素的阿富汗部队仍然供不应求。[①]

美国的整体构想是，力求在阿富汗关键地区尽早取得

---

① McChrystal, *My Share of the Task: A Memoir* (New York: Portfolio/Penguin, 2013), pp. 364–378.

第五章　1990年以来美国在中东的主要战争

决定性胜利。这将有助于改善阿富汗政府的管理能力，使其能够为国民服务。然后，能够迅速动员起来的训练有素、装备精良的阿富汗安全部队将承担起责任，维护已经取得的地盘成果和稳定局势。然而，这只是理论构想，在整个作战愿望清单中，只有第一个目标可能得以实现。

"国际安全援助部队"最初在阿富汗的清理行动主要集中在城镇、小城市、种植园、河谷、公路和田野，这与伊拉克战争不同，伊拉克战争主要以城市为中心，而在阿富汗都是贫瘠地区。正如学者和政策研究人员卡特·马尔卡西安（Carter Malkasian）在谈到农村地区时表示的那样："除了手机、汽车和突击步枪，那里看不见21世纪的踪影。"[1] 在这种情况下，塔利班的战术是主要使用简易爆炸装置（IED），这夺走了许多美国人和阿富汗人的生命。在整个战争期间，塔利班还经常伏击阿富汗军队和警察的检查站，尤其是在偏远地区的军队和检查站，因为那里的安全部队孤立无援，难以增援。清理目标有已知的塔利班领导人、据点和武器库，同时拆除塔利班的简易爆炸装置带，夺回被他们占领的城镇或地区。由于情报有限、塔利班本身难以捉摸且拥有大量简易爆炸装置，加上行动涉及的地域范围广大，"国际安全援助部队"的清理行动进展缓慢。考虑到南部地区的阿富汗人都对塔利班既忠诚又恐惧，加

---

[1] Malkasian, *The American War in Afghanistan*, p. 1.

之政府普遍存在着腐败问题，阿富汗警察部队要扩大规模或增强当地民兵的能力以巩固作战成果也变得比较困难。最终赫尔曼德省和坎大哈省的清理行动取得了相当大的成功。但是，这些成就花费了漫长的时间并付出了巨大的代价。①

在紧张的作战阶段，美国和北约部队伤亡惨重。2010年和2011年，美军死亡人数分别为499人和418人，与伊拉克战争期间的最高死亡人数相当。北约和其他国家的伤亡比例也基本相同：在同一时期，每年约有200人丧生。②

就在美国增兵阿富汗和进行相关清理行动的同时，阿富汗安全部队也在大幅扩充，并首次接受了严格训练。2008年初，阿富汗安全部队（包括军队和警察）已增至约12.5万人。2009年初，增至15万人。在增兵期间，阿富汗军队数量迅速扩大，到2011年夏天，总兵力达到30万人——这时候正好赶上开始接替北约部队，而北约部队届时将开始逐渐减少兵力。③

美国和北约部队在阿富汗执行任务过程经常尝试一种权宜之计，利用阿富汗当地民兵（在阿富汗被称为arbakai）来开展更多行动。这一方法是效仿成功的"伊拉

---

① Malkasian, *The American War in Afghanistan*, pp. 240-298.
② Bolger, *Why We Lost*, p. 435.
③ Ian S. Livingston and Michael O'Hanlon, "Afghanistan Index," Brookings Institution, Washington, DC, February 10, 2015, https://www.brookings.edu/afghanistan-index.

第五章　1990年以来美国在中东的主要战争

克之子"计划,即付钱给当地民兵组织,让他们负责维护自己的地盘。阿富汗地方警察、阿富汗公共保护计划(Afghan Public Protection Program)和地方防卫倡议(Local Defense Initiative)等各种新计划也因此应运而生。这些计划在鼎盛时期吸引了成千上万的阿富汗战士,但往往没有受到当局政府的充分监督。因此,他们所在地区的暴力行为和腐败行为非但没有改善,反而进一步恶化。[1]

美国增兵阿富汗的总体结果也是不尽如人意。南部战场取得了一些战果,但比预期的要慢。到2010年春天,奥巴马对增兵的进展产生了消极的看法。同年底,彼得雷乌斯将军主张放慢撤军速度,以便有更多时间清理动乱分子,但奥巴马对此不为所动。[2] 因此,随着美国和北约部队集结撤离时间越来越少,他们没有足够机会来巩固取得的成果。[3] 即使清理动乱目标已基本实现,但"坚守"和"增兵"阶段的成果仍不稳固——最后一个设想阶段,即将责任移交给阿富汗人也不稳固。

与此同时,阿富汗安全部队每年的死亡人数达到数千人。在随后的几年里,北约取消了增兵计划,将更多地对

---

[1] Seth G. Jones and Arturo Munoz, *Afghanistan's Local War: Building Local Defense Forces* (Santa Monica: RAND, 2010); and Felbab-Brown, *Aspiration and Ambivalence*, pp. 138-160, 268-270.

[2] Malkasian, *The American War in Afghanistan*, p. 300.

[3] Kimberly Kagan and Frederick Kagan, "We Have the Momentum in Afghanistan," *Wall Street Journal*, June 6, 2011.

现代战略家必读军事史：1861年以来美国的主要战争

塔利班的作战行动交给了阿富汗安全部队，这导致阿富汗安全部队死亡人数进一步增加，最终每年死亡人数可能达到1万人。部队战士和警察知道自身的生命会受到严重威胁，他们很难坚持战斗，结果导致阿富汗安全部队人员替补速度非常高，缺勤率也很高。

而塔利班武装人员也损失惨重。美国和北约指挥部拒绝公开自身部队死亡人数，试图避免让人想起越南战争时期对死亡人数的关注。但是塔利班的伤亡人数可能至少与阿富汗安全部队的伤亡人数相当。联合国相关机构估计，阿富汗平民每年死于战争的人数在几千人左右，这确实是个可怕的数字，但低于作战部队的伤亡人数，也远低于伊拉克战争中的平民伤亡人数。[1] 从军事角度看，阿富汗战争主要是敌对军事力量之间的战斗，当然也不完全是。尽管如此，控制当地人口，占领人口稠密地区始终是双方争夺的主要目标。

北约在阿富汗战争中广泛使用了固定翼飞机、旋转翼飞机以及无人机，为阿富汗安全部队提供了近距离空中支援，同时还在阿富汗各地，特别是东部、南部和东北部的重要地区都修建了直升机着陆区。大量飞机着陆区的建立，再加上美国在这场历时最长的战争中修建的高质量基础设施，极大提高了部队医疗服务水平和伤员存活率。每10个

---

[1] Livingston and O'Hanlon, "Afghanistan Index," Brookings Institution, https://www.brookings.edu/afghanistan-index.

第五章 1990年以来美国在中东的主要战争

受伤的美军陆军战斗人员就有9个能活下来；死亡率约为美国最近参与大多数战争的一半。但是归根结底，北约无法为阿富汗的打击行动、机动作战提供足够多的空中力量，这成为阿富汗安全部队在2021年崩溃的主要原因。

随着战场态势的发展，北约和阿富汗安全部队试图从塔利班手中夺回赫尔曼德省、坎大哈省的大部分地区和主要交通要道以及其他一些地点，最高指挥部也发生了戏剧性的变化。麦克里斯特尔将军的工作人员曾邀请《滚石》（*Rolling Stone*）音乐杂志的记者迈克尔·黑斯廷斯（Michael Hastings）进行采访，以便向该杂志读者展示他们公开透明的形象。但迈克尔·黑斯廷斯违反保密规定，撰写了一篇措辞严厉的文章，暗示麦克里斯特尔或至少其工作人员蔑视美国政府领导。尽管这些真正令人不安的语录都出自麦克里斯特尔的工作人员而非他本人之口，但奥巴马总统还是选择要求麦克里斯特尔辞职。遗憾的是，麦克里斯特尔与卡尔扎伊总统建立的关系也因此破裂了——因为麦克里斯特尔与卡尔扎伊已经建立了信任关系，而许多其他美国官员，特别是理查德·霍尔布鲁克（Richard Holbrooke）大使和卡尔·艾肯伯里（Karl Eikenberry）大使都没有与之建立这种信任关系。卡尔扎伊认为，一些美国人在2009年总统选举中积极支持他的对手，他厌倦了关于腐败问题的说教——也厌倦了合情合理的说教。卡尔扎伊也发现军事方面缺乏进展令人沮丧和失望，他想知道，为什么世界上最强大的军队都无法打败他认为相当不成熟的叛乱分子。

从军事技术角度看,指挥权的交接具有很强的连续性,麦克里斯特尔的职位由他的亲信和直接上级彼得雷乌斯将军接任。听说一些北约士兵因担心无意中造成阿富汗平民伤亡而不愿进行自卫,因此要求对交战规则进行审查。彼得雷乌斯确实在反腐方面加大了一些力度,任命麦克马斯特领导新成立的特别工作组开展反腐败工作,并试图将在伊拉克战争中积累的一些好经验用在阿富汗战争中。

彼得雷乌斯任命理查德·霍尔布鲁克为美国国务院阿富汗和巴基斯坦问题特别代表,命令包括著名的瑞安·克罗克在内的几位大使持续采取行动,试图将一些叛乱分子从塔利班阵营中拉回到政府一边。由于没有举行高级别对话,这些愿望基本上化为乌有。尽管麦克马斯特等人作出了努力,但在反腐败方面仅取得断断续续的有限进展,而且经常出现死灰复燃的情况。①

塔利班武装力量在巴基斯坦拥有庇护所,这使所有其他问题变得更加复杂。塔利班可以轻松运送人员穿越霍斯特的山区边界、赫尔曼德的偏远沙漠,甚至是交通繁忙的公路。② 正如参谋长联席会议主席迈克尔·马伦2011年所

---

① Felbab-Brown, *Aspiration and Ambivalence*, pp. 94–118.
② Carlotta Gall, *The Wrong Enemy: America in Afghanistan, 2001 – 2014* (Boston: Houghton Mifflin Harcourt, 2015), pp. 290–300; and Jones, *In the Graveyard of Empires*, pp. 306–312.

第五章 1990年以来美国在中东的主要战争

说,哈卡尼(Haqqani)网络是塔利班活动的重要组成部分,是巴基斯坦三军情报局或三军情报局指挥部"名副其实的武装"(veritable arm)。① 塔利班在阿富汗部分地区也有庇护所,并有大量机会重新招募更多追随者。

然而,美国和巴基斯坦的关系始终是多层面的,既不完全是合作关系,也不完全是竞争关系。在战争的大部分时间里,巴基斯坦确实允许北约军队在其领土上开展大规模后勤作战——但在2012年的几个月里,巴基斯坦拒绝北约军队使用其道路,因为当时在巴基斯坦与阿富汗的边境发生了惨烈的交火,造成24名巴基斯坦士兵死亡;在突袭本·拉登之后,巴基斯坦也没有事先得到警告,而且有两名巴基斯坦警察在伊斯兰堡被一名中央情报局承包商杀害。②

美国和北约增兵后,阿富汗政府收复了更多地盘,控制了阿富汗3/4的地区。与2008—2009年相比,情况有所改善,但不足以让阿富汗政府夺取塔利班占领的地盘。而在增兵结束后不久,阿富汗政府收复的地盘也逐渐失去。

---

① BBC, "U. S. Admiral: Haqqani Is 'Veritable Arm' of Pakistan's ISI," *BBC News*, September 22, 2011, bbc.com/news/av/world-us-canada-15026909; 关于巴基斯坦行为体与阿富汗塔利班之间的一些其他联系, C. Christine Fair, *The Madrassah Challenge: Militancy and Religious Education in Pakistan* (Washington, DC: U. S. Institute of Peace, 2008), pp. 57, 70。

② Aaron Mehta and Matthew Pennington, "U. S. Suspends Security Assistance to Pakistan," *Defense News*, January 4, 2018, defensenews.com/global/mideast-africa/2018/01/04/us-suspends-security-assistance-to-pakistan。

2015年底,美国情报部门估计,阿富汗政府控制了本国407个行政辖区(districts)中的72%。这一比例在2016年大幅下降,降至57%左右,在接下来的几年里,到2018年底,预计将降至54%。当时,全国仍有63%的人口居住在阿富汗政府控制的地区,因为政府往往控制着城市和较大的城镇,但总体趋势显然朝着错误的方向发展。①

随着塔利班越来越壮大,美国和阿富汗的矛盾也愈演愈烈。卡尔扎伊总统对暴力事件、北约部队误炸平民以及美军频繁发动夜袭越来越感到不安。几名美军亵渎《古兰经》的不当行为更是加剧了卡尔扎伊总统的不安。② 美军则经常认为卡尔扎伊忘恩负义,态度粗暴。美国还对阿富汗普遍存在的腐败现象深感失望。在某些情况下,腐败现象达到了骇人听闻的地步,如2009年前后,喀布尔银行实际上被盗走数亿美元。

所谓的阿富汗政府内部叛乱也产生了巨大的影响,造成了可悲的局面。叛变的阿富汗士兵或警察——可能是塔利班安插的人,也可能是心怀不满的人——会对美国和北约部队开火。2012年前后,阿富汗动乱活动达到顶峰,还夺走了数十名美国和北约部队士兵的生命——直到北约制定了所谓的"守护天使"(guardian angel)计划,为重要人物提供不间断的贴身保护,并通过其他方式让阿富汗士兵

---

① Gollob and O'Hanlon, "Afghanistan Index," 2020.
② Jones, *In the Graveyard of Empires*, pp. 303–306.

第五章 1990年以来美国在中东的主要战争

难以对北约人员下手。

另外,美国对"基地"组织的反恐行动也进展顺利。由于阿富汗提供了一个安全的情报和军事行动基地,美国成功突袭了奥萨马·本·拉登的营地。通过美国情报部门出色的侦察工作,在巴基斯坦的阿伯塔巴德发现了本·拉登藏身的营地。2011年5月2日,即"9·11"恐怖袭击事件十周年的前几个月,本·拉登被击毙。事实证明,美军在阿富汗整个驻军时间也几乎刚好过半。

美国进一步改进镇压动乱的方式方法——但是无法扭转对塔利班有利的趋势。例如,约翰·艾伦将军在"国际安全援助部队"任职时专门组建了"安全部队援助旅"(security force assistance brigades)。"安全部队援助旅"由许多小队(以及一些负责情报、协调、后勤支持和快速响应的部队)组成,可以进入阿富汗主要作战部队,为其提供建议和情报。到2014年底,从技术方面来看,"国际安全援助部队"在阿富汗的任务已经结束,取而代之的是坚定支持行动,美国驻军总数减少到大约1.5万人。目前,美国只有1%的现役军人驻扎在阿富汗;到2020年,人数将再次减少2/3。

2014年,阿富汗举行了和平的总统选举,阿什拉夫·加尼(Ashraf Ghani)成为阿富汗新领导人。事实上,这次选举争议很大,但在时任国务卿约翰·克里的斡旋下,美国通过外交手段达成了一个折中方案,为阿卜杜拉

（Abdullah）博士设置了一个"首席运营官"新职位。他在选举中获得了第二名，但许多人认为他实际上赢得了选票。

塔利班创始人奥马尔无法光荣地回到他曾经统治过的土地，2013年前后他在巴基斯坦默默去世。此后，阿富汗国内的塔利班地盘再也没有被用作策划、演练或发动针对美国及其盟友的大规模袭击。事实上，在"9·11"事件20周年纪念到来之际，在这段时间美国本土死于极端"圣战"分子［或萨拉菲（Salafists）分子］①之手的美国人不超过100人（其中大部分是受"基地"组织或伊拉克和叙利亚"伊斯兰国"怂恿但自发行动的独狼袭击的受害者）。②

五、美国历史上最长战争的结束

自2015年起，北约在阿富汗的持续行动更名为坚决支持行动。坚决支持行动被定义为一项支援工作——但是无论北约试图做什么，都不意味着美国军队不再参与战斗。归根结底，坚决支持行动这个名字具有讽刺意味。奥巴马总统及随后的唐纳德·特朗普总统几乎每年都威胁要终止该行动。尽管北约在2012年芝加哥峰会上承诺，在2014

―――――――
① 萨拉菲是伊斯兰教的一个极端主义教派，信奉没有删减或更改的伊斯兰教原初教义。该派别坚持建立正统宗教国家、反以色列和反西方的立场。——译者注
② Hal Brands and Michael O'Hanlon, "The War on Terror Has Not Yet Failed: A Net Assessment after 20 Years," *Survival* 63, no. 4（August-September 2021）: 33-53.

第五章　1990年以来美国在中东的主要战争

年"国际安全援助部队"撤销后，美国和北约将致力于支持阿富汗政府完成10年的"转型"，但乔·拜登总统还是终止了这项计划。①

2014年之后的6年里，阿富汗战场漫长而磨人，总体趋势持续对阿富汗政府不利，每年都有地盘落入塔利班的控制，或者成为双方争夺的对象。② 然而，阿富汗大城市一直掌握在政府手中，只有极少数暂时的例外情况，如北部的昆都士（Kunduz）在2015年被美国支持的阿富汗特种部队夺回之前曾短暂沦陷。正因如此，尽管到21世纪10年代末，阿富汗政府仅完全控制了全国407个行政辖区中的54%，但这些地区却拥有约63%的全国人口。③ 根据凯特·克拉克（Kate Clark）和乔纳森·施罗登（Jonathan Schroden）提供的数据和估值，截至2021年5月，塔利班只控制了阿富汗约1/5的地区，对其余地区的争夺仍十分

---

① Felbab-Brown, *Aspiration and Ambivalence*, p. 32.

② Harleen Gambhir, "Afghanistan Partial Threat Assessment: February 23, 2016," Institute for the Study of War, February 24, 2016, understandingwar.org/sites/default/files/February%202016%20AFG%20Map%20JPEG-01_4.jpg.

③ Arturo Munoz, Rebecca Zimmerman, and Jason H. Campbell, "RAND Experts Q&A on the Fighting in Kunduz," RAND Blog, Washington, DC, October 2, 2015, rand.org/blog/2015/10/rand-experts-qampa-on-the-fighting-in-kunduz.html.

539

现代战略家必读军事史：1861年以来美国的主要战争

激烈。①

2014年后，北约进一步将其驻军阵地合并为几个大型基地，在那里开展空中支援行动，部署情报平台并训练阿富汗部队。到2015年春，美军主要驻扎在6个主要基地——巴格拉姆（Bagram，喀布尔附近）、赫拉特、马扎里沙里夫、坎大哈、贾拉拉巴德和喀布尔，以及另外5个较小的基地。美军总兵力很快减少至不足1万人。②

北约在战场上对阿富汗的咨询服务急剧减少，这一过程实际上可以追溯到2012年，当时短暂的增兵已经结束。从2015年起，除与阿富汗特种部队合作外，嵌入式咨询小组的作战级别不低于阿富汗军团一级。他们甚至没有与东部帕克蒂卡（Paktika）省的第203军团或南部赫尔曼德省的第215军团保持一致性。③ 奥巴马总统还试图将美国空中力量的使用限制在北约部队面临危险或怀疑敌方队伍中存在"基地"组织成员时采取的行动中。这一决定削弱了阿

---

① Jonathan Schroden, "Lessons from the Collapse of Afghanistan's Security Forces," *CTC Sentinel* 14, no. 8（October 2021）, https://ctc.usma.edu/lessons-from -the-collapse-of-afghanistans-security-forces, based on data from Kate Clark, "Menace, Negotiation, Attack: The Taliban take more District Centers across Afghanistan," Afghanistan Analysts Network, Kabul, Afghanistan, July 16, 2021, ecoi. net/en/document/2057178. html.

② Malkasian, *The American War in Afghanistan*, pp. 384-403.

③ Special Inspector General for Afghanistan Reconstruction, "Divided Responsibility: Lessons from U. S. Security Sector Assistance Efforts in Afghanistan," Arlington, Virginia, 2019, pp. 19-25, https://www.sigar.mil/pdf/lessonslearned/SIGAR-19-39-LL. pdf.

第五章 1990年以来美国在中东的主要战争

富汗军队在战场上的战斗力,也让一些人对美国对阿富汗盟友的承诺产生了怀疑。①

唐纳德·特朗普上台后,美国撤军的决定似乎已经确凿无疑。但随着退役将军吉姆·马蒂斯出任国防部长,前国际安全援助部队指挥官约瑟夫·邓福德(Joseph Dunford)将军出任参谋长联席会议主席,特朗普反其道而行之。他采纳了战地指挥官米克·尼科尔森(Mick Nicholson)将军关于采取更强硬措施的建议,重视空中力量,增加了近4 000名美军,总兵力接近1.4万人。这一方案还需要将阿富汗特种部队的规模扩大一倍,并在政治和经济上对巴基斯坦施加更大的压力。该计划确实遏制了政府控制的领土被侵占和省会城市的丢失,然而并没有扭转整个趋势。阿富汗的政治也是一个难题。加尼总统试图削弱塔吉克备受尊敬的领导人如北部巴尔克省(Balkh)省长穆罕默德·阿塔(Mohammed Atta),以及前国防部长兼陆军参谋长比斯米拉·汗(Bismillah Khan)的领导网络。这导致塔吉克人对政府的支持度普遍大大降低,在国家安全部队中的人数也越来越少。特朗普对这种情况深感沮丧。②

与此同时,"伊斯兰国"也成了一个问题,它在阿富汗和附近地区成立了一个分支机构,被称为"伊斯兰国呼罗珊分支"(ISIS Khorasan, ISIS-K)。"伊斯兰国呼罗珊分支"

---

① Malkasian, *The American War in Afghanistan*, pp. 384–403, 457.
② Ibid., pp. 404–422.

战士在阿富汗境内、东部和其他地区的规模不断扩大，这促使美国继续在阿富汗保持反恐能力。穆拉维·海巴图拉（Maulawi Haybatullah）接替毛拉·阿赫塔尔·穆罕默德·曼苏尔（Mullah Akhtar Mohammad Mansour）成为塔利班的新领导人，在他的领导下，塔利班的态度也变得更加强硬。另外，曼苏尔曾接替毛拉·奥马尔成为塔利班的领导人。

然而，"伊斯兰国"在阿富汗设立分支机构并不能证明特朗普有足够的动机要在阿富汗持续保持反恐能力。特朗普指示其谈判代表与塔利班进行谈判，进而寻求从阿富汗撤军的途径，双方最终于2020年2月29日达成了协议。该协议要求塔利班避免与"基地"组织建立联系。这一协议颇具讽刺意味，因为"哈卡尼网络"（Haqqani network）是塔利班领导层的一部分，同时也是"基地"组织的一部分。特朗普及其继任者履行了美国撤离阿富汗的义务。

在这7年中，阿富汗安全部队的暴力程度远高于以往任何时候，塔利班很可能也是如此，阿富汗平民也很可能如此。美国每年的死亡人数在10—20人，远远低于2008—2014年的死亡人数，实际上也大大低于2002—2007年的死亡人数。

美国仍在大量使用武力，共投掷了2万多枚弹药，2018年和2019年的年度投掷弹药总数均超过了7 000枚，

第五章　1990年以来美国在中东的主要战争

自增兵高峰期以来阿富汗从未见过如此规模的投弹量。[1]美军平均军事活动人数在1万人左右，每年的军事开支约为200亿美元，其中包括每年用于支持阿富汗安全部队的数十亿美元，以及在阿富汗其他地区开展的针对阿富汗的军事活动的开支。[2]

尽管现在美国在阿富汗付出的生命和财富代价已经大大降低，但美国的政治挫折感依然强烈。特朗普总统经常犹豫要不要结束在阿富汗的军事行动，事实上，他与国防部长吉姆·马蒂斯最终不欢而散，与特朗普在2018年12月临时宣布次年将美军在阿富汗的军事任务减半有很大关系。尽管特朗普以虚张声势、蔑视盟友而闻名，但实际上是经验丰富的拜登在没有太多协商或警告的情况下，突然结束了阿富汗驻军。拜登这样做是在遵守塔利班与美国于2020年2月29日达成的协议，该协议要求在美国和北约2021年春季撤军之前，塔利班履行不向外国军队开枪的承诺。

---

[1] Air Force Public Affairs, "Combined Forces Air Component Commander 2013 - 2019 Air Power Statistics," January 31, 2020, afcent. af. mil/Portals/82/Documents/Airpower%20summary/Jan%202020%20Airpower%20Summary. pdf? ver = 2020-02-13-032911-670; and Jared Keller, "The U. S. Dropped More Munitions on Afghanistan Last Year Than Any Other Time in the Last Decade," Task and Purpose, January 27, 2020, https: // taskandpurpose. com/news/the-us-dropped-more-munitions-on-afghanistan-last-year-than-any-other-time-in-the-last-decade.

[2] O'Hanlon, *Defense 101*, pp. 58 - 61; and Congressional Budget Office, "Funding for Overseas Contingency Operations and Its Impact on Defense Spending," Washington, DC, October 2018, cbo. gov/publication/54219.

543

现代战略家必读军事史：1861年以来美国的主要战争

一些人认为，厌战情绪为拜登作出这一决定提供了政治掩护和动机。但在美军驻军阿富汗的最后几年，甚至在反恐行动最紧张的时期，围绕阿富汗问题的讨论并不激烈。[1] 人们很少讨论阿富汗问题，该问题在美国公众的优先事项列表中排名靠后。比起民众的反对浪潮，拜登作出这一决定更有可能是出于个人的挫败感，多年来，他从参议员、副总统到总统，都对美国的阿富汗战争感到失望。事实上，拜登与参谋长联席会议副主席吉姆·卡特赖特（Jim Cartwright）将军和美国驻阿富汗大使（退役将军）卡尔·艾肯伯里被认为是2009年阿富汗增兵计划的主要内部反对者。[2] 尽管拜登的观点在当时并不占上风，但他仍有最后的发言权。

2021年4月，拜登宣布美军将在5个月后的"9·11"恐怖袭击事件20周年纪念日之前回国。这个回国日期选得很奇怪，后来被修改为8月31日。随着美军的撤离，北约军队也将撤离，因为其他盟友不具备后勤或运输能力，一旦小部分驻军陷入困境，无法快速增援（或实施轰炸）。

中央情报局根据当年春天所做的分析，预计阿富汗政府可能会在年底倒台。中央情报局了解到，自2020年以来，塔利班一直在阿富汗城市周围建立围城阵地，准备一

---

[1] Gideon Rose, *How Wars End: Why We Always Fight the Last Battle* (New York: Simon and Schuster, 2010), p. xiv.

[2] Felbab-Brown, *Aspiration and Ambivalence*, p. 25.

第五章 1990年以来美国在中东的主要战争

旦条件有利,就同时对许多城市中心发动一系列袭击。根据美国与塔利班于2020年2月29日达成的协议,2020年将从阿富汗监狱释放约5 000名囚犯,塔利班也能从中受益。阿富汗政府试图在全国范围内维持其先前的立场。尽管阿富汗政府、美国盟友知道,许多军队和警察指挥官的素质以及安全部队人员的士气不稳定,但他们此时已别无选择。①

在巴格拉姆空军基地被废弃、驻阿美军最高指挥官四星上将斯科特·米勒(Scott Miller)撤离阿富汗之后,阿富汗政府实际于8月上半月垮台,许多人对事态的迅速发展感到震惊。不过,也许这并不应该让人感到如此惊讶。阿富汗人再次证明了自己是最终的幸存者。他们往往不会为一项注定失败的事业而战斗和牺牲——即使他们经常会为自己热衷的事业而奋力拼搏。北约军队在阿富汗驻扎这么长时间后迅速撤离,让人几乎没法对未来抱有希望。阿富汗只有能力维持其规模不大的俄罗斯制造的米-17直升机机队,而不是西方提供的直升机。

一旦失败心态盛行,阿富汗安全部队的崩溃之势便一发不可收拾。阿富汗政府内部许多人被收买;许多人在大赦承诺下投降;还有一些人则被快速全面的崩溃局面弄得晕头转向,不知所措。如果说阿富汗还有一线希望的话,

---

① Schroden, "Lessons from the Collapse of Afghanistan's Security Forces".

那就是塔利班很可能在 2021 年 8 月（至少对阿富汗大部分地区而言）夺取政权。而塔利班很快就掌握了政权，结果几乎没有人员伤亡。①

美国在阿富汗的最后一个重要军事行动（至少目前是这样），是 12 万多名美国人和美国的阿富汗朋友有秩序地从喀布尔机场撤离。美国军方不得不派遣 5 000 多名士兵暂时返回喀布尔，以保护和管理美国的撤离行动。尽管这是一个令人沮丧的场面——美国需要塔利班的默许才能在 8 月 31 日之前进行撤离，还需要塔利班为机场提供一般的现场安全保障——但到那时，整个撤离行动可能已经进行得非常顺利了。不幸的是，8 月 26 日，在机场郊区发生卡车炸弹袭击，造成 13 名美国人和近 200 名阿富汗人死亡。3 天后，为了防止另一次袭击，美国误袭了喀布尔的一辆民用车辆，造成 10 人死亡。②

8 月 26 日的袭击是自美国总统特朗普与塔利班达成协议（根据该协议，特朗普总统承诺美军很快撤离阿富汗）

---

① Susannah George, "Afghanistan's Military Collapse: Illicit Deals and Mass Desertions," *Washington Post*, August 15, 2021, https://www.washingtonpost.com/world/2021/08/15/afghanistan-military-collapse-taliban.; and Michael R. Gordon, et al., "Inside Biden's Afghanistan Withdrawal Plan: Warnings, Doubts but Little Change," *Wall Street Journal*, September 5, 2021.

② Statement of Secretary of Defense Lloyd Austin before the Senate Committee on Armed Services, September 28, 2021, armed-services.senate.gov/hearings/to-receive-testimony-on-the-conclusion-of-military-operations-in-afghanistan-and-plans-for-future-counterterrorism-operations.

第五章 1990年以来美国在中东的主要战争

以来，美军在阿富汗的首次死亡事件。然而，塔利班总体上遵守了不针对美国发动袭击的承诺。塔利班承诺大赦前政权支持者，允许妇女和少数民族享有某些有限的权利，并组建一个包容性政府，这些承诺会导致什么后果还有待观察。

在民意调查中，美国公众仍然支持拜登总统从阿富汗撤军的决定，但对实际撤离的混乱方式提出了批评，当然也对生命损失感到痛心。① 我自己的观点是，一旦美国决定撤军，而且是在短短几个月内迅速撤离，就会失去对局势的有效控制。考虑到阿富汗内战可能加剧，这次撤离很容易变得更加血腥和丑陋。未来是否会更加血腥和丑陋还有待观察——塔利班新政权能在多大程度上防止阿富汗被用来对美国及其盟友发动袭击，也有待观察。

六、所犯的错误和吸取的教训

本章中讨论的战争仍属于近代史。实际上，若套用威廉·福克纳（William Faulkner）的话来说：这些战争或许还未曾落幕。美国未来可能会在伊拉克和阿富汗再次挑起

---

① Pew Research Center, "Majority of U.S. Public Favors Afghanistan Troop Withdrawal; Biden Criticized for His Handling of Situation," Pew Research, Washington, DC, August 31, 2021, pewresearch.org/fact-tank/2021/08/31/majority-of-u-s-public-favors-afghanistan-troop-withdrawal-biden-criticized-for-his-handling-of-situation.

547

战争，再次为这两个国家复杂而悲惨的现代传奇注入新的变化。因此，我仅在此分享自己的几点拙见。

第一，1990年美国对伊拉克的威慑并没有失败，原因很简单，因为美国并未作出威慑伊拉克的举动。套用另一位著名人物奇爱博士（Dr. Strangelove，虚构人物）的话来说：如果你把末日机器当作秘密，那它就什么作用都没有了。美国驻伊拉克大使格拉斯皮奉命告知萨达姆，美国并不关心阿拉伯国家的内部争端（坦诚讲，她也主张和平解决争端）。在此之前，萨达姆本计划入侵科威特，但是，经过与美国外交官进行交流，他执行此计划的焦虑大概得到了缓解。

第二，我认为老布什总统所作的"必须将萨达姆赶出科威特"的决定是正确的。如果容忍这种行为成为冷战后世界上第一个重大战略事件，则老布什总统建立"世界新秩序"的希望就会在很大程度上破灭。这就违反了二战后的原则，即任何国家都不能从另一个国家手中夺取领土（或直接吞并另一个国家）！当时，老布什没有尝试推翻萨达姆政权的决定可能也是正确的，但是美国给萨达姆开绿灯，允许他使用直升机和其他的野蛮手段攻击国内持不同政见者的行为是错误的。这是一种不必要的、非强迫性的错误。剥夺萨达姆的暴力镇压手段可能会增加他被推翻的风险，但是，这是一种可接受的风险。

第三，按照本书反复出现的核心观点，很多战争的关

第五章　1990年以来美国在中东的主要战争

键阶段均未按照预期发展。沙漠风暴行动、塔利班和萨达姆的倒台，比人们普遍预想的更简单、更快速。但是，占领伊拉克和阿富汗以及尝试稳定局势，明显更为艰难、耗时更长。其间，所造成的伤亡和财产损失比许多人预想的至少要高10倍。这远没有达到人们预期的理想结果。事实上，对于占领伊拉克可能造成的后果，我是最悲观的人之一。2002年秋天，在美国企业研究所的一次公开讨论会上，我曾预测，未来几年需要10万多名美军，即使是这样的预测，我也认为自己过于乐观了（此后几年，美国在伊拉克部署了13万—14万名美军，但最终在第五年的增兵行动中，美国部署了17万人才取得了军事进展。当然，即便如此，也没有带来持久的稳定）。① 无论是美国、阿富汗政府，还是塔利班领导人自己都没有料到塔利班会在2021年如此迅速地重新掌权。②

这里的案例证明了"战争总是比预想的要艰难"这种说法并不成立。如前所述，本章中讨论的大多数冲突，其早期阶段均比预想的发展得更好、更快。

但总的来说，入侵伊拉克战争、阿富汗战争对美国均是既耗时又耗财的，对于战争所在国及其邻国的人民更是

---

① Ricks, *Fiasco*, pp. 64–65.
② Dan De Luce, Mushtaq Yusufzai and Saphora Smith, "Even the Taliban Are Surprised at How Fast They're Advancing in Afghanistan," *NBC News*, June 25, 2021, nbcnews. com/politics/national-security/even-taliban-are-surprised-how-fast-they-re-advancing-afghanistan-n1272236.

现代战略家必读军事史：1861年以来美国的主要战争

如此。记者兼作家德克斯特·菲尔金斯（Dexter Filkins）在2008年出版的一本书中用"永远的战争"（forever war）这一令人难忘的词语来描述美国在伊拉克和阿富汗的军事行动。事实证明，这才是这场"永远的战争"的一半，尤其是阿富汗战争，根据不同算法，当时距离战争结束还有6—12年的时间。①

第四，除沙漠风暴行动以外，就军事技术和战术而言，美国在军事上的变革都不是真正的战争转型。从某些方面来看，变革令人印象深刻，但这样的变革并不具有革命性。没错，在漫长的战争中，美国及其盟友确实进行了军事创新，如对无人机进行了武装、增加了无人机的数量、制造了防雷车辆、加快了信息网络的速度。反对武装力量也在不断进行创新，比如使用了各种各样的爆炸装置，利用社交媒体进行招募和战斗通信。但最重要的是，正如我在2000年出版的一本书中所述，步兵作战、叛乱和反叛乱斗争的性质在现代社会仅仅发生了缓慢的变化。② 在21世纪的头20年里，情况依然如此。

战争期间各方都能轻易获得小型武器，也能轻易获得爆炸物，几十年来，在这种类型的战争中，情况一直如此。小型武器也是非常致命的。在近距离战斗中，非致命性武

---

① Dexter Filkins, *The Forever War* (New York: Random House, 2008).
② Michael E. O'Hanlon, *Technological Change and the Future of Warfare* (Washington, DC: Brookings Institution, 2000).

第五章　1990年以来美国在中东的主要战争

器仍然是次要的。传感器仍然难以穿透墙壁进行探测，也很难预测人们使用暴力的倾向（在某些方面，人脸识别技术效果不错，但这种技术在辨别意图方面效果却不怎么理想）。信号情报网络只有在对手不小心使用手机或无线电广播设备的情况下才会起作用，因此，要进入对手的通信渠道和决策环节仍然很难。总之，对于叛乱和反叛乱战争而言，并不存在现代"军事革命"——类似于闪电战、航空母舰作战的发展变化或战争中其他历史性和变革性的发展。

第五，美国在大中东地区的战争经历再次印证了这样一句格言，即人类只准备打最后一场战争，没有充分且创造性地思考未来可能不会有任何不同。小布什政府的顾问肯·阿德尔曼（Ken Adelman）是许多2003年入侵伊拉克支持者的典型代表，他预言入侵伊拉克会是一件"易如反掌的事"，或者至少会"大获全胜"，因为1991年的沙漠风暴行动非常顺利，尽管那场战争的目标截然不同。许多人认为增兵对于解决阿富汗的问题有用，人们之所以这样认为，在一定程度上增兵这种策略，最近在一个相对邻近的国家伊拉克中取得了很好的效果，我承认自己也有这样的想法。

最后，美国在中东地区的战争有没有可能会以与实际情况稍有不同的方式进行或结束？

总的来说，沙漠风暴行动给人留下了深刻印象。目前尚不清楚这场战争能否以一种更为成功的方式进行。关于作战计划曾有过一些有趣的争论，例如，围绕攻击伊拉克部队这件事，有些人建议采用"左勾拳"战略（即从侧面攻击），另一些人则建议采用所谓的"虚晃一枪，然后从中间进攻"（从正面攻击）的策略。但是，无论采用哪种方式，美国及其盟友最终都在战场上取得了决定性的胜利（因为美国海军陆战队确实直接穿过了伊拉克的防线，而美国陆军与盟友伙伴主要是向西推进，绕过了伊拉克前线阵地）。考虑到联合国和美国国会（在战略方面）对军事行动的授权，也很难批评"让萨达姆继续掌权"这项决定。

在随后的伊拉克战争中，美国入侵伊拉克并推翻萨达姆政权取得了巨大成功。但是，没有对接下来可能发生的事情做好充分准备，这是一个可怕的错误。至少从军事角度来看，最后增兵成功表明，一项更完善的稳定局势计划可能从决定开展军事行动时便会奏效。

伊拉克战争期间，即使从2003年便开始制订良好的稳定局势计划，许多逊尼派也可能会反对美英联军和什叶派占主导地位的伊拉克政府。也许他们需要被"基地"组织恐吓好几年，才会转而与"基地"组织的敌人联合起来，共同抗击"基地"组织。也就是说，叛乱的严重程度和强度，以及该国最终陷入内战，可能并非不可避免。如果能在保持国家稳定和边境安全方面做得更好（例如，将涌入伊拉克的"基地"组织武装力量拒之门外），就有可能大大缓解这一问题。如果伊拉克的政治制度规定，任何在议

第五章 1990年以来美国在中东的主要战争

会中占有席位的政党都必须从三大种族/教派群体中赢得一定比例的选票,或许就能缓解伊拉克国内派别之间的政治斗争。如果从一开始就加大力度建设一个独立而有弹性的司法机构,可能对于缓解上述问题也会有所帮助。美国错误地将在伊拉克成功举行大选等同于民主。最后,对于一个从未在现实世界中检验过的情景,人们无法真正验证它的真伪。但是,人们可以看到伊拉克局势的发展,就像在其他地方一样,暴力往往会引发暴力。几乎可以肯定的是,所发生的大部分事情都与美国入侵伊拉克战争的战略决策有关。

在我看来,阿富汗战争的情况更难分析。2001年的阿富汗,无论是国家还是社会都十分脆弱贫穷,甚至,人们都不清楚是否有足够的基础来建立一个可行的政府、军队和警察部队,用来抵御势必会卷土重来的塔利班。[①] 如果不能说服巴基斯坦拒绝为塔利班提供庇护(许多经验丰富的美国军事领导人和政治领导人都曾尝试去说服巴基斯坦,但收效甚微),阿富汗本身就需要加强防御能力,建立一个受大多数民众尊重的政府和安全部队。若不然,塔利班就必须加入新政府,接受自己作为少数派伙伴的地位。有些

[①] Jack Fairweather, *The Good War: Why We Couldn't Win the War or the Peace in Afghanistan* (New York: Basic Books, 2014).

现代战略家必读军事史：1861年以来美国的主要战争

人建议，在波恩会议①结束后应该尝试后一种做法。也许这是正确的选择，但鉴于阿富汗和国际社会大多数都坚定地认为，在当时看来，与塔利班达成协议几乎是不可能的。

因此，最好的机会似乎是在2002—2005年这段"黄金窗口期"建立一个更强大的国家，那时，阿富汗国家还很平静，社会比较稳定。但是阿富汗部落之间过于敌视，等级制度不够有效，因此，无法在这段时期率先与塔利班展开斗争，尽管在塔利班还相对弱小的时候，他们可能具备这种能力。② 当然，美国本应尝试采取一种"折中方案"，即为阿富汗政府提供更好的顾问咨询，为政府人员设计更完善的待遇制度，并坚持为阿富汗士兵和警察提供更好的训练指导。正如著名海军陆战队老兵和传奇作家宾·韦斯特（Bing West）的建议，在约翰·艾伦将军和其他人的领导下，本可以更快地建立美国最终创建的那种战斗顾问小组。③ 此外，还应该在阿富汗政府持续开展更严格的反腐工作，美国和北约应拒绝向滥用资源者提供资金。

但是，这些年来，我越发怀疑，即使采用了这样的方

---

① 2001年11月27日，波恩会议由联合国阿富汗问题特使卜拉希米主持召开，来自阿富汗4个主要派别的共32名代表出席了本次会谈。会议的主要目的有两个：推举产生阿富汗过渡管理机构；讨论建立安全机制保证阿富汗国内和平。——译者注

② Malkasian, *The American War in Afghanistan*, pp. 129–156.

③ Bing West, *The Wrong War: Grit, Strategy, and the Way Out of Afghanistan* (New York: Random House, 2011), pp. 247–254.

第五章　1990年以来美国在中东的主要战争

法，也不可能在任何可预测的时间段内都能彻底击败塔利班。① 我同意卡特·马尔卡西安（Carter Malkasian）的部分观点（尽管我和他在拜登总统2021年4月决定撤军一事上存在分歧）。2021年，马尔卡西安表示："我认为，我们本应在早期多做工作，建立一支更强大的军队，清除不良领导人，管理部落内斗。有证据表明，如果采取了这些行动，国家就会变得更加稳定，不过［自马尔卡西安2013年撰写《战争降临加姆塞尔》（*War Comes to Garmser*）一书以来］，我变得更加愤世嫉俗了。我知道，在阿富汗全国范围内强力推行新政策有多么困难。"②

但是，这样的政策本可以避免美国和北约大规模增兵。在阿富汗，美国和北约部队的总人数本可以保持在数万人左右；本可以更早地启动一项类似北约在2012年或2014年执行的计划，如为阿富汗政府提供资金资助、训练阿富汗战士等。这个国家可能会因此变得不安宁，但同时，也许美国对在阿富汗军事行动的挫败感会得到极大缓解，进而，也就不会有美国总统会像拜登总统在2021年那样突然撤军，并以失败告终。这种持久力，而非彻底粉碎叛乱的期望，可能是一种可以实现的目标。虽然这种结果还远非

---

① 参见瑞安·克罗克（Ryan Crocker）大使在一次虚拟会议上的评论，"9/11 Twenty Years Later: Legacies and Lessons," Brookings Institution, Washington, DC, September 10, 2021, brookings.edu/events/9-11-20-years-later-legacies-and-lessons。

② Malkasian, *The American War in Afghanistan*, p. 7.

现代战略家必读军事史：1861年以来美国的主要战争

完美，但与目前的结果相比，也有很大的不同，可以说比目前的结果要好得多。因此，从这个意义上来讲，可能对阿富汗有一个更完善的整体战略。正如英国官员罗里·斯图尔特（Rory Stewart）在2021年底所写的那样："塔利班并没有必然的胜算，他们之所以获胜，是因为美国撤军了，这进而削弱阿富汗空军力量，使阿富汗军队失去了空中支援或补给线。"[①] 他可能还会补充说，他自己国家和其他欧洲国家的军队没能完成剩余那些量不大的工作，尽管这些工作肯定是他们合力能够完成的。

虽然，迄今为止，塔利班一直采取强硬方式管理国家，但他们似乎并无意在军事上挑衅美国，2021年8月在喀布尔的行动就证明了这一点。当时，他们并不反对西方的撤离行动，实际上，他们还为西方的撤离提供了有限的援助。虽然我们在某种程度上失败了，但他们也意识到了美国是一个强大的敌人，会努力捍卫自身的安全利益和盟友。也许，从阿富汗撤军并没有彻底失败。至少对于"重建威慑力"、防止塔利班与可能袭击西方的恐怖分子勾结来说，没有彻底失败。从撰写本书时的情况来看，现在下结论还为时尚早。

最后，谈谈美国在中东地区的战争为21世纪20年代的我们带来了哪些启示。美国已经将在大中东安全战略的

[①] Rory Stewart, "The Last Days of Intervention," *Foreign Affairs* 100, no. 6 (November/December 2021): 72.

第五章 1990年以来美国在中东的主要战争

做法经验运用到其他重要地区，但同时，美国在中东地区的战略也被视为"战略困境"（strategic quicksand），因为在这种地区，无论美国做多少努力，都无法在稳定和安全方面取得预想中的良好结果。在大多数美国战略家的眼中，"割草政策"（mowing the grass）或"遏制政策"的战略计划，直到经过长期的政治、经济和社会改革产生更多像约旦、阿曼、突尼斯和摩洛哥（以及南亚和东南亚几个穆斯林占多数的国家）这样表面稳定的国家，将是负面影响最小的一种办法。美国在土耳其、伊拉克、科威特、巴林、卡塔尔、阿联酋、吉布提等地均部署了几千名士兵，再加上美国在这些地区及其周边部署的海上力量，共同形成了一个军事能力网络，使美国能够在更广泛的地区保持约5万—6万名军事人员，而不必过度依赖任何某一个国家对美国军事行动的支持。美国及其盟友在寻找索马里、尼日利亚、利比亚、马里、叙利亚和也门冲突和危险的管理方法的过程中，通过培训、装备支持和顾问指导等方式发展伙伴国家的军事能力，同时确保美国拥有情报、空中力量和特种部队突袭平台等优势，这些手段已成为美国海外用兵的精髓。

在伊拉克，美国目前确实找到了一个比之前更加亲密的合作伙伴（主要是逊尼派当权者），可以更好地支持美国的相关行动。从历史的角度来看，这一事实能否证明美国自2003年以来在伊拉克战争中所付出的巨大代价和犯下的重大错误,仍是值得怀疑的。

  美国在中东地区战争中所采取战略的长期有效性仍有待商榷,与其说它是一种离岸制衡战略或"超视距"反恐战略,不如说它是一种"轻足迹"战略。要将这种战略应用到具体国家和其他次级地区,则需要进行持续关注和不断调整。但从财政和军事角度来看,目前,这种战略似乎确实是可持续的。

第六章

战争的三大教训

第六章 战争的三大教训

基于对 1861 年以来美国主要战争史的观察研究，我总结提出三大战争结论或战争教训，为未来的战略家在为美国和其他国家制订政策计划时提供参考。

一、第一个教训：战争的结果不是注定的

本书撰写过程中，我意识到了这样一个事实，即自 1861 年以来，美国所有的主要战争都不需要以原本的方式结束，即使是从谁胜谁负这个最广泛的意义上来说也是如此。当然，历史是事后编写的，有时会让人觉得战争的结果是注定的。通常情况下，至少在战争情况下，事实并非如此。

战争之所以不可预测，在一定程度上是因为领导人在战争中起了非常重要的作用，领导人毕竟也是人，他们的行为既有好的一面也有不好的一面，因此，我们很难对他们的决策作出预测。但是，战争的不确定性表现在很多层面上。研究重大新型武器装备、军事通信或情报系统的科学家，想出如何让新型联合作战更有效的中层战术创新者，以及面对极端严苛条件时一线士兵的坚强品质（许多士兵的勇气和韧性也同样令人印象深刻），所有这些军队"通配

现代战略家必读军事史：1861年以来美国的主要战争

符"① 的一体整合在很大程度上决定了战争的胜负。

美国内战期间，南方邦联本可以轻而易举地赢得内战，即通过说服北方联邦军放弃斗争并允许北方联邦军退出的方式，尽管这很可能会发生在双方都遭受巨大损失之后，而这又会进一步加剧对南方邦联在道德上的谴责。要想取得这种结果，最直接的一种办法就是1864年亚伯拉罕·林肯（Abraham Lincoln）选举失败（或在战争初期将其暗杀）。如果谢尔曼没有攻占亚特兰大并从海上进军，林肯就有可能在大选中失利，而他的对手，也就是在1862年作为北方联邦军总司令却未能找到通往胜利之路的麦克莱伦将军②，就可能会通过谈判结束这场战争，最终将美国一分为二。如果是这样的话，则整个20（和21）世纪的世界历史进程就会发生巨大变化，因为一个分裂的美国可能无法像在两次世界大战、冷战或冷战后那样介入干预其他地区的战争。

第一次世界大战期间，"施里芬计划"因过于精细翔实和雄心勃勃被认为不够明智，但这项计划距离成功只有一步之遥。这并不意味着其战略合理性或在道义上能够站得住脚。失败即使不是一种概率事件，其发生的可能性也很

---

① "通配符"（wild cards），是指部队开展军事行动所涉及的军事人员、战略战术、战斗精神、武器装备、信息支援、军事技术、后勤保障等一系列战斗要素或战斗模块。——译者注

② 乔治·布林顿·麦克莱伦（George Brinton Mcclellan）美国军事家，在美国内战第一年负责整编北方联邦军队，成绩卓著，被誉为"小拿破仑"。但由于屡屡不能取得对南方军队的优势而被众口交贬，解除军职。后来，麦克莱伦重新赢得了公正评价。——译者注

第六章 战争的三大教训

大,而且极有可能会付出巨大的生命和财产代价。不过,如果法国很快被征服,战争东线的力量就会有利于德国及其盟友奥匈帝国。另外,如果德国在大西洋之战和柏林鼓励墨西哥攻打美国本土[如"齐默尔曼电报"(Zimmerman Telegram)中揭露的那样]时足够聪明,不对美国采取任何行动,则德国就有可能在战后攻势中取得胜利,并迫使法国接受一个折中的谈判结果。尽管这样的结果令人遗憾,但它可能降低了魏玛共和国失败、希特勒崛起和第二次世界大战爆发的概率,却也会引发更大的悲剧。

第二次世界大战期间,如果希特勒没有进攻苏联,如果日本满足于它在1940年之前已经在西太平洋占领的地盘,则整个战争的进程就可能会完全不同。美国可能根本就不会参战。斯大林一向是个机会主义者,他可能会按照《苏德互不侵犯条约》(Molotov-Ribbentrop Agreement)[1]的最初设想,与德国的独裁者共同瓜分中欧和东欧,这样就满足了。如果不在东线战场作战,德国可能会在法国北部海岸建立更坚固的防御阵地,阻止美国军队/英国军队/盟军在诺曼底登陆,即使那时美国已经参战。事实上,希特

---

[1] 原著英文条约名有误,《苏德互不侵犯条约》英文应是 Molotov-Ribbentrop Pact,是苏联和德国于1939年8月23日在莫斯科签订的条约。该条约有效期十年。条约的主要内容是:双方互不使用武力,不参加直接或间接反对另一方的国家集团;在一方遭到第三国进攻时,另一方不给该第三国任何支持;以和平方式解决缔约国间的一切争端。条约的签订,使苏联赢得了进行反法西斯卫国战争的一定的准备时间。1941年6月22日,法西斯德国背信弃义,发动侵苏战争,撕毁了这个条约。——译者注

现代战略家必读军事史：1861年以来美国的主要战争

勒的作战目标主要集中在东欧和苏联，但盟军的目标不能确定，随着冲突的进行，他是否会改变这些目标特别是考虑到德国在其他地方也取得了成功。希特勒也可能在战争期间被德国内部人员推翻。在战前和战争期间，武器装备方面创造出的非凡技术创新，包括航空母舰战、两栖联合攻击、闪电战（首先用在了波兰，经改进后用在了法国）、潜艇和反潜战中的新技术和战术、飞机和导弹性能的提高以及核武器的发明，这些根本不需要出现，也不必按照我们最终见证的顺序发生。从理论上讲，德国也可能是世界上第一个研制出核弹的国家，这将对历史产生不可预知和难以言表的影响。

朝鲜战争期间，如果美国的作战目标制定得更加谨慎一些，恢复到以前的三八线状态，则朝鲜战争的结局可能会大不相同，至少战争会结束得更快一些，各方的伤亡也会更小一些。如果是这样的话，中国可能就不会出兵朝鲜介入这场战争。美国决策者希望解决核心问题，重新统一朝鲜半岛，这一点无可厚非，因为按照之前的国际协议，朝鲜半岛本应实现统一，但美国坚持北上进军的决定非常令人担忧。如果美国愿意让战争升级并直接攻击中国，朝鲜或越南的情况可能会大不相同。若是如此，这种攻击就是一场巨大的地缘战略博弈。而从美国的大战略重点来看，这样做虽然错误，但也不是没有道理可言。根据当时掌握的信息，美国本可以（甚至也应该）完全避免越南战争。

鉴于东北亚具有重要的战略地位，美国意欲参与越南战争，但为了达到威慑效果和避免战争扩大化，理应在战争开始之前就明确立场，作出"必然保护李承晚政权"的承诺。显然，现在这样说难免有"事后诸葛亮"之嫌。

伊拉克和阿富汗的战争故事有许多转折点，美国和其他国家时对时错，但美国在这两个国家却都不可能轻松获胜。2007年，美国在伊拉克的增兵行动获得了巨大成功，2002—2006年阿富汗局势也相对平静，表明美国在这两个国家都开展了较为有效的战略举措，以更低的成本取得了更好的结果。

二、第二个教训：战争通常比想象的更残酷、更血腥

教训二建立在教训一的基础之上，增加了更为明确的观点和更清晰的警告：战争史中充斥着过分自信的领导人，尤其是那些选择挑起战争的领导人，认为自己可以快速地、轻而易举地取得胜利。可见，今后在面对战争与和平的抉择时，一旦参战，在制定战争目标和适当战略时，决策者必须努力避免自负。但是，领导人缺乏自信和决心也是一个问题，就像20世纪30年代英国和法国领导人，在面对德国威胁时以及一些美国领导人在考虑如何解决萨达姆1990年入侵科威特的问题时一样，犹豫和迟疑会延误宝贵

现代战略家必读军事史：1861年以来美国的主要战争

时机。文中提到的多数战争，其结局都比通常设想的结局更严重，持续时间也更长。如果把沙漠风暴行动和入侵伊拉克以及随后稳定伊拉克局势的行动当作一个整体来看的话，则本书详细论述的美国内战、第一次世界大战、第二次世界大战、朝鲜战争、越南战争、伊拉克战争、阿富汗战争等美国参与的主要战争都出人意料地艰苦卓绝和惨烈异常。

在历史上，战争计划通常都有一个诱人的逻辑，特别是那些建立在新的军事能力、军事技术、战术创新基础上的战争计划。这存在一定的现实依据，但却缺乏容错机制和应对举措。大型战争通常都有开局阶段，在这个阶段，狡猾的侵略者确实能够迅速取得一些局部但却可逆的战果，直到战争被迷雾笼罩，地理和作战环境发生变化，战场对手作出调整，或者攻击者最初的锐气和运气被消耗殆尽。此外，人类自身一旦受到攻击，往往会表现出顽强和暴力的一面，这一点或许比我们自己认知中的表现更为强烈。一旦战斗打响，人们看到自己的同胞甚至亲朋好友死去，大多数人和大多数国家都不会选择退缩，而是会复仇，通过胜利弥补战争带来的可怕且不可逆转的损失。例如，在两次世界大战、朝鲜战争以及美国领导的入侵和占领伊拉克和阿富汗的行动中，这种倾向非常明显。

任何人都不愿意发动战争，这符合人性。大多数领导人不会发动战争，因为战争会造成灾难性的后果，但人类

第六章 战争的三大教训

有时又倾向于接受高风险的行为。通常情况下，加入战争并期望在战争中快速取胜的政治家和军事领导人都有一套胜利理论，这套理论具有一定的逻辑性和合理性。他们对成功往往有一套说辞，虽然有些过于乐观，但并不荒谬。只是随后作出的决定却往往鲁莽而不可取，总是忘记反思战争可能且会出现的问题，以及战争计划如何实施才能真正取得胜利。

我们也不能一概而论。有些国家只是侵略行为的受害者。有时，他们为崇高的事业而战，值得冒巨大的风险和付出高昂的代价。

但是，侵略者有时甚至是侵略行为的受害者，往往没有预料到战争是如此致命和艰难。对许多联邦战士和来自华盛顿特区附近的民众来说，他们以为1861年7月的马纳萨斯战役会像在公园中散步一样简单。对欧洲同盟国领导人来说，他们认为1914年8月开始的第一次世界大战所谓的"光荣战争"会很快结束。希特勒曾经也认为，面对第三帝国的军队，苏联和英国会像波兰和法国一样迅速垮台，日本领导人在策划偷袭珍珠港和菲律宾时认为美国会在遭到袭击后一蹶不振。从仁川登陆朝鲜后，在越南、伊拉克和阿富汗战争中，美国人依然这样认为，战争会很快取得胜利。

回到修昔底德在2500多年前提出的见解，这话在今天看来依然正确，即人们通常会出于恐惧、利益和荣誉而选择战争。已故的罗伯特·杰维斯（Robert Jervis）和其他现代政治学家提出了"安全困境"的概念，即一国为加强自身防御而采取的行动会被潜在的对手解读为威胁。但是，这些观点解释了为什么战争会经常发生。但这些观点并不能完全解释为什么在特定情况下会发生战争，为什么荣誉、利益和恐惧会超越人类的其他属性，如谨慎、生存欲望，甚至是善良。人们倾向于低估战争的成本和风险，高估潜在收益，这似乎是主要原因。正如澳大利亚历史学家杰弗里·布莱内（Geoffrey Blainey）所言，战争开始时至少有一方期望迅速取得胜利，但实际上很少能取得常胜。

尽管上述教训在今天也显而易见，却迟迟未能得到人们的规避。200年前，伟大的军事理论家卡尔·冯·克劳塞维茨就曾警告说，战争通常是在信息不灵、通信不畅、情绪激动和面临难以预料的敌人时发生的。但是，历史上最血腥的战争都发生在人们发出警告之后。在20世纪初的几十年里，让我们了解到现代化学、量子物理学和核物理学等科学技术迅猛发展的欧洲，却在同一时期经历了有史以来最疯狂、最残酷的武装冲突。在某些方面，人类文明取得了重大进步，但是在其他方面，人类文明却没有取得任何进展。

我们能否确定领导人不会再关注战争的这种悲剧性倾向？美国人能否保证自身对战争不会过于自信？也许在某种程度上，美国人认为，进行新的军事扩张可帮助其重建

第六章 战争的三大教训

早期对俄罗斯等国家享有的那种不平衡的军事优势？但如何将这样一场战术上的胜利（即使有可能）转化为战略上的成功？当代人对此的某些观点，与德国为第一次世界大战制订的全面、系统且看似精确的施里芬计划存在相似之处，战争从来都不是精心设计的。

重要的是，要记住戴维·彼得雷乌斯将军在21世纪中东地区"永远的战争"爆发的一开始时就提出的令人难忘的问题："告诉我，战争该如何结束？"我们必须留意20世纪60年代伟大的国防学者阿兰·恩托文（Alain Enthoven）和K. 韦恩·史密斯（K. Wayne Smith）强调的一点，即对于每一个军事问题，我们既要考虑"看似最坏的结果"，也要考虑较好的结果。

当然，军事组织需要一定程度的企业家精神和积极进取的态度。他们肩负着筹划战争制胜战略的重任，以便在遇到不可避免的冲突时，能够确保自己的国家处于优势，或至少能够确保自己的国家能生存下去。许多军事改革与创新方面的文献论述引人瞩目，如史蒂文·罗森（Steven Rosen）和巴里·波森（Barry Posen）的经典著作，这些著作讨论的都是战争这一进程是如何在20世纪30年代的英国等国家发生的，如何由此有效抵御针对国家发动的生存攻击。

但是，当设计战争的制胜战略、概念和能力逐渐演变为对战争的高度自信，认为这些计划会在最大限度上发挥作用时，危险则随即来临。美国国防部长唐纳德·拉姆斯菲尔德认为，2003年美国入侵伊拉克的行动原本设想得非常顺利，而且战争初期的情况甚至超出了拉姆斯菲尔德的预期，但是最终战争进展很艰难。美国失误的地方在于，没有探讨可能会出现的问题。领导人虽然需要一定程度的自信，但也需要谨记墨菲定律。冒着言过其实的风险，有时一切可能出错的事情都会出错。或者套用克劳塞维茨的话说，就是战争中的一切都很简单，但即使是最简单的事情也很困难。

三、第三个教训：美国的大战略足够强大，可以承受一些挫折

自1945年以来，美国参加的现代战争进展都不顺利。然而，同一时期的很多国家乃至整个世界却普遍繁荣发展起来。纵观美国军事史，特别是1945年以来，美国尽管面临着挑战和挫折，但还从未出现过像现在美国这样的大国长期和平、民主和繁荣以及持续发展的时期，虽然这时期世界还暴发了新冠疫情等灾难。对美国安全而言，核威慑起了一定的作用，在几次危急关头，核威慑仍然对人类物种的生存构成威胁。20世纪上半叶，世界大战造成的巨大破坏也是如此。

随着美国及其盟友从阿富汗撤军，时任美军参谋长联

第六章 战争的三大教训

席会议主席马克·米利（Mark Milley）将军承认"战略失败"（strategic failure），现在我们再次见证了二战后美国外交政策的悖论，即我们经常无法赢得"有限"战争，与此同时，我们却有着人类历史上最成功的大国战略。至少自1945年以来一直如此。

1950年，美国公开宣布韩国不在其战略关注范围内，这实际上是为朝鲜半岛爆发战争开了绿灯，之后，美国组建了一个军事联盟即"联合国军"，但两次都被击退到了三八线以南，并在此过程中两次失去汉城，一次是从朝鲜军队手中，另一次是从中国军队手中。后来，朝鲜战争陷入了僵局状态，其间，美国遭受了巨大的生命和财产损失，直到在板门店签订停战协定，战争才宣告结束。

从1965年到1973年，美国在越南战争中又遭受了惨败。到1975年，北越已经控制了整个越南地区，除了战争直接带来的战场伤亡和损失之外，美国的民族自我意识也开始动摇。

到了20世纪80年代，随着里根政府注重加强国防建设以及长达10年相对和平时期的到来，美国的对外战略却迎来挫折，再次遭遇重创，即美国在1983年贝鲁特的一次悲惨爆炸事件中损失了241名海军陆战队员。然而这一损失，是美国成功入侵格林纳达或对利比亚恐怖分子目标进行轰炸都无法弥补的重大人员损失。

在老布什总统任期内，美国对外战略的情况向好。其间，美国在巴拿马取得了小规模胜利，在伊拉克沙漠风暴行动中取得重大胜利。但是，在20世纪90年代末，美国一直在苦苦挣扎。1993年，美军在索马里摩加迪沙发生了"黑鹰坠落"（Black Hawk Down）的战斗悲剧。这场军事冲突直到拖延了很长时间、发生了巨大的悲剧之后，美国才找到了限制巴尔干半岛地区暴力屠杀的方法。与此同时，伊拉克的局势也仍然令人担忧。奥萨马·本·拉登深信美国就是一只纸老虎，准备让"基地"组织发动大规模袭击。

自"9·11"恐怖袭击事件以来，美国在阿富汗和伊拉克都进行了艰苦卓绝的军事斗争。2001年和2003年，美国在阿富汗战争和伊拉克战争中都取得了巨大成功，但辛苦付出的努力却未能为这两个国家带来和平与稳定。尽管2007年至2008年，美国在伊拉克的增兵行动取得了重要成就，使当地社会的暴力事件减少了90%，但增兵行动本身却未能在伊拉克建立起一个有凝聚力的国家政体。到2014年，"伊斯兰国"组织已经占领了伊拉克1/4左右的领土，2021年，美国在阿富汗扶持的政府也垮台了。

纵观这四大局部战争（朝鲜战争、越南战争、伊拉克战争和阿富汗战争），美国似乎在朝鲜战争和伊拉克战争中陷入了僵局，并为此付出了高昂的代价。再则，美国在越南战争和阿富汗战争中也未能完成既定任务。尽管1945年以来，美国拥有世界上最出色的军队，但是在战争中未能取得完全胜利。

第六章 战争的三大教训

当前，美国领导着一个盟友联军，这个联盟的国内生产总值占全球国内生产总值的2/3，国防开支占全球国防开支的2/3。自北约成立75年以来，美国盟友体系中没有一个国家成为他国大规模攻击行为的受害者，至少自1953年以来，地球上还没有发生过大国战争（取决于人们如何定义朝鲜战争）。为什么我们在军事上经常失败的盟友体系，却还能在国家安全上取得如此成功呢？

或许，有一部分是运气使然。正如19世纪德国政治家奥托·冯·俾斯麦所说，上帝似乎特别眷顾傻瓜、酒鬼和美利坚合众国。

针对这个问题，要想得出一个更严谨的答案，就必须审视一下美国的结构性优势，即美国的国家规模和经济基本面、美国处于大体安全的北美边界内的地理位置（美国距离东亚和西欧足够近，可以与这些地区的盟友建立强大的军事联盟）、大熔炉式的社会人口结构（尽管在国内，美国仍在设法缓解种族间的紧张关系）、创新型和创业型的经济体系、优秀的研究实验室和大学、民主型的政府模式（尽管存在缺陷）。正是由于上述国家优势和特点，让美国在世界事务中一直扮演着独特、关键和重要的角色。

由此看来，美国足够强大，也足够有韧性，可以承受许多的挫折。从某种意义上讲，在北美以外地区（或多或少），美国在历史上并不是一个奉行领土扩张主义的国家。有时，其他国家可能会不喜欢美国，但也不惧怕美国，不过很多情况下会发现同美国结盟利大于弊。如此，美国主导的西方盟友体系的国内生产总值占了世界国内生产总值的 2/3，与全球军费开支所占比例相当，并且这个盟友体系还具备世界上科学技术和工业强国的优势。

针对美国的多数军事挫败，美国也有具体的缓解措施。朝鲜战争期间，美国确实在冷战的关键时刻守住了在东亚地区的利益防线，抵御了朝鲜军队的攻势。越南战争期间，虽然我找不到可以弥补战争损失（战争本身产生的直接结果）的办法，但美国现在已经与越南的执政者成为好伙伴。伊拉克战争并没有给阿拉伯世界带来民主与稳定，但伊拉克国家情况略有好转。

这就引出了阿富汗问题，以及米利将军所说的"战略失败"。从某种程度上说，美军参谋长联席会议主席的直率值得称赞，因为他承认，我们（所有人）都必须从那段艰难、最终以失败告终的经历中吸取教训。诚然，即使经过了 20 年的努力，我们也未能建立一个有活力的阿富汗国家。但是塔利班似乎并不想与西方再次开战。2021 年 8 月，塔利班在某种程度上已经牢牢掌控了阿富汗政权，他们并没有对西方人或者我们的阿富汗前合作伙伴开展全面的报复性屠杀。希望他们不会与"基地"组织联手策划针对西方的新袭击行动。除了不希望与美国发生军事冲突外，塔利班还希望在外交方面获得认可，希望使用阿富汗在国外的银行账户，并在未来获得一定的帮助。所有这些都不能

第六章　战争的三大教训

帮助美国在阿富汗建立自己想要的政府或社会，但是，美国及其合作伙伴在应对阿富汗新出现的现实问题时仍然有相当大的影响力。

美国力量的矛盾之处在于，虽然美国并不擅长在战术和行动上运用军事力量，但在盟友体系和全球领导力方面表现十分强大，能够承受多次打击且不会轻易崩溃。

但所有这些都不能成为美国忽视未来挑战和威胁的理由。美国不应该对战争抱有漫不经心的态度，也不应该认为一切都会好起来，尤其是在涉及大国关系和潜在冲突的时候。

事实上，美国盟友力量正处在危险之中。在军事上，无论俄罗斯等国是否真的惧怕美国，它们似乎都对美国在冷战后的行使权力感到不满，并抵制美国的相关做法。

总的来说，在应对国家安全挑战时，美国应该对自己的实力充满信心。在现实面前，我们往往需要保持克制和冷静。诀窍是：在捍卫核心利益时要保持坚定，在使用武力时要保持谨慎，在推进宏大战略目标时要保持克制。

最后，我想说的是：作为20世纪90年代一名特别热衷于军事变革主题的辩论老手，我一直在思考未来国防思想与军事历史研究二者之间的关系。二者对培养国防分析师（defense analyst）或战略家都很重要。但是国防思想和军事历史研究各有其独特的地位，各不相同。我认为，前瞻思虑未来发展，对当今的国防规划者来说非常重要，这有助于他们为军事创新和国防现代化出谋划策。但是，对于危机决策者以及那些辅助最高决策者的人而言，历史可能更为重要。历史给我们的启示是，如果人们过于相信新一代武器装备、军事技术和相关作战概念在战争中的巨大作用，那么一旦发生实际战斗和人员伤亡，人们往往会高估这些武器装备、军事技术和作战概念改变战争的能力。概言之，军事史从根本上警醒人们，要反思战争的经验教训。因此，军事史的重要性怎么强调都不为过。